"十二五"普通高等教育本科国家级规划教材

国家卫生健康委员会"十四五"规划教材

全 国 高 等 学 校 教 材

供八年制及"5+3"一体化临床医学等专业用

医学文献信息检索

Medical Literature Information Retrieval

第4版

主　　编　罗爱静　于双成

副 主 编　马　路　王虹菲　周晓政

数字主编　马　路　罗爱静　于双成

数字副主编　王虹菲　周晓政

人民卫生出版社
·北　京·

图书在版编目（CIP）数据

医学文献信息检索 / 罗爱静，于双成主编 . —4 版 . —北京：
人民卫生出版社，2024.2（2025.5重印）

全国高等学校八年制及"5+3"一体化临床医学专业第四
轮规划教材

ISBN 978-7-117-35949-8

Ⅰ. ①医… Ⅱ. ①罗… ②于… Ⅲ. ①医药学 – 情报检索 –
医学院校 – 教材 Ⅳ. ①G252.7

中国国家版本馆 CIP 数据核字（2024）第 010387 号

人卫智网	www.ipmph.com	医学教育、学术、考试、健康， 购书智慧智能综合服务平台
人卫官网	www.pmph.com	人卫官方资讯发布平台

医学文献信息检索
Yixue Wenxian Xinxi Jiansuo
第 4 版

主　　编：罗爱静　于双成
出版发行：人民卫生出版社（中继线 010-59780011）
地　　址：北京市朝阳区潘家园南里 19 号
邮　　编：100021
E - mail：pmph @ pmph.com
购书热线：010-59787592　010-59787584　010-65264830
印　　刷：北京顶佳世纪印刷有限公司
经　　销：新华书店
开　　本：850×1168　1/16　印张：19
字　　数：562 千字
版　　次：2005 年 8 月第 1 版　2024 年 2 月第 4 版
印　　次：2025 年 5 月第 2 次印刷
标准书号：ISBN 978-7-117-35949-8
定　　价：68.00 元

打击盗版举报电话：010-59787491　E-mail：WQ @ pmph.com
质量问题联系电话：010-59787234　E-mail：zhiliang @ pmph.com
数字融合服务电话：4001118166　E-mail：zengzhi @ pmph.com

编 者

（以姓氏笔画为序）

于双成（吉林大学）

马 路（首都医科大学）

王虹菲（大连医科大学）

仇晓春（上海交通大学）

史继红（哈尔滨医科大学）

任慧玲（中国医学科学院医学信息研究所）

向 菲（华中科技大学同济医学院）

余恩琳（汕头大学医学院）

宋余庆（江苏大学）

罗爱静（中南大学湘雅二医院）

周旭毓（中山大学）

周晓政（南京医科大学）

赵文龙（重庆医科大学）

胡德华（中南大学）

袁永旭（山西医科大学）

夏 旭（南方医科大学）

崔 雷（中国医科大学）

符礼平（复旦大学）

谢志耘（北京大学）

编写秘书

戴萍萍（中南大学湘雅三医院）

数字编委

（数字编委详见二维码）

数字编委名单

融合教材阅读使用说明

　　融合教材即通过二维码等现代化信息技术,将纸书内容与数字资源融为一体的新形态教材。本套教材以融合教材形式出版,每本教材均配有特色的数字内容,读者在阅读纸书的同时,通过扫描书中的二维码,即可免费获取线上数字资源和相应的平台服务。

本教材包含以下数字资源类型

课件　视频　微课　思考题解析　习题

获取数字资源步骤

①扫描封底红标二维码,获取图书"使用说明"。

②揭开红标,扫描绿标激活码,注册/登录人卫账号获取数字资源。

③扫描书内二维码或封底绿标激活码随时查看数字资源。

④登录 zengzhi.ipmph.com 或下载应用体验更多功能和服务。

APP 及平台使用客服热线　　**400-111-8166**

读者信息反馈方式

　　欢迎登录"人卫e教"平台官网"medu.pmph.com",在首页注册登录(也可使用已有人卫平台账号直接登录),即可通过输入书名、书号或主编姓名等关键字,查询我社已出版教材,并可对该教材进行读者反馈、图书纠错、撰写书评以及分享资源等。

全国高等学校八年制及"5+3"一体化临床医学专业
第四轮规划教材 修订说明

为贯彻落实党的二十大精神,培养服务健康中国战略的复合型、创新型卓越拔尖医学人才,人卫社在传承20余年长学制临床医学专业规划教材基础上,启动新一轮规划教材的再版修订。

21世纪伊始,人卫社在教育部、卫生部的领导和支持下,在吴阶平、裘法祖、吴孟超、陈灏珠、刘德培等院士和知名专家亲切关怀下,在全国高等医药教材建设研究会统筹规划与指导下,组织编写了全国首套适用于临床医学专业七年制的规划教材,探索长学制规划教材编写"新""深""精"的创新模式。

2004年,为深入贯彻《教育部 国务院学位委员会关于增加八年制医学教育(医学博士学位)试办学校的通知》(教高函〔2004〕9号)文件精神,人卫社率先启动编写八年制教材,并借鉴七年制教材编写经验,力争达到"更新""更深""更精"。第一轮教材共计32种,2005年出版;第二轮教材增加到37种,2010年出版;第三轮教材更新调整为38种,2015年出版。第三轮教材有28种被评为"十二五"普通高等教育本科国家级规划教材,《眼科学》(第3版)荣获首届全国教材建设奖全国优秀教材二等奖。

2020年9月,国务院办公厅印发《关于加快医学教育创新发展的指导意见》(国办发〔2020〕34号),提出要继续深化医教协同,进一步推进新医科建设、推动新时代医学教育创新发展,人卫社启动了第四轮长学制规划教材的修订。为了适应新时代,仍以八年制临床医学专业学生为主体,同时兼顾"5+3"一体化教学改革与发展的需要。

第四轮长学制规划教材秉承"精品育精英"的编写目标,主要特点如下:

1. 教材建设工作始终坚持以习近平新时代中国特色社会主义思想为指导,落实立德树人根本任务,并将《习近平新时代中国特色社会主义思想进课程教材指南》落实到教材中,统筹设计,系统安排,促进课程教材思政,体现党和国家意志,进一步提升课程教材铸魂育人价值。

2. 在国家卫生健康委员会、教育部的领导和支持下,由全国高等医药教材建设研究学组规划,全国高等学校八年制及"5+3"一体化临床医学专业第四届教材评审委员会审定,院士专家把关,全国医学院校知名教授编写,人民卫生出版社高质量出版。

3. 根据教育部临床长学制培养目标、国家卫生健康委员会行业要求、社会用人需求,在全国进行科学调研的基础上,借鉴国内外医学人才培养模式和教材建设经验,充分研究论证本专业人才素质要求、学科体系构成、课程体系设计和教材体系规划后,科学进行的,坚持"精品战略,质量第一",在注重"三基""五性"的基础上,强调"三高""三严",为八年制培养目标,即培养高素质、高水平、富有临床实践和科学创新能力的医学博士服务。

4. 教材编写修订工作从九个方面对内容作了更新：国家对高等教育提出的新要求；科技发展的趋势；医学发展趋势和健康的需求；医学精英教育的需求；思维模式的转变；以人为本的精神；继承发展的要求；统筹兼顾的要求；标准规范的要求。

5. 教材编写修订工作适应教学改革需要，完善学科体系建设，本轮新增《法医学》《口腔医学》《中医学》《康复医学》《卫生法》《全科医学概论》《麻醉学》《急诊医学》《医患沟通》《重症医学》。

6. 教材编写修订工作继续加强"立体化""数字化"建设。编写各学科配套教材"学习指导及习题集""实验指导/实习指导"。通过二维码实现纸数融合，提供有教学课件、习题、课程思政、中英文微课，以及视频案例精析（临床案例、手术案例、科研案例）、操作视频/动画、AR模型、高清彩图、扩展阅读等资源。

全国高等学校八年制及"5+3"一体化临床医学专业第四轮规划教材，均为国家卫生健康委员会"十四五"规划教材，以全国高等学校临床医学专业八年制及"5+3"一体化师生为主要目标读者，并可作为研究生、住院医师等相关人员的参考用书。

全套教材共48种，将于2023年12月陆续出版发行，数字内容也将同步上线。希望得到读者批评反馈。

全国高等学校八年制及"5+3"一体化临床医学专业
第四轮规划教材 序言

"青出于蓝而胜于蓝",新一轮青绿色的八年制临床医学教材出版了。手捧佳作,爱不释手,欣喜之余,感慨千百位科学家兼教育家大量心血和智慧倾注于此,万千名医学生将汲取丰富营养而茁壮成长,亿万个家庭解除病痛而健康受益,这不仅是知识的传授,更是精神的传承、使命的延续。

经过二十余年使用,三次修订改版,八年制临床医学教材得到了师生们的普遍认可,在广大读者中有口皆碑。这套教材将医学科学向纵深发展且多学科交叉渗透融于一体,同时切合了"环境-社会-心理-工程-生物"新的医学模式,秉持"更新、更深、更精"的编写追求,开展立体化建设、数字化建设以及体现中国特色的思政建设,服务于新时代我国复合型高层次医学人才的培养。

在本轮修订期间,我们党团结带领全国各族人民,进行了一场惊心动魄的抗疫大战,创造了人类同疾病斗争史上又一个英勇壮举!让我不由得想起毛主席《送瘟神二首》序言:"读六月三十日人民日报,余江县消灭了血吸虫,浮想联翩,夜不能寐,微风拂煦,旭日临窗,遥望南天,欣然命笔。"人民利益高于一切,把人民群众生命安全和身体健康挂在心头。我们要把伟大抗疫精神、祖国优秀文化传统融会于我们的教材里。

第四轮修订,我们编写队伍努力做到以下九个方面:

1. 符合国家对高等教育的新要求。全面贯彻党的教育方针,落实立德树人根本任务,培养德智体美劳全面发展的社会主义建设者和接班人。加强教材建设,推进思想政治教育一体化建设。

2. 符合医学发展趋势和健康需求。依照《"健康中国2030"规划纲要》,把健康中国建设落实到医学教育中,促进深入开展健康中国行动和爱国卫生运动,倡导文明健康生活方式。

3. 符合思维模式转变。二十一世纪是宏观文明与微观文明并进的世纪,而且是生命科学的世纪。系统生物学为生命科学的发展提供原始驱动力,学科交叉渗透综合为发展趋势。

4. 符合医药科技发展趋势。生物医学呈现系统整合/转型态势,酝酿新突破。基础与临床结合,转化医学成为热点。环境与健康关系的研究不断深入。中医药学守正创新成为国际社会共同的关注。

5. 符合医学精英教育的需求。恪守"精英出精品,精品育精英"的编写理念,保证"三高""三基""五性"的修订原则。强调人文和自然科学素养、科研素养、临床医学实践能力、自我发展能力和发展潜力以及正确的职业价值观。

6. 符合与时俱进的需求。新增十门学科教材。编写团队保持权威性、代表性和广泛性。编写内容上落实国家政策、紧随学科发展、拥抱科技进步、发挥融合优势,体现我国临床长学制办学经验和成果。

7. 符合以人为本的精神。以八年制临床医学学生为中心,努力做到优化文字:逻辑清晰,详略有方,重点突出,文字正确;优化图片:图文吻合,直观生动;优化表格:知识归纳,易懂易记;优化数字内容:网络拓展,多媒体表现。

8. 符合统筹兼顾的需求。注意不同专业、不同层次教材的区别与联系,加强学科间交叉内容协调。加强人文科学和社会科学教育内容。处理好主干教材与配套教材、数字资源的关系。

9. 符合标准规范的要求。教材编写符合《普通高等学校教材管理办法》等相关文件要求,教材内容符合国家标准,尽最大限度减少知识性错误,减少语法、标点符号等错误。

最后,衷心感谢全国一大批优秀的教学、科研和临床一线的教授们,你们继承和发扬了老一辈医学教育家优秀传统,以严谨治学的科学态度和无私奉献的敬业精神,积极参与第四轮教材的修订和建设工作。希望全国广大医药院校师生在使用过程中能够多提宝贵意见,反馈使用信息,以便这套教材能够与时俱进,历久弥新。

愿读者由此书山拾级,会当智海扬帆!

是为序。

中国工程院院士
中国医学科学院原院长　刘德培
北京协和医学院原院长
二〇二三年三月

主 编 简 介

罗爱静

　　湖南常德人,中共党员,医学博士,二级教授,博士生导师,中南大学湘雅二医院原党委书记,享受国务院政府特殊津贴专家,湖南省"225"工程医学学科领军人才,湖南省"121"创新人才培养工程人选。湖南省政协第十一届、第十二届委员。中华医学会医学信息学分会副主任委员,中国卫生信息学会常务委员,医学信息研究湖南省普通高等学校重点实验室等4个省级平台的主任委员。主要学术研究方向为卫生信息管理、医药信息检索。担任国家精品课程"文献信息检索"负责人;主持国家社会科学基金重点项目、一般项目3项,主持教育部博导基金、教育部人文社会科研研究项目等国家、部、省、厅级研究项目40余项;发表论文200余篇,SCI/SSCI论文40余篇,CSCD/CSSCI论文80余篇。

　　主编"十五"至"十四五"国家级规划教材、八年制临床医学专业国家卫生健康委员会规划教材、全国高等医药院校统编教材等10余部;获国家部委、湖南省科技进步奖多项,湖南省科技信息工作突出贡献奖获得者。

主编简介

于双成

　　医学博士,吉林大学公共卫生学院教授,吉林大学特聘"匡亚明学者"英才教授,吉林大学白求恩名师,吉林大学教学示范教师;长春市师德标兵、吉林省教学名师、教育部医学人文素质和全科医学教学指导委员会委员;吉林省优秀教学团队负责人、吉林省省级精品课负责人;《医学与哲学》《医学与社会》和《临床肝胆病杂志》编委。

　　从事教学工作40余年来,先后主讲"医学文献检索"和"医学科研导论"两门医学方法学课程,在文献检索、医学方法学和医学教育等领域发表论文150余篇,主编或参编教材和专著20余部。

副主编简介

马 路

教授,博士生导师。1969年6月出生于江西省九江市。现任首都医科大学国际交流与合作处处长、港澳台事务办公室主任。兼任中国中西医结合学会第四届信息专业委员会副主任委员,中华预防医学会预防医学信息专业委员会第六届委员会副主任委员,中国图书馆学会第十届学术委员会图书馆管理专业组委员,中国高等教育学会引进国外智力工作分会第五届理事会理事,《图书情报工作》《中华医学图书情报杂志》《中国中医药图书情报杂志》等学术期刊编委。

从事医学文献检索与教学工作31年,主持、参与多项教育部、北京市教委科研课题,编写教材24部,发表论文80余篇。

王虹菲

研究馆员,大连医科大学图书馆馆长。辽宁省医学会医学信息学分会第四届主任委员,中国中西医结合学会信息专业委员会常务委员,CALIS全国医学文献信息中心学术委员会委员,辽宁省图书馆学会常务理事,大连图书馆学会副理事长。

从事教学工作30余年,主要研究方向为图书馆管理学、数据库建设、信息素养教育等。特别在图书馆数字资源建设、医学文献信息检索、学科分析、医学图书馆建设与管理方面积累了一定的理论及实践经验。发表中外论文30余篇,主编和参编医学文献信息检索教材10余部。

副主编简介

周晓政

南京医科大学图书馆研究馆员。从事医学图书馆文献信息集合整理、传播工作近40年，长期从事文献信息检索与利用工作，2012年被评为长三角地区（苏、沪、浙、闽四地）优秀科技情报工作者。

参与国家自然科学基金和社会科学基金项目各一项。1984年起从事"医学文献信息检索与利用"课程教学至今，主持江苏省"医学文献信息检索与利用"课程重点教材建设项目一项。主编或参编国家级、省部级医学文献信息检索与利用课程教材10余部，发表相关核心期刊论文10余篇。

前　言

习近平总书记指出,教材建设是育人育才的重要依托,体现国家意志,是国家事权。《医学文献信息检索》(第4版)作为我国高等学校八年制及"5+3"一体化临床医学专业"十二五"普通高等教育本科国家级规划教材、国家卫生健康委员会"十四五"规划教材,旨在立足培养医学生信息素养,开拓知识共享空间。自2005年7月本教材初版以来,被全国多所高等院校使用,在医学文献信息检索领域具有一定的知名度和较高的学术价值,并被全国多家高校及科研院所馆藏收录,为新时代高层次、创新医学人才培养作出了贡献。

作为医学方法学课程的"医学文献信息检索",旨在培养医学生信息意识、信息能力、信息道德、创新能力和终身学习能力;该课程的学习可扩大医学生视野,培养医学生创新性思维,是推动我国高层次、创新医学人才培养的重要举措。

在进一步推进医学教育改革与发展、深化医教协同的时代要求与背景下,为积极推动健康中国战略,树立"新医科"理念,适应医学科学和临床研究迅速发展,适应临床医学八年制及"5+3"一体化教学改革,适应思想政治教育与医学人文教育紧密结合,培养科学知识、创新思维、实践能力和人文素养贯穿的"顶天立地"的医学人才,结合时代需求适时给予该教材更新和修订势在必行。

本版教材的更新和修订以习近平新时代中国特色社会主义思想为指导,以新理念、新定位、新内涵为基本原则,以建设健康中国、促进学科融合、提高全民信息素养为目标,集前三版之精华的基础上再次打磨,突出了课程思政建设与劳动素养教育,更新了信息理论和信息技术变革相关知识,增加了辅助学习的资源,强化了对医学生学习的辅助作用,补充了公共卫生信息资源检索、预印本等内容,新增了医学论文写作与投稿。同时,本版教材还配有数字资源,包括教学课件、案例精析视频、思考题解题思路、目标测试等。在教材的编写过程中,我们努力做到富于创新、敢于挑战、力求突破。

本版教材有以下突出特点:

1. 突出"三高"(高标准、高起点、高要求)、"三基"(基本理论、基本知识、基本技能)、"三严"(严肃的态度、严谨的要求、严密的方法)。全面系统介绍医学文献信息检索的基本原理、基本理论、技术方法。基于高层次、拔尖创新医学人才培养要求,体现文献检索课程方法学特点,本着理论与实践并重,深度与广度兼顾,检索与利用互动的原则;沿着检索知识、检索技能、信息思维这一轴线选择和组织内容。在第3版教材内容的基础上修订和更新,确保概念准确、内容精准,更好地体现教材的科学性、启发性、逻辑性;注重学科交叉与协调,删除重复内容,化繁为简,优化文字表达,确保教材内容重点突出,文字简洁,详略有方,逻辑清晰。

2. 突出"信息素养"教育中国模式的探索。在全球信息化的背景下,"信息素养"是一种适应社会的基本能力,也是全球医学教育的基本要求,"医学文献信息检索"课程以提高医学生"信息素养"为目标,培养具有综合素质和发展潜能的高层次人才。本版教材增加了当前国内外信息素养的教育实践情况,从中汲取了开展信息素养教育的宝贵经验,探索中国式信息素养教育之路。

3. 突出前沿技术与创新成果的应用。教材内容力求符合继承发展、与时俱进的时代需求,适时反映信息检索理论与技术的最新进展,而且紧随信息技术和生物医学科学的迅猛发展,删除了一些过时的内容,并增加一些新内容。

4. 突出编排方式与阐释手段创新。教材内容编排上循序渐进,理论与实际相结合,采用以问题为基础的教学方法;坚持统筹兼顾、协调发展,丰富配套数字资源,强化现代信息技术与医学教育教学的深度融合,充分发挥多媒体优势,帮助学生快捷直观地掌握文献资源的检索方法,探索智能医学教育新形态,增加趣味性、针对性和启发性。

5. 突出实践意识和劳动素养。本教材立足线上、线下两个基本点,实现教学内容、教学方法、教学手段、考核方式等有机融合,以课程思政为主线,以问题驱动为经线,以信息素养为纬线,重点培养医学生针对具体医学问题查找、评价并选择利用世界范围内最新、最可靠的医学证据,指导科学研究和临床实践的能力;强调基础知识、实践能力、劳动素养全方位提升。

本版教材的编写团队在原有成员基础上吸收了新鲜血液,更加凸显权威性和代表性,云集了中南大学、吉林大学、首都医科大学、大连医科大学、南京医科大学、北京大学、复旦大学、上海交通大学、中山大学、中国医学科学院、江苏大学、中国医科大学、重庆医科大学、哈尔滨医科大学、南方医科大学、山西医科大学、汕头大学、华中科技大学全国 18 所著名的高等院校的专家教授。本书遵循医学发展新趋势和健康中国战略需求,聚集了各位专家的智慧、经验和成果,坚持"精品战略,质量第一"的编写宗旨。在此,对各位编者所付出的辛勤劳动表示感谢。本书也得到了国家卫生健康委员会、中南大学湘雅二医院和各位编者所在单位的大力支持,在此表示诚挚的感谢。

同时,也感谢被引用的各种参考文献的作者,是这些研究成果为本版教材增光添彩,奠定了编写基础。由于时间仓促,能力有限,书中难免存在不当之处,恳请广大师生和读者指正和赐教。

罗爱静　于双成

2023 年 4 月

目　录

绪　　论

医学科学的发展和医疗服务的深化,均以有效获取与利用现有知识信息为前提。因此,统领和驾驭医学文献信息的信息素养被视为高素质医学人才形成和发展的重要基础。医学文献信息检索,作为一门科学方法课程,着力于培养医学生的信息意识,获取文献信息方法和技能,以及蕴含于信息行为活动中的信息道德修养。本章内容旨在帮助学生知晓高层次医学人才的知识能力要求,了解课程的性质与作用、目标与任务,熟练掌握信息素养与健康信息素养的内涵与发展,并结合自身制定学习目标与计划。

第一节　医学文献信息检索课程的性质与作用、目标与任务

一、高层次医学人才的知识能力要求

世界卫生组织阿拉木图宣言和世界医学教育爱丁堡宣言均指出:医学教育的最高标准是满足社会的需要。1999 年 6 月 9 日,经纽约中华医学基金会(China Medical Board of New York,CMB)理事会批准资助,成立了国际医学教育专门委员会(Institute for International Medical Education,IIME)。IIME通过收集和研究世界各国医学教育的要求和标准,于 2001 年制定出全球医学教育最基本标准,即《全球医学教育最低基本要求》(*Global Minimum Essential Requirement Medical Education*),主要包括 7个宏观领域:职业价值、态度、行为和伦理;医学科学基础知识;沟通技能;临床技能;群体健康和卫生系统;信息管理;批判性思维和研究。世界医学教育联合会(World Federation for Medical Education,WFME)发布的《本科医学教育质量改进全球标准(2015 修订版)》根据医学教育结构和过程中明确的组成部分及具体方面,制定了与操作指标相对应的具体标准。其中,在教育资源领域专门开辟信息技术亚领域,指出使用信息和通信技术是循证医学教育、继续医学教育与职业发展、终身学习必备的能力,师生们应当能够利用信息和通信技术进行自学、获取信息、治疗管理患者及开展卫生保健工作。

医学教育具有精英教育的性质,在国际上医学教育多以长学制教育为主。医学生的来源类型主要有两种:一种是以美国为代表的北美洲国家,这些国家的医学生均来自已经完成 3~4 年大学本科教育的预科生或毕业生;另一种是以法国、英国、德国、俄罗斯和日本为代表的国家,这些国家的医学生一般均从高中毕业生中选拔,实行一贯制教育。不同层次医学院校的培养目标在总的人才培养目标下也不同,如哈佛大学培养目标:创造和培育优秀的多元化社会人才,致力于减轻人们因疾病所造成的痛苦;杜克大学培养目标:培养未来的临床和科研领导型人才。

随着我国医疗卫生事业的不断发展,为积极推动健康中国战略,加强医学人才培养已成为提高医疗卫生服务水平的基础工程,是深化医药卫生体制改革的重要任务,推进健康中国建设的重要保障。近年来,我国实行了一系列深化医教协同和推进临床医学教育改革、实质性推进医学人才培养工作的重大举措;临床医学八年制和 "5+3" 一体化是我国当前高层次医学人才的主体,培养思想政治教育与医学人文教育紧密结合,科学知识、创新思维、实践能力和人文素养贯穿的 "顶天立地" 医学人才,是我国当前医学教育改革与发展的时代要求。2004 年我国恢复试办八年制医学教育,这种学制代表了当前医学教育的最高层次,学生毕业时可获得医学博士(medical doctor,M.D.)学位。经过这种模

式培养出来的毕业生应是高素质、厚基础、宽口径、创新能力强和有独立研究能力的高层次复合型人才。2015年,教育部决定将七年制临床医学专业调整为"5+3"一体化临床医学专业,实施一体化培养。目前,一体化人才培养已成为培养高水平、高素质临床医师的重要途径,是标准化、规范化临床医学人才培养体系的重要组成部分,是推进医学教育综合改革的重要内容。教育部明确提出,"5+3"一体化人才培养的目标是:加强医教协同,适应我国卫生健康事业发展需要,培养具有良好职业道德、人文素养和专业素质,掌握坚实的医学基础理论、基本知识和基本技能,具备较强的临床思维、临床实践能力,以及一定的临床科学研究和临床教学能力,能独立、规范地承担本专业和相关专业的常见多发病的预防和诊治工作的高水平、高素质临床医师。

根据教育部提出的"八年一贯、整体优化、强化基础、注重临床、培养能力、提高素质"培养原则,各院校都制定了八年制临床医学的培养目标,提出了高素质医学人才的知识能力结构要求,强调了以下几个方面:①有较宽厚的人文和自然科学素养;②有较高的医学理论水平;③有较高的临床医学实践能力和科研素质;④有较强的自我发展能力和发展潜力;⑤有很强的社会适应性,有较好的沟通技能和与他人(包括国际)交流、协作能力;⑥有正确的职业价值观和较高的综合素质。

二、医学文献信息检索课程的性质与作用

高等医学人才的培养任重而道远,随着社会信息化的发展,医学文献信息检索课程作为一门医学方法学课程,在高等医学人才的综合素质培养中起着举足轻重的作用。

(一)医学文献信息检索课程的性质

医学文献信息检索隶属于医学方法学范畴;而医学方法学是指源自多学科的方法学知识,分别与医学专业知识相融合而形成的,有助于医学知识获取、利用与产出的工具性学科。医学文献信息检索,正是一门融合情报学、图书馆学与医学专业知识而形成的医学方法课程,其宗旨是增强医学生的信息意识,提高医学生驾驭知识信息的能力素养,掌握医学信息检索的技能。

(二)医学文献信息检索课程与信息素养

20世纪80年代,我国就已经开始重视信息教育,普及信息检索知识。1984年,教育部印发《关于在高等学校开设文献检索与利用课的意见》的通知,从而引发全国各高校开设文献检索课的热潮。2002年1月,教育部高等学校图书情报工作指导委员会在黑龙江大学召开全国高校信息素养教育学术研讨会,会议呼吁各高校重视信息素养教育,提出要加快改革以文献检索课程教学为主体的信息素养教育课程,加强教材建设。

信息素养(information literacy,IL)是指判断何时需要信息,并有效地定位、获取、评价和利用信息,并致力于终身学习的一系列能力的总和。培养和提高医学生的信息素养,使其善于检索和利用信息与知识,实现信息和知识效用的最大化。因此,培养高层次医学人才的信息素养,提高医学人才的信息意识、信息检索能力、信息分析能力、信息利用能力等,是我们开展医学文献信息检索课程的重要任务。

(三)医学文献信息检索课程与终身教育

终身教育(lifelong education)是20世纪50年代末60年代初形成于欧洲的一种国际教育思潮,也是至今依然对国际教育事业产生重大影响的一种教育观念和教育理论。它不仅从宏观上影响着世界各国教育战略的规划,而且从微观上涉及教育理论和实践的各个具体方面。1972年,由联合国教科文组织召集,法国前总理埃德加·富尔主持的国际教育发展委员会会议上提出了题为《学会生存——教育世界的今天和明天》的报告。该报告正式确认了原教科文组织终身教育局局长保罗·朗格朗于20世纪60年代中期提出的终身教育理论。联合国教科文组织还提出,教育已扩大到一个人的整个一生,认为只有全面的终身教育才能够培养完善的人,可以防止知识老化,不断更新知识,适应当代信息社会发展的需求。近年来,终身教育观念日益深入人心。我国教育部在《教育信息化十年发展规划(2011—2020年)》中提出,继续教育信息化是建设终身学习体系的重要支撑,为实现我国继续教育信息化的重要目标,分三个层次推进继续信息化教育:①推进继续教育数字资源建设与共享;②加快信息化终身学习公共服务体系建设;③加强继续教育公共信息管理与服务平台建设,推进开放

大学建设,面向全社会提供服务,为学习者提供方便、灵活、个性化的信息化学习环境,促进终身学习体系和学习型社会建设。我国"十四五"规划和2035年远景目标纲要中也提出:要把提升国民素质放在突出重要位置,促进人的全面发展,要完善终身学习体系,建设学习型社会。

信息检索是终身教育的基础。学校培养学生的目标是提升学生能力:包括自学能力、研究能力、思维能力、表达能力和组织管理能力。医学是一个知识密集型的学科,更应该时时更新所学知识,以适应现实需求。医学文献信息检索与终身教育息息相关。具备医学文献信息检索能力的医学生进入社会后,在工作中可以及时跟踪、掌握医学科技发展的最新动态,获取各种重要医学信息和最新医疗技术,拓展知识面,调整知识结构,创新诊疗工作。因而,医学文献信息检索素质是学生投身社会后延伸教育和终身教育的基础。

(四) 医学文献信息检索课程与医学创新人才培养

习近平同志在2014年中国科学院第十七次院士大会、中国工程院第十二次院士大会上强调:"实现中华民族伟大复兴,人才越多越好,本事越大越好。知识就是力量,人才就是未来。我国要在科技创新方面走在世界前列,必须在创新实践中发现人才、在创新活动中培育人才、在创新事业中凝聚人才,必须大力培养造就规模宏大、结构合理、素质优良的创新型科技人才。"创新型科技人才必须具备创造性思维。创造性思维是指人在实践学习中,根据自己的目标展示出来的一种主动、独创、富有新颖特点的思维方式,它是在原有经验和所学知识的基础上进行合理性和突破性的创造组合,形成新的概念或新的成果。

为适应新一轮科技革命和产业变革的要求,国家提出了从治疗为主到兼具预防治疗、康养的生命健康全周期医学的新理念,即新医科,探索符合新时代需求的新医科人才培养体系对于医学教育改革至关重要。2018年,教育部、国家卫生健康委员会、国家中医药管理局发布了《关于加强医教协同实施卓越医生教育培养计划2.0的意见》(以下简称《意见》),指出要深化拔尖创新医学人才培养改革,夯实医学生全面发展的宽厚基础,提升医学生临床综合能力,培育医学生临床科研潜质,拓宽医学生国际视野,培养少而精、高层次、高水平、国际化的医学未来领军人才;深入推进"医学+X"复合型高层次医学人才培养改革,主动应对国际医学竞争,瞄准医学科技发展前沿,对接精准医学、转化医学、新兴医学、卓越医学、智能医学新理念,大力促进医学与理科、工科等多学科交叉融通,开展"医学+X"复合型高层次医学人才培养改革试点,培养多学科背景的复合型高层次医学人才。

有教育专家指出,所谓"新医科"实际上就是高等医学教育的改革开放,是一个打破传统和常规模式的探索改革。新医科的主要特点是交叉融合,且均与大数据、人工智能为代表的新技术有关,不再单独以一个学科为依托而是整合了现代化手段。创新医学人才应具有医学认知能力和医学创新能力。医学认知能力是指以良好的医学知识结构为基础、以医学的科学精神和人文情怀为准绳、以正确方式方法的运用为前提、以发现和解析问题为特征的,揭示生命本质与疾病规律的认知能力。医学创新能力是指创新医学知识、发展医学科学的认知能力,是基于医学认知能力基础之上的进一步升华。医学认知能力和医学创新能力的形成都离不开医学文献信息检索等医学方法学课程的支撑。

为树立"大健康"理念,深化医教协同,培养一流医学人才,服务健康中国建设,《意见》指出要全面加强德医双修的素质能力培养,把德育作为医学人才培养的首要内容,将思想政治教育和职业素养教育贯穿教育教学全过程,着力培养学生"珍爱生命、大医精诚"的救死扶伤精神,实现素质教育与专业教育的有机结合,增加学生所学知识的深度和广度,激发学生创新思维;加强学生交流沟通能力的培养,提升学生促进健康和解决临床实际问题的能力、批判性思维能力、信息管理能力以及终身学习能力。医学文献信息检索课程正是旨在培养学生信息意识、信息能力、信息道德、创新能力和终身学习能力。因而,通过医学文献信息检索课程的学习,扩大学生视野,培养学生创新性思维,是推动我国高层次、创新医学人才培养的重要举措。

三、医学文献信息检索课程的目标与任务

国家教委曾分别于1984年、1985年、1992年3次以文件的形式督促各高校开设文献检索与利用

课程,并指出该课程的目的是使大学生和研究生增强情报意识,初步掌握利用文献与情报技能;该课程对人们不断吸收新知识,改善知识结构、提高自学能力和研究能力,发挥创造才能都具有重要的意义。在 2002 年修订的《普通高等学校图书馆规程》中也规定图书馆通过开设文献信息检索与利用课程以及其他手段,进行信息素质教育。2015 年新修订的《普通高等学校图书馆规程》中也指出应重视开展信息素质教育,采用现代教育技术,加强信息素质课程体系建设。医学文献检索与利用课程正是信息素质课程体系的核心部分。因而,医学文献信息检索课程是一门非常重要的课程。

(一) 医学文献信息检索课程的目标

2010 年 11 月,全国医学文献检索教学研究会明确了医学文献检索课程教学及学科建设应遵循的基本理念是:顺应信息时代的发展,即我们所处的信息环境的变化;顺应信息技术的发展,即满足信息需求的技术支撑;顺应医学科学的发展,即医学文献检索课程乃至医学信息服务的专业领域;顺应科学研究模式的发展,即如何为知识利用与创新提供有效服务;顺应医学教育改革的发展,即致力于培养创新型医学人才;将医学文献检索课程及其教学,真正融入整个医学教育教学体系之中。

作为医学方法学课程的医学文献信息检索,旨在培养学生的信息意识、信息能力和信息道德,掌握文献信息检索的基本理论、基本知识和基本技能,培养学生的检索、筛选、分析、评价、管理和综合利用文献信息的能力、创新能力和终身学习能力,在课程目标上必须注重两个强化,即核心概念与原理、关键技术与技能。对于理论层面的核心概念,不是单纯的重复性表述;对于基本原理,也不是抽象性阐述其内涵;对于实践层面的关键技术与操作,不是单纯地、反复性地重复演示、重复练习;而是将概念的内涵渗透在原理的阐述之中,原理的理论解析体现于技术的操作之中,在程序性的技术操作中深化对理论的理解,最终实现将知识内化形成技能。

具体体现在以下几个方面。

1. 培养学生的信息意识,提高学生对文献信息的敏感性,激发学生的信息需求和潜能。

2. 培养学生文献信息检索能力,使学生掌握文献信息资源的特点,灵活运用各种检索策略,高效地检索和获取文献信息。

3. 培养学生筛选、分析、评价文献信息的能力,对获取的文献信息能判断其权威性、可靠性和准确性。

4. 培养学生管理和综合利用文献信息的能力,进而激发学生的创新能力,达到终身学习的目的。

5. 培养学生自觉遵循学术规范、信息道德和信息法规。

(二) 医学文献信息检索课程的任务

医学文献信息检索课程的主要任务是通过学习信息检索的基础知识和基本技能,掌握常用医学信息资源数据库的使用方法,能够快速、准确地从各种医学信息资源中获取自己所需要的信息,并进行分析、评价和有效利用,从而使医学生的医学认知能力和医学创新能力得到提升。

(三) 医学文献信息检索课程的内容体系

医学文献信息检索课程的内容由文献信息检索基础、文献信息检索语言、图书馆信息资源利用、中文文献数据库检索、外文文摘数据库检索、外文全文数据库检索、引文检索、专类信息检索、生物信息数据库检索、网络信息资源检索、文献信息分析与利用以及医学论文写作与投稿 12 个知识模块组成,它们相辅相成,共同构成了全面、系统、科学的教学内容体系。

第二节　信息素养及医学信息素养

一、信息素养的概念

诺贝尔奖获得者赫伯特·亚历山大·西蒙(Herbert Alexander Simon)指出:在过去,拥有知识意味着一个人必须把知识牢记;而现在,由于信息量的增长和信息渠道的扩展,拥有知识则意味着必须知道如何去获取有用信息,占有知识被掌握知识获取途径所取代。塞缪尔·约翰逊(Samuel Johnson)曾经提到:"知识有两种,一种是我们自己知道某主题的知识,而另一种则是我们知道在什么地方能够找到知识的知识"。因此,查找、利用信息的能力直接影响解决问题的能力。

1974 年,美国信息产业协会主席保罗·泽考斯基(Paul Zurkowski)在向美国图书情报学全国委员会提交的一份报告中将信息素养定义为:"所有经过训练的在工作中善于运用信息资源的人即称为具有信息素养的人,他们具有利用多种信息工具及主要信息资源使问题得到解答的技能。" 1992 年《信息素养全美论坛的终结报告》指出,具有信息素养的人,能够认识到精确的和完整的信息是合理决策的基础,确定对信息的需求并基于此形成问题;能够确定潜在信息源,制定成功的检索方案;能够从相应信息源获取、评价、组织信息;能够将新信息与原有知识体系进行融合,以及在批判性思考和问题解决的过程中使用信息。

进入 21 世纪,随着信息技术逐渐深入人们的生产生活,信息素养概念的深度和广度得到了进一步延伸与发展。2008 年,联合国教科文组织(UNESCO)在《面向信息素养的指标》报告中提出,信息素养是指人们辨别信息需求、评价信息价值、存储和回溯信息、有效且合理地使用信息以及利用信息进行知识创新和交流的能力。2015 年,美国大学与研究型图书馆协会(Association of College and Research Libraries,ACRL)将信息素养定义为批判性思考信息、了解信息的产生与价值、利用信息创造新知识以及合理参与学习社区的一系列综合能力。2018 年,我国教育部高校图工委信息素养教育工作组发布了《关于进一步加强高等学校信息素养教育的指导意见》,文件指出信息素养是指以辩证式思维有效认知、查询、获取、利用和交流信息,促进学习、研究和创新的一种综合能力。2021 年,我国教育部发布的《高等学校数字校园建设规范(试行)》将信息素养定义为:个体恰当利用信息技术来获取、整合、管理和评价信息,理解、建构和创造新知识,发现、分析和解决问题的意识、能力、思维及修养。

当前,信息素养常被称作信息素质、信息文化、信息能力、资讯素养,还有一些更新的概念如数字素养、数据素养、媒介素养等与之亦有关联。目前,信息素养可以定义为在信息伦理框架下从各种信息源中检索、评价和利用信息的意识和能力,是信息社会公民必须掌握的终身技能。

二、信息素养教育及评价标准

(一)国内外信息素养教育

1. 国外信息素养教育 信息素养教育起源于图书馆利用教育,是其在 20 世纪 70 年代后半期到达的新阶段。从信息素养发展脉络分析,其教育大致分为三个阶段:

(1)萌芽阶段(1980—1989 年):标志性事件是 1987 年美国图书馆协会成立了信息素养教育委员会,目的是明确信息素养在学生学习、终身教育和成为一个良好公民过程中的作用,设计在正式或非正式学习环境下的信息素质教育模型,决定继续教育和教育培养的发展方向。

(2)探索阶段(1990—1999 年):1990 年,美国国家信息素养论坛(the National Forum on Information Literacy)成立,部分大学制定了信息素养教育计划,持续推动着信息素养教育发展。

(3)发展阶段(2000 年至今):这一阶段信息素养教育得到突飞猛进的发展,标志性事件是 2000 年 1 月美国大学与研究型图书馆协会(ACRL)通过了《高等教育信息素养能力标准》,促使美国大学开设了一系列信息素养教育课程。

2003 年,联合国教科文组织(UNESCO)在布拉格召开的首届信息素养专家会议发布了布拉格宣言"走向信息素养社会"。2005 年,国际图书馆协会联合会(IFLA)和 UNESCO 在埃及发表了《信息社会灯塔:关于信息素养和终身学习的亚历山大宣言》。2011 年,UNESCO、联合国文明联盟(United Nations Alliance of Civilizations,UNAOC)发布了《关于媒介与信息素养的菲斯宣言》。2012 年 4 月,IFLA 发布《哈瓦那宣言》(包含 15 项信息素养行动),同年 6 月,UNESCO、IFLA 发布了《关于媒介与信息素养的莫斯科宣言》。2014 年 8 月,IFLA 等发布了《信息获取与发展里昂宣言》。2016 年 6 月,UNESCO 与欧盟委员会(European Commission)发布了《不断变化的媒介与信息背景下关于媒介与信息素养的里加建议》。一系列宣言和建议的提出,从将信息素养界定为终身学习的基本人权入手,广泛讨论了信息素养教育的各个环节和要求,标志着全球范围内对信息素养教育重要性的认识已经达成了广泛共识。

2. 国内信息素养教育　我国高校的信息素养教育最早可以追溯到 1981 年《人民日报》刊载的刘毅夫、潘树广关于《建议在高校开设文献检索课》的文章;1984 年教育部印发《关于在高等学校开设文献检索与利用课的意见》,规定高等学校都应该开设该课程,并突出图书馆在教学中的作用;1985年教育部下达《关于改进和发展文献课教学的几点意见》;1992 年 5 月国家教委再次印发了《文献检索课教学基本要求》,促使各高校着手制定教学大纲,为课程发展奠定了基础。2002 年 1 月,首届"全国高校信息素质教育学术研讨会"在哈尔滨市召开,标志着"文献检索课"向"信息素质教育课"的转型。

2015 年教育部发布的《普通高等学校图书馆规程》第三十一条规定,"图书馆应重视开展信息素质教育,采用现代教育技术,加强信息素质课程体系建设,完善和创新新生培训、专题讲座的形式和内容"。2018 年教育部、财政部和国家发展改革委印发的《关于高等学校加快"双一流"建设的指导意见》指出要"全面提升师生信息素养",同年发布的《关于进一步加强高等学校信息素养教育的指导意见》对信息素养教育的内容、形式、评估、条件与实施进行了规定。2021 年,《高等学校数字校园建设规范(试行)》指出,高等学校应积极开展信息素养培养,融合线上与线下教育方式,不断拓展教育内容,开展以学分课程为主、嵌入式教学和培训讲座为辅、形式多样的信息素养教育活动,再一次为文献检索课程融入信息素养教育内容提供了政策性依据。

(二) 信息素养评价标准

自 1989 年起,ACRL 就开始为学术型图书馆拟定信息素养标准及指导方针,并于 2000 年颁布了《高等教育信息素养能力标准》(*Information Literacy Competency Standards for Higher Education*),该标准共分为 5 项一级指标、22 项执行指标和 87 项参考指标。2015 年 2 月,ACRL 又颁布了《高等教育信息素养框架》(*Framework for Information Literacy for Higher Education*)对该标准进行了更新,其由 6 个要素组成:权威的构建性与情境性、信息创建的过程性、信息的价值属性、探究式研究、对话式学术研究和战略探索式检索。每个要素由 4 个具有相同叙述结构的部分组成:标题、标题概念描述、知识技能和行为方式。此次更新的目的在于将一系列信息、研究和学术方面相互关联的概念和理念融合,形成核心概念体系、技能与行为方式,便于相关机构在高等教育深化发展和信息生态飞速变迁的背景下灵活实施。

此外 ACRL 还出台了一系列针对不同学科或专业的信息素养标准:如 2006 年的《科学与工程技术学科信息素养标准》,2010 年的《心理学信息素养标准》,2011 年的《新闻专业学生和专业人士信息素养标准》,2011 年的《教师教育信息素养标准》以及 2013 年的《护理学信息素养标准》等。

UNESCO 也基于媒介与信息素养(media and information literacy,MIL)概念在信息素养教育与评价方面做了大量工作,其发布的 4 个重要指导性成果《媒介与信息素养课程方案教师用书》(2011)、《媒介与信息素养策略与战略指南》(2013)、《全球媒介与信息素养评估框架:国家状况与能力》(2013)和《媒介与信息素养五大法则》(2017),对 MIL 的概念、基本法则、核心要素、能力要求、教育与推广等一系列相关问题进行阐释,为不同国家或地区实施 MIL 计划提供了宏观指导。

2005 年,北京市文献检索研究会制定了比较完整、系统的信息素养评价标准——《北京地区高校信息素质能力指标体系》,该指标体系借鉴了许多 ACRL 标准中的内容,由 7 个维度、19 项标准和 61 条具体指标组成,是目前为止国内较为详细的信息素养评价指标体系;同年,在对我国 41 所高校 1 036 名学生的信息素养综合水平进行深入评价和分析的基础上,中国科学技术信息研究所建立了《高校学生信息素质综合水平评价指标体系》,该指标体系包含 3 个一级指标、15 个二级指标。2008年,我国高校图书馆工作委员会信息素质教育工作组在《北京地区高校信息素质能力指标体系》基础上,修改提出了包含 6 个一级指标、17 个二级指标的《高校大学生信息素质指标体系(讨论稿)》,该指标体系对高校信息素养教育的实施具有较强的指导作用,还为人才的综合素质评价提供了重要依据。《中国教育监测与评价统计指标体系(2020 年版)》首次将"学生信息素养达标率"纳入其中,用于监测和评价全国及各地区学生信息素养水平。

2021年发布的《高等学校数字校园建设规范(试行)》，要求各高等学校应积极开展信息素养培养；并明确指出，高等学校教师和学生的信息素养应从信息意识、信息知识、信息应用能力和信息伦理与安全等4个维度进行规范性评价，并相应提出了28条具体指标。

其中，评价信息意识的指标包括：①具有对信息真伪性、实用性、及时性辨别的意识；②根据信息价值合理分配自己的注意力；③具有利用信息技术解决自身学习生活中出现的问题意识；④具有发现并挖掘信息技术及信息在教学、学习、工作和生活中的作用与价值的意识；⑤具有积极利用信息和信息技术对教学和学习进行优化与创新，实现个人可持续发展的意识；⑥能够意识到信息技术在教学和学习中应用的限制性条件；⑦具有勇于面对、积极克服信息化教学和学习中的困难的意识；⑧具有积极学习新的信息技术，以提升自身信息认知水平的意识。

评价信息知识的具体指标包括：①了解信息科学与技术的相关概念与基本理论知识；②了解当前信息技术的发展进程、应用现状及发展趋势；③了解信息安全和信息产权的基础知识；④掌握学科领域中信息化教学、学习、科研等相关设备、系统、软件的使用方法；⑤了解寻求信息专家(如图书馆员、信息化技术支持人员等)指导的渠道。

信息应用能力评价的主要指标包括：①能够选择合适的查询工具和检索策略获取所需信息，并甄别检索结果的全面性、准确性和学术价值；②能够结合自身需求，有效组织、加工和整合信息，解决教学、学习、工作和生活中的问题；③能够使用信息工具将获取的信息和数据进行分类、组织和保存，建立个人资源库；④能够评价、筛选信息，并将选择的信息进行分析归纳、抽象概括，融入自身的知识体系中；⑤能够根据教学和学习需求，合理选择并灵活调整教学和学习策略；⑥具备创新创造能力，能够发现和提炼新的教学模式、学习方式和研究问题；⑦能够基于现实条件，积极创造、改进、发布和完善信息；⑧能够合理选择在不同场合或环境中交流与分享信息的方式；⑨具备良好的表达能力，能够准确表达和交流信息。

对信息伦理与安全素养进行评价的指标包括：①尊重知识，崇尚创新，认同信息劳动的价值；②不浏览和传播虚假消息和有害信息；③信息利用及生产过程中，尊重和保护知识产权，遵守学术规范，杜绝学术不端；④信息利用及生产过程中，注意保护个人和他人隐私信息；⑤掌握信息安全技能，防范计算机病毒和黑客等攻击；⑥对重要信息数据进行定期备份。

三、医学信息素养的内涵及其演化

(一) 全球医学教育基本要求与医学信息素养

医学，尤其是医学科学研究和临床医疗工作，无时无刻不需要汲取最新的知识信息，具备信息素养对于一名合格的医生非常重要。2001年，国际医学教育专门委员会(IIME)制订的《全球医学教育最低基本要求》，其中条目涉及信息意识、信息道德、信息能力、信息分析与利用、信息管理全过程、信息评价和批判性思维的基本规范。

2015年，世界医学教育联合会(WFME)发布的《本科医学教育质量改进全球标准(2015修订版)》提出医学生毕业时必须具备终身学习的意愿与能力，而医学信息素养是医疗卫生人员终身学习能力的关键组成部分。此外，该标准还在信息技术方面提出：医学院校必须制定并实施相关政策，保证有效并符合伦理地使用并评价适宜的信息和通信技术，确保网络或其他电子媒介可及性；医学院校应当保证师生能够利用现有的信息和通信技术，并开发新技术以独立自主学习、获取信息、管理患者和在医疗服务体制内从业，保障学生能够最大限度地获取患者的相关信息和使用医疗信息系统。

由此可见，信息素养在国际医学教育中具有相当重要的地位。同样，我国也对医学教育中的信息素养教育提出了要求。2016年，教育部、卫生部修订颁布的《本科医学教育标准——临床医学专业》包括了两个部分，第一部分是临床医学专业本科毕业生应达到的基本要求中包括科学和学术领域、临床能力领域、健康与社会领域的信息素养教育；第二部分办学标准中对临床医学本科办学教育资源中的信息技术服务提出了要求。

（二）医学信息素养的内涵

信息素养从内涵而言应该包括信息意识、信息能力和信息道德三个方面。

1. 信息意识   就是主观上对信息具有强烈的知情愿望和高度敏感，具体又可划分为三个方面：领域意识、前沿意识和线索意识。领域意识是指医学生对其所从事的学科或专业领域信息的关注程度；前沿意识是对学科或专业领域及其相关学科或专业领域发展前沿的关注程度；线索意识是对学科或专业领域的再现事件保持记忆，及时关联和发现线索的敏感度。

2. 信息能力   是信息素养的核心，培养医学生的信息能力至关重要。它又体现在以下几个方面。

（1）信息获取能力：指医学生参与各类活动获取信息的能力。包括文献型、实物型和语言型信息获取能力。

（2）信息积累能力：指医学生自觉地、有目的地累积、储备信息的能力。应避免"信息积累就是收集和物理储存了大量相关信息"的认识误区，力求在物理储存相关信息的同时，将这些信息有序组织以便在需要时随时提取。

（3）信息甄别能力：甄别是一项极其复杂的工作；往往需要分析该信息是在什么背景下出现的，由什么人发布的，在什么场合发布的，通过什么途径传播的等。信息的价值源于其真实性和有用性，信息源的不断拓展和信息量的快速增长对信息甄别提出了越来越高的要求，其主要包含对信息源可靠性、信息渠道可用性、信息内容准确性等方面的辨别能力。

（4）信息利用能力：医学生信息利用能力主要表现在，利用获取的信息提高和弥补个人知识和认识的不足；利用信息技术建立个人信息资料库；利用获取的信息和积累的知识重构个人的知识体系；利用从不同来源获得的信息进行临床医疗决策，解决患者的实际问题；利用医学信息进行医学科研课题研究，对医疗成果进行总结、转化和推广等。

（5）信息表达能力：包括语言表达能力和文字表达能力。医学生不仅要能够通过课堂讨论、参加学术会议等方式口头交流传播信息，也要能够以书面形式发表论文，能让大家一起讨论共同关注的话题。

3. 信息道德   是指个体在信息活动中应遵守的道德规范，简单地说就是要合理合法地加工、传播和利用信息。对于医学生来说，一方面要了解与信息使用相关的经济、法律和社会因素，比如信息安全、知识产权等问题；另一方面获取和利用信息要符合法律和道德规范的要求，比如不合理使用图书馆文献、学术论文引用规范、使用患者信息时的隐私保护等。

信息意识、信息能力和信息道德三者相辅相成，互为补充。信息意识是前提，对信息素养起着决定性作用，控制着信息行为的发生。信息能力是核心，加强信息能力，才能更好地掌握信息检索技能，提高查找信息的效率，使信息创造力得到更大的发挥，本书重点介绍的是信息能力部分。信息道德是保障，它保证个体的信息行为遵循学术规范和社会共识，从而维护信息社会的正常秩序。必须承认，良好的信息意识和信息道德的培养是一个潜移默化的过程，需要经过长期教育和个体主动认同后才能得以内化。提高信息能力可以有力地强化信息意识，而增强信息意识又可以更有效地促进信息能力的提升。

（三）信息道德与学术诚信

进行学术研究不可避免地需要收集、分析、利用、产出信息，在学术研究过程中的不端行为常与信息道德缺失有关。

科研诚信是指科技人员在科技活动中弘扬追求真理、实事求是、崇尚创新、开放协作为核心的科学精神，遵守相关法律法规，恪守科学道德准则，遵循科学共同体公认的行为规范。与之相对的，学术不端行为是指在科学研究和学术活动中的各种造假、抄袭、剽窃和其他违背科学共同体惯例的行为。

2018年中共中央办公厅、国务院办公厅印发的《关于进一步加强科研诚信建设的若干意见》（以下简称《意见》）要求从事科研活动和参与科技管理服务的各类人员要坚守底线、严格自律。科研人员要恪守科学道德准则，遵守科研活动规范，践行科研诚信要求，不得抄袭、剽窃他人科研成果或者伪造、篡改研究数据、研究结论；不得违反论文署名规范，擅自标注或虚假标注获得科技计划（专项、基金等）等资助。此外，《意见》还对科研诚信信息管理规范提出了意见：建立健全科研诚信信息采集、记录、评价、应用等管理制度,明确实施主体、程序、要求。根据不同责任主体的特点,制定面向不同类型科技活动的科研诚信信息目录,明确信息类别和管理流程,规范信息采集的范围、内容、方式和信息应用等。

2021年,国家卫生健康委员会、科技部、中医药管理局结合相关法律法规修订了《医学科研诚信和相关行为规范》,对科研诚信作出了一系列规范,其中与信息道德有关的条目如下:

第七条:医学科研人员在采集科研样本、数据和资料时要客观、全面、准确;要树立国家安全和保密意识,对涉及生物安全、国家秘密、工作秘密以及个人隐私的应当严格遵守相关法律法规规定。

第十二条:医学科研人员在开展学术交流、审阅他人的学术论文或项目申报书时,应当尊重和保护他人知识产权,遵守科技保密规则。

第十三条:医学科研人员在引用他人已发表的研究观点、数据、图像、结果或其他研究资料时,要保证真实准确并诚实注明出处,引文注释和参考文献标注要符合学术规范。在使用他人尚未公开发表的设计思路、学术观点、实验数据、生物信息、图表、研究结果和结论时,应当获得其本人的书面知情同意,同时要公开致谢或说明。

(四) 健康信息素养的发展

健康领域的信息素养研究始于1975年Hart L.发表于《美国药学教育杂志》(*American Journal of Pharmaceutical Education*)的"药物信息技能的教学方法"一文。时隔十年之后(1985年),"Information Literacy"一词才首次正式出现在与医学信息检索有关的文献中。

进入21世纪,各国开始重视医学领域的信息素养并将其作为政府行为加以实施。2000年,由加拿大多伦多大学建立了世界上第一个较为成熟和规范的知识转化项目,强调将循证医学证据有效地转化于临床实践。2003年,美国医学图书馆学会(Medical Library Association,MLA)成立了健康信息素养任务组,旨在提高卫生保健专业人员的信息素养。2006年MLA将优先发展领域确定为其成员在提供面向公众的健康信息方面发挥更大的作用,自此,信息素养的教育对象由卫生保健提供者拓展至公众。

2006—2008年,MLA受美国国立医学图书馆(NLM)委托执行了一项健康信息素养研究计划,该计划的总体目标是增加卫生保健提供者对健康信息素养的了解,证明医学图书馆员能够在处理健康信息素养问题中起作用,并增加卫生保健提供者和消费者对NLM卫生信息工具的认知和利用。

2010年,国际会议"健康信息素养:促进最大程度的健康"在伦敦召开,从学术层面广泛探讨了健康信息素养与医疗健康问题;澳大利亚图书馆和信息学会于2017年提出的图书馆为卫生部门提供信息服务的10种方式中,包含了信息素养的内容;2020年,美国卫生与公众服务部发布的《健康人民2020》(*Healthy People 2020*)将健康信息素养定义为个人获取、处理和理解基本健康信息和服务以作出健康决策的能力。

我国医学和健康信息素养领域也在政策、技术和需求多重作用下快速发展。2005年国家卫生部门开始设立"中国公众健康调查与评价体系建立"项目,并于2008年发布了第一版《中国公民健康素养——基本知识与技能(试行)》。《中国公民健康素养促进行动工作方案(2008—2010年)》明确指出应建立公民健康素养监测、评价体系。

科技部在"十一五"和"十二五"期间持续设立国家科技支撑计划项目,支持公众健康知识筛选、整合、宣传和服务。国家卫生计生委于2012年进行的全国范围居民健康素养调查纳入了健康信息素养指标,并提出要将健康素养纳入经济社会发展综合评价指标体系中。2015年,在2008年版本基础上,国家卫生计生委办公厅印发的《中国公民健康素养——基本知识与技能(2015年版)》明确指出关注健康信息,能够获取、理解、甄别、应用健康信息是全民应具备的基本技能。

原国家卫生计生委正式发布的《全民健康素养促进行动规划(2014—2020年)》明确提出"到2020年,全国居民健康素养水平提高到20%"的工作目标。为了顺利完成目标,规划还提出"健全健康素养监测系统。巩固健康素养监测系统的稳定性和连续性,保证监测数据的科学性和准确性。推进信息化建设,逐步建立健康素养监测网络直报系统,完善试题库和数据库,推广健康素养网络学习测评系统"及"通过设立健康专栏和开办专题节目等方式,充分利用电视、网络、广播、报刊、手机等媒体的传播作用""针对影响群众健康的主要因素和问题,建立健康知识和技能核心信息发布制度,完善信息发布平台,加强监督管理,及时监测纠正虚假错误信息,建立居民健康素养基本知识和技能传播资源库,打造数字化的健康传播平台"。到 2021 年,我国居民健康素养水平提高到了 25.4%。由上可知,基于健康领域信息素养的逐步发展,健康信息素养已经走进大众视野、受到重视,相关研究的开展使其内涵得到了丰富和发展。

1. **健康信息素养概念及科学内涵**　美国医学图书馆协会于 2003 年首次提出健康信息素养(health information literacy,HIL)的概念:个体获取、理解及应用健康信息和服务,作出正确的判断和决定,从而维持并促进自身健康的能力。其科学内涵主要指以下六大方面:①健康知识或健康信息,指大众相对较容易了解和掌握的健康及护理保健方面的知识等,是健康信息素养的基础;②健康信息需求或健康信息教育,包括普遍的日常需求与突发意外事件时的特殊需求;③健康信息观念、理念或意识,是健康信息需求与意识的结合;④健康信息技能或处理能力,是信息素养在健康素养中最直接的体现,指对健康信息进行获取、分析、评价、交流的能力;⑤健康信息利用能力或健康行为,是健康信息素养的主要内容,指通过应用健康信息维持或促进自身健康从而达到自我实现的行为;⑥健康信息背景,是与健康信息相关的整体环境的总称。其具体内涵见图 1。

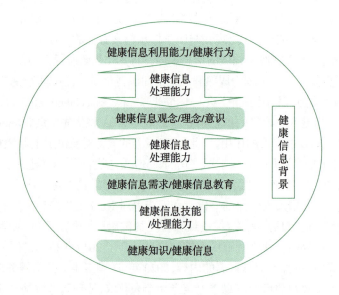

图 1　健康信息素养内涵模型

2. **健康信息素养测评工具**　有学者基于国际著名公共卫生专家 Don Nutbeam 提出的理论框架将健康信息素养分为三大类,包括功能性、交互性及批判性健康信息素养。随着国内外学者对健康信息素养研究的开展,编制出应用于各个领域且较为成熟的评价工具。国外测评工具多为普适性工具,如被认为是"金标准"的快速预测成人医学素养测评工具与成人功能性健康素养测评工具(Test of Functional Health Literacy in Adults,TOFHLA),信效度均较好,是其他工具的基础。Chew 等基于 TOFHLA 提出了成人快速识别健康信息素养测评工具。Weiss 等在 2005 年编制了最新关键信息测评工具,用于快速筛选医疗保健中健康信息素养较低的人群。以上 4 种健康信息素养评价工具重点评价个体的功能性健康信息素养,主要将医学信息阅读与理解能力作为评价指标。交互性健康信息素养评价量表以功能性健康信息素养为基础,评估个体获得、评价及应用信息的能力,常用的包括研究准备自我测评工具和日常健康信息素养筛查量表及日常健康信息素养自评问卷。批判性健康信息素养评价量表主要评价个体应用到健康信息分析中的认知和社会技能,该工具仅有 1 种信效度较好的交流和批判性量表,由 Ishikawa H. 等于 2008 年编制,用于评价个体对健康信息进行交流和批判的能力。

目前国内测评工具包括由原卫生部从公共卫生角度在基本健康知识与理念、健康生活方式与行为、基本技能、传染病防治等 10 个方面发布的《全国城乡居民健康信息素养评价问卷》。另外,由王辅之等编制的中国居民健康信息素养自评量表,包含健康信息获取、评价、道德、应用和认知 5 个方面。王刚等依据《全国居民健康素养调查问卷》编制了《居民健康信息素养问卷》共 10 个条目,总分为 13 分,具备健康信息素养的标准是得分达到 10 分。此外,姚志珍编制的"健康信息素养:脑卒中专病问卷",用于评价脑卒中患者与高危人群的健康信息素养。

3. 健康信息素养相关概念的界定及关系　健康素养(health literacy,HL)指个体获取、理解、处理基本健康信息或服务、作出合理健康决策的能力。信息素养(information literacy,IL)由美国学者 Paul Z. 提出,指利用大量的信息工具及主要信息源使问题得到解答的技能。健康信息素养不同于二者,主要是以健康信息需求为前提,熟悉相关的健康信息源并应用其检索所需的信息,评估相关信息价值及合理性,分析、理解并利用信息作出合理健康决策的一系列能力。目前国际上较为认同的是健康信息素养来源于健康素养。美国学者最初提出的健康素养的概念中就包含了健康信息素养的内涵。该学者认为,健康信息素养是由信息素养和健康素养相互渗透和融合而得来。而健康信息素养相对于健康素养,不仅包括健康意识和行为,而且还包含信息素养的信息技能。依据原卫生部颁布的《中国公民健康素养——基本知识与技能(试行)》,健康素养包括基本健康知识和理念素养、健康生活方式与行为素养、基本技能素养这 3 个方面的内容,健康信息素养是六大健康问题素养之一,是国民健康素养促进的关键点,也是衡量公众健康水平的一个重要指标。我国学者指出,信息素养的发展路径沿着狭义信息素养到广义信息素养再应用于教育学,即信息素养学科,然后延伸到了医学领域,即健康素养,通过将健康素养与信息素养相互融合,得到了健康信息素养这一概念,这一过程呈现动态发展,其具体关系如图 2 所示。

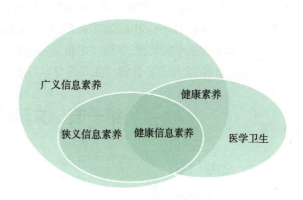

图 2　健康信息素养与信息素养、健康素养三者的关系

本章小结

　　本章在分析高层次医学人才的知识能力结构要求的基础上,探讨了医学文献信息检索课程的性质与作用、目标与任务,阐述了信息素养、医学信息素养的内涵、标准和发展。

(向　菲　罗爱静)

思考题

　　1. 何谓"全球医学教育最低基本要求"?
　　2. 试分析医学文献信息检索课程在高等医学人才的综合素质培养中的作用。
　　3. 何谓创新型医学人才?你认为医学文献信息检索课程将对你成为创新型医学人才起到什么样的作用?
　　4. 医学文献信息检索课程的性质与作用、目标与任务是什么?
　　5. 何谓信息素养?你认为培养自己的信息素养对你的学习和工作将产生怎样的影响?
　　6. 作为医学生,其信息素养要求与普通高校的大学生有哪些不同?

第一章
文献信息检索基础

文献,作为人类特有的承载和传递文明的载体,记录着人类在漫长的历史长河中逐渐积累的经验和创造的知识,成为人类不断发展进步的智慧源泉。在高速发展的信息时代,信息和知识成为这个时代最具特征性的两个概念。掌握文献、信息、知识的含义及其关系,熟悉文献信息的类型、级别及其特点,了解文献信息的社会功能,是医学专业人员充分认识并有效利用文献信息资源的基础和前提。文献信息检索是在信息需求的驱使下,利用文献信息资源有效获取所需文献信息内容的活动及其过程,掌握文献信息检索的基本知识、基本原理,熟悉文献信息检索模型,了解文献信息检索系统的构成和功能以及文献数据库的类型,掌握文献信息检索途径、技术和策略等基本技能,有助于培养医学专业人员的信息素养、文献信息检索技能和终身学习能力。

第一节 文献信息检索概述

一、文献信息

(一) 文献信息的定义

1. **文献 (literature; document)** 2021 年新修订的国家标准《信息与文献资源描述》(GB/T 3792—2021)将文献定义为包含知识内容和 / 或艺术内容的有形的或无形的实体;它作为一个单元被构想、制作和/或发行,形成单一书目描述的基础。它包含四个基本要素:①记录知识和/或艺术内容;②记录知识的手段,如文字、图像、符号、声频、视频等;③记录知识的有形或无形的实体,如图书、期刊、光盘、硬盘、电子版、网络版等;④用于知识的交流和传播,可以被构想、制作和 / 或发行等。由此可见,人类积累创造的知识,用文字、图像、符号、音频、视频等手段记录保存下来,并用以交流传播的有形的或无形的实体,都称为文献。记录科技知识的文献称为科技文献。

2. **知识 (knowledge)** 知识是人们在认识和改造客观世界的实践中所获得的认识和经验的总和;是人类通过对信息的感知、获取、选择、处理、加工等一系列思维活动和过程,形成的对客观事物的本质和规律的认识。运用知识,实际上就是遵循事物的客观规律,这是进一步认识和改造客观世界的最基本前提和基础。因此,从本质上讲,知识是推动社会发展和人类进步的决定力量。

信息论认为,知识是人类大脑中重新组合形成的序列化信息,是为了实现某种特定目的,在同种或相关信息积累的基础上,经过抽象化了的信息。因此,属于意识范畴的知识,它是以信息为原料、以信息的获取为前提、以信息的利用为核心而形成的思维的结果、人脑的产物。

3. **信息 (information)** 信息的定义为:"信息是物质存在的一种方式、形态或运动状态,是事物的一种普遍属性,一般指数据、消息中包含的意义,可以使消息中所描述事件的不定性减少。"既然是事物的一种普遍属性,信息可分为自然信息和社会信息。自然信息可表现自然界中事物的形态及特征等,如风、雨、雷、电、春、夏、秋、冬;而社会信息反映人类社会各种事物和现象的状态及性质,如语言、文字,人的喜、怒、哀、乐等。在科学技术领域,人们将通过科学研究获得的或与科学研究活动相关的信息称作科技信息,如科学家破译的遗传信息。

信息的产生、传递、接收,是自然界和人类社会一种极为普遍的现象。人类通过对丰富多彩的信息的捕捉、感受、提炼、加工,才一点一滴地逐渐认识了这个奇妙的大千世界。正因为如此,信息具有以下基本属性。

(1)客观性:物质本身的客观性决定了表征其存在的信息的客观性。

(2)可知性:信息作为客观事物的反映,可被人类通过不同方式、不同方法、不同手段所感知和认识。因此,信息是人类认识世界和改造世界的有效手段。

(3)传递性:人类感知(捕捉、获取)的信息,可以通过各种方式、借助各种载体或媒介进行广泛传递,为更多的人所接收和利用。

综上所述,通过对表征客观世界的客观信息的获取、加工等一系列思维过程,形成反映客观事物本质和规律的但具有主观色彩的知识,将知识以某种方式系统地记录在某种载体之上,便形成了具有一定表现形态的文献。三者的逻辑关系可分别用图1-1表示其形成的递进关系,图1-2表示其外延的相容关系。

图1-1　信息、知识、文献的形成　　　　　图1-2　信息、知识、文献的相容关系

此外,信息资源是指以各种记录形式存在的信息载体,其外延大于文献资源。但基于有用的知识信息多以文献的形式存在,所以从用户的角度可不必严格区分信息资源与文献资源这两个概念,也可用"文献信息资源"一词统称。因此,文献信息资源被视为支撑现代社会文明进程的三大支柱之一,成为促进知识经济发展最重要的智力资源。

(二)文献信息的类型

1. 按载体的不同,常将文献信息划分为如下类型。

(1)印刷型:以纸张为载体,以印刷技术为记录手段而产生的文献类型,如传统的图书、期刊等。便于直接阅读,符合传统阅读习惯,因此成为人们信息交流和知识传递的最重要、最常用媒介。但缺点是存储密度小、占用空间大,易受虫蛀、水蚀,不宜长期保存。

(2)电子型:采用电子手段,将文献信息数字化,储存于磁盘、光盘等载体上,并借助于计算机及现代化通信手段传播利用的一种新型文献类型,包括电子期刊、电子图书以及全文数据库等。

电子出版物的问世是信息时代的重要标志,它改变了书刊的物理形态,开辟了一种新的信息传播渠道,极大地提高了文献信息的传递效率,加快了社会信息化的进程。电子型文献信息以其容量大、形式多、出版快、成本低,以及检索、阅读、复制便捷等独特的优点越来越被人们接受和利用。

(3)声像型:又称声像或直感资料。指以磁性或感光材料为载体,以特殊方式直接记录声音和图像所产生的一种文献形式,包括唱片、录音带、录像带,以及高密度视听光盘等。可长期保存,反复播放和复制,并且形象、逼真、生动地反映客观事物。

2. 按出版类型,又常将文献信息划分为如下类型。

(1)图书:图书是最为古老的、至今仍被频繁使用的一种文献类型,也是图书馆最主要的馆藏文献类型之一。联合国教科文组织(UNESCO)将篇幅(封面除外)不少于49页的非定期出版物称为图书,以与期刊等连续出版物区别。虽然图书种类繁杂、形式多样、功能各异,但就学习与研究而言,常见的图书有教科书、专著、参考工具书等。

正式出版的图书在其版权页或其他明显部位都标有一个由13位数字组成的国际标准书号

（international standard book number，ISBN），例如：《医学文献信息检索》（第 3 版）的 ISBN 是 978-7-117-20571-9。这是一种国际通用的出版物代码，代表某种特定图书的某一版本，具有唯一性和专指性，读者可借此通过某些文献信息系统查询该图书。

（2）期刊：是指具有相对固定的刊名、编辑出版单位、出版周期、报道范围，以分期形式报道最新知识信息且逐次刊行的连续出版物。其中，报道最新科技知识、最新科研成果为主的连续出版物称为科技期刊，它主要刊载属于一次文献范畴的科技论文，是科研人员展示科研成果的园地和获取最新科学知识的源泉。

科技期刊的刊名中常冠有"杂志"（journal）、"学报"（acta；bulletin）、"纪事"（annals）、"文献"（archives）、"会刊"（proceedings）、"评论"（reviews）、"进展"（progress；advances in...）等字样。

同图书的 ISBN 一样，每种期刊均有一个由 8 位数字组成的国际标准连续出版物号（international standard serial number，ISSN），例如：ISSN 0317-8471。ISSN 同样具有唯一性和专指性，是读者查询某种刊物的一个检索途径。ISBN 和 ISSN 常用来区分正式或非正式出版物的判断标准。

（3）会议文献：学术会议是进行学术交流的一种重要方式和渠道。国际上每年召开大量的医学学术会议，产出数以万计的会议论文。包括会前预印本、会后结集出版的会议文集或者 500~800 字的会议摘要，还有以增刊或专辑形式发表于各种学（协）会的学术刊物上。由于会议文献往往是科研人员的最新成果，尤其是一些阶段性成果，与会者不仅可以借此展示自己的科研成果，还可以通过交流获取更多有价值的信息和有益的启示，因此，备受专业人员的青睐。

（4）学位论文：国家标准《学位论文编写规则》（GB/T 7713.1—2006）将学位论文（thesis；dissertation）定义为：作者提交的用于其获得学位的文献，包括博士论文、硕士论文、学士论文。学位论文是学生学习成果、学习水平、学习能力的一种体现和标志，强调研究性学习，特别是自己独立获取知识、掌握知识、运用知识，乃至创造知识。

（5）科技报告：是科学技术报告（scientific and technical report）的简称，定义为：是用于描述科学或技术研究的过程、进展和结果，或描述一个科学或技术问题状态的文献；是由从事科研活动的组织或个人撰写的，旨在推广、传播、交流、利用科学技术研究与实践的结果，并提出有关的结论和建议，不以发表为目的，是科研过程及其成果的完整记载，因而具有保密性。

（6）专利文献：专利（patent）是指受到法律保护的技术发明，是知识产权的一种具体体现形式。专利文献，是各国及国际性专利组织在审批专利过程中形成并定期出版的各类文件的总称，是受专利法保护的有关技术发明的法律文件。专利文献记载着发明创造的详细内容及被保护的技术范围的各种说明书（亦称专利说明书），是集技术、法律、经济信息于一体的特殊类型的科技文献。虽然绝大多数的医学研究成果（如揭示某种疾病的本质）属于科学发现的范畴，但不属于发明创造的范围，或虽然是一种新的技术方法（如实验方法、诊疗技术），但因不具备工业实用性，因而均未能享有专利保护，但涉及的诸如各种医疗设备、仪器、药品、化学物质、微生物菌种等属于专利保护的范畴。因此，专利文献对医学研究和医疗工作同样具有重要的参考价值。

（7）世界卫生组织出版物：作为统筹、协调全球公共卫生事业的世界卫生组织（WHO），经常围绕全球公共卫生的重大问题，或地区性的特殊事件等，以学术文件的形式发布信息通报、传播科学知识、交流工作经验等，形成一类具有独特学术价值的 WHO 出版物。主要包括两大系列：丛书和期刊。丛书为不定期出版，每种书作为一个独立的单元——专著，单独出版，如《技术报告丛书》的每一种专著都是 WHO 专家委员会就某一特定卫生或医疗问题推荐的通用标准、指南或研究报告。WHO 出版的期刊，如 *Bulletin of the World Health Organization*（《世界卫生组织通报》）、*Public Health Panorama*（《公共卫生全景》）、*WHO Drug Information*（《WHO 药物信息》）、*Weekly Epidemiological Record*（WER）（《疫情周报》）等，可通过访问 WHO 的官网了解 WHO 出版物的详细内容。

（三）文献信息的级别

根据文献中信息含量的多少、内容加工深度的差别，以及功能作用的不同，常将其划分为以下四个级别。

1. 一次文献（primary document） 一次文献是指作者以其研究成果（如实验、观察、调查研究等的结果）为基本素材写成的原始创作，如专著、期刊论文、科技报告、学位论文等。因此，一次文献，所记录的是作者的最新发现或发明，以及新的见解、新的理论、新的方法等新颖、具体而详尽的知识，因而成为科研人员最主要信息来源，尤其是期刊论文，已成为科技文献的主体。但由于其量大、分散而无序，给读者的查找与利用带来极大的不便。

2. 二次文献（secondary document） 二次文献是将大量分散无序的一次文献经过收集、整理、加工和著录，并按一定的顺序加以编排，形成供读者检索所需一次文献线索的新的文献形式，包括索引、文摘、目录及相应的数据库（参见本章第二节）。因其具有检索功能而被称为检索工具或检索系统。由此可见，二次文献信息是关于文献的文献、信息的信息。现在网络数据库、搜索引擎、目录型主题网站等也是网页信息的集合，其功能作用相当于二次文献，所以称其为网络检索工具，提供网上信息资源检索和导航服务。

3. 三次文献（tertiary document） 三次文献是科研人员围绕某一专题，借助于二次文献，在充分研究与利用大量一次文献的基础上，经过阅读、分析、归纳、概括、撰写而成的新的文献，或综述已取得的成果进展，或加评论，或预测发展趋势。如综述（review）、述评（comment）、进展（advance；progress）、现状（update）、发展趋势（trend）等期刊文献和百科全书、年鉴、手册等参考工具书。许多学术期刊辟有综述栏目，并且出版专门刊载三次文献的综述性期刊亦越来越多。

与一次文献的产生所不同的是，三次文献是以现有一次文献中的知识信息为基本研究素材，对其进一步地加工、整理、重组，使之成为更加有序的知识信息产品。但由于同样融入了作者的智力劳动，因此，同一次文献一样同属智力产品。三次文献具有信息含量大、综合性强和参考价值大等特点，使读者不必阅读大量的一次文献，就可以比较全面地了解某一专题、某一领域当前的研究水平、动态。

4. 零次文献（zero document） 零次文献指未经信息加工，直接记录在载体上的原始信息，如实验数据、观测记录、调查材料等。这些未融入正式交流渠道的信息，往往反映的是研究工作取得的最新发现，或是遇到的最新问题，或是针对某些问题的最新想法等，而这无疑是启发科研思路、形成创造性思维的最佳素材。

此外，学术界还常将通过非正常交流渠道获得的非正式出版物称作灰色文献（grey literature）。灰色文献和零次文献的概念内涵虽有一定程度的重叠，但作为一般的专业人员可不必严格区分这两个概念。

综上所述，各级别文献的形成及其相互关系，可用图 1-3 表示。

图 1-3 不仅展示了各级别文献递进的逻辑关系，而且体现了信息加工序化的进程，更从信息学角度揭示了科学研究的本质所在。这一综合性系统过程的不断循环往复，既是一种文献信息工作，更是以知识信息的开发利用为前提的知识创新活动。

图 1-3 各级别文献的形成

（四）文献信息的特点

随着科技发展与人类文明进程的日益加快，科技文献信息亦呈现出相应的变化，主要表现在如下几个方面。

1. 文献的数量庞大且增长迅速 据报道，全世界的科技期刊数量早已超过 10 万种，每年发表的论文数量超过 400 万篇。我国的科技期刊已超过 5 000 种，年发表论文已超过 20 万篇。无论是期刊的数量，还是论文的数量，每年均以超过 10% 的增长速度递增。就医学领域而言，常用的外文生物医学期刊近 3 000 种，中文生物医学期刊超过 1 000 种。

2. 文种繁多且呈明显的英文化趋势　尽管国际上科技文献的文种繁多,但是英文已经成为一种国际性科技交流的语言,所占的比重正呈直线上升。尤其是互联网的广泛运用,更加速了这种英文化的趋势。许多非英文国家为顺应这一发展趋势,纷纷作出积极的反应。如日本出版的英文医学期刊就多达150种,即使是在日文医学文献中,英文专业词汇、英文图表亦比比皆是。我国出版的英文期刊的数量也在迅速增加,而且许多学术期刊,如《中华外科杂志》《中国循证医学杂志》等以优先发表作为鼓励来吸纳英文文稿。

3. 内容交叉重复日益显著　现代科学技术的发展呈现两种趋势,一是学科的分化和专业化,二是学科的交叉融合、综合化。前者导致学科的划分越来越细、越来越专,后者导致许多交叉学科和边缘学科的产生。这种趋势必然导致科技文献内容上的交叉、重复。

4. 文献形式呈现多样化　随着现代社会交流渠道的增多和交流方式的变换,科技文献信息的交流与传递形式亦呈现多样化,表现在:①文献以一种形式发表后,又以其他形式重复发表,如会议论文与期刊论文;②文献以一种文字发表后,又以另一种文字重复发表,如中文与英文;③文献以一种载体发表后,又以另一种不同载体出现,如印刷本期刊、电子期刊、文献数据库等。

5. 集中与分散并重且呈专题化趋势　就医学领域而言,由于学科专业的专业化、综合化发展,使得医学文献不仅刊载在医学专业期刊上,还大量刊载在一些综合性期刊或其他相关学科领域的期刊上。加之文献的数量和期刊的品种骤增等因素,就使得与某一专题有关的文献往往分散在众多期刊上,给读者的特定需求造成不便。

6. 知识老化加快致使文献寿命缩短　由于科学技术发展的速度越来越快,新知识的产生也日益加快和增多,致使已有知识越来越快地被新知识所淘汰,文献的使用寿命也必然随之缩短。由此,人脑中已掌握的知识也不得不随之不断更新,以跟上时代发展的步伐。这便是倡导继续教育、终身学习以及学习型社会的根本原因。

7. 交流传播及变化速度加快　以往以书信、期刊论文等形式互通信息,进行学术交流。如今,论文的编辑、印刷、出版、发行等一系列环节都可以借助网络,无论是收发电子邮件,还是查阅电子书刊,信息的传播已是瞬息之间的"举手之劳"。以往单纯的印刷型书刊,现在衍生出缩微型、视听型、网络型等多种形态,极大地满足了人们对文献信息的多样化需求。

(五) 文献信息的社会功能

1. 科技文献是科学技术的表现形式,是汇集人类财富的主要载体　自从有了文字以来,人类在生存与发展的漫长历史长河中,常以文字的形式将创造的知识、获取的经验记录保存下来,科学知识更是如此。因此,科技文献也就成了人类的精神财富和世代文明的结晶。英国哲学家培根的名言:"知识就是力量",邓小平同志提出的"科学技术是第一生产力",都揭示了这样一个真谛,那就是科学知识、科学技术能够推动生产力的发展,进而为人类创造更多的财富。知识创新是以充分挖掘、开发、利用现有知识资源宝藏为前提。

2. 科技文献是衡量科学技术水平的重要依据　科技文献是记录、揭示、传播最新科研成果和科学知识的重要手段和媒介。因此,科技文献产出的数量和质量往往成为衡量一个国家或地区,一个学科或一个单位科技发展水平乃至某位学者学识水平的标志,是体现其科学创造力和确认其学术地位的公认指标。用于文献学研究的文献计量学,揭示科学发展时空特征及规律的科学计量学,探究信息传播与利用规律和特征的信息计量学,乃至于科学评价的科学研究,无一不以科技文献作为研究的最直接素材。

3. 科技文献是传播科学知识的最基本、最主要的手段　尽管人们可以通过书信、各种学术会议等形式进行学术交流,但最重要、最基本,也是最为规范的手段和途径只有科技文献,尤其是期刊论文。它不仅是科研人员展现、揭示、报道自己的科研成果的园地,同时也是科研人员获取最新知识、实现知识更新的最主要信息来源。

4. 科技文献是确认科学发现与技术发明优先权的重要依据　学术界有这样一个惯例,某项发现、发明的大部分荣誉,倾向于由第一个发表这个观点、学说或第一个发表这个发现的人获得,而不是由第一个发现它的人获得。科学发展史上任何一项发现或发明总是和第一个发表相应文献的作者联系在一起,如血液循环学说与维廉·哈维,细菌的发现与路易斯·巴斯德。也就是说,科技文献成为认定科学发现与技术发明优先权的重要凭证。科研人员在获得新知识、新发现等研究成果时,都要尽快、尽早以论文形式发表或者申报专利,以获得社会的承认。

二、文献信息检索

(一) 文献信息检索的定义

文献信息检索,是指在一定信息需求驱使下,利用文献信息检索工具或者检索系统,有效获取所需文献信息内容的活动及其过程。

文献信息检索的内涵有广义和狭义之分,广义的文献信息检索包括文献信息的存储(storage)和检索(retrieval)两个过程。文献信息的存储,是指将大量无序的文献信息集中起来,根据其内容特征和形式特征,进行分类、标引、浓缩等一系列加工处理,并按照一定的工作规范和技术要求,将其存储于一定的载体或介质之中,形成具有检索功能的有序化信息集合——检索工具或检索系统。文献信息的检索,是指运用编制好的检索工具或检索系统,获取满足用户信息需求的文献信息活动。狭义的文献信息检索,往往仅限于后者,即利用文献信息检索系统获取特定的文献信息。

(二) 文献信息检索的类型

1. 根据检索手段的不同,将文献信息检索分为手工检索、联机检索、光盘检索和网络检索。

(1)手工检索:利用目录、文摘、索引、题录等印刷型或纸质版检索工具查找和获取文献信息。

(2)联机检索:用户借助数字通信网络,在本地终端设备上,对远程联机检索中心的数据库进行直接的人机对话式查找。目前,许多大型的国际联机检索服务系统如 DIALOG、STN 等不断推出基于 Internet 平台和网络产品。

(3)光盘检索:将文献信息记录在光盘(compact disc,CD)上,制成光盘数据库。借助光盘检索系统,可以不受地域与时空的限制,查找和利用其中的文献信息资源。随着硬盘技术和信息技术的不断发展,将光盘数据库的内容镜像缓存到硬盘中,然后通过本地局域网提供文献信息检索服务。

(4)网络检索:此处所述的网络检索是一个狭义的概念,是相对于联机检索和光盘检索而言的,主要指互联网信息检索。目前,网络检索的主要方式是搜索引擎,它是互联网的一种信息检索工具,包括信息收集、存储管理和提供检索。现已经成为人们获取网络信息的主要工具。无论是联机检索还是光盘检索,都日益融入网络检索当中。

2. 根据数据格式和检索技术的类型不同,将文献信息检索分为文本信息检索、多媒体信息检索、超媒体及超文本信息检索。

(1)文本信息检索:文本(text),是数字化资源中最常见的形式,主要包括二次文献数据库和全文数据库,前者仅能检索文献的线索(即题录)和文摘,而后者是将文献全文的全部内容转化为计算机可以识别和处理的信息单元,从而形成的数据集合,并进行全文本的词(字)、句、段落等深层次的编辑、加工,以及标引、抽词、排序、索引编制。因而全文检索可以直接根据文献资料的内容进行检索,支持多角度、多侧面的信息资源的综合利用。

(2)多媒体信息检索:多媒体技术是把文字、声音、图像(形)等多种形态的信息,通过计算机进行数字化加工处理而形成的一种综合性信息传播技术。多媒体信息检索就是以多媒体信息为检索对象的信息检索,包括视频检索、音频检索、图像检索等。

(3)超媒体及超文本信息检索:传统的文本是一种线性结构,用户必须顺序阅览。而超媒体是一种非线性的网状结构,用户可以沿着交叉链接选择自己感兴趣的部分阅读。超文本早期多为文字信息,现在已经容纳包括图像(形)、视频、声频等各种动态、静态信息。这种超媒体和超文本存储信息的系统称为超媒体系统或超文本系统。超媒体及超文本信息检索就是基于超媒体系统和超文本系统而进行的信息检索,包括基于浏览和基于提问两种方式。

(三) 文献信息检索的原理

文献信息检索是两个既相对独立又密切联系的互逆过程,其原理如图1-4所示。

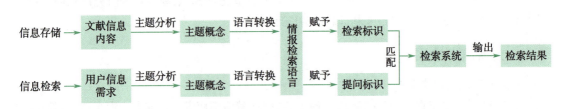

图1-4　检索原理示意图

从图1-4不难看出,对相关文献信息进行有选择性收集,对其内容进行分析提炼,借助于词表等工具赋予其若干不同形式的检索标识(如主题词、分类号等),将众多的经过加工后的文献信息按照其检索标识的特征(如分类或词序)组织为一个有序化的文献信息的集合并存储于磁盘等特定载体之上,便形成了文献信息检索系统。这个过程被称为文献信息的存储。

根据特定的信息需求,对其进行分析以形成一个明确的检索课题,即确定涉及几个概念、这些概念的内涵和外延如何、概念之间的联系或关系是什么、用什么样的标识表达这些概念等,根据需求特点选择适当的检索系统(如 PubMed,Web of Science)并选择相应的检索途径(如关键词、主题词、分类),在此基础上借助于检索技术(如布尔算符、位置算符等)将检索内容组合成能够被检索系统识别和运行的检索表达式,以此输入检索系统以便从中查找所需文献信息,这个过程被称为文献信息的提取。

因此,广义的检索包括系统的建立存储和系统的利用查找这两个互逆过程。而狭义的检索只涉及后者。作为医学专业人员,着眼于如何快捷而准确地获取和利用文献信息以做好科研、临床或教学工作,可将学习范围限于后者。但从上述检索原理的阐述中不难看出,如果对检索语言、词表、标引规则等文献信息的存储组织缺乏必要的了解,实难做到高效、快捷地检索,更谈不上以查全率与查准率为标志的检索质量。

(四) 文献信息检索的意义与作用

作为一种以文献信息需求为导引、以文献信息检索系统为基础、以多种检索方法为手段、以信息思维为核心、以信息的获得为目的的智力活动,文献信息检索有着多重的蕴意和作用。

1. 有助于实现知识更新　随着科技的发展及其步伐的不断加快,知识陈旧的周期在不断缩短,新知识的涌现亦在不断激增。只有不断学习新知识以实现知识更新,才能顺应时代的发展。医学界早已倡导的毕业后教育、继续医学教育和终身学习的理念,绝不是抽象的观念,而是淋漓尽致地体现在医学工作者的专业发展和医学实践之中。作为自主获取知识信息的最重要途径,文献信息检索有助于专业人员不断地汲取新知识、新方法和新技术。

2. 有助于解决实际问题　科学的魅力在于揭示自然和人类社会的奥秘,知识的意义在于解决人类生存与发展中遇到的新问题。作为呵护生命、增进人类健康的医学实践者,每天都面临着新的情况、新的疑惑、新的挑战。应对的唯一策略就是能及时、有效地运用已有的知识。近年来,在临床医疗实践中倡导的循证医学理念、形成的循证医学实践模式,所强调的"证据"就是知识的结晶,"证据的获取"就是文献信息检索的体现。为此,PubMed 等检索系统,为循证医学实践,提供了专门的途径和方法。善于获取与利用文献信息以解决实际问题,是医学工作者实践能力的重要体现。

3. 有助于推进科研进程　医学承担着双重使命——运用医学知识服务于社会大众和创造医学知识以推进医学科学发展。科学研究对于医学的发展乃至医疗服务水平的提升至关重要。科学研究强调以继承性为基础、以创新性为灵魂、以科学性为保障(即强调选题、设计与论证以客观事实和科学理论为根据),而这一切无疑以充分掌握、有效利用现有相关知识信息为前提。在文献信息的字里行间,发现新的科学数据、新的学术观点、新的方法路径、新的技术手段。因此,统领驾驭文献信息的能力,是科学能力的集中体现。信息检索方法、技术与理论,乃至内化而成的检索能力,恰似荡漾于知识海洋的一叶扁舟。

4. 有助于开发文献信息资源　资源的意义在于被利用,资源的潜在价值更有赖于被挖掘的程度。作为支撑现代社会发展三大重要资源(物质、能源、信息)之一的文献信息资源,对其开发利用的效率与水平决定了社会发展的状态和水平。医学的进步和医疗卫生事业的发展,同样以开发利用医学信息资源为前提。图书馆里的医学书刊、数据库中的医学文献、网上流动的医学信息,有赖于医学专业人员的开发。这种开发,超越了一般意义上的利用,强调的是开拓利用的范围、发掘利用的层次,使蕴含其中的价值得以最大限度地发挥效能。目前,学术界热衷的数据挖掘、人工智能,就是透过知识信息显现出来的价值,深入到其隐含的潜在意义。而文献信息检索就是信息开发最重要的途径。

综上所述,如今积极倡导的信息素养,不是字面意义上的名称,更不是抽象层面的概念,而是鲜活而具体地体现于上述信息活动之中。因此,文献信息检索,是培养医学生的信息能力、提升信息素养的最有效的方式。

第二节　文献信息检索系统

文献信息检索系统,是根据人类社会对知识信息的普遍性的需要,由一定的硬件设备和软件所构成的,具有选择、整理、加工、存储和检索文献信息功能的有序化信息资源集合体。

一、文献信息检索系统的构成

系统是相互联系、相互作用的诸多元素的综合体。文献信息检索系统作为一种具有选择、整理、加工、存储、检索文献信息的开放式的多功能系统,自然有其构成要素、结构关系和整体功能。从其系统的构成要素来看,由以下几个基本要素构成。

1. 文献信息资源　是系统存储与检索的对象,是经过加工、整序后的信息集合,常被称为数据库。它是系统提供信息检索服务最重要的物质基础,其内容既可以是全文信息,也可以是浓缩加工的二次信息,还可以是事实或数值等,信息表述的形式可以是文字、图像、音频、视频等形式。

2. 硬件设备　是实现信息存储、管理及检索任务的各种物理设施的总称,它是系统生成与运行的物理基础,主要包括:以大容量存储和高速度运算为标志、以高性能计算机为核心的主计算机或服务器;外部存储器、输入输出设备等外围设备;借助于通信设施在内的数据处理或数据传送的其他设备。

3. 软件　系统内部的复杂运行和系统外部的诸多联系,均有赖于人为赋予并为计算机所识别和执行的各种程序,它是系统的灵魂与核心,主要包括系统软件和应用软件两大类别。系统软件支持系统的基本运行,是各种不同类型应用软件得以实现其功能的基础,如操作系统、编译程序与汇编程序;应用软件是直接使用的,能够完成某种特定功能的程序。

由于不同信息检索系统的服务宗旨、目的和范围不尽相同,因而在系统的设计思想与总体结构上可能有所差异,其系统软件和应用软件的具体结构也就自然不同。正因为如此,才使各个系统呈现出别样的风格、独特的功能,以适应和满足人们个性化需求。

4. 人力资源　是系统生成与运行中的能动因素。计算机只能按照人的意志被动执行人类赋予的各种任务指令。尽管具有一定程度的智能化,但从本质上讲,它只是模拟人的思考,而不能替代人的思维。因此,无论是系统的分析与设计,还是数据的采集与整理,以及系统的维护与更新等,都有赖于相关专业技术人员的创造性工作。人力资源作为系统一个必要组成部分,是系统其他各要素得以组合为一定结构、按一定逻辑规则运行、呈现一定整体性功能的关键所在。

二、文献信息检索系统的功能

1. 汇集文献信息 以期刊文献为例,世界上科技期刊的种类已超过十万余种,此外还有众多的其他种类的正式和非正式出版物,加之现代科技发展出现的学科交叉与融合,导致科技文献剧增且日益分散。这种分散与科研人员以学科为基础的信息需求之间形成了矛盾。为此,将相关文献信息收集、汇聚以形成某一学科专业的文献信息数据库,或若干学科专业的综合性数据库,便成为科技信息工作者的重要使命。因而也就赋予了文献信息检索系统第一个功能——作为汇集、存储相关文献信息的"仓库"。

2. 组织文献信息 仍以期刊文献为例,每一种科技期刊,按照一定的办刊宗旨、报道范围和出版规则,选录、编辑、刊发一定数量的科技文献,使之成为一个有序的文献体系。因此,需要按照一定的规则(如按照文献的主题内容或者按照其所属的学科体系),将这些文献信息重新加工组织成一种井然有序的文献信息集合,这是文献信息检索系统的核心,即数据库建设的关键环节。由此可见,文献信息检索系统的第二个功能就是对文献信息的整序,亦称之为文献信息的组织。

3. 检索文献信息 数据库乃至整个文献信息检索系统的建立,旨在解决文献信息的散乱无序性与用户的特定需求之间的矛盾。对文献信息的整序、组织,是以赋予每一篇文献、每一条信息以多维检索标识为标志。例如,万方数据知识服务平台的学术期刊数据库可从作者、题名、主题、关键词等字段查找文献信息。这是文献信息检索系统的第三个功能,也是最具特征性的功能,即可查检性。

上述三项功能,存在着一种内在的逻辑关系:收集文献信息是基础,组织文献信息是手段,检索查询文献信息是目的。

三、文献信息数据库

文献信息数据库是作为文献信息检索系统中最基本物质基础的信息资源,经过加工整序后形成一定的结构体系,特别类似于一个庞大的存放有序的信息"仓库",由此称为"数据库"。国际标准化组织《文献与信息术语标准》(ISO 5127:2017)将其定义为:数据库是至少由一个文档(file)构成,并能满足某一特定目的或某一特定数据处理系统需要的一种数据集合。美国著名信息检索专家 Williams M. E. 给数据库的定义是:数据库是指包含书目及与文献有关数据的机读记录(record)的有序集合。

(一)文献信息数据库组成的层次

存储数以万计文献信息的数据库,是按以下几个层次构建的:一个数据库划分为若干文档,一个文档存储一定数量的记录,每一个记录由若干字段所组成。

1. 文档 数据库可按所属学科专业的不同或依年代时间范围,划分为若干个文档。例如,世界上最大的国际联机检索系统——DIALOG 系统,拥有包括自然科学、人文社会科学及经济、商贸信息在内的 450 多个数据库,划分为 630 多个文档。MEDLINE 是其中之一,依年代进一步划分为 154(自 1990 年以来)和 155(自 1950 年以来)两个文档。从这个意义上讲,可以将文档理解为组成大型数据库的子库,是数据库多层次结构中的一级组成部分。

2. 记录 每个文档是由若干记录所组成。每一条记录都代表着经过加工处理的一篇文献或一条信息,它揭示了文献的内容和形式特征(如文献的题录、文摘、著者,以及标引的关键词或主题词等)。因此,记录是构成数据库最基本的数据单元。

3. 字段 每个记录一般由若干个描述性字段所组成。每个字段描述文献信息的某一内容或形式特征,即数据项,并且有唯一的供计算机识别的字段标识符(field tag),如篇名字段(TI)、著者字段(AU)、文摘字段(AB)、来源字段(SO)、主题词字段(MH)等。

通常情况下,检索是从某一个角度(如著者、主题、篇名)着手,即从相应的著者字段、主题词字段、篇名字段入手查找相关内容。每一个字段不仅是构成记录的基本单元,而且在检索时,它也是一个检索点或检索入口（searching entry）。凡是可以作为检索点的字段称为可检字段，是检索得以实现的基础。

数据库的层次结构，可用英文单词的单复数形式更直观地表述为图1-5。

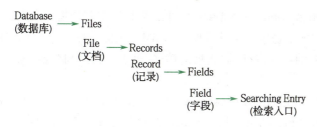

图1-5 数据库的层次结构

（二）文献信息数据库组成的方式

文档的另一层含义是指信息在数据库内的组织形式。不同的组织形式，形成了具有不同功能的文档形式。

1. 顺排文档 文档中全部的记录按照一定顺序依次存储于磁带、磁盘、硬盘等介质所构成的存储器中，并且有一个唯一性的物理位置标识即顺序号。该文档中存储的是替代一条信息、一篇文献的完整记录，它构成数据库的主体，所以又称为主文档。由于存取的记录均依赖于有章可循的顺序，便形成了记录之间单一线性的关系，所以又称为线性文档。

2. 倒排文档 考虑到用户检索信息时往往是从信息或文献的某一特征入手，如著者、主题、篇名等。因此，在数据库建设时，将这些具有检索意义的特征一一抽取出来并附带其在主文档中的位置标识，按照一定顺序重新排列而成的一种新的文档。这些特征在新文档中的排列顺序可能有别于主文档中记录存放的顺序，故而称之为倒排文档。一个数据库只有一个主文档，但可根据需要编制若干个倒排文档，如著者文档、主题词文档、篇名文档等。

检索时，系统按输入检索提问的内容与形式首先到相应的各种倒排文档中搜索，找到相匹配的检索标识后，依据其附带的存放于主文档中的位置标识再到主文档中调取相应的记录。这种在有限范围内有针对性的搜索，犹如按图索骥，有别于在整个主文档中的海里捞针，极大地提高了检索的效率。

倒排文档是为查找主文档中文献信息内容服务的，它们是从主文档中派生出的附属结构。主文档是以一个个记录为存储和检索的基本单位，而倒排文档则以记录中的内容或形式为存储和检索的基本单位，这些体现文献信息的不同属性且具有检索意义的特征标识为排列依据。因此，检索系统的数据库才具有了前面所讲的结构的层次性。主文档和倒排文档的关系可用图1-6表示。

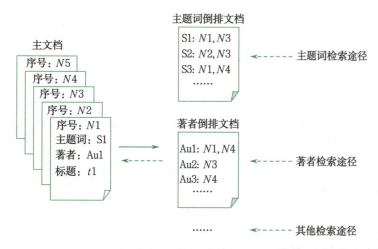

图1-6 主文档和倒排文档的关系示意图
实线表示倒排文档的生成，虚线表示检索过程。

（三）文献信息数据库的类型

文献信息检索系统的核心是数据库,根据数据库收录内容及功能的不同,划分为如下几种类型。

1. 书目数据库(bibliographic database) 书目数据库主要是指二次文献数据库,包括题录型、文摘型的数据库。如中国生物医学文献数据库(CBM)、MEDLINE 等。它们提供了满足用户多种信息检索需求的有关文献的各种特征,如文献的篇名、著者、出处(刊名、年、卷、期、页码)、摘要、关键词等。

2. 事实数值数据库(fact-date database) 事实数值数据库主要为用户提供有关事物、人物、机构等方面的事实性信息和数值型数据。例如万方数据知识服务平台中的事实型数据库中国机构数据库、中国科技专家库,美国国立癌症研究所(National Cancer Institute,NCI)的关于癌症治疗信息的医生咨询数据库(Physician Data Query,PDQ),反映药物处方信息的医师案头参考书(Physicians' Desk Reference,PDR)数据库等。词典、百科全书、指南等电子参考工具书也属于事实型数据库的范畴。

3. 全文数据库(full-text database) 全文数据库是将文献的全部内容转化为计算机可以识别、处理的信息单元而形成的数据集合。全文型数据库对文献中的字、词、句,乃至段落等进行更深层次的编辑加工,允许用户采用自然语言以及截词、邻近算符等匹配方法,方便快速地查到所需的文献,并能直接获取原文。例如中国知网(CNKI)的学术期刊库、万方数据知识服务平台中的中国学术期刊数据库、ScienceDirect。因此,全文型数据库集文献线索查询和全文提供于一体,实现了一站式信息服务。

4. 知识型数据库(knowledge database) 知识型数据库存在狭义和广义之分。狭义的知识库就是知识(书本知识、规则、经验、元知识等)的有序集合,可被理解为"知识仓库",如万方医学网的临床诊疗知识库和中医药知识库。广义的知识库是按照一定需求,建立相互关联关系、经过合理化的分类和组织结构,存储在计算机系统中的程序化知识集合,它是问答系统、专家系统、决策系统不可或缺的重要模块,如蛋白质分析专家系统(Expert Protein Analysis System,ExPASy)。

第三节　文献信息检索模型

一、概述

（一）文献信息检索模型的含义

模型是采用数学工具,对现实世界某种事物或某种运动的抽象描述。面对相同的输入,模型的输出应该能够无限地逼近现实世界的输出。文献信息检索模型是反映文献信息检索过程及相关因素之间规律的一种抽象的数学表达,是表示文档、用户查询以及查询与文档的关系的表示形式,并定义它们的评分函数。

一般采用四元组$[D,Q,F,R(q_i,d_j)]$形式化定义文献信息检索模型;其中,D为文档集的逻辑表示;Q为用户信息需求的逻辑表示,又称为查询表达式;F为模型化的文档和查询表示及其关系的框架(frame);$R(q_i,d_j)$为定义查询$q_i \in Q$与文档$d_j \in D$相关性大小的排序函数,给出文档d_j对查询q_i的顺序。

在文献信息检索模型中,词项(term)是用于表示文档D的基本单元。词项可以是单词(如computer)、词干(如 comput)或者是词组(如 computer system)。词项采取何种形式取决于使用的索引方法,使用不同方法组成的词项可以构造复杂的表示。

（二）文献信息检索模型的类型

通常依照不同的表示方式和相关性函数,将信息检索模型分为布尔检索模型、向量空间模型、概率检索模型、统计语言模型等。这些模型不断改进、扩展、融合,以进一步提高检索性能。

(三)文献信息检索模型的作用

文献信息检索模型具有以下三个主要功能:①精确地描述出文献信息与文献信息、文献信息与提问之间的相关关系,使之能比较和计算;②有助于高效合理、便于检索的文献信息存储形式;③有助于设计出合理的检索式,便于检索提问。此外,还具有信息分析辅助功能。

二、布尔检索模型

布尔检索模型(Boolean retrieval model)是采用布尔代数方法,用布尔表达式表示用户检索提问,通过对文献标识与提问式的逻辑比较来检索文献。布尔检索模型是最早提出来的,也是应用最广泛的模型。

1. 模型描述 布尔检索模型的数学基础是集合论。在布尔检索模型中,文档 D:被表示为词项的集合或布尔组合,例如:文档 $D=t_1 \wedge t_2 \wedge t_3$ 表示文档 D 包含词项 t_1, t_2 和 t_3,也等价地由集合表达式 $D=\{t_1, t_2, t_3\}$ 表示。不在布尔表达式中的词项,假设不存在文档中。查询 Q:被表示为词项的布尔组合。用"与、或、非"连接起来,并用括弧指示优先次序。

例如:文档集 D 包含两个文档:

D_1:a,b,c,f,g,h

D_2:a,f,b,x,y,z

用户查询需求:文档中出现 a 或者 b,但一定要出现 z。

将查询需求表示为布尔表达式 $q=(a \vee b) \wedge z$,并转换成析取范式 $q_{DNF}=(1,0,1) \vee (0,1,1) \vee (1,1,1)$。$D_1$ 和 D_2 的三元组对应值分别为(1,1,0)和(1,1,1)。经过匹配,将文档2返回。

2. 布尔检索模型的优缺点

(1)优点:①通过布尔逻辑运算符 AND、OR、NOT 表达用户的信息需求,直观清晰,易于理解;②方便用户扩大检索或者缩小检索;③易于计算机实现。因此,现在的文献信息检索系统都提供布尔检索。

(2)缺点:①判定标准是基于二值(相关和不相关),词项没有赋予权重,导致检索结果不能排序输出,限制了部分检索功能;②没有反映概念之间的语义联系;③很难控制检出文献数量,容易造成漏检或者误检。

三、向量空间模型

向量空间模型(vector space model,VSM)是20世纪60年代信息检索领域奠基人 Salton 提出的,并成功应用于康奈尔大学研发的 SMART 文本检索系统。VSM 核心思想是采用向量表示文档或查询,把对文本内容的处理简化为向量空间中的向量运算,以空间上的相似度表达语义的相似度。

(一)模型描述

在向量空间模型中,文档 D(document)和查询 Q 都用等长的向量即 n 个独立词项 t(term)的集合来表示。设 D 是一个包含 m 篇文献的集合:$D=\{d_1, d_2, ..., d_m\}$,其中 d_i 为 D 的元素。假设文献集合 D 共有 n 个不同词项的集合 $\{t_1, t_2, ..., t_n\}$,即 D 中的所有文献都可以用这 n 个词项中的若干个词项予以表示。如果每一个词项看作一个向量,那么由 n 个词项所对应的向量可以生成一个 n 维欧氏空间。同样地,一个提问 q 也可以表示为词项空间中的一个向量 $\vec{q}, \vec{q}=(q_1, q_2, ..., q_n)$。这样,在文献信息检索中文献信息与提问查询的匹配问题,转化为向量 $\vec{d}$ 和 $\vec{q}$ 的相似程度的计算问题,相似系数 $S(d_i, q)$ 可定义为:

$$S(d_i, q) = \vec{d_i} \cdot \vec{q} = \sum_{k=1, j=1}^{n} d_{ik} \cdot q_j \cdot \vec{t_k} \cdot \vec{t_j} \qquad \text{式(1-1)}$$

那么把相似系数超过某一阈值的文献作为检索结果,并可按相似系数的大小排序输出。

向量空间模型的实现涉及三个核心问题:一是怎样确定文档中哪些词是重要的词,即词项的选择;二是怎样确定一个词项在某个文档中或在整个文档集中的重要程度,即词项权重的确定;三是怎样确定一个文档和一个查询式之间的相似度,即相似度的计算。

1. 词项的选择　词是表达语义的最小单位。分词对信息检索的影响很大,可以帮助信息检索系统自动识别语句的含义,从而提高搜索结果的匹配度,因此分词的质量直接影响检索效率。在文本索引的建立和用户检索提问中都需要分词。所以利用分词器把短语或者句子切分成词项,才能保证检索顺利进行。

英文分词的基本流程是:输入文本、词汇分割、词汇过滤(去除停留词)、词干提取(形态还原)、大写转为小写、结果输出。

中文分词比较复杂,是因为中文的词与词之间并不像英文那样用空格来隔开。中文分词主要有以下三种方法。

(1)基于字典匹配的分词方法:是按照一定的匹配策略将输入的字符串与机器字典词条进行匹配,该方法简单易行。按照匹配操作的扫描向不同,可以分为正向匹配、逆向匹配以及结合两者的双向匹配算法;按照不同长度优先匹配的情况,可以分为最大(最长)匹配和最小(最短)匹配;按照是否与词性标注相结合,又可以分为单纯分词方法和分词与词性标注相结合的方法。实际应用中上述各种方法经常组合使用,以达到最好的效果和准确度。

(2)基于语义理解的分词方法:是模拟人脑对语言和句子的理解,达到识别词汇单元的效果。基本模式是把分词、句法、语义分析并行进行,利用句法和语义信息来处理分词的歧义。目前基于语义理解的分词方法还处在试验阶段。

(3)基于词频统计的分词方法:是根据两个字的统计信息,计算两个汉字的相邻共现概率,体现中文环境下汉字之间结合的紧密程度。当紧密程度高于某一个阈值时,便可认为此字组可能构成词。实际应用的统计分词系统都使用一个基本的常用词词典,把字典分词和统计分词结合使用。基于统计的方法能很好地解决词典未收录新词的处理问题,即将中文分词中的串频统计和串匹配结合起来,既发挥匹配分词切分速度快、效率高的特点,又利用了无词典分词结合上下文识别生词、自动消除歧义的优点。

2. 词项权重的确定　在文档向量和查询向量中,每个元素值(d_i 或 $q_i, 1 \leq i \leq n$)表示对应的词项出现在文档 D 或查询 Q 中的权重。d_i 或 q_i 的权重可以是二元值。如果一个词项出现在文档或查询中用 1 表示,否则为 0。但是目前使用较多的是词频 - 逆文档频率(tf-idf)权重计算方法。

tf-idf 用以计算词项对于一个文档集或一个语料库中的一个文档的重要程度。词项的重要性随着它在文档中出现的次数呈正比增加,但同时会随着它在文档集中出现的频率呈反比下降。也就是说,如果一个词项在一篇文档中出现的频率越高,说明其重要性越高,但是如果这个词项在文档集其他的文档中出现的频率也很高,那么说明该词项有可能是比较通用常见的。

词频(term frequency,tf)是文档 D 或者查询 Q 中词项的频率,可以统计某一词项在整篇文档 D 或者查询 Q 中出现的次数。文档有长短之分,例如:在一篇 3 000 字的文章中词语"高血压"出现了 3 次,很难断定这篇文章和高血压相关的,但是一篇 140 字的摘要中同样出现 3 次,基本可以断定文章内容和高血压有关。为了削弱文档长度的影响,需要将词频标准化,计算方法如下:

$$词频(tf_{t,d}) = \frac{某个词在文档中出现的次数}{文档的总次数} \qquad 式(1-2)$$

文档频率(document frequency,df)代表文档集中包含某个词项的所有文档数量。df 通常比较大,为了把它映射到一个较小的取值范围,需要采用逆文档频率(inverse document frequency,idf)来表示:

$$逆文档频率(idf_t) = \log\left(\frac{文档集中总的文档数}{包含某个词的文档数+1}\right) = \log\left(\frac{N}{df_t+1}\right) \qquad 式(1-3)$$

式（1-3）中分母越大，说明该词越常见，逆文档频率越小。分母中文档数加 1 来进行平滑处理，以防所有文档都不包含某个词时分母为 0 的情况发生。

词项的权重采用 tf-idf 来表示，计算公式如下：

$$词项权重(tf\text{-}idf) = 词频(tf_{t,d}) \times 逆文档频率(idf_t) \qquad 式（1\text{-}4）$$

通过 tf-idf 可以把文档表示成 n 维的词项权重向量：

$$文档向量（document\ vector）= (d_1, d_2, ..., d_n) \qquad 式（1\text{-}5）$$

3. 相似度的计算　向量空间中的 N 个文档可以用一个矩阵表示（图 1-7）。矩阵中的一个元素 $d_{i,j}$ 对应于文档中一个词项 t 的权重。"0"意味着该词项在文档中没有意义，或该词项不在文档中出现。

通过计算向量之间的相似性来度量文档之间、查询之间或者文档与查询之间的相似性。主要的计算方法有内积法（inner product）、夹角余弦法、Jaccard 系数等。其中，夹角余弦法是普遍使用的相似度计算方法。

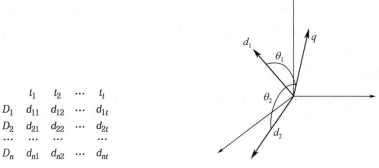

$$
\begin{array}{c|cccc}
 & t_1 & t_2 & \cdots & t_t \\
\hline
D_1 & d_{11} & d_{12} & \cdots & d_{1t} \\
D_2 & d_{21} & d_{22} & \cdots & d_{2t} \\
\cdots & \cdots & \cdots & \cdots & \cdots \\
D_n & d_{n1} & d_{n2} & \cdots & d_{nt}
\end{array}
$$

图 1-7　向量空间矩阵　　　　　图 1-8　文档向量和查询向量

如图 1-8 所示，假设有两个文档，文档 1 和文档 2，它们在向量空间中分别用向量 d_1 和向量 d_2 来表示。查询向量为 q，d_1 和 q 的夹角为 θ_1，d_2 和 q 的夹角为 θ_2。利用式（1-6）进行计算。比较 $\cos\theta_1$ 和 $\cos\theta_2$ 的大小，可以得出文档 1 和文档 2 哪个和查询关键词相关度更大。

$$\cos(d_i, q_k) = \frac{\sum_{k=1}^{t}(d_{ik} \cdot q_k)}{\sqrt{\sum_{k=1}^{t} d_{ik}^2 \cdot \sum_{k=1}^{t} q_k^2}} \qquad 式（1\text{-}6）$$

向量空间模型的数学理论基础是余弦相似性理论，它除了应用于信息检索模型之外，在文本挖掘领域可用于文本分类和聚类；在推荐系统中可以用来比较用户偏好的相似性以及常见问题集的构建。

（二）向量空间模型的优缺点

（1）优点：①是基于线性代数的简单模型；②词项权重不是二元的；③文档和查询之间的相似度取值是连续的；④允许根据文档间可能的相关性来进行排序；⑤允许局部匹配。

（2）缺点：①标引词之间被认为是相互独立，没有考虑语义关系；②随着文档信息量的增大以及文档格式的多样化，查询结果往往会与用户真实的需求相差甚远，而且产生大量无用信息。

四、概率检索模型

概率检索模型（probabilistic retrieval model）从概率排序原理推导而来，是一种直接对用户需求相关性进行建模的方法，其基本思想是：给定一个查询，返回的文档能够按照查询和用户需求的相关性得分高低来排序。其数学基础是贝叶斯决策理论。

1. 模型描述　概率是对随机事件发生的可能性的度量，取值为 0~1，条件概率是指在某些前提条件下的概率问题,在事件 A 发生的前提下事件 B 发生的概率记为 $P(BA)$。而在事件 B 发生的前提下事件 A 发生的概率记为 $P(AB)$。

概率检索模型把用户查询和查询的文档集作为一个贝叶斯分类问题,对于任意的查询,文档集可划分为与查询相关和与查询不相关两类。对于文档 D,$P(R|D)$ 代表文档属于相关文档集的概率,$P(NR|D)$ 代表文档属于不相关文档集的概率,如果 $P(R|D)>P(NR|D)$,那么认为文档 D 与用户查询相关,反之不相关。

目前,主要的概率检索模型有二值独立模型(binary independence model,BIM)、最佳匹配[BM25(best match 25)]模型和改进的 BM25F 模型。

(1)二值独立模型:是一种概率检索模型,通过两个假设计算文档或者查询的相似性概率。

假设一:二值假设。二值是指文档和查询都表示为词项"出现"与"不出现"两种情况,词项出现记为 1,词项不出现记为 0。

假设二:词汇独立性假设。指文档中出现的单词之间没有任何关联,某一单词在文档中的分布不依赖于另一个单词是否出现。

基于以上两个假设,可以计算文档中某一单词出现的概率即和不出现的概率即 $P(D|NR)$。

(2)BM25 模型:是对 BIM 的改进,考虑了文档长度、文档词频、idf、查询词频等因素,因此,BM25模型的实际应用效果好于 BIM。

BM25 模型的相关性计算公式如下:

$$\sum_{i\in Q}\log\frac{(r_i+0.5)/(R-r_i+0.5)}{(n_i-r_i+0.5)/(N-R-n_i+r_i+0.5)}\times\frac{(k_1+1)f_i}{K+f_i}\times\frac{(k_2+1)tf_{tq}}{k_2+tf_{tq}} \qquad 式(1-7)$$

其中,$K=k_1\left[(1-b)+b\times\dfrac{L_d}{L_{ave}}\right]$

对查询 Q 进行分词,依次计算每个单词在文档 D 中的分值,累加后即为查询 Q 下文档的得分。

式(1-7)分为三个部分,第一部分为二值独立模型中推导出来的相关性计算公式;第二部分是查询词在文档 D 中的权重;f_i 代表单词在文档 D 中的词频,k_1 是经验参数,K 是对文档长度的考虑,k_1 和 b 都是经验参数;第三部分是查询词自身的权重,tf_{tq} 是词项 t 查询中的词频,k_2 是一个取正的调优参数,用于对查询中的词项频率进行缩放。k_1 取 0 时,公式的第二部分为 1,此时不考虑词频的因素,b 取 0 时表示忽略文档长度因素,k_2 取 0 表示不考虑词项在查询中的权重。在没有根据开发测试集进行优化的情况下,已有的实验结果表明,参数的合理取值范围是:k_1 的取值区间为 1.2~2,b 取 0.75,k_2 取 0~1 000,k_2 取值较大是因为查询一般较短,不同查询词的词频较小,较大的调节参数值可以对词频之间的差异进行放大。

(3)BM25F 模型:结构化文本会被切分成多个独立的域,以文献为例,一篇文献有标题、摘要、关键词、主题词、正文、段落等域。标题是对一篇文献内容的高度概括,标题词和主题词的权重要比正文中的关键词高。BM25F 模型在 BM25 模型的基础上再进行改进,考虑单词在文档不同域(即字段)的权重差异。

BM25F 模型的相关性计算公式如下:

$$\sum_{i:q_i=d_i=1}\log\frac{(r_i+0.5)/(R-r_i+0.5)}{(n_i-r_i+0.5)/(N-R-n_i+r_i+0.5)}\times\frac{f_i^u}{k_1+f_i^u} \qquad 式(1-8)$$

其中,$f_i^u=\sum_{k=1}^{u}w_k\times\dfrac{f_{ui}}{B_u}$　　　　$B_u=(1-b_u)+b_u\times\dfrac{ul_u}{avgul_u}$

式(1-8)中的第一部分是二值独立模型的评分,第二部分是单词在文档域中的评分。其中 f_i^u 代表第 i 个单词在 u 个域中的得分之和,w_k 代表为各个域设定的权值,f_{ui} 代表第 i 个单词在第 u 个域中的词频,B_u 是第 u 个域的长度因素。在 B_u 的计算公式中,b_u 是调节因子,对于不同的域要设定不同的调节因子,ul_u是第 u 个域的实际长度,$avgul_u$是文档集中这个域的平均长度。

2. 概率检索模型的优缺点

(1)优点:结果可按其相关性排序输出,为许多文献信息检索系统采用。

(2)缺点:①需要把文献分成相关和不相关的集合;②未考虑标引词在文献中出现的频率,且假设标引词是相互独立,但该假设与实际应用场景相悖。

五、统计语言模型

统计语言模型(statistical language model)最初普遍使用在语音识别和机器翻译等领域。1998 年,Ponte 和 Croft 首次将统计语言模型应用于信息检索领域。它是采用统计学方法描述自然语言内在规律的数学模型,即计算机借助该模型给出的概率参数,对于自然语言中每个句子或词出现的可能性进行估计。许多实验结果表明,基于统计语言模型在检索性能上优于向量空间模型。目前统计语言模型已应用于信息过滤、跨语言信息检索、语音信息检索等领域。

1. 模型描述　　统计语言模型的基本思想是使用 $P(D|Q)$ 估计文档 D 与查询 Q 的相关度。使用贝叶斯模型,可以推出:

$$P(D|Q) = \frac{P(D|Q)P(D)}{P(Q)} \propto P(Q|D)P(D) \qquad 式(1\text{-}9)$$

因为式(1-9)中的概率 $P(Q)$ 独立于文档,并且不会影响文档的排序,所以它可以忽略。此外,出于简化的需要,许多研究者假设 $P(D)$ 分布是均匀的。$P(Q|D)$ 通常称为生成模型(generative model)。

假设查询 Q 中的词项相互独立,那么可以得出:

$$P(Q|D) = \prod_{t_i \in Q} P(t_i|D) \qquad 式(1\text{-}10)$$

$P(t_i|D)$ 由文档的统计语言模型(一般使用一元模型)估计得到。假设 θ_D 表示语言模型,使用似然值作为文档的评分:

$$\text{Score}(Q,D) = \log P(Q|\theta_D) = \sum_{t_i \in Q} P(t_i|\theta_D) \qquad 式(1\text{-}11)$$

估计 θ_D 是计算式(1-11)的关键,最简单的一种方法是使用最大似然估计:

$$P_{\text{ML}}(t_i|\theta_D) = \frac{f(t_i, D)}{|D|} \qquad 式(1\text{-}12)$$

该方法的主要问题是当查询中的某一词项未在文档中出现,$P(Q|\theta_D)$ 值为 0。在信息检索中,这一条件过于严格。当一篇文献含有查询的部分词项,该文献可能是与查询相关的。此外,在文档中也可能存在这些未出现词项的近义词或者相关的词项。解决这一问题的方法是采用平滑技术(smoothing),其目的是避免出现上述零概率问题。平滑的具体方法是降低高概率值(出现文本的概率值),提高低概率值(未出现文本的概率值);使得整个概率分布更加平滑和均衡。

除了上述生成模型外,也有采用基于交叉熵或凯利离散度(Kullback-Leibler divergence,简称 KL 散度)的判别模型(discriminative model):

$$\text{Score}(Q,D) = \sum_{t_i \in V} P(t_i|\theta_Q) \log P(t_i|\theta_D)$$
$$\propto \sum_{t_i \in V} P(t_i|\theta_Q) \log \frac{P(t_i|\theta_D)}{P(t_i|\theta_Q)} = -KL(\theta_Q \| \theta_D) \qquad 式(1\text{-}13)$$

其中,V 是文档集的词表。多数情况下,采用最大似然估计查询模型 $P(t_i|\theta_Q)$,并对模型进行平滑处理。

2. 统计语言模型的优缺点

(1)优点:以一个全新的视角看待检索问题,为相关性排序算法的设计开辟一个新的方向。

（2）缺点:①数据稀疏:由于实际语料有限,很多可能出现的语言组合在训练数据中得不到体现,其出现的概率被低估。②样本依赖:统计语言模型的性能在很大程度上依赖于训练数据样本。③规模过大:统计语言模型的精度越高,参数就越大;为了提高模型性能,需要增加训练数据,这导致规模进一步增大。

第四节   文献信息检索途径、技术与策略

一、文献信息检索途径

检索途径为文献信息检索系统的检索入口,即检索系统所提供的各种标识,在计算机检索系统中通常表现为字段检索。

1. 自由词检索途径   利用自由词(text word)作为检索入口查找文献。自由词是文献信息检索系统中所出现的任意词汇(通常除外无实质意义的词汇),主要从文献篇名、文摘、关键词或者正文中抽取出来的,能表达文献主要内容、具有实质意义的名词术语。自由词检索灵活、直观,符合用户习惯,因而广泛应用。但是自由词未做或者稍做规范化处理,并且不能反映概念间一一对应关系和等级关系。因此,自由词检索时应同时考虑到与检索词相关的同义词、近义词、专指词等,否则容易造成漏检。如中国知网(CNKI)提供主题检索、篇关摘检索、关键词检索、篇名检索、摘要检索、全文检索等。

2. 主题词检索途径   利用主题词(subject heading)作为检索入口查找文献。主题词是经过优选和规范化处理的词汇,由主题词表来控制。常用的主题词表有 MeSH(Medical Subject Headings)、Emtree 以及中国中医药学主题词表。主题词检索有助于提高查全率与查准率,但维护成本高。中国生物医学文献服务系统(sinoMed)、PubMed 等支持主题词检索。

3. 分类检索途径   利用文献的类目名称或分类号作为检索入口查找文献,满足用户从学科、专业等知识体系出发获取所需的文献,如 sinoMed 的分类检索、CNKI 的分类号检索。

4. 著者检索途径   利用文献上署名的作者、编者或机关团体名称作为检索入口查找文献。如 CNKI 的作者检索、第一作者检索、通讯作者检索等。

外文文献检索系统对著者姓名的特殊处理方式如下:

（1）常规姓名:姓在前用全称,名在后用缩写。如 Susan Ann Webster → Webster SA。

（2）复姓:姓以全称的形式保留,名缩写。如 Julie C. Fanbury-Smith → Fanbury-Smith JC。

（3）带前缀(如 De,Des,Du,La,Dal,La,Von,Van,den,der)的姓名:多数将前缀作为姓名的一个组成部分,并参与检索和排序。如 Kinder Von Werder → Von Werder K。

（4）带头衔(如 Lord,PhD,MD)的姓名:著者检索时常略去。

（5）中国人姓名的处理:如利用 PubMed 著者途径检索夏家辉(Jia Hui, Xia)院士发表的文献时,需采用"Xia J"或者"Xia JH"进行同时检索,以免漏检。并且检出文献后,还要根据著者的专业以及其他特征做进一步鉴别,避免误检。

5. 题名检索途径   利用题名(如书名、刊名、篇名)等作为检索入口查找文献。文献信息检索系统一般提供题名检索,题名是文章内容的高度浓缩,将检索词限定在题名中可以提高查准率。

6. 序号检索途径   利用文献特有的序号作为检索入口查找文献。常见序号有 ISSN、ISBN、专利号、公开号、报告号、合同号、化学物质登记号、DOI 等。由于序号具有唯一性、专指性和实用性等特性,因此,序号检索能提高查准率和检索速度。

7. 机构检索途径   以机构、单位名称为检索入口查找文献。文献信息检索系统通常把机构(单位)名称并入地址字段(address)。

8. 引文检索途径   利用引文(citation)作为检索入口查找文献,如 Web of Science 的引文检索(cited reference search)。

9. 缺省检索途径　是指自动在检索系统预先设定的多个字段中同时进行检索。如 SinoMed 基本检索界面直接输入检索词,系统默认在全部可检字段中进行检索。

10. 其他途径　如美国化学文摘网络数据库(CAS SciFinder)的分子式索引、生命科学信息数据库(BIOSIS Citation Index)的生物体索引。

二、文献信息检索技术

广义的文献信息检索技术是指包括文献信息采集、组织、存储和利用在内的,涉及图书馆学、情报学、计算机科学等诸多学科领域的信息获取技术和方法。狭义的文献信息检索技术是指从现有的文献信息资源工具或者系统中提取相关信息的技术和方法。

文献信息检索技术首先是传统的纸质版的目录、索引、文摘的手工检索技术,主要有先组式索引检索、穿孔卡片检索等,该检索技术以手工操作为主,费时、费力,且检索效率也很低。随后发展到以缩微胶片、磁带、磁盘、光盘数据库检索为主的脱机检索技术和以多个联机数据库为主的联机检索技术,即缩微胶卷检索、脱机批处理检索、光盘检索和联机检索等,它以文本信息检索为主,一种输入多种输出,存储空间更大、速度更快。再发展到以互联网、大数据、云计算为主的网络信息检索技术,即文本检索技术、多媒体信息检索技术、全文检索技术、超文本和超媒体检索技术、可视化信息检索技术、跨语言信息检索技术和智能信息检索技术等,并且越来越网络化、个性化、可视化和智慧化。

(一)文本信息检索技术

1. 布尔逻辑检索(Boolean logic searching)　是用布尔逻辑算符,表示检索词之间的逻辑关系,构建检索表达式并将其与倒排档的索引词进行匹配运算,检出符合用户所需信息的技术和方法。主要的布尔逻辑算符有 AND、OR、NOT,分别表示逻辑与、逻辑或、逻辑非三种逻辑运算关系,如图 1-9 所示。

逻辑与(A AND B)　　逻辑或(A OR B)　　逻辑非(A NOT B)

图 1-9　布尔逻辑运算

(1)逻辑与(AND):检索表达式为"A AND B",表示同时含有检索词 A 和 B 的文献为命中文献,其作用是缩小检索范围,提高查准率。例如:查找"胰岛素治疗糖尿病"的文献,检索式为"胰岛素 AND 糖尿病"。

(2)逻辑或(OR):检索表达式为"A OR B",表示含有检索词 A 或者 B 的文献为命中文献,其作用是扩大检索范围,提高查全率。例如:查找"cancer"的文献,检索式为"cancer OR tumor OR carcinoma OR neoplasm"。

(3)逻辑非(NOT):检索表达式为"A NOT B",表示含有检索词 A 而不含 B 的文献为命中文献,其作用是缩小检索范围,提高查准率。例如:查找"动物的乙肝病毒"的文献,检索式为"乙肝病毒 NOT human"。

使用布尔逻辑检索应注意以下两点:

(1)不同的检索系统,布尔逻辑算符的表现形式稍有不同。逻辑"与"除 AND 外,还有用 and、*、与、并且、并含、在结果中查找等。逻辑"或"除 OR 外,还有 or、+、或、或者、或含等。逻辑"非"除 NOT 外,还有 not、-、非、不含等。

(2)当一个检索表达式含有多个布尔算符时,运算的顺序为 NOT>AND>OR。不同数据库运算顺序不同(如 PubMed 就是从左到右),如要改变,可用圆括号改变运算顺序,将需要优先运算者置于圆括号中。例如:查找"维生素 C 或维生素 E 对糖尿病患者肾脏的保护作用",检索式为:(维生素 C OR 维生素 E)AND 糖尿病 AND 肾。

2. 截词检索(truncation searching)　指采用截词算符代替检索词某一部分进行检索的技术。检索系统能自动地对同一概念检索词的不同词尾变化、词根相同等提问词进行检索,并自动用 OR 连接截词的检出结果。其作用是扩大检索范围,提高查全率,避免漏检;同时减少检索词的输入,节省检索时间。

(1)按是否采用截词符,截词分为 2 种:

1)采用截词符:常用的截词符有"*""?""$"等。

2)不用截词符:系统支持自动截词。例如:在 PubMed 的基本检索方式下输入"Smith J〔au〕",系统能自动检索出包含"Smith J"的著者(如 Smith JB、Smith JS 等)发表的文献,此外,有些检索系统也支持检索包含同一词根的一组词,例如:Engineering Village 的快速检索,输入"management",系统能将"managing,managed,manager,manage"等检索出来,这又称为词干检索(stem searching)。

(2)按截断位置的不同,截词分为 3 种:

1)右截词:截词符在检索词末端,用于检索词头相同的一组词,如 cell*。

2)左截词:截词符在检索词的最前端,用于检索词尾相同的一组词,如 *mycin。

3)中间截词:也称通配检索,截词符(通配符)出现在检索词的中间,代表若干个字母,如 m?n。

(3)按截断的字符数量的不同,截词分为 2 种:

1)无限截词:即不限制被截断的字符数量。"*"常用于无限截词(*=0-n 个字符)。例如:输入"pain*",可同时检出"pain,painful,painless"等。

2)有限截词:即限制被截断的字符数,用以替代一个字符或不替代任何字符的检索。"?"常用于有限截词(?=0-1 个字符)。例如:输入 wom?n,可同时检索出"woman"和"women"等。

3. 邻近检索(proximity searching)　是采用位置算符(positional operator)来表示检索词与检索词之间位置关系的一种文献信息检索技术。通常分为词级、句级和字段三级位置算符。

词级位置算符:主要有 near,with。

(1)N 算符:"near"的缩写,表示检索词位置相邻,且两个检索词的顺序可以颠倒,但不能插入任何词,可以有空格、标点或连字符号。例如:cell(N)apoptosis。nN 算符:算符两侧的检索词之间最多可插入 n 个词,且两个检索词的顺序可以颠倒;如 information 3N retrieval。有的平台采用 ADJn 算符,相当于 nN 算符,如 OVID 平台采用 information adj3 retrieval 表达。

(2)W 算符:"with"的缩写,表示检索词位置相邻,且两词出现的顺序不可颠倒,而且检索词之间不允许有其他的词或字母,但允许有空格、标点或连字符号,例如:liver(w)cancer。nW 算符:算符两侧的检索词之间允许插入 n 个实词或虚词,但两个检索词的顺序不能颠倒。例如:文化(2W)产业,检出文化创意产业、文化动漫产业等。

(3)S 算符:"sub-field/sentence"的缩写,表示检索词只有出现在记录的同一个句子或子字段,才能被命中。两个检索词先后顺序不限,中间插入词的个数也不限。

(4)F 算符:"field"的缩写,表示检索词必须出现在记录的同一字段,如篇名、文摘、关键词、主题词等字段。两个检索词先后顺序不限,中间插入词的个数不限,其功能相当于限定字段检索。

4. 限定检索(limit searching)　又称限定字段检索(limit field searching),是将检索词限定在某一字段或某几个字段的一种文献信息检索技术。

如前所述,文献信息数据库的最小单位是记录,一条完整的记录是由若干个字段组成。用来表达文献内容特征的字段称为基本索引字段(basic index field),如题名(TI)、文摘(AB)、主题词(DE)和自由词(Text Words〔TW〕)。表达文献外部特征的字段称为辅助索引字段(additional index fields),如著者、机构名称、语种、刊名、来源、出版年等。一般而言,文献信息数据库的记录基本包括篇(题)名、文摘、主题词、自由词、著者、著者机构、刊名、出版年、语种、分类号、DOI等字段。

不同的数据库,甚至同一个数据库在不同的文献信息检索系统中,其著录格式、字段标识符和字段数目也不完全相同,有的数据库记录只有4~5个字段,而有的却达90多个字段;而且字段标识符放置的位置不尽相同,有的采用前缀方式,例如:CNKI采用TI=肝肿瘤,AU=×××(姓名),AF=××大学等方式;有的采用后缀方式,例如:PubMed采用obrien j［au］,COVID-19［TI］,1996:1998［dp］,hypertension［MAJR］,toxicity［sh］,J Hand Surg Am［TA］等方式。这些限定算符在不同的数据库中有不同的表现形式和使用规则,因此,使用时要参照有关数据库或者系统的使用说明,以免造成误检。

尽管网络信息实际上不分字段,但是大多数搜索引擎采用类似于字段限定检索的功能,可将检索词限定在特定的范围内,如标题(title)、图像(image)、文本(text)、主机名(host)、域名(domain)、链接(link)、统一资源地址(URL)等。

5. 扩展检索(expand searching)　是同时对多个相关检索词进行逻辑或检索的技术,即用户输入一个检索词后,系统不仅能检出该词的文献,还能检出与该词同属于一个概念的同义词或下位词的文献,如CNKI的中英文扩展和同义词扩展检索,SinoMed和PubMed中主题词和副主题词扩展检索。

6. 加权检索(weighing searching)　检索时赋给每个检索词一个表示其重要程度的数值(权值),然后对含有这些检索词的文献进行加权计算,权值之和在规定的数值(称为阈值)之上者作为检索结果输出。权值的大小反映被检出文献的相关程度。加权方法多种多样,有的采用系统赋予检索词权重方法,例如:SinoMed、PubMed的主要主题词检索。有的采用检索者赋予检索词权重,例如:检索"管理信息系统",检索者赋予三个检索词的权重:管理/30* 信息/30* 系统/40,并规定阈值70。有的采用词频加权法,检索词的权重由其所在文本中的词频决定,消除人工干预的因素,但须建立在全文数据库或文摘数据库的基础上。

7. 精确检索和模糊检索　精确检索(exact searching)是指所检索信息与输入的词组完全一致的匹配检索技术。在许多系统中用引号来表示,例如:检索"acute pancreatitis",此时只有包含与"acute pancreatitis"完全相同的词串的文献才能检索出来。而模糊检索(fuzzy searching)允许所检索信息与检索提问之间存在一定的差异,例如:检索"acute pancreatitis",可检索出"acute necrotizing pancreatitis""acute gallstone pancreatitis"等,即只要包含acute和pancreatitis两个词串的文献均能检索出来,并不要求acute pancreatitis一定按输入顺序相邻。CNKI提供精确检索和模糊检索。

8. 相关信息反馈检索(relevant feedback searching)　是系统根据用户对初次检索结果的相关性判断,调整词的权重改变检索词在检索中的重要性,从而优化检索效果。多由检索系统自动进行检索。例如:CNKI的相似文献,PubMed的"Similar articles"。

9. 智能检索(intelligent searching)　即自动实现检索词、检索词对应主题词及该主题词所含下位词的同步检索。如中国生物医学文献服务系统(SinoMed)的智能检索,PubMed的"自动词语匹配检索"。

10. 跨库检索(cross database searching;one-stop searching)　是一次对多个数据库同时进行检索的技术。跨库检索能为用户提供统一的检索接口,将用户检索需求转化为不同数据库的检索表达式,并发地检索本地和广域网上的多个分布式异构数据库,并对检索结果加以整合,以统一的格式将结果呈现给用户,在此过程中用户不必担忧这些数据库访问权限的限制,因而能够减轻用户学习检索不同数据库的负担,有效节省检索时间。

(二)多媒体信息检索技术

随着互联网技术、多媒体技术以及大数据、云计算等技术的飞速发展,图像、视频、音频等多媒体信息已成为人们获取与传播信息的重要媒介。但是如何从海量多媒体信息集合中快速有效地检索出相关的信息,是信息检索面临新的挑战,多媒体信息检索技术成为国内外的研究热点。

多媒体信息检索技术主要有基于文本的检索(text based retrieval,TBR)和基于内容的检索(content based retrieval,CBR)两种。

　　基于文本的多媒体检索技术是目前信息检索系统中主流的检索技术,它是采用文本对图像、视频、音频等媒体内容进行人工标注,如分类、扩展名、关键词等,从而将媒体内容的检索转换为基于文本描述的检索。但是人工标注不仅费时费力,而且不能完全表达媒体所包含的丰富内涵,从而导致检索效果不佳。

　　基于内容的多媒体检索技术是利用媒体自身属性,对多媒体信息进行直接检索,是多媒体信息检索技术的发展方向,并且逐步从理论模型走向实际应用。常见的多媒体信息包括图像、音频和视频三种类型。因此,多媒体信息检索技术主要有基于内容的图像检索、音频检索和视频检索三种。

　　1. 基于内容的图像检索（content based image retrieval,CBIR）　首先选取适当的方法和技术,提取图像特征;然后综合考虑各种特征的匹配程度进行运算;最后检出符合用户需求的结果。

　　（1）组成模块

　　1）查询接口:用于让用户与系统实现人机交互,通过可视化的方式从范围、文字以及视觉三个方面对图像检索提出需求。

　　2）图像处理:用于对图像进行预处理,通过滤波和颜色亮度进行校正,去掉图像噪声以及颜色分布不均匀对图像特征提取造成的影响。

　　3）特征提取:用于获取图像内容的基本特征,包括颜色、纹理、形状以及目标关系等。通过对不同特征采取不同的处理方式,选择合适的算法,提高图像检索的效率和精确性。

　　4）索引过滤:用于系统内部降低逻辑读取的次数,从而提高查询效率,更快地建立图像的特征索引。

　　5）特征匹配:用于寻找满足用户需求的图像,从用户输入的信息中提取特征(比如颜色、纹理、形状和目标关系),选取合适的算法模型,计算图像之间特征的相似度,输出与用户输入信息中提取的特征相似度高的图像。

　　（2）典型系统:主要有① QBIC:（Query by Image Content）由 IBM Almaden 研究中心开发。它允许用户使用图像实例、草图和简图,颜色和纹理,镜头和目标的运动,以及其他的图像信息对图像数据库进行查询。② VisualSeek:由美国哥伦比亚大学图像和高级电视实验室开发的基于内容的图像检索系统,供用户在互联网上检索图像和视频。

　　2. 基于内容的音频检索（content based audio retrieval,CBAR）

　　（1）系统构成:由查询接口、音频处理、特征提取、索引过滤及特征匹配 5 个模块组成。用户在查询接口输入音频数据,系统首先对其进行去噪化处理,然后提取媒体特征,再将提取的媒体特征与数据库中的音频数据进行聚类,最后检索引擎对特征向量进行相似度匹配,输出查询结果。

　　（2）音频特征提取与匹配:从音频数据中提取的听觉特征有多种方式。从物理特性和感知特征分类,可分为听觉感知特征和听觉非感知特征两类。听觉感知特征包括响度、音调、音色等。听觉非感知特征是音频的物理特性,它可分为时域特征、频域特征和时频特征三类。时域特征有短时平均能量、线性预测系数以及衍生特征等;频域特征有 Mel 系数、LPC 倒频谱系数、熵特征等;时频特征采用小波系数等。音频特征的提取主要有两种方法:一是从叠加的音频帧中提取特征;二是从音频片段中提取特征。

　　（3）典型系统:主要有① VMR（Video Mail Retrieval）系统由英国剑桥大学工程学系研发,采用 35个预定的关键词进行检索,具有较好的音频检索效果;② Muscle Fish 是基于内容的音频检索系统,对音频的检索和分类比较准确。

　　3. 基于内容的视频检索（content based video retrieval,CBVR）

　　（1）视频信息:包括静止图像的内容以及场景中目标的运动和时间变化等信息。视频特征可以用视频片段、场景、镜头、帧等来描述。其中,视频片段由一系列相关的场景组成,表达一个完整的事件;场景由一些语义相关的镜头组成;镜头由一系列连续帧组成;帧是视频的最小单位。

　　（2）CBVR 原理:首先进行镜头分割,即对视频流进行镜头边界检测,得到镜头,再从镜头中提取关键帧;然后分别从镜头和关键帧中进行特征提取得到运动特征和静态特征;最后再结合两种特征进行聚类和索引,输出检索结果。

1)镜头分割:实质是对视频进行时域分割。基本思路是:将两帧图像的特征值的差值与给定的阈值进行比较,若差值更大,则说明两帧的特征变化大,判断两帧为不同主题,需在此进行镜头分割;相反,如果阈值更大,则表明两帧为相同主题,不需要在此进行镜头分割。镜头分割的常用算法包括模板匹配法、直方图法、基于边缘的方法和基于模型的方法等。模板匹配法,严格地区分像素的位置,对噪声、镜头和物体的运动非常敏感,容易导致错误的场景切换检测。直方图法,使用像素亮度和色彩的统计值,不考虑像素的位置信息,抗噪能力较强,但有时会漏掉场景切换。基于边缘的方法,基本思想是在镜头发生切换时新边缘应远离旧边缘的位置,旧边缘消失的位置也应远离新边缘的位置。基于模型的方法,是利用对镜头编辑的先验知识,对各种镜头切换建立一定的数据模型,从而进行镜头切换的检测,对镜头渐变的检测具有较好效果。

2)CBVR 关键帧提取:是针对视频数据中大量的冗余信息,通过提取关键帧,来表达镜头的主要信息。得到关键帧(即静态图像)之后,可以采用 CBIR 技术予以处理。关键帧提取的常用技术包括固定间隔抽取法、基于图像特征变化法、视频帧聚类法等。

(3)典型系统:主要有① TV-FI(Tsinghua Video Find It):是清华大学开发的视频节目管理系统,功能包括视频数据入库和基于内容的检索和浏览等,如基于关键字、基于示例的检索,按视频结构或者用户自己预先定义的类别进行浏览;② iVideo:是中国科学院开发的视频检索系统,基于 J2EE 平台架构,具有视频分析、内容管理、Web 检索和浏览等功能。

基于内容的多媒体检索技术与传统数据库技术结合,可实现海量多媒体数据的存储、检索和管理;与搜索引擎结合,可用来检索网页中丰富的多媒体信息。

(三)可视化信息检索技术

随着数字化信息的指数增长,存储的数据量越来越大,用户在进行信息检索时系统往往会返回一个大型的数据集,过量的信息已经逐渐成为信息有用性的一道障碍。显然需要一种新技术来帮助用户从海量文献信息中查找和收集有用的资料,可视化就是这样一种将检索过程简单化、高效化的技术工具。

1. 信息可视化(information visualization)　信息可视化是将抽象数据用可视的形式表示出来,包括访问的结果以及数据各部分之间的关系,用于指导和加速查找的过程。信息可视化主要有层次信息结构可视化、多维数据结构可视化、网络结构、运行状态、浏览历史及网络用户的可视化等。

2. 可视化检索(visual retrieval)　可视化检索是信息可视化的一种,是指把文献信息、用户提问、各类情报检索模型以及利用检索模型进行信息检索的过程中不可见的内部语义关系转换成图形,在一个二维或三维的可视化空间中显示出来,即将数据库中的文献及它们之间的关系看作一个抽象的信息空间,它包含成千上万篇文献,且文献间相互关联,甚至文献的标引词之间也存在某种联系。但由于数据库的高维性,使得这些联系是不可见的,可视化将这些联系用可见的方式表示出来。可视化检索作为一种非传统信息检索机制,有如下优势。

(1)检索过程透明化:通过对文献与检索要求的内部关系直观的图形显示,帮助用户选择相关文献,并增加了用户对检索内部过程进行控制的新功能。

(2)检索结果输出高效性:用点或符号来表示数据库中的文献,检索结果都可以在屏幕中同时显示出来,提供整体浏览。用户可任意选择其中的某点,了解对应文献的详细资料。

(3)更为有效的检索结果排序机制:用 2D 或 3D 的图形显示代替 1D 的线性输出,对图形中可视化的文献分布情况进行分析,进而确定一个词对标引和检索的价值;多角度、多层次反映文献与检索要求,文献与文献之间的语义关系。

(4)有效的用户反馈机制:增强了用户与系统间的交互作用,允许用户对检索结果进行动态调整和过滤,甚至根据自己的检索需求标记出相关文献与非相关文献,改变了传统检索过程中不考虑用户检索偏好、缺少根据用户具体要求的变化进行动态检索的状况,进而提高了查准率。

三、文献信息检索策略

(一)文献信息检索策略的含义

广义的文献信息检索策略是指用户根据检索需求选择相应的数据库、确定检索方式、检索途径及相应检索表达式进行检索的一系列具有可操作性的方案,是用户检索目标的具体体现。狭义的文献信息检索策略仅指用户确定检索表达式进行检索的系列操作。

检索表达式又称检索式或检索提问式,是用于表达检索需求的检索词或检索词的集合。主要包括以下几种情况:①单个检索词构成,如非小细胞肺癌;②单个检索词加运算符构成,如非小细胞肺癌[ti](检索篇名中含有非小细胞肺癌的相关文献);③多个检索词构成,如"埃克替尼 AND 非小细胞肺癌"(检索埃克替尼治疗非小细胞肺癌的相关文献)。

文献信息检索策略通常包含多个检索表达式,这些检索表达式由用户输入检索系统,系统检索之后经常会自动将检索情况记录在检索史(history)中,并按检索顺序给予每一个检索表达式一个编号。用户通过检索史可以浏览检索结果,还可以利用编号调用、删除、保存和调整检索史中的检索表达式。

(二)文献信息检索策略的制定

利用计算机进行检索时,制定文献信息检索策略的一般过程如图 1-10 所示。

1. 分析检索课题,明确检索要求　分析检索课题的目的是使用户明确课题要解决的问题,即它所包含的概念和具体要求及它们之间的关系。这是制定检索策略的根本出发点,也是检索效率高低或成败的关键。

(1)分析课题的主题内容:即分析课题的主题内容、所属学科性质,明确研究课题所需的信息内容,从而提出能准确反映课题核心内容的主题概念。

(2)确定课题的文献类型:如果属于基础理论性探讨,要侧重于查找期刊论文、会议论文;如果是尖端技术,应侧重于科技报告;如属于发明创造、技术革新,则应侧重于专利文献;如为产品定型设计,则需利用标准文献及产品样本。明确课题对检索深度的要求,弄清用户是需要提供题录、文摘还是原始文献。

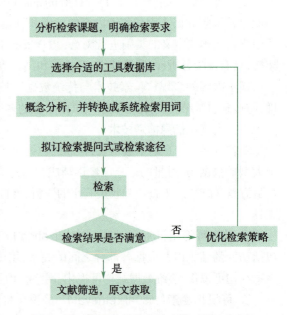

图 1-10　制定文献信息检索策略的一般过程

(3)确定检索时间范围:根据课题研究的起始年代和高峰期确定检索的时间范围。

(4)分析用户的检索评价要求:分析用户对检索评价指标是查新、查准还是查全。一般来说,若要了解某学科、理论、课题、工艺过程等最新进展和动态,则要检索最近的文献信息,强调查"新";若要解决研究中某具体问题,找出技术方案,则要检索有针对性、能解决实际问题的文献信息,强调查"准";若要撰写综述、述评或专著等,强调查"全"。

2. 选择检索系统,确定检索方法　根据检索课题的要求,选择最能满足检索要求的检索系统或工具书。一个计算机检索系统往往包含若干个数据库,进入系统后,常会有主体分类目录提供用户选择。一些内容相同的数据库也经常出现在不同的检索系统中。

数据库选择好以后,在检索前,须阅读数据库的说明,如出版机构的权威性、文献类型、收录年限、服务功能等。

3. 确定检索途径,编写检索策略表达式　根据信息需求或检索课题的已知条件、检索要求以及所选定的信息检索系统所提供的检索功能,确定适宜的检索途径,如主题途径或关键词途径等。检索途径确定后,编写检索策略表达式,即将选择确定的作为检索标识的作者姓名、主题词、关键词,以及各种符号如分类号等,用各种检索算符(如布尔算符、位置算符等)组合,形成既可为计算机识别又能体现检索要求的提问表达式。

4. 评价检索结果,修正检索策略　按照预定的检索策略进行检索,并对检索结果的相关性进行分析、评价,如果满足自己的检索需求,则根据需求采用一定的输出方式将检索结果输出;如对检索结果不甚满意,此时应对检索策略进行调整,以获取更好的检索结果。

5. 文献筛选,原文获取　反复调整的检索策略所获得的检索结果也并非完全满足检索需求,因此,还需要对检索结果进行评判、筛选,再根据选中文献的线索或链接获取其全文或部分信息。

(三) 文献信息检索策略的评价

评价文献信息检索策略质量好坏的指标有查全率、查准率、漏检率、误检率等。假设利用检索系统检索某一课题时,检出文献为$a+b$,其中,a为检出的相关文献,b为检出的不相关文献;未检出文献为$c+d$,其中,c为未检出的相关文献,d为未检出的不相关文献(表1-1)。

表1-1　检索结果相关性

	相关文献	不相关文献	总计
检出文献	a	b	$a+b$
未检出文献	c	d	$c+d$
合计	$a+c$	$b+d$	$a+b+c+d$

上述4个指标的计算公式是:

1. 查全率与漏检率:查全率(R)是检出的相关文献(a)与检索系统中的相关文献($a+c$)的比率,即:$R=\dfrac{a}{a+c}\times100\%$。

2. 漏检率(L)是未检出的相关文献(c)与检索系统中的相关文献($a+c$)的比率,即:$L=\dfrac{c}{a+c}\times100\%$。

查全率与漏检率之间为互补关系,查全率=1−漏检率,即查全率越高,漏检率越低。

3. 查准率与误检率:查准率(P)是检出的相关文献(a)与检出文献($a+b$)的比率,即:$P=\dfrac{a}{a+b}\times100\%$。

4. 误检率(W)是检出的不相关文献(b)与检出文献($a+b$)的比率,即:$W=\dfrac{b}{a+b}\times100\%$。

查准率与误检率之间为互补关系,查准率=1−误检率,即查准率越高,误检率越低。

(四) 文献信息检索策略的优化

对检索策略的评价主要是为了进一步优化检索策略,获得更好的检索效果。因此,依据评价结果,一般检索策略的优化有两个方向:一个是扩大检索范围,提高查全率;另一个是缩小检索范围,提高查准率。以下检索策略优化的一般方法,还需结合具体课题的要求以及所选检索系统的实际情况灵活运用。

1. 扩大检索　当检索范围太小,命中文献过少或查全率太低时,可以采取以下措施。

(1)重新选择数据库:选择多个数据库进行检索,或增加所检数据库的检索年限。

(2)重新选择检索途径:如选择"篇名"字段检出结果较少时,可选择"文摘""组合"或"全文"字段,获取较多检出结果。

(3)采用多种检索技术:不同检索技术有不同的特点,采用多种检索技术相结合,可以适当扩大

NOTES

检索。

（4）重新建构检索表达式：如主题词检索时采用扩展检索，选用所有副主题词或扩展下位副主题词；自由词检索时考虑其同义词、近义词等，并用 OR 相连；采用截词检索，且截词不宜太长；去掉次要的主题词或非核心的检索词，减少 AND 组配面；对检索词不做限定；采用邻近算符检索时，不要过于严格；浏览检索时选择多个相关类目；采用模糊检索；采用相关信息反馈检索等。

2. 缩小检索　当检索范围太大，命中文献太多或查准率太低时，可以采取以下措施。

（1）重新选择数据库：减少所检数据库的数量，或减少所检数据库的检索年限。

（2）重新选择检索途径：如全文检出文献较多时，可选择"篇名""关键词"和"文摘"等字段。

（3）选择最佳检索技术：如选择高级检索或专家检索均可输入较多的限定条件，可以适当缩小检索；搜索引擎的分类目录是依据人工方式进行筛选分类的，有时可缩小检索。

（4）重新建构检索表达式：如尽量采用主题词检索，并借助主题词表选择更专指的下位词进行检索，选择特定的限定词进行组配检索；自由词检索时进行各种限定；采用文献形式特征进行限定；增加 AND 的组配面，使检索表达式更为准确地表达检索需求；减少 OR 的组配面；用运算符（如 NOT）排除带有干扰性的概念或不需要包含的概念；词语检索时采用精确检索；邻近算符检索时，严格限定检索词之间的距离；浏览检索时仅选择一个主要类目；利用限定运算符（如 file type）限定检索某一特定类型或范围内的文献等。

本章小结

　　本章主要介绍了文献、信息、知识的含义及其关系，文献信息的类型、级别及其特点和社会功能；简要介绍了文献信息检索的定义和类型，深入浅出地介绍了文献信息检索的原理和意义及作用；重点介绍了文献信息检索系统的构成和功能以及文献数据库的类型；详细阐述了布尔检索模型、向量空间模型、概率检索模型、统计语言检索模型及其优缺点；最后系统介绍了文献信息检索的途径、技术和策略。

（胡德华　于双成）

思考题

1. 论述信息、知识、文献三者的逻辑关系。
2. 简述信息检索的原理。
3. 比较分析不同文献信息检索模型的优缺点。
4. 试述文献信息检索途径及其表现形式。
5. 比较分析文献信息检索技术及其适用场景。
6. 如何优化文献信息检索策略。

第二章

文献信息检索语言

扫码获取
数字内容

为了更加科学、有效地汇集、组织、存储和传播文献信息,人类在自然语言的基础上创建形成了专门用于文献信息存储与利用的语言系统——信息检索语言。信息检索语言奠定了文献信息检索系统构建的语言学基础,构筑了文献信息检索的理论内核,决定了信息检索系统的结构与功能。因此,了解信息检索语言的基本知识,有助于我们深层次理解检索原理与技术方法。

第一节　文献信息检索语言概述

一、检索语言的概念

文献信息检索语言简称检索语言(retrieval language),是在文献检索领域内用来描述文献特征和表达检索提问的一种专用语言,即根据信息检索需要而创建的统一文献标引用语和检索用语的一种人工语言。它用于检索系统的构建和使用,并为检索系统提供统一的、基准的、用于信息交流的一种符号化或语词化的专用语言。检索语言因其使用的场合不同有不同的称呼。例如在文献存储过程中用于文献的标引工作,称作标引语言;用于文献索引的编制,则称作索引语言;在文献检索过程中则为检索语言。

检索语言是文献信息检索的重要组成部分,检索效率的高低在很大程度上取决于所采用的检索语言的质量以及对它的使用是否正确。

二、检索语言的构成

为了将文献中使用的自然语言转换成检索时使用的检索语言,并用一定的文字、符号等形式予以呈现和表达,需要建立检索词典。检索词典(retrieval thesaurus)是文献标引用语和检索用语的语源和依据性文本。它是对各学科的名词术语、概念、代码、分类号等进行规范化的记录,起着规范控制自然语言的作用。最常见的检索词典是各种分类表和主题词表。无论是何种检索词典,构成检索语言通常应具备3个基本要素。

1. **一套用于构词的专用字符**　字符是检索语词的具体表现形式,它可以是自然语词中的规范化名词或名词性词组,也可以是具有特定含义的一套数码、字母或代码。

2. **一定数量的基本词汇**　基本词汇用来表述各种基本概念,是组成一部分类表、词表、代码表等全部检索语词标识的总汇,如分类号码的集合就是分类语词的总汇,一个标识(分类号、检索词、代码)就是一个语词。

3. **一套专用语法规则**　语法规则用来表达由各种复杂概念所构成的概念标识系统。标识是对文献信息特征所做的最简洁的表述。标识系统是将全部标识按一定的逻辑关系编排组合成的有序的整体。语法是指如何创造和运用那些标识来正确表达文献信息内容和信息需求,以有效实现信息检索的一整套规则。

三、检索语言的作用

检索语言是信息检索系统存储与检索共同遵循的一种专用语言,它既是汇集、组织、存储文献的

37

语言媒介,也是检索提问时所利用的手段及工具。作为文献特征标识与检索提问标识共同使用的检索语言,它规范了文献信息标引人员和检索人员都要用相同的语言方式表达同一主题概念内容,信息存储和查找两者之间所依据的规则保持一致性,这样才能使文献信息存得进,又取得出,实现了信息检索的全过程。因此,检索语言是信息标引人员和检索人员之间进行思想交流的媒介,也是人与检索系统之间交流的桥梁,在信息检索过程中起着语言保障的作用,主要表现在:

1. 对文献的各种特征加以标引揭示,是文献信息组织、存储和检索的基础与前提。
2. 对文献内容相同和 / 或相关的信息加以集中并揭示其相关性。
3. 对大量文献信息予以序化组织,形成各种标识系统或索引系统。
4. 便于将标引用语和检索用语进行相符性比较。

四、检索语言的类别

全世界有数以千计的信息检索语言,但任何一种检索语言,都是表达一系列概括文献信息内容的概念及其相互关系的概念标识系统,它们可用于对文献信息的内容进行主题标引、逻辑分类或特定信息的揭示与描述。因此,构成各种检索语言的基本原理是一致的,只是在表达各种概念及其相互关系时和解决对它们提出的共同要求时所采用的方法不同,才形成了不同类型的检索语言,构成了不同的标识系统和索引系统,从而提供了不同的检索途径。

(一) 按照标识的组合方法划分

1. 先组式语言   先组式语言是文献标识在编表时就固定组配好,或绝大部分已固定组配好的一类检索语言。这种语言标识明确,系统性较好,适用于传统的文献单元方式的目录索引,是检索用户比较习惯的形式。

2. 后组式语言   后组式语言是文献标识在检索时才组配起来的一种检索语言类型。这种语言采用概念分析和综合的原理,可实行多途径、多因素检索乃至精确检索,相当灵活,检索效率较高。但是,标识明确性较差,读者使用也不甚习惯。

(二) 按照检索语词规范化程度划分

1. 规范语言(controlled language)   亦称人工语言(artificial language),是人为对标引用词或检索用词加以控制和规范,使每一个词对应、表达一个概念。这些语言经过规范化处理,词和概念之间具有一一对应的关系,排除了自然语言中同义词、多义词、近义词和同形异义词的现象。例如“肿瘤”这一概念在英语中有多个表达方式:cancer,tumor,neoplasia,malignancy,neoplasm 等,但在规范化语言中,人为规定以 neoplasms 来表达。无论在原始文献中使用哪一个词,只要使用 neoplasms 一词进行检索,在检索结果中将包括全部含有“肿瘤”概念的信息。可见,使用规范语言检索既可省略对该概念的全部同义词或近义词的考虑,也可避免多次输入检索词的麻烦和由此出现的误差,保证检索质量和检索效率,但对文献标引人员和检索人员在选词上要求比较严格。分类语言中的分类类目、主题语言中的叙词都属于规范语言的范畴。

2. 非规范语言(uncontrolled language)   亦称自然语言(natural language),是以未经人工控制的、直接从原始文献信息中抽取出的自由词(语词或符号等)作为检索词。这些自由词具有较大的弹性和灵活性,能及时反映最新的概念和规范词难以表达的特定概念,检索者可以自拟词语进行检索。但这类检索语言缺乏对词汇的控制能力,也无法揭示概念之间的关系,存在大量同义词、多义词现象和含义模糊现象。主题语言中的关键词就属于此类。

(三) 按照所描述的文献信息特征划分

1. 文献外部特征检索语言   依据文献外部特征作为文献存储的标识和文献检索提问的出发点而设计的检索语言(系统)。常见的有:①以文献上记载的书名、刊名、篇名等作为检索标识的文献名称索引系统,如书刊目录等;②以文献中署名的著者、译者、编者等姓名或团体机构名称作为检索标识的著者索引系统,如著者索引等;③以文献特有的序号作为检索标识的文献序号索引系统,如专利号索引、科技报告号索引等;④以文献末尾所附的参考文献或引文的外表特征作为检索标识的引文索引系统,如引文索引等。

2. 文献内容特征检索语言　依据文献所论述的主题、观点、见解和结论以及构成原理作为文献存储的标识和文献检索提问的出发点而设计的检索语言(系统)。主要有以下 3 种:①分类检索语言:是把各种概念按所属学科范畴进行分类和分层次系统排列的一种语言体系。②主题检索语言:是用语词作为检索标识来表达各种概念,并按字顺组织起来的一种检索语言。主题检索语言具有专指性和直接性的特点。③代码检索语言:即各种代码系统,它是对文献所论述事物的某一方面特征,用某种代码系统予以标识和排列的一种检索语言,如美国《化学文摘》的化学物质分子式索引系统。

第二节 分 类 法

一、分类法概述

所谓分类,是指依据事物的属性和特征进行区分和类聚,并将区分的结果按照一定的次序予以组织的活动。信息资源分类,是指根据信息资源的内容属性和其他特征,将各种类型的信息资源分门别类地、系统地组织和揭示的方法。要准确、一致地组织和揭示信息资源,必须有一个依据或工具,这个工具就是信息资源分类法,亦称文献分类法、分类语言。

信息资源分类法是根据类目之间关系组织起来的,并配有一定标记符号的类分信息资源的工具。是根据分类的需要,预先建立的类目体系,是进行分类工作的依据和规范。

(一) 分类法的类型

信息资源分类法按照编制方式,分为等级列举式、分面组配式、列举 - 组配式三种类型。其中,等级列举式分类法是一种传统的分类法,也是目前使用最普遍的分类法。

等级列举式分类法是一种将所有的类目组织成一个等级系统,如 R5 内科学类目,并且采用尽量列举的方式编制的分类法,亦称列举式分类法、枚举式分类法。这种分类法通常将类目体系组织成一个树状结构,按照划分的层次,逐级列出详尽的专指类目,以线性形式显示,缩格表示类目的等级关系,标记直接、简明。由于这种分类法通常依据传统的知识分类体系编制,也称为体系分类法。著名的等级列举式分类法有:《中国图书馆分类法》(Chinese Library Classification, CLC)(简称《中图法》)、《杜威十进制分类法》(Dewey Decimal Classification, DDC)、《美国国会图书馆图书分类法》(National Library of Medicine Classification, NLMC)等。具体如下:

R5	内科学
R51	传染病
R52	结核病
R53	寄生虫病
R535	人畜共患病
R54	心脏、血管(循环系)疾病
R55	血液及淋巴系疾病
R56	呼吸系及胸部疾病
R561	胸膜及胸腔疾病
R562	气管和支气管疾病
R563	肺疾病
R563.1	肺炎(肺感染)
R563.11	细菌性肺炎
R563.12	支气管肺炎
R563.13	间质性肺炎
……	……

（二）分类法结构

各种分类法虽然在组成方式上存在差异,但其组成成分基本相同,即按其学科内容分成若干个大类,每一大类下分许多小类,每一小类下再分子小类,等等;最后构成一个比较完善的分类体系。从而使每一种信息资源都可以分到某一个类目下,每一个类目都有一个类号。分类法的内容结构一般由以下几个部分组成。

（1）编制说明:主要对分类法的编制理论、指导思想、编制原则、体系结构、知识范畴、适用范围、标记制度,以及编制的目的与经过、各个版次修订情况等进行总体说明。

（2）类目体系:按照类目之间的关系建立起来的类目集合,亦称为类目表,它是分类法的主体,是进行词汇控制的主要依据。一般以知识分类为基础,按照信息资源分类的实际需要建立。主要包括:①基本大类,即分类法的一级类目,是分类法整体框架的体现。②简表,是一个基本类目表,通常在基本大类下展开二、三级形成,是一个承上启下的表,帮助用户迅速了解整个分类法的概况,可用作概略分类的工具。③详表,是由各级类目组成的一览表,是分类法的主体和正文,类分信息资源的真正依据。④复分表,类目表展开时,一些类目在进一步区分的过程中往往需要采用相同的划分标准,并得到同样的子目。为了增强分类体系的细分程度,缩小类目表的篇幅,分类法一般将这些共性子目抽出,单独编列成表,供有关类目进一步区分时共同使用,也称为副表、辅助表、共性区分表。复分表分为通用复分表和专类复分表。

（3）类目索引:即分类法的类目名称索引,将所有的类目名称按字顺排列,通过字顺系统找到相应的分类号,克服类目查找的困难。

二、常用分类法

目前世界上有很多使用较广、影响较大的分类法,现对其中著名的分类法作一些简单的介绍。

（一）《中国图书馆分类法》

《中国图书馆分类法》是新中国成立以后编制出版的一部具有代表性的大型综合性分类法,是当今国内图书馆使用最广泛的分类法体系,简称《中图法》。《中图法》的类目体系是一个层层展开的分类系统,分为 5 大部类、22 个基本大类、8 个通用复分表、68 个专类复分表,共 51 881 条类目,组成了一个比较完整的分类体系。22 个基本大类以科学分类为基础,结合文献分类的需要,在 5 大部类的基础上展开:

马克思主义、列宁主义、毛泽东思想……A　马克思主义、列宁主义、毛泽东思想、邓小平理论
哲学…………………………………………B　哲学、宗教
社会科学……………………………………C　社会科学总论
　　　　　　　　　　　　　　　　　　　D　政治、法律
　　　　　　　　　　　　　　　　　　　E　军事
　　　　　　　　　　　　　　　　　　　F　经济
　　　　　　　　　　　　　　　　　　　G　文化、科学、教育、体育
　　　　　　　　　　　　　　　　　　　H　语言、文字
　　　　　　　　　　　　　　　　　　　I　文学
　　　　　　　　　　　　　　　　　　　J　艺术
　　　　　　　　　　　　　　　　　　　K　历史、地理
自然科学……………………………………N　自然科学总论
　　　　　　　　　　　　　　　　　　　O　数理科学和化学
　　　　　　　　　　　　　　　　　　　P　天文学、地球科学
　　　　　　　　　　　　　　　　　　　Q　生物科学
　　　　　　　　　　　　　　　　　　　R　医药、卫生
　　　　　　　　　　　　　　　　　　　S　农业科学

NOTES

T　工业技术
U　交通运输
V　航空、航天
X　环境科学、安全科学

综合性图书⋯⋯⋯⋯⋯⋯⋯⋯⋯⋯⋯Z　综合性图书

　　《中图法》采用汉语拼音与阿拉伯数字相结合的混合制号码,用一个字母标志一个大类,以字母的顺序反映大类的序列。在字母后用数字表示大类下类目的划分。数字的编号制度使用小数制,即首先顺序字母后的第一位数字,然后顺序第二位,以下类推。分类号码的排列,严格按照小数制的排列方法。

　　数字的设置,尽可能使号码的级数代表类的级数,基本上遵循层级制的编制原则,为使号码清楚醒目,易于辨认,在分类号码的三位数字后,隔一小圆点"."。以"R 医药、卫生"为例,一级类目下分出 17 个二级类目,逐层细分(图 2-1)。

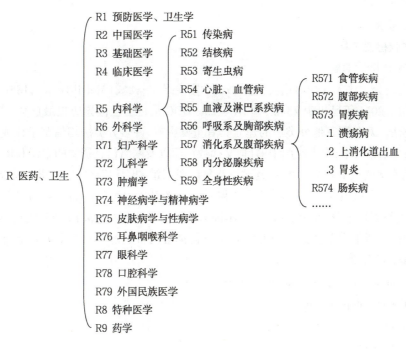

图 2-1　"R 医药、卫生"的主要类目

　　《中图法》的八个通用复分表有:①总论复分表;②世界地区表;③中国地区表;④国际时代表;⑤中国时代表;⑥世界种族与民族表;⑦中国民族表;⑧通用时间、地点和环境、人员表。例如《中国内科年鉴》的分类号是"R5-54",其中"R5"是"内科学"的分类号,"-54"是复分号,表示"年鉴、年刊"。总论复分表中常用的复分号有:

　-41　教学计划、教学大纲、课程
　-42　教学法、教学参考书
　-43　教材、课本
　-44　习题、试题及题解
　-45　教学实验、实习、实践
　-46　教学设备
　-47　考核、评估、奖励
　-49　普及读物
　-5　**丛书、文集、连续出版物**
　-51　丛书(汇刻书)、文库

-52　　全集、选集

-53　　论文集（会议录、毕业论文、学位论文等）

-54　　年鉴、年刊

-55　　连续出版物

-56　　政府出版物、团体出版物

-6　　**参考工具书**

-61　　名词术语、词典、百科全书（类书）

-62　　手册、名录、指南、一览表、年表

-63　　产品目录、产品样本、产品说明书

-64　　表解、图解、图册、谱录、数据、公式、地图

-65　　条例、规程、标准

-66　　统计资料

-67　　参考资料

［-7］　**文献检索工具**

（二）《杜威十进制分类法》

《杜威十进制分类法》（DDC）由美国图书馆学家麦维尔·杜威（Melvil Dewey，1851—1931）创建，于 1876 年问世。2011 年已出版 23 版，即 DDC-23。DDC 是目前全世界历史最悠久、使用最广泛、影响最大的分类法。对各国其他分类法的建立具有重要影响，许多分类法均借鉴于杜威法产生。DDC 不仅用来组织图书馆藏书，也广泛用于书目、文摘数据库以及网络信息资源的组织和检索。

DDC 的基本大类及其序列来源于美国圣路易斯图书馆的哈利斯分类法，即依据 17 世纪英国哲学家培根的知识分类思想建立，以学科为中心展开。10 个基本大类（main classes）涵盖所有的知识体系，每个基本大类下再细分 10 个二级类（divisions），每个二级类又分成 10 个三级类（sections），形成一个层层展开的十进制分类体系。DDC 中每个学科都会用特定范围的数字来表示，它的 10 个基本大类（main classes）分别是：

000　　computer science, information & general works

100　　philosophy & psychology

200　　religion

300　　social sciences

400　　language

500　　science

600　　technology

700　　arts & recreation

800　　literature

900　　history & geography

（三）《美国国会图书馆图书分类法》

《美国国会图书馆图书分类法》（NLMC）是由美国国立医学图书馆研制的专门用于医学及相关学科的分类法。主要分为两部分：分类表（Schedule）和索引（Index），分类表分为 6 大部类 36 个基本大类，索引主要由 MeSH（Medical Subject Headings）构成。NLMC 采用字母数字混合号码标记类目，如："reticulocytes"分类号为 WH150。以下为该分类法的简表：

Preclinical Sciences（QS-QZ）

QS　　Human Anatomy

QT　　Physiology

QU　　Biochemistry, Cell Biology and Genetics

QV　Pharmacology

QW　Microbiology and Immunology

QX　Parasitology, Disease Vectors

QY　Clinical Laboratory Pathology

QZ　Pathology

General Health and Medicine（W-WB）

W　General Medicine. Health Professions

WA　Public Health

WB　Practice of Medicine

Communicable Diseases; Medicine in Selected Environments（WC-WD）

WC　Communicable Diseases

WD　Medicine in Selected Environments

Body Systems（WE-WL）

WE　Musculoskeletal System

WF　Respiratory System

WG　Cardiovascular System

WH　Hemic and Lymphatic Systems

WI　Digestive System

WJ　Urogenital System

WK　Endocrine System

WL　Nervous System

Specialty Areas（WM-WY）

WM　Psychiatry

WN　Radiology. Diagnostic Imaging

WO　Surgery. Wounds and Injuries

WP　Gynecology

WQ　Obstetrics

WR　Dermatology

WS　Pediatrics

WT　Geriatrics

WU　Dentistry. Oral Surgery

WV　Otolaryngology

WW　Ophthalmology

WX　Hospitals and Other Health Facilities

WY　Nursing

History（WZ; 19th Century）

WZ　History of Medicine. Medical Miscellany

19th Century schedule

第三节　主　题　法

一、主题法概述

主题法一般是指直接以表达主题内容的词语作检索标识,以字顺为主要检索途径,并采用参照系统揭示词间关系的标引和检索信息资源的方法。从检索语言的角度来说,主题法也就是主题检索语言,或称主题语言。它用自然语言词语或受控的自然语言词语直接表达主题概念,按词语字顺排列主题概念,主要用参照系统显示概念之间关系。应用较多的是关键词法和叙词法。

1. 关键词法　关键词(keyword)是指出现在文献题名、文摘或正文中,能够表达文献主题,具有检索意义的语词。关键词法是直接以文献中能够表达主题概念的关键词作标识的一种准主题法。

关键词法具有两个主要特点:首先,关键词是自然语言的语词,一般不进行规范化处理;其次,一般不编制受控词表进行词汇控制,不显示词间关系,只编制禁用词表控制抽词。它在检索工具中常以 "关键词索引"(keyword index)作为索引标识系统。关键词语言灵活性强、易于掌握、查检方便,尤其广泛应用于计算机检索以及某些最新出现的专业名词术语的查找。但其未经规范化处理,用词不统一,因而有时会出现同一主题内容的文献由于使用不同的关键词而被分散,容易造成漏检,影响查全率。

2. 叙词法　叙词(descriptor)亦称主题词,是取自自然语言,经过规范化处理的,以基本概念为基础的表达文献主题的词或词组。叙词法又称主题词法,是以规范化的自然语言语词为叙词,作为文献主题标识,通过叙词的概念组配表达主题概念的一种主题法。随着计算机应用的发展,叙词法得到不断的改善和普及,叙词语言已经成为检索语言的主流。医学领域最常用的叙词表是美国国立医学图书馆出版的《医学主题词表》(Medical Subject Headings,MeSH)。

叙词法的优点:①它对一个主题概念的同义词、近义词等适当归并,以保证语词与概念的唯一对应,避免多次检索;②采用参照系统揭示非主题词与主题词之间的等同关系以及某些主题词之间的相互关系,以便正确选用检索词;③根据主题词之间的隶属关系,可编制主题词分类索引,从而选择更专指的主题词;④同一篇文献的每个主题词都可以作为检索词,从而提供多个检索入口,便于查找。叙词法的不足:需要构建一部供标引和检索使用的主题词表,以保证对主题词的正确使用。由于词汇控制严格,词表编制和管理的要求高,需要花费较多的人力、物力。而且,文献标引必须在概念分析的基础上进行,增加了标引难度。

二、常用医学主题词表

(一) 医学主题词表

1. 概述　医学主题词表(Medical Subject Headings,MeSH)是美国国立医学图书馆(National Library of Medicine,NLM)编制的医学领域最权威、最常用的、规范化程度颇高且不断增删与修订的叙词表;是对生物医学文献进行主题标引以及检索生物医学文献数据库的指导性工具。

NLM 不仅使用 MeSH 编制 MEDLINE/PubMed 及其他检索数据库,还用于馆藏图书及视听资料的编目。另外,世界上很多检索系统也使用和借鉴 MeSH 作为标引数据或编制词表的依据,如中国生物医学文献服务系统(SinoMed)进行主题标引的依据是 MeSH 的中译本 CMeSH,中国中医药学主题词表的编制也参考了 MeSH。重要的医学检索系统 Embase 参考 MeSH 编制主题词表 Emtree,用于数据库的标引。因此,对 MeSH 的了解有助于有效利用相关检索系统,提高检索效率。

MeSH 每年更新,NLM 提供 4 种方式免费获取其相关信息:① MeSH Browser;② UMLS(Unified Medical Language System)一体化医学语言系统;③ MeSH 网站,包括 MeSH 表的全部内容及 MeSH 相关信息;④ MeSH databases,为用户检索 MEDLINE/PubMed 提供帮助。

2. 概念体系　MeSH 的概念体系由叙词、限定词、款目词和特征词组成。①叙词(descriptor):通常叫主题词(main heading)。MeSH 主题词按照学科属性分为 16 个大类,每个大类又细分出 114 个二级类目(见附录 1),二级类目下又层层划分、逐级展开,使同一概念范畴的主题词呈族系展示它们之间的并列、隶属等语义关系,形成树状结构表,即全部主题词按其词义范畴和学科属性编排而成的一个分类体系表。每个主题词有一个相应的树状结构号(字母或字母与数字的组合),其中隶属等级的主题词逐级缩格排列,同一级主题词按字顺排列,最多可达 11 级。鉴于学科的分化与交叉,许多概念可以分属在不同的大类之下,因而也就会有一个以上的树状结构号,如 "Breast Neoplasms"

(图 2-2)既属于肿瘤类主题词又属于皮肤与结缔组织疾病,因此有两个树状结构号(图 2-3)。②限定词(qualifier):又称副主题词(subheading),是对主题词所探讨的某一方面内容加以限定的词,其作用是增强主题词的专指性,通常用组配符"/"与主题词一起使用。例如:hypertension(高血压)/etiology(病因学)。限定词的数量及其可组配主题词的范围有严格规定,现有 76 个限定词,每个限定词可以组配的主题词范围详见附录 2。③款目词(entry term):亦称入口词,是指 MeSH 主题词的同义词、近义词或相关词,其作用是将自由词引见到主题词。如"breast cancer"是 MeSH 的款目词,输入该词后,系统会引见到主题词"Breast Neoplasms"。④特征词(check tag):是有效缩小检索范围,提高查准率的词汇,包括:研究对象(species)、文献类型(article type)、语种(language)等方面的词汇,如人类(humans)、动物(other animals)、综述(review)、中文(Chinese)等。

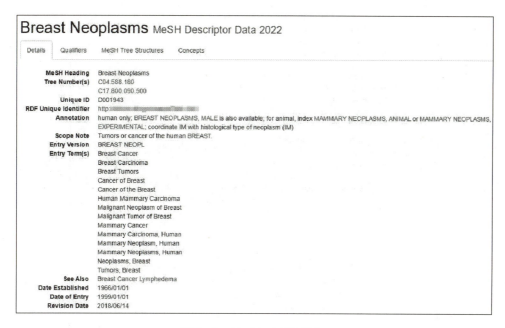

图 2-2 MeSH 主题词记录

3. MeSH 选词原则 MeSH 收录的主题词数量有限,并非所有主题概念均有相应的主题词。因此,在使用 MeSH 检索时注意选词原则:①首选专指词:通过 MeSH 款目词参见主题词方式,选用与主题概念完全对应的专指主题词。如,Acetylsalicylic Acid(乙酰水杨酸)的主题词为 Aspirin(阿司匹林),两者属同义词,完全对应。②次选组配词:当复合概念无对应的专指主题词时,通过 MeSH 的词汇注释及树状结构,选用主题词与副主题词组配"kidney/abnormalities(肾 / 畸形)"或主题词与主题词组配的方式"Gallbladder Diseases +Cystic Duct(胆囊疾病 + 胆囊管)"。③选择上位词或近义词:没有专指词或不能组配时,选择最接近的上位词或近义词。如胆囊管疾病,可以选择 Cystic Duct(胆囊管)的上位词 Bile Ducts(胆管)进行检索。

4. MeSH Browser MeSH Browser(医学主题词浏览器)是 MeSH 的网络版,用于迅速查询相关主题词并显示主题词的等级结构体系。

MeSH Browser 提供了两种检索方式:① Full Word Search:将输入字符按照词组查询相关主题词;② SubString Search:查询含有输入字符的相关主题词。

查询时可以选择三种匹配方式:Exact Match(精确匹配)、All Fragments(包含词组中所有词,无论词序)和 Any Fragment(包含词组中任意一词)(图 2-4)。

利用 MeSH Browser 可获取完整的 MeSH Descriptor Data(MeSH 主题词数据);包括:Details,Qualifiers,MeSH Tree Structures,Concepts。其中 Details 主要包括:Scope Note(词义范围注释)、Annotation(编目标引注释)、Tree Number(树状结构号)、Entry Terms(款目词)、History Note(历史注释)等(图 2-4)。

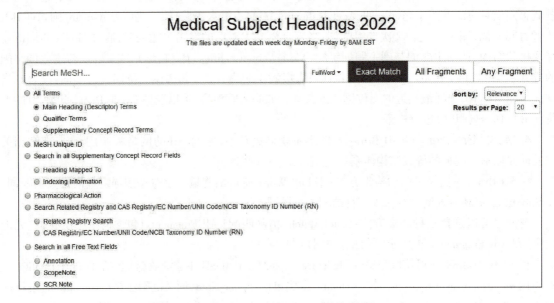

图 2-3　MeSH 树状结构

图 2-4　MeSH Browser 查询界面

（二）中文医学主题词表

中文医学主题词表（Chinese Medical Subject Headings，CMeSH）由中国医学科学院医学信息研究所图书馆研制开发，用于中文医学文献的标引、编目和检索。目前，CMeSH 提供网络在线检索和浏览服务，主界面如图 2-5 所示。

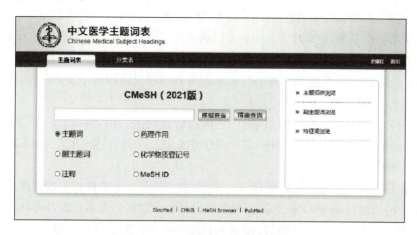

图 2-5　中文医学主题词表主界面

1. 收录范围　CMeSH 收录以下内容：①美国国立医学图书馆《医学主题词表》（MeSH）中译本；②《中国图书馆分类法 医学专业分类表》。

2. 检索方法　CMeSH 检索方法有：①主题词检索：通过主题词及款目词、药理作用词、副主题词、化学物质登记号、注释、MeSH ID 等途径进行模糊查询和精确查询，也可以通过"主题词树浏览"，浏览主题词的详细注释信息以及主题词对应的分类信息。②分类检索：通过分类号、分类名、注释等途径进行模糊查询和精确查询，也可以通过"分类树浏览"。可以进行复分组配检索，浏览分类详细注释以及分类名对应的主题信息。③主题分类一体化：主题词表与分类表之间通过关联映射实现无缝链接。

（三）中国中医药学主题词表

中国中医药学主题词表是将中医药学科领域自然语言转换成规范化中医药名词术语的一种术语控制工具，由语义相关、族性相关的中医药学术语组成的规范化动态词典，主界面如图 2-6 所示。

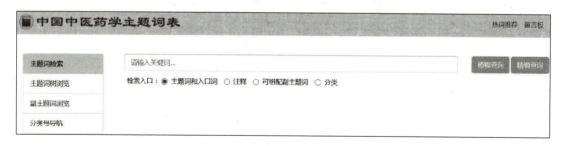

图 2-6　中国中医药学主题词表主界面

1. 词表应用　主要用于中医药学文献的：①主题标引；②文献关键词选定；③期刊年终索引；④图书编目；⑤文献主题分类，等等。

2. 检索方法　主要检索方法有：①主题词检索：是系统默认检索方法，输入检索词，选择"主题词和入口词""注释""可组配副主题词"或"分类"，进行模糊查询或精确查询。②主题词树浏览：点击主题词树中主题词前的加号图标，可以将主题词树逐级展开，目前只允许展开顶部两层主题词。③副主题词浏览：可以查看全部副主题词列表，帮助理解副主题词含义。④分类号导航：可以将分类表逐级展开。

三、一体化医学语言系统

一体化医学语言系统（Unified Medical Language System，UMLS）是美国国立医学图书馆自 1986 年开始进行的一项长期研发计划，旨在建立一个计算机化的可持续发展的生物医学检索语言集成系统和机读信息资源指南系统，使医疗卫生专业人员和研究工作者能够通过多种交互检索程序，克服由于不同检索系统语言的差异性和不同数据库信息资源的分散性所带来的信息检索障碍，帮助用户从病案数据系统、书目数据库、事实数据库和专家系统等各种联机情报源中获取特定或综合性的信息资源。

UMLS 是一种全新模式的信息检索语言，它由超级叙词表（Metathesaurus）、语义网络（Semantic Network）和专家词典（SPECIALIST Lexicon）三个部分组成，这三个部分是相互紧密联系和应用的整体。

（一）超级叙词表

超级叙词表是 UMLS 的最大组成部分，是一个大型、多用途、多语种词汇数据库，包含有关生物医学和健康相关的概念（concept）、概念的各种名称以及概念之间的关系。2021 年 11 月 1 日更新的超级叙词表来源于 222 个词表和分类表，如 MeSH、国际疾病分类法（ICD）、世界卫生组织药物不良反应术语集（WHOART）、Dxplain 专家诊断系统、人类孟德尔遗传数据库（OMIM）、国际医学用语词典（MedDRA）等。

超级叙词表是依据概念组织的，表达同一概念可以有多种术语，而每个术语又有不同的词汇变体。超级叙词表选择一个术语作为概念的名称，将来自不同词表的同一概念的不同术语和词汇变体连接起来。超级叙词表包括：概念名称、标识符和这些概念名称的关键特征，如语种、词汇来源、名称类型等。

对于同一概念的词间关系，超级叙词表采用 4 级表达模式，即概念（concept）（Ⅰ级）、表达同一概念的不同术语（terms）（Ⅱ级）、同一术语的不同变体即词串（strings）（Ⅲ级）以及来自不同词表的原词（atoms）（Ⅳ级）。它们通过概念标识符（CUI）、术语标识符（LUIs）、词串标识符（SUIs）和原词标识符（AUIs）相连，将一个概念的多种不同术语、多个变异词串联同多个来源词表的原词有序地组织在一起（图 2-7）。

concept (CUI)	terms (LUIs)	strings (SUIs)	atoms (AUIs) ＊ RRF Only
C0004238 Atrial Fibrillation (preferred) Atrial Fibrillations Auricular Fibrillation Auricular Fibrillations	L0004238 Atrial Fibrillation (preferred) Atrial Fibrillations	S0016668 Atrial Fibrillation (preferred)	A0027665 Atrial Fibrillation (from MSH) A0027667 Atrial Fibrillation (from PSY)
		S0016669 (plural variant) Atrial Fibrillations	A0027668 Atrial Fibrillations (from MSH)
	L0004327 (synonym) Auricular Fibrillation Auricular Fibrillations	S0016899 Auricular Fibrillation (preferred)	A0027930 Auricular Fibrillation (from PSY)
		S0016900 (plural variant) Auricular Fibrillations	A0027932 Auricular Fibrillations (from MSH)

图 2-7　概念的组织形式

（二）语义网络

UMLS 的语义网络是建立语义类型及其相互关系的权威规则。语义网络对超级叙词表中所有概念进行统一的语义分类，并提供这些概念之间可能存在的语义关系。在语义网络中，语义类型可看作是其节点,节点与节点之间的关系即为语义关系,语义类型和语义关系构成了网状的语义结构。语义网络包含 127 种语义类型和 54 种语义关系。

1. **语义类型(semantic type)** 语义类型对超级叙词表中所有概念进行统一分类,每一个概念至少标引一种语义类型,127 种语义类型主要分为七大类:生物体(organisms)、解剖结构(anatomical structures)、生物功能(biological functions)、化学药品(chemicals)、事件(events)、客观物体(physical objects)、概念或想法(concepts or ideas)。

2. **语义关系(semantic relations)** 语义关系即存在于语义类型之间的关系。54 种语义关系中最基本的语义关系是"is a"关系,它表达语义类型之间的等级关系,如 Acquired Abnormality | isa | Anatomical Abnormality |。此外还有 5 大类非等级关系:物理相关(physically related to)、空间相关(spatially related to)、时间相关(temporally related to)、功能相关(functionally related to)、概念相关(conceptually related to)。

描述语义类型或语义关系基本信息的字段如表 2-1 所示。

表 2-1 语义网络的基本信息字段

缩写	全称
RT	Record Type(STY = Semantic Type or RL = Relation).
UI	Unique Identifier of the Semantic Type or Relation.
STY/RL	Name of the Semantic Type or Relation.
STN/RTN	Tree Number of the Semantic Type or Relation.
DEF	Definition of the Semantic Type or Relation.
EX	Examples of Metathesaurus concepts with this Semantic Type(STY records only).
UN	Usage note for Semantic Type assignment(STY records only).
NH	The Semantic Type and its descendants allow the non-human flag(STY records only).
ABR	Abbreviation of the Relation Name or Semantic Type.
RIN	Inverse of the Relation(RL records only).
RT	Record Type(STY = Semantic Type or RL = Relation).

(三)专家词典

UMLS 的专家词典始建于 1994 年,是一个包括大量生物医学词汇的英语词典,每个词典条目记录词汇的语法、形态和拼写信息,为自然语言处理系统提供所需信息。

第四节 国际疾病分类法

一、概述

国际疾病分类法(International Classification of Diseases,ICD)是按照既定疾病分类标准将各种疾病名称归入相应类目的一种系统。它是对疾病现象进行数量研究和在国际进行医学科研学术交流的基础工具。其目的是对不同国家或地区以及在不同时间内收集到的死亡和疾病数据进行系统地记录、分析、解释和比较。同时它还把疾病诊断和其他健康问题的词句转换成字母数字编码,从而易于对数据进行储存、检索和分析。

目前使用的国际疾病分类法是由世界卫生组织于 1993 年编撰的第十次修订版本(ICD-10),并改称为疾病及有关健康问题的国际统计分类法(The International Statistical Classification of Diseases and Related Health Problems),为保持其连续性,简称仍沿用"国际疾病分类"(ICD),但其使用范围不仅局限于疾病和损伤分类的范畴,还扩展到对其他健康问题进行分类。

NOTES

二、主体结构

ICD-10 印刷版本由三卷（独立成册）组成。第一卷是 ICD 编码的主要内容类目表；第二卷是使用指导手册；第三卷是分类的字顺索引。

第一卷包括三位数类目表、内容类目表和四位数亚目、肿瘤形态学分类、死亡和疾病的特殊类目表、定义和命名条例。其中三位数类目表（list of three-character categories）为核心分类表，共 21 章（大类）（表 2-2）。

表 2-2　ICD-10 的三位数类目表

章	类目名称	类目编号
一	某些传染病和寄生虫病	A00-B99
二	肿瘤	C00-D48
三	血液及造血器官疾病和某些涉及免疫系统的疾患	D50-D89
四	内分泌、营养和代谢疾病	E00-E90
五	精神和行为疾患	F00-F99
六	神经系统疾病	G00-G99
七	眼和附器疾病	H00-H59
八	耳和乳突疾病	H60-H95
九	循环系统疾病	I00-I99
十	呼吸系统疾病	J00-J99
十一	消化系统疾病	K00-K93
十二	皮肤和皮下组织疾病	L00-L99
十三	肌肉骨骼系统和结缔组织疾病	M00-M99
十四	泌尿生殖系统疾病	N00-N99
十五	妊娠、分娩和产褥期	O00-O99
十六	起源于围产期的某些情况	P00-P96
十七	先天畸形、变形和染色体异常	Q00-Q99
十八	症状、体征和临床与实验室异常所见，不可归类在他处者	R00-R99
十九	损伤、中毒和外因的某些其他后果	S00-T98
二十	疾病和死亡的外因	V01-Y98
二十一	影响健康状态和与保健机构接触的因素	Z00-Z99

每章又列出了数目不等的各节标题，每节标题包括若干个类目，每一类目中都有疾病名称及相应的三位数编码（第一位为英文字母，第二、三位为数字）。如"高血压病"是"循环系统疾病"（I00-I99）中的一节，其标题下面的类目及编码是：

Hypertensive diseases（I10–I15）

I10	Essential（primary）hypertension	特发性（原发性）高血压
I11	Hypertensive heart disease	高血压性心脏病
I12	Hypertensive renal disease	高血压性肾脏病
I13	Hypertensive heart and renal disease	高血压性心脏和肾脏病
I15	Secondary hypertension	继发性高血压

内容类目表和四位数亚目（tabular list of inclusions and four character subcategories）列出了各章和节的标题及其四位数水平级别的全部类目，是三位数类目表的详细类目表。在表中所有的四位数字以上的

均用"0~9"来表示,并用"·"和前面的三位数分开,表明亚目。其中用"0~7"表示已列出的疾病,"8"表示"其他"未列出的疾病类目,"9"表示"未特指"的疾病类目。如"继发性高血压"的四位数亚目是:

| I15 | Secondary hypertension | 继发性高血压 |

　　Excludes:involving vessels of : 不包括:累及……的血管:

　　　　·brain(I60-I69) 　　　　　　　　·脑(I60-I69)

　　　　·eye(H35.0) 　　　　　　　　　·眼(H35.0)

I15.0	Renovascular hypertension	肾血管高血压
I15.1	Hypertension secondary to other renal disorders	继发于其他肾疾患的高血压
I15.2	Hypertension secondary to endocrine disorders	继发于内分泌疾患的高血压
I15.8	Other secondary hypertension	其他继发性高血压
I15.9	Secondary hypertension,unspecified	继发性高血压,未特指

第二卷是指导手册,包括使用说明、编码的规则和指导、统计报告以及 ICD 的发展史。

第三卷是第一卷分类的字顺索引,包括三部分:疾病和损伤的字顺索引、损伤的外部原因索引、药物和化学制剂索引。各部分索引均按主导词的字顺排列,其下是不同水平的修饰词或限定词。

在使用 ICD-10 进行编码时,首先根据诊断对象来确定主导词,主导词选择正确与否关系到能否找到准确的疾病编码。其次根据主导词及修饰或限定部分的具体要求,在第三卷的有关索引中查找适当的编码;最后在第一卷的类目中核对编码。

三、应用

在 WHO 的倡导和推动下,ICD 已为大多数成员国所接受,成为世界性的疾病、损伤和死亡原因分类的统一标准化工具。我国于 1987 年起正式使用 ICD-9 进行疾病和死亡原因的统计分类,要求县级及以上医院采用 ICD 编制医院出院患者疾病分类统计报告,并颁发了全国统一使用的、注有 ICD 编码的住院医院病案首页,首页中很多项目内容(如各种诊断、手术名称、损伤、根本死因等)需要临床医生参照 ICD 来正确书写。根据《住院病案首页数据填写质量规范(暂行)》第六条规定:疾病诊断编码应当统一使用 ICD-10,手术和操作编码应当统一使用 ICD-9-CM-3。因此,各级临床医生了解国际疾病分类的使用规则是非常必要的。此外,国际疾病分类法中还记载了许多新的疾病、损伤、药物及化学物质、手术名称等信息,这对拓宽医学知识及科研课题的开展也有一定作用。

第五节　国际系统医学术语集

一、概况

国际系统医学术语集(Systematized Nomenclature of Medicine-Clinical Terms,SNOMED CT)是目前世界上最全面、多语种、内容经过科学验证的临床医疗术语资源,能够使临床信息系统、健康数据、分析平台和互操作性解决方案中涉及的临床内容表达一致。国际卫生术语标准开发组织(International Health Terminology Standards Development Organisation,IHTSDO)负责 SNOMED CT 的维护、开发、质量保证和发布。

SNOMED CT 的内容包括三部分:①概念(Concepts):如临床表现、诊断程序和药品,这些概念按照从一般到具体的等级结构组织起来。②描述(Descriptions):对每一个概念赋予一个唯一名称,加上描述这个概念的同义词。如"myocardial infarction"(心肌梗死)的同义词包括"cardiac infarction""heart attack"等。③关系(Relationships):以计算机可处理的方式定义两个概念之间的关系。

使用 SNOMED CT 的优势在于:在医疗机构内部和医疗机构之间共享医疗信息;组织、查询和分析医疗数据;避免不同医疗环境对记录作出不同解释;消除语言障碍;密切跟踪医学术语的发展。SNOMED CT 可应用于电子病历、ICU 监测、临床决策支持、医疗研究、临床试验、计算机处理的医嘱、

NOTES

疾病监测、图像指数、药物管理和公众健康信息服务等，以提高处理各项临床医学事务的能力。

SNOMED CT得到了很多国际标准化组织如ISO、ANSI等重要机构，以及专业团体，如美国护士协会（ANA）、美国外科医师学会（ACOS）等的认证。SNOMED CT指定为EHR医疗信息交换美国国家标准、国际遗传信息资源数据标准。

二、概念体系

SNOMED CT通过对概念的划分，形成19个顶级概念体系，每个顶级概念再分类细化形成包含多层下位概念的树状结构，这19个概念为：临床发现（clinical findings）、操作（surgical, therapeutic and diagnostic procedures）、观察对象（observables）、身体结构（body structures）、生物体（organisms）、物质（substances）、药物（pharmaceutical products）、标本（specimens）、物体（physical objects）、物理力（physical force）、事件（events）、环境或地理定位（environment or geographic location）、社会环境（social context）、分期与分度（staging and scales）、详细病历（situation with explicit context）、限定值（qualifier value）、特殊概念（special concept）、人为记录件（record artifact）、SNOMED CT模型组件（SNOMED CT model component）。

19个顶级概念按照临床实践需要，以实际诊疗过程为指导进行概念梳理，以最大限度地方便临床医生的实际应用为原则。SNOMED CT自身开放性的构架形式可以使新兴的医学概念、医疗信息术语通过SNOMED CT分类方法迅速添加到术语集中，并按照编码原则实现数字化，满足医学信息学高速发展的需要。

第六节　本　体

一、本体概述

1. 本体的概念　在《牛津英语词典》中，本体论（ontology）的定义是"存在的研究或科学。"本体是一个哲学概念，而我们知道哲学是关于对世界基本和普遍的问题研究的学科。老子《道德经》里说："无名，天地之始。有名，万物之母。故常无，欲以观其妙；常有，欲以观其徼。"本体论是关于"有"的哲学，就是关于"名"的哲学：除了什么是事物、什么是本质等问题，怎样对世界上的实体（entities）进行分类则是本体论中最重要的组成部分。

亚里士多德将存在区分为不同的模式，建立了一个包含10个范畴的系统来描述存在，如实体、质量、数量、关系、空间、时间、属性、状态、行动、承受。这就是最早的概念体系，即最早的本体。从本体概念的溯源中，我们可以体会到本体就是一个描述存在的概念体系。

20世纪末和21世纪初，由于人工智能研究中经常需要对知识进行形式化表达，本体的研究成为计算机科学的一个重要领域。这期间，计算机科学家从计算机科学角度，对本体的定义进行不断的修正和完善（表2-3）。

表2-3　计算机领域对本体的定义完善过程

年代	提出者	定义（中文）	定义（英文）
1993	格鲁伯	本体是概念体系的明确规范	An ontology is an explicit specification of conceptualization.
1997	波尔斯特	本体是可以共享的概念体系的形式规范	Ontologies are defined as a formal specification of a shared conceptualization.
1998	施图德	本体是对概念体系的明确的、形式化的、可共享的规范	An ontology is a formal explicit specification of a shared conceptualization.

将上面的定义通俗解释，构建本体过程就是搜集某一个具体的领域（domain）的所有概念，将这些概念按照学科知识体系及概念之间的关系组成一个概念体系，即对一个领域的知识进行了概念化的表达。因此，本体是一种组织知识的方式。

从上面列举的概念可以看出本体的基本属性有：①概念化（conceptualization）：是指通过抽象出客观世界中一些现象的相关概念而得到的模型，其表示的含义独立于具体的环境状态；②明确（explicit）：是指对所使用的概念的类型以及概念的用法的约束都明确地加以定义；③形式化（formal）：精确的数学描述，计算机可读取和处理；④共享（share）：本体中反映的知识是其使用者共同认可的，是相关领域中公认的概念集，面向团体而不是个体。

2. 本体的种类 按照本体的覆盖学科领域，本体大致分为 4 类：①顶级（top-level）本体：描述的是最普遍的概念及概念之间的关系，如空间、时间、事件、行为等，与具体应用无关，其他本体均为其特例；②领域（domain）本体：描述的是特定领域中的概念和概念之间的关系；③任务（task）本体：描述的是特定任务或行为中的概念及概念之间的关系；④应用（application）本体：描述的是依赖于特定领域和任务的概念和概念之间的关系。

3. 本体的基本结构 本体指对某个领域内的概念的正式且详细的描述，因此需要有规范的格式。本体的基本结构包括 5 个部分：①类（classes）或概念（concepts）：表示对象的集合；②关系（relations）：表示领域中概念之间的交互作用；③函数（functions）：一类特殊的关系，该关系的前 n–1 个元素可以唯一决定第 n 个元素；④公理（axioms）：公理代表永真断言；⑤实例（instances）：实例代表元素，从语义上讲它表示的就是对象。

4. 本体中基本语义关系 包括 part-of，kind-of，instance-of 和 attribute-of 四种。其中，part-of 表达概念之间部分与整体的关系；kind-of 表达概念之间的继承关系，类似于父子类之间的关系；instance-of 表达概念的实例与概念之间的关系，类似于对象和类之间的关系；attribute-of 表达某个概念是另一个概念的属性。在实际构建过程中，概念之间的关系不限于上面列出的 4 种基本关系，可以根据领域的具体情况定义相应的关系。

二、生物医学本体

（一）基因本体

1. 概述 基因本体（Gene Ontology，GO）是世界上最大的基因功能信息源，由基因本体联合会（GO Consortium）于 1998 年构建，截至 2021 年 9 月 1 日，GO 数据库收录了 5 086 个物种，具体统计数据见图 2-8。

Statistics for release 2021-09

Ontology

Property	Value
Valid terms	43850 (Δ = -28)
Obsoleted terms	3378 (Δ = 27)
Merged terms	2335 (Δ = 9)
Biological process terms	28503
Molecular function terms	11168
Cellular component terms	4179

Annotations

Property	Value
Number of annotations	7,928,834
Annotations for biological process	2,970,944
Annotations for molecular function	2,538,694
Annotations for cellular component	2,419,196
Annotations for evidence PHYLO	3,886,746
Annotations for evidence IEA	2,020,599
Annotations for evidence OTHER	829,676
Annotations for evidence EXP	875,954
Annotations for evidence ND	260,621
Annotations for evidence HTP	55,238
Number of annotated scientific publications	165,158

Gene products and species

Property	Value
Annotated gene products	1,568,828
Annotated species	5,086
Annotated species with over 1,000 annotations	202

图 2-8 基因本体（GO）已收录的数据统计

2. GO 术语 GO 术语（GO terms）是用于描述基因或基因产物的标准化语言，描述基因及基因产物而制定的概念集合。每一个 GO 术语通过术语的定义、标签、唯一标识符和其他元素加以

NOTES

描述。

3. GO 的基本结构   根据基因有关的学科知识,将 GO 术语分成分子功能、细胞组件和生物学过程 3 个方面,并将其以本体的方式组织起来。因此,可以认为 GO 是从 3 个关键领域来描述所有生物体的基因产物的功能。具体内容包括:

（1）分子功能（molecular function，MF）:基因产物可以执行的分子水平的活动。

（2）细胞组件（cellular component，CC）:基因产物执行功能的相关细胞结构位置。

（3）生物学过程（biological process，BP）:由多个分子活动完成的更大的过程或"生物程序"。

通过上述 3 个子本体,GO 描述了生物学复杂的逻辑结构,由许多不同种类的生物学功能的"类"（即 GO 术语）、执行不同生物程序的过程和发生这些的细胞定位组成。同时规定各个类别之间的各种特定关系,表现不同类别术语之间的关系。

4. GO 注释   GO 注释（GO annotations）将特定基因产物(即蛋白质、非编码 RNA 或大分子复合物)与特定 GO 术语关联起来,用于描述特定基因的功能。

5. GO 在信息检索中的使用   GO 的最基本功能是作为检索工具,提供有关基因及其产物的完整信息,GO 可以作为基因及相关领域的丰富词汇来源,提供名称、同义词和相互关系的字典,从而促进文本挖掘、智能搜索(如自动查询扩展和同义词搜索)和明确的标识。本节主要介绍 GO 在检索方面的应用。

6. GO 的应用   GO 作为一种描述基因的计算机可读的形式化语言,蕴含大量知识资源,自问世以来备受瞩目,大量的生物信息学研究利用 GO 来注释高通量分析的结果,解释基因的功能。基因本体（GO）成为分析和解释高通量生物数据集的通用资源。因此,GO 最活跃的应用是分子生物学的数据挖掘结果的分析。

目前,围绕 GO 众多学者开发出多种衍生工具来帮助用户浏览、搜索、可视、下载 GO 本体和 GO 注释,包括生物信息学指南和简单的 API 访问,将 GO 数据库集成到科学研究中。

（二）人类表型本体

1. 概述   人类表型本体（Human Phenotype Ontology，HPO）于 2008 年由德国夏里特大学医院的 Peter N. Robinson 和 Sebastian Köhler 创立,用于系统地定义和组织人类的表型。旨在根据语义整合生物信息,并使用计算推理来实现物种内部和跨物种的表型比较,改善生物医学研究。

2. HPO 的结构   HPO 描述疾病实体相关的表型异常。人类表型本体由表型异常、遗传方式、临床修饰语、临床病程和频率五大子本体组成（表 2-4）。

表 2-4   人类表型本体中的 5 个子本体

子本体	描 述
表型异常	HPO 的主要本体,包括临床异常的描述。这类的一级子节点是由术语像骨骼系统异常和血液及造血系统异常组成的。
遗传方式	相对小的本体,用来描述遗传方式,包括术语如:常染色体显性遗传。
临床修饰语	此类本体包括临床症状常用的描述语的分类。例如,疾病进展速度、疾病诱因、部位和严重程度。例如术语:一过性的,双侧的,由劳累诱发的。
临床病程	从发病到疾病进展,最后对疾病的结局进行描述。
频率	体现临床特征的患者频率,例如:专性的、频繁的和偶然的。这些术语与 Orphanet 人类罕见病知识库一起定义。

人类表型本体目前包含 13 000 多条术语,由 is-a 边连接,形成有向无环图。All 是所有术语的根节点,所有术语注释都可以通过 is-a 关系传递到根节点,如图 2-9 所示。

HPO 中的每个术语都用来描述临床异常。这些术语可能是一般术语,如异常的耳形态,或非常具体的术语如脉络膜视网膜萎缩。每个术语属于五个子本体中的一个。

HPO 每条术语的具体内容和格式见图 2-10,术语有一个唯一的身份号(如 HP:0100685),一个标签(如 abnormality of sharpey fibers,夏皮纤维畸形)。大多数术语都有文字上的定义,如球外皮样囊肿是一种良性肿瘤,通常发生于角膜和巩膜交界处(边缘表皮皮样)。

3. HPO 注释 HPO 注释主要用于描述疾病表型与遗传病和基因的关系,具体内容如图 2-11 所示,包括:表型名称、表型标识符、表型的说明、表型同义词、交叉参考资源、相关疾病和相关基因列表。注释文件可以通过官方网站下载。

(三)疾病本体

1. 概述 疾病本体(Disease Ontology,DO)是由美国马里兰大学医学院于 2003—2004 年建立的人类疾病本体项目。

DO 的主要目的是为疾病的分类建立一个一体化的结构。它将许多不同的术语和词汇表中对疾病表述统一为一个关系本体,这个关系本体允许对疾病术语和概念之间的关系进行推理,并对疾病的注释进行优化。

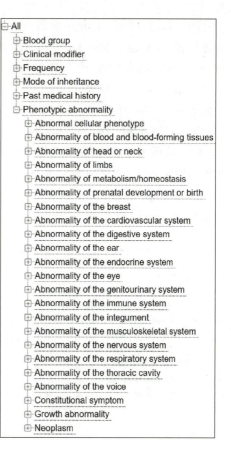

图 2-9 人类表型本体术语组织结构

图 2-10 人类表型本体术语条目

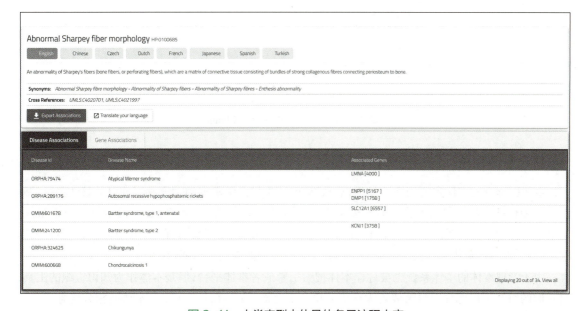

图 2-11 人类表型本体具体条目注释内容

DO 将该疾病与一体化医学语言系统（Unified Medical Language System，UMLS）中的概念、医学主题词表（Medical Subheadings，MeSH）、国际疾病分类法（International Classification of Diseases，ICD）、美国国家癌症研究所的医学词库（Nation Cancer Institute Thesaurus，NCI Thesaurus）、医学系统命名法 - 临床术语（Systematized Nomenclature of Medicine-Clinical Terms，SNOMED CT）、人类孟德尔遗传学在线数据库（Online Mendelian Inheritance in Man，OMIM）中的同义疾病概念标记、整合和链接起来。

2. DO 的结构　DO 的结构和对其他术语的外部引用将不同的数据集通过疾病概念得以整合。

（1）疾病术语的组织：根据疾病术语的定义，将各种类型或者类别的疾病分类到特定的结构中。根据通用医学科学本体（Ontology of General Medical Science，OGMS）对疾病本体的定义，DO 本体范围为：①一种即将经历病理过程的倾向；②这种倾向存在于生物体内，由存在于该生物体内的一种或多种紊乱（disorder）所致。在这一背景下，DO 描述了疾病在个人身上表现出来的属性。

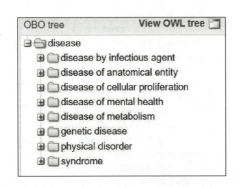

图 2-12　DO 疾病术语组织结构

DO 的逻辑结构按照疾病类型构建。DO 本体共设有 8 个顶级节点，即传染病、具体部位疾病、细胞增殖性疾病、精神疾病、代谢性疾病、遗传疾病、生理紊乱、综合征（图 2-12）。

（2）具体条目：DO 在每个术语节点的显示界面展示了该节点的疾病身份号（DOID）、名称（Name）、定义（Definition），对其他本体的交叉引用（Xrefs）、备用标识符（Alternateids）、隶属的子集（Subsets）、同义词（Synonyms）、上位类关系（Parent Relationships）。可见，DO 提供了丰富的外部引用和别名，并展示了父子（Parent Relationships）关系（图 2-13）。

Metadata	Submit Comment	Visualize
ID	DOID:8022	
Name	liver fibrosarcoma	
Definition	A fibrosarcoma of soft tissue and sarcoma of liver that is located_in the liver. http://	
Xrefs	NCI:C5832 UMLS_CUI:C1333966	
Subsets	NCIthesaurus	
Parent Relationships	is_a liver sarcoma	

图 2-13　DO 中对肝纤维肉瘤的描述

三、本体系统

生物医学中的本体主要用于信息集成、数据交换、生物医学数据的搜索和查询以及其他关键的知识密集型任务。尽管单个生物医学本体在组织、管理和解释生物实验产生的大量数据上效果很好，但很多研究中需要同时使用多个本体，而由于每个本体都是独立开发的，存在着本体之间不兼容的问题。因此，本体的集成和互操作性成为本体在学术研究中的应用的重要保障。

用于管理本体的本体系统也被称作本体搜索引擎或者本体平台，但是本体作为知识组织的工具，对它们的组织不可能是以目录或者大全等简单的汇总形式，而是采取了不同本体间相应概念或者术语进行映射、整合乃至互操作的方式。

（一）OBO Foundry

1. 概述　OBO Foundry 是一个生物学和生物医学本体的汇总平台。但是 OBO Foundry 的最大意义不在于汇总和检索本体，而是制定了一套创建新的本体的共同原则，旨在实现本体间的互操作性并形成良好的逻辑，达到对生物现实的准确表示。

2. 使用　在网站主页上列出了 OBO 文库（OBO Library），即平台现有本体列表（图 2-14）。经过 OBO Foundry 人工审核的本体列在前，废弃的本体放在最后，每一部分都按照字母顺序排列。列表中对每一个本体显示该本体的缩写、全称、简介，并有按键图标链接到详细信息、本体项目主页、进化轨迹、开发者 Email 地址、下载、在 Ontobee 上浏览该本体，以及是否通过审核；整个列表可以 YAML、JSON-LD、RDF/Turtle 格式下载。

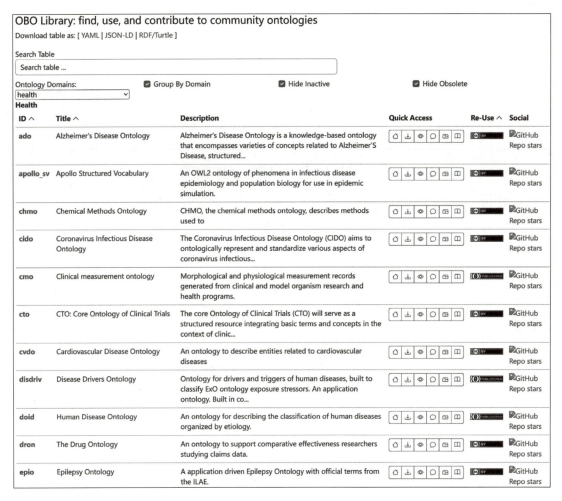

图 2-14　OBO 本体文库的本体列表

（二）BioPortal

1. 概述　BioPortal 是 NCBO 号称目前全球最全面的生物医学本体库，覆盖医学、微生物、农业、植物、畜牧业、环境等多个领域的本体。截至 2021 年 11 月，BioPortal 涵盖了 947 个本体和 13 698 122 个术语。BioPortal 功能强大且代码开源，国际上多个机构利用此框架进行专业领域的本体服务。

2. 检索途径　BioPortal 首页上显示了两种检索途径，即术语检索和本体检索（图 2-15）。

（1）术语检索：在术语搜索框中输入术语的名称，然后只需点击"Search"按钮即可，系统将在术语名称、同义词、术语 ID 和属性值中查找匹配项。检索结果显示含有该术语的本体数目，列出本体名词并提供链接，有该本体的简要说明条目。点击相关本体链接 BioPortal 提供该本体的详细介绍以及该术语在本体中的类别信息（图 2-16）。

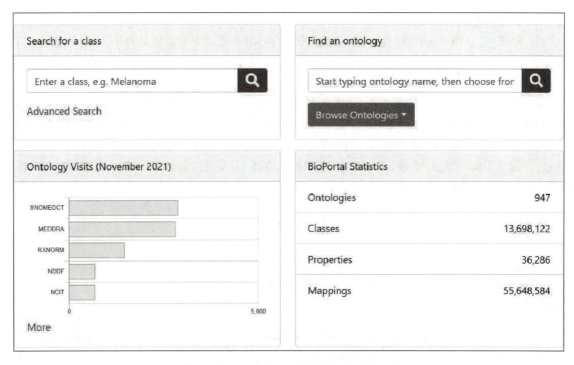

图 2-15　BioPortal 首页上的检索页面

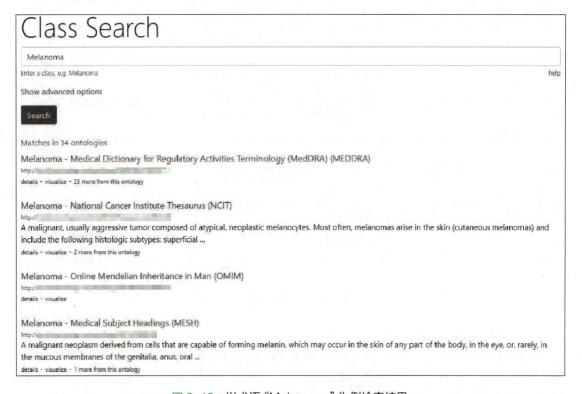

图 2-16　以术语 "Melanoma" 为例检索结果

（2）本体检索：通过 BioPortal 可对基于 OWL、RDF、OBO 等格式开发的生物医学本体和术语库进行访问，并按领域对本体进行分组，便于查找相关本体。在本体搜索框中指定所需的本体，最多返回前 100 个匹配项。检索结果显示该本体的简介、类别设置等详细信息（图 2-17）。

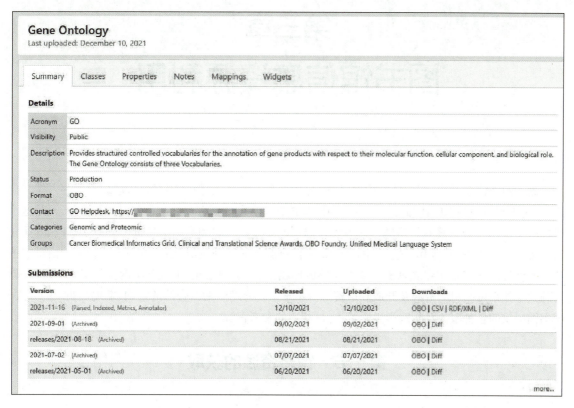

图 2-17　BioPortal 上对"GO"的显示主页

本章小结

　　文献信息检索语言是文献信息检索系统的标识系统,也是用户和文献信息检索系统进行交流的语言媒介系统。本章简要介绍了文献信息检索语言的概念、构成、作用、种类,详细介绍了分类法、主题法以及本体和生物医学本体。重点介绍了中图法、DDC、NLMC 等国内外著名的文献分类法,MeSH、CMeSH、中国中医药学主题词表等常用的医学主题词表,ICD-10、UMLS 和 SNOMED CT,以及本体系统 OBO Foundry、BioPortal、OpenGALEN 和医学本体 GO、HPO、DO、IDO。

（史继红　崔　雷）

思考题

　　1. 按所描述的文献信息特征划分,检索语言有哪些类型?
　　2. 简述 MeSH、UMLS、SNOMED CT 的关系?
　　3. 国际疾病分类法有何作用?
　　4. MeSH 的概念体系由哪些类型的词组成?
　　5. MeSH 表、UMLS 是否可以当作本体?

第三章

图书馆信息资源利用

进入网络信息时代,图书馆的内涵、结构与功能在不断变化,但是图书馆所承载的保存人类文化遗产、传承与传播知识的使命是永恒的。因此能否有效利用图书馆及其丰富的资源和服务,也是这个时代医学工作者信息素养的体现。图书馆有选择地对文献资源和网络信息资源进行系统的、专业化的收集、加工、整理、贮藏和导航,是图书馆开展信息服务的基础,也是图书馆满足读者文献信息需求的基本保证。图书馆馆藏文献资源既有实体的印刷型、电子型馆藏,也包含了网络数据库、各种文献资源共享体系可获得的资源及开放获取资源。本章主要介绍图书馆资源的查询、发现及获取的方式,图书馆提供的各种服务及与医学生学习、考试相关的参考资源。

第一节　馆藏资源的获取

一、馆藏目录查询

馆藏目录是查询图书馆文献收藏情况的工具。联机公共查询目录(Online Public Access Catalogue,OPAC)使读者可以通过互联网查询图书馆馆藏信息,了解图书馆所收藏的图书、期刊目录,以及所收藏的地点、当前的使用状态等;充分体现了以用户为中心,使用更简单、方便,用户参与度更高,延伸了图书馆信息服务。

(一) OPAC 功能

(1)查询馆藏信息:通过系统提供的检索途径查询图书馆图书和期刊的目录及馆藏信息,包括馆藏的流通状态信息(如某图书在馆、借出或被预约等状态)、已借出图书的应还日期、馆藏复本数、馆藏处理的状态信息(如订购中、在编处理中等)、期刊馆藏信息(如下一年是否有订购、最近到馆卷期、装订中的卷期、已经装订成册的卷期)等。

(2)查询读者辅助信息:注册读者可以查看自己借阅、续借、预约图书的记录信息,向图书馆推荐采购图书的记录等。

(3)流通功能:包括网上续借、预约和取消预约等。

(4)个性化信息服务:OPAC 系统一般都提供个性化的信息搜集、组织、推送服务,如 RSS(Really Simple Syndication)是在线共享内容的一种简易方式,也叫聚合内容;定制服务及时获取超期提醒、预约提醒及委托提醒等服务。个人虚拟书架可以将自己感兴趣或者关注的图书保存到收藏中,并可以对收藏进行分类管理。OPAC 还可以对图书进行推荐,并查看图书的读者评价情况。

(5)其他功能:OPAC 系统还提供图书流通、书评、评价情况的统计查询,提供热门借阅、热门收藏、热门借阅排行榜、借阅关系图等,方便读者观察书与书之间的关系,了解阅读热点,更好地了解图书,方便读者使用图书。

(二) OPAC 检索方法

不同的 OPAC 系统提供的检索功能不完全相同,一般提供简单检索、多字段组合检索、全文检索、分类检索等功能。简单检索可以选择不同的检索字段对单个字段进行检索,如对书名字段检索,可以输入书名或部分书名进行检索。多字段组合检索提供多个字段,如书名、责任者、主题词、ISBN/ISSN、出版时间等的组合查询,字段之间是逻辑"与"的组配关系,一般用于精确查找某一本书刊。全文检索支持布尔逻辑组配,提供任意字段、词汇的组合查询,可以进行逻辑"与""或""非"等组配方式筛选结果,使目录查询更精确、更灵活。有的 OPAC 系统还提供了分类浏览的功能,按照分类号逐级浏览,查找所属类目的馆藏资源,方便读者集中查找某一学科或者专题的文献。例如点击"R 医药、卫生"的子类目"R9 药学",就可以查看图书馆收藏所有药学方面的图书。

二、资源发现系统

(一) 资源发现系统的定义

资源发现系统也称作统一资源发现系统、网络级发现服务等。资源发现系统并没有明确的定义。总体上说,资源发现系统致力于从出版商、大学、公开的网站收集学术文献信息形成中心知识库,通过预索引的方式为用户提供快速、简单、易用、有效的资源发现与传递服务。

资源发现系统是信息资源整合系统发展到一定阶段的产物,对海量、异构的数字资源进行收集、聚合、索引,通过单一而强大的搜索引擎向用户提供统一检索和服务的系统。资源发现系统进行资源整合主要采用元数据集中索引的技术方式,通过抽取、映射和导入等手段对分布异构资源的元数据或对象数据进行收集和聚合,并将这些数据按映射转化规则转换为标准的格式,纳入元数据标准体系中,形成一个预聚合的元数据联合索引库,安装在本地系统或者中心系统平台提供统一的检索和服务。

(二) 资源发现系统的功能特色

资源发现系统可以将不同来源、不同类型的数据库聚合到一个平台内,包括图书馆自身的物理馆藏、数字馆藏、远程数据库、电子资源以及开放获取资源等,系统提供统一的检索界面。

资源发现系统检索功能简单、方便、易用。资源发现系统一般在统一界面上提供一个简单检索功能的单一的检索接口,通过这一接口只需在一个检索框中输入相应的检索式,即可实现对不同数据库系统的一站式检索。

资源发现系统的检索结果还可以按照不同的算法进行相关性排序。可以对检索结果,进行不同版本、不同类型的聚类显示,并以有序化的格式输出,包括相关性排序和时间排序等。有些资源发现系统还对结果集提供可视化展示方式,便于发现资源间的联系。

(三) 常用资源发现系统

目前国内图书馆应用比较多的资源发现系统主要有 Summon、Primo、EBSCO Discovery Service (EDS)、Worldcat Local 以及 Encore 系统。各图书馆网站上资源发现系统的名称各有不同,有的直接采用产品名称,有的则结合本校特色采用个性化的命名。如清华大学的"水木搜索"、北京大学的"未名学术搜索"等,其后台基本是目前国际上主流资源发现系统之一。

三、移动图书馆

(一) 移动图书馆的定义

移动图书馆源自英文"mobile library",原指"汽车图书馆",是为不能到达公共图书馆看书的民众设计的一种车载流动图书馆。随着信息技术的发展和移动设备的普及,移动图书馆逐渐从实体的流动图书馆发展成为利用现代移动设备获取信息的新型服务方式。移动图书馆依托成熟的无线移动网络、互联网以及多媒体技术,使人们不受时间和空间的限制,通过各种便携移动设备如手机、个人数码代理(PDA)、手持阅读器、平板电脑等,方便、灵活地进行图书馆的信息查询、浏览和获取资源内容等服务。

(二) 移动图书馆服务模式

随着互联网技术的发展,移动图书馆服务模式也不断改进,其服务模式主要包括 WAP 网站服务和 APP 服务。

1. WAP 网站服务　WAP 是终端无线通信协议（Wireless Application Protocol）的简称，是在数字移动电话、因特网或 PDA、计算机之间进行通信的开放式全球标准。WAP 方式不受时间、地点的限制，只要用户的终端设备上有 WAP 终端并安装好客户端软件，经过注册后，就能检索到图书馆的电子资源。图书馆建立的 WAP 网站除了为用户提供 OPAC 检索外，还提供电子书借阅、电子刊阅读、特色资源检索、虚拟参考咨询、在线服务、在线阅读、留言反馈、日志功能等基础服务与个性化推送、阅览室定位帮助和指南信息等高级服务。

2. APP 服务　APP 是"application"的简称，通常专指智能手机上的应用软件。这些智能手机除了可以通过传统的 WAP 方式上网查询外，还可以通过 Wi-Fi、5G 来访问网络。为此很多图书馆和机构都开发了专门的 APP 应用程序，供用户免费下载，向智能手机用户提供馆藏资源的检索功能，并向拥有有效证件的用户提供借阅信息查询、续借、预约等功能，用户也可通过 APP 查看图书馆的最新公告、讲座预告及各项服务帮助和指南。

（三）移动图书馆的主要功能

移动图书馆的主要功能是以移动无线通信网络为支撑，以图书馆集成管理系统平台和基于元数据的信息资源整合为基础，以适应移动终端一站式信息搜索应用为核心，以云共享服务为保障，通过手机、Pad 等手持移动终端设备，为图书馆用户提供搜索和阅读数字信息资源、自助查询和完成借阅业务，帮助用户建立随时随地获得全面信息服务的现代图书馆移动服务平台。主要有以下功能。

1. 馆藏目录检索　依托图书馆 OPAC 系统，查询本馆纸本资源的基本情况，让读者方便、快捷地对本馆资源进行查询、预约、续借等操作。

2. 数字资源的检索与阅读　系统应用元数据整合技术对馆内外的中外文图书、期刊、报纸、学位论文、标准、专利等各类文献进行了全面整合，在移动终端上实现了资源的一站式搜索、导航和全文获取服务；与多家图书馆馆藏书目系统、电子书系统、中文期刊、外文期刊、外文数据库系统集成，读者直接通过网上提交文献传递申请，并且可以实时查询申请处理情况，以在线文献传递方式通过所在成员馆获取文献传递网成员单位图书馆丰富的电子文献资源。考虑到手机阅读的特点，还可提供电子图书和报纸全文供手机用户阅读使用。

3. 个性化定制服务　通过设置个人空间与图书馆 OPAC 系统的对接，实现了馆藏查询、续借、预约、挂失、到期提醒、热门书排行榜、咨询、电子读者证、扫码借书、扫码转借、单点认证等自助式移动服务。并可以自由选择新闻发布、公告（通知）、新书推荐、借书到期提醒、热门书推荐、预约取书通知等信息交流功能。

四、图书馆新媒体服务

随着新媒体的出现，图书馆相继利用新媒体开展服务。我国已有数千家图书馆利用新媒体服务平台开展工作。各图书馆新媒体服务相关栏目虽然不同，但基本提供以下服务。

（一）移动阅读服务

数字资源检索与阅读，可以通过图书馆新媒体服务平台查询并浏览数据库资源、阅读相关文献。

（二）信息查询服务

提供馆藏书目信息检索，查阅个人信息服务；提供图书预约、续借，图书推荐、购买等服务。

（三）通知公告

发布图书馆活动通知、新闻动态、新书通报及资源推荐等信息。

（四）咨询与培训

利用新媒体服务互动功能提供个性化参考咨询服务。一些图书馆新媒体服务还提供新生入馆教育培训和在线信息培训。

（五）预约服务

提供空间预约、座位预约、讲座预约等预约服务。

第二节 图书馆信息服务

1. 文献借阅 文献借阅是图书馆最基本的服务功能。很多大学图书馆将藏书库与阅览室合二为一,采取开架管理,读者可以进入书库直接查找和阅览图书,借还书需要凭证到流通台办理手续。为保证流通,使更多的读者都能利用馆藏文献,读者需要熟知自己的借阅资格(借阅数量、期限等)及其他限制。为保证读者能够利用到馆藏文献,许多图书馆对某些文献(如重要的专业著作、新出版的图书)保留一本作为馆藏本,和辞典、百科全书、药典之类的工具书一样不外借。还有些图书馆收藏古籍、学位论文、会议资料和其他特种文献,有限制提供阅览服务。

2. 参考咨询 参考咨询是读者在利用图书馆资源和服务的过程中遇到各种疑难问题时,由图书馆员利用各种参考工具、检索工具,为读者解答和解决问题的一种服务方式。常见的咨询方式有:馆内现场咨询、电话咨询、邮件咨询、实时在线咨询、图书馆主页的留言簿咨询和常见问题解答(FAQ)等形式。近年来随着互联网的应用与普及,虚拟参考咨询得到了广泛的应用,并取得了非常好的服务效果。虚拟参考咨询是图书馆提供的以网络为依托,以本馆馆藏和网上数字化信息资源为基础,通过邮件、实时交流等为读者提供的不受时空限制的参考咨询服务。读者可以通过网络提出咨询问题,请求在线馆员给予解答。

3. 读者培训 读者培训是图书馆有计划、有目的地开展的,旨在提高用户的信息意识和检索技能,使其能充分利用图书馆及其信息资源的教育活动。目前大学图书馆的读者培训形式和内容日益丰富。培训的内容主要有:以介绍图书馆利用基本知识为主的新生入馆教育培训;推广图书馆资源的系列讲座;针对学生学习、科研等全方位的信息素养教育,包括文献资源介绍、检索技能、文献管理软件使用、论文写作与投稿、数据素养等内容。培训的形式以线上线下相结合,既有线下的讲座,也有通过慕课(MOOC)、微课、网络教室、在线课程等形式的培训,有的图书馆还提供以游戏或竞赛的方式的读者培训。

4. 科技查新 科技查新简称查新,是指具有资质的查新机构根据查新委托人提供的有关科研资料,通过系统全面地检索文献,查证其课题、研究内容或科研成果是否具有新颖性,并出具相关佐证文献资料的文献调研工作。查新是文献检索和情报调研相结合的情报研究工作,它以文献为基础,以文献检索和情报调研为手段,以检出结果为依据,并与课题查新点对比,对其新颖性作出结论并出具查新报告。查新能为科研立项,进行科技成果的鉴定、评估、验收、奖励,为专利申请等提供客观依据;也能为科技人员进行研究开发提供快捷、可靠、丰富的信息。国内一些大学图书馆获得了有关机构的认定,成为有资质的查新机构,为读者提供科技查新检索服务。

5. 馆际互借与文献传递 馆际互借(interlibrary loan)是图书馆之间相互利用对方馆藏来满足本馆读者需求的一种资源共享服务。馆际互借一般针对图书,是一种返还式文献资源共享方式,是图书馆根据读者需求,将本馆没有收藏的图书,从其他收藏馆借阅过来提供读者使用的一种服务。文献传递(document delivery)是在馆际互借基础上发展起来的,是馆际互借的一种,是非返还式的文献资源共享方式。读者申请文献传递时需要提供所需文献的篇名、作者、刊名、卷、期、起止页码等完整的题录信息。图书馆将查获到的文献原文根据读者要求通过传真、邮寄、电子邮件、网络工具等传递方式送达。

目前高校系统图书馆、国家图书馆、国家科技图书文献中心(NSTL)、中国高等教育文献保障系统(CALIS)等机构相继开展了馆际互借与文献传递服务,推出文献传递服务平台。数字图书馆平台也推出了文献传递功能,可以在检索之后直接在线提出文献传递申请,系统自动将读者所需文献发送到读者电子邮箱。

6. 学科服务 学科服务是图书馆为适应新的信息环境,以用户的需求为中心而推出的贴近用户一线的新的服务模式,它不再采取传统的按照文献的工作流程组织科技信息的方式,而是按照科学研究的学科、专业、项目、课题等来获取、组织、检索、存储、传递与利用信息资源,从而使信息服务学科化、服务内容知识化。

目前,大学图书馆学科服务的主要内容有:对用户开展电子资源利用情况的调查,征求对口院系教师对文献资源的订购意见,联系院系与图书馆合作订购数据库,提供教参服务、编写数据库使用指南,向用户发送信息通报,上门进行读者培训和资源介绍,咨询解答,建设学科资源导航,建立机构知识库,为院系用户提供专题文献信息、情报服务、知识服务、信息分析等决策支持、科研和管理数据监管服务、知识产权信息服务等。

学科服务由图书馆学科馆员来推动,通过电话、邮件、研究室、课题组等方式,将图书馆信息服务延伸到用户之中。充分利用图书馆学科服务可以获得更具有针对性、个性化的服务。

7. 信息资源共享　信息资源共享是指将一定范围内的文献机构共同纳入一个有组织的网络之中,各机构之间按照互惠互利、互补余缺的原则,进行协调和共享文献信息资源的活动。20 世纪 90 年代以来,我国建立了多个信息资源共享项目。大多数高校图书馆都参与了这些项目,读者可以通过本校图书馆共享这些项目提供的资源与服务。

(1)中国高等教育文献保障系统:中国高等教育文献保障系统(China Academic Library & Information System,CALIS)的宗旨是把国家的投资、现代的图书馆理念、先进的技术手段、高校丰富的文献资源和人力资源整合起来,建设以中国高等教育数字图书馆为核心的教育文献联合保障体系,实现信息资源共建、共知、共享,以发挥最大的社会效益和经济效益,为中国的高等教育服务。通过 CALIS 平台可以获取全国高校图书馆、国家科技图书文献中心、国家图书馆的相关文献(期刊论文、会议论文、学位论文、图书章节等)。

(2)国家科技图书文献中心:国家科技图书文献中心(National Science and Technology Library,NSTL)是一个虚拟的科技文献信息服务机构,成员单位包括中国科学院文献情报中心、中国科学技术信息研究所、中国农业科学院农业信息研究所、中国医学科学院医学信息研究所等 9 个文献信息机构。该中心根据国家科技发展需要,按照"统一采购、规范加工、联合上网、资源共享"的原则,采集、收藏和开发利用理、工、农、医各学科领域的科技文献资源,面向全国开展科技文献信息服务。NSTL提供的服务主要包括:文献检索、重点领域信息门户、期刊浏览、全文文献获取、引文检索、代查代借、参考咨询、热点门户、预印本服务等。

8. 空间服务　1992 年美国爱荷华大学提出信息共享空间(information commons,IC)的概念之后,世界范围内掀起了图书馆空间再造的热潮。近 20 年来,国内高校图书馆纷纷进行空间再造,在传统的阅览空间、藏书空间的基础上建设各类特色空间,将空间视为一种服务资源。其中,信息共享空间是一种经过特别设计的一站式服务中心和协同学习环境,是大学图书馆创新服务模式。信息共享空间综合了图书馆空间、因特网、计算机软 / 硬件设施和图书馆知识库等资源(包括馆藏纸本、数字化和多媒体等各种信息资源),并在技能熟练的图书馆参考咨询馆员、计算机专家、多媒体工作者和指导教师的共同支持下,为读者的学习、讨论和研究等活动提供一站式服务,目的在于培育读者的信息素养,促进读者学习、交流、协作和研究。此外,一些大学图书馆还建设了文化体验空间,提供音乐鉴赏、书法与美术学习欣赏、传统文化体验等服务;建设创客空间,提供 3D 打印、音视频制作、体感互动游戏等智能设备,为大学生的创新创业与社会实践提供资源支撑与展示平台。

第三节　医学学习考试类资源库

一、医学学习资源库

1. Primal Picture 3D 互动式人体解剖学数据库　Primal Picture 3D 互动式人体解剖学数据库是以真实人体的 MRI 扫描数据为基础,建立的全面准确的三维立体模型。数据库汇集了超过 6 500 个偏重特定独立器官、身体部位或解剖系统的高精度 3D 动态交互式解剖模型,内容包括 3D 解剖图、大体图片、磁共振成像、动画、视频和音频等。数据库提供多元化的学习方式和互动内容,提供更贴近人体的操作方式的使用体验,广泛应用于教学和临床。通过使用数据库,学习者能够详细了解人体解剖结构与功能、生物学特性等信息,巩固解剖学、生理学及患者教育的课程。在临床上可以作为外科医生复杂手术前模拟准备,也可以用于患者教育。数据库支持电脑、平板电脑及 IOS 手机访问。数据库提供 8 个模块和 1 个智能搜索系统。

(1)3D 实时解剖(3D Real Time):使用精确的人体扫描数据,制作成简单操作平台,用户可以针对 12 组模块、3 000 多个组织进行人体解剖的深入学习,同时还可根据自己的需求制作解剖图片用于教学。该模块支持不同层级结构的查看,能够进行 360 度任意角度的旋转,提供 3D 图像和动态大体解剖图像的学习对照,有效学习虚拟与真实的解剖。可通过 3D 眼镜,呈现 VR 虚拟立体透视的解剖结构。该模块提供中文使用说明。

(2)疾病与状态(Disease & Conditions):有超过 80 种疾病的详细说明,包括各疾病的介绍、成因、症状、治疗方式以及健康状态,将正常、异常和临床解剖学结合在一起,以视频、图片的形式呈现内容,也可以下载成 PDF 格式。

(3)3D 图谱(3D Atlas):该模块提供了人体局部解剖学的完整参考信息,各个人体结构构成都配有详尽的文字说明,学习者可以快速了解各部位的内容和解释。以 3D 图像、MRI 磁共振、动态的大体解剖图片、视频及详细的解剖和生理学相关文字等形式呈现内容。

(4)解剖学与生理学(Anatomy and Physiology):提供 20 个人体系统模块,通过清晰 3D 影像、综合说明文字、临床与案例研究、学习目标及习题等,提供解剖学和生理学课程所需的在线补充材料,辅助解剖学和生理学课程内容的学习。

(5)功能解剖与治疗(Functional Anatomy and Therapy):该模块提供超过 70 组完整骨骼 / 肌肉动画,供学习者观察肌肉功能,以及骨骼和韧带的运动,并提供运动损伤治疗手法;适用于物理治疗、运动科学的教学与学习。通过视频和动画展现运动过程中肌肉受力及拉伸情况、骨骼的衔接与运动。

(6)影像(Image):提供丰富的人体超声、CT 及 MRI 图像及其对应的 3D 解剖图。可以提供横向、纵向及冠状切面等多维查看方式,并提供详细的文字说明。

(7)临床专科医师(Clinical Specialist):提供临床专科相关参考资料,为多种临床专科提供更详尽的信息,包括临床诊疗示范视频及手术的影像资料。

(8)测验(Quizzing):提供丰富的自我检测题目。使用者学习完一个模块之后,可以按照解剖部位或系统进行自我测验,检测之后系统会提供正确答案。

新版的 Primal Picture 3D 互动式人体解剖学数据库还提供了智能搜索平台,在搜索框内输入关键词,系统会在各个模块找出相应的内容,检索结果还按照部位、系统、类型和模块进行分类,可以对结果做进一步的筛选。

2. Visible Body 3D 可视人体　　可视人体(Visible Body)是一个涵盖解剖、生理、肌肉、骨骼、循环等多个系列的在线教程。该教程采用数字化和虚拟化技术,以立体 3D 交互式模型的方式层层展现人体各解剖和生理结构,以及具体功能,并辅以动画、视频、音频、自测题、个性化功能等多种方法帮助学习者全面直观地理解知识内容,是课堂与课本教学的有益补充。内容涵盖系统解剖、局部解剖和相关专科等 8 个模块,提供网络在线访问和 APP 移动阅读。

(1)人体解剖学图谱(Human Anatomy Atlas):该模块包括 4 600 多个精确的医学解剖结构,涵盖男性和女性的所有主要器官和系统,数百幅人体局部和系统解剖的缩略图,上百幅 MRI 影像以及 3D 模型的对比,拉丁名称的发音和详细定义,相关疾病信息,数百道自测题,肌肉动画模型等。学习者可以选择独立显示人体系统或局部的解剖结构,创建自定义视图,播放英文音频等。

(2)肌肉系统高级解剖(Muscle Premium):该模块深入揭示了人体肌肉组织,包含 600 多个肌肉组织,200 多块骨骼以及数百条神经、肌腱、韧带和滑囊解剖结构;还有 2 200 个肌肉附着点及表面结构、数百种动画模拟肌肉屈曲活动、所有解剖结构的音频发音和定义、血液供给和神经分布及近 500

个测验问题。

（3）骨骼系统高级解剖（Skeleton Premium）：该模块涵盖所有骨骼系统解剖结构，包含200多块骨骼的3D模型，数百条韧带结构，800多个骨性标志、滑膜、关节活动和骨组织，通过动画与图像演示骨骼系统解剖学和病理学以及500多个测验问题，提供全面的骨骼系统知识与参考资料。

（4）心脏和循环系统高级解剖（Heart & Circulatory Premium）：该模块帮助学习者掌握心脏与循环系统的解剖结构，包含600多个心血管解剖结构、基本功能、结构异常、常见病理信息、操作过程以及200多个自测题的题库。该模块使用交互式3D模型、短片和具有视觉冲击力的图像，帮助学习者更深入地了解相关知识。

（5）生理学动画库（Physiology Animations）：该模块包含近110多个高清视频，生动阐释了人体内各重要的生理学过程。该模块是Visible Body其他模块的有效补充，将复杂的生理学信息精炼为简短的多媒体短片（30~60秒），配以画外音和文字，更便于学习者理解和记忆。所有视频短片均配有中文字幕。

（6）解剖学和功能（Anatomy & Function）：该模块借助500多个预置视图、多个视频和图解、强大的搜索功能，用多种方式快速定位最佳视角，为学习者提供了一个交互式人体解剖模型。每个视图都可以轻松旋转、放大和剖离。此外，学习者还可以通过移动设备（手机或平板电脑）自主画图、添加文字注解，并将页面截屏保存并分享，创建个人收藏夹。

（7）解剖学和生理学（Anatomy & Physiology）：该模块共包含50个章节，涵盖解剖学和生理学核心内容；500多个可旋转3D解剖学模型；80多个动画和图示；主轴和附肢骨骼的3D骨骼标志；数百种解剖结构的发音和定义，以及数百道自测题。针对解剖学与生理学课程，为学习者提供必要的在线辅助，使解剖学和生理学课程更加形象生动。

（8）生理学和病理学（Physiology & Pathology）：该模块直观揭示了常见疾病的生理和病理基础，帮助学习者查找并理解人体机能出现问题时会出现的症状等。模块将正常解剖的3D模型与常见疾病和条件模型进行了比较，设置心率，并在三维心脏模型中实现可视化传导，然后进行心电图检查；可以观看演示气体交换、肺通气、液体平衡、蠕动等生理过程的动画；通过互动课程了解动脉粥样硬化、肾结石、肺癌和其他常见疾病的进展；提供自测题，帮助学习者测试所掌握的知识。

3. 医学教育视频数据库 医学教育视频数据库是多媒体视频数据库，包括国外医学多媒体系列和国内医学多媒体系列。

国外医学多媒体系列引进了大量的国外高清手术视频，精选国外著名手术案例，邀请权威医学专家现场进行详细点评，内容涉及骨科、妇科、泌尿外科、普通外科、神经外科、心脏外科等。视频提供英文原声讲解，配合标准英文和中文字幕播放，既是了解国外医学进展的窗口，又是学习专业医学英语的有效工具。国内医学多媒体系列包括名医讲坛、医与法、住院医师、医学管理、医学护理、急诊急救、艾滋病专项和医学人文8个模块。

数据库提供分类导航、初级检索和高级检索功能。初级检索提供按照课程名称、主讲人、主讲人单位进行字段检索，高级检索提供三个字段的组合检索。

4. 网络在线课程资源 随着移动互联网的发展，课程学习的方式也发生了变化，网络在线课程迅猛发展，为学习者提供了新的学习途径和丰富的资源。国内中国大学MOOC等课程大部分可以免费学习，部分课程也可以注册报名后学习，学完全部课程后可以获得认证证书。

二、实验室指南类数据库

实验室指南（Protocols）类数据库是记录生物化学、分子生物学、生物医学等学科详细的实验操作过程，一般包括实验操作步骤、使用的材料设备、过程中的注意事项等信息。实验室指南其数据库将Protocols集中管理并提供检索。

1. 最新实验室指南（Current Protocols） 内容涵盖生命科学所有领域的基本和高级实验设

计、方法和分析，包括分子和细胞生物学、遗传学、生物信息学、免疫学、神经科学、微生物学、药理学、化学生物学、模式生物、转化研究等。Current Protocols 每年出版 12 期，按学科分成 17 册，提供 2.5 万种经同行评审、定期修订和更新的分步操作技术、程序，确保指南能够体现各学科领域最新的发展情况。实验步骤清晰、详细、可靠，包括在实验室进行实验所需的所有信息，如实验介绍、材料清单和采购信息、详细的分步说明、有用的注释、试剂和溶液配方、说明图片和信息丰富的表格。

该数据库平台易于使用，可以按照期刊、主题、技术分类浏览，也提供了关键词简单检索、高级检索和引文检索。检索结果呈现清晰，实验流程采用详细而简单易懂的分步介绍形式，同时提供有参考价值的注释和评注，收录了重要参数与疑难解答提示。

2. Springer Nature Experiments　全新的实验室指南和方法组合平台，一共包括四个部分的内容：Springer Protocols，Nature Protocols，Nature Methods 及 Nature Reviews Methods Primers。

（1）Springer Protocols：是经同行评审的在线实验室指南数据库，主要面向生物化学、分子生物学以及生物医学等学科，收录了 6.4 万多篇实验室指南，提供详细、精确的实验操作记录。其内容多来自经典的系列丛书，如《分子生物学方法》（*Methods in Molecular Biology*）等。与 Current Protocols 只提供更新和修订的实验室指南不同，Springer Protocols 保留了 1980 年创刊以来所有版本的实验室指南，每年更新 4 500 多篇。

（2）Nature Protocols：为电子期刊，提供内容涵盖生物、化学和临床科学所有领域的实验室指南，发表的实验室指南均由编辑团队向全球领先的实验室约稿，这些文章均经过同行评审，所有实验步骤的可行性均经过验证并用于已发表的研究论文中。实验室指南包含研究论文中未涉及的实用信息，例如对实验步骤中关键点的解释、预期的实验结果以及如何发现和解决出现的问题。实验室指南每周增加涵盖新方法以及经典的传统实验技术。Nature Protocols 还提供了免费的共享平台 Protocol Exchange，鼓励作者自行上传指南和视频，提供了评论和交流的平台。

（3）Nature Methods：为发布新的研究方法提供了跨领域平台，每月出版一期，主要发表基础研究型论文以及一系列的观点、评论文章和短篇新闻稿等生命科学领域内重要的方法学研究。

（4）Nature Reviews Methods Primers：是 2021 年新上线的在线发表期刊，关注于分析、应用、统计、理论和计算方法在生命科学和物理科学中的应用，提供来自专家的有关重复性和开放科学的相关指导。发表的导论文章，即方法和技术的介绍性概述，包括实验、分析和应用的最佳实践。这些概述性文章将提供对方法的评估、应用和更进一步探索所需的所有相关信息。

Springer Nature Experiments 平台构建了专门的搜索逻辑，能够自动识别检索词中的"技术""生物体""抗体""细胞系"等。检索结果页面提供搜索筛选器，可以按出版年份、视频、技术、文章类型或来源过滤检索结果，缩小检索范围。检索结果条目可以按照相关性、出版时间、引用次数、下载次数显示摘要，摘要中都列出了使用的技术和模型。

3. JoVE 实验视频期刊　JoVE 实验视频期刊（Journal of Visualized Experiments，JoVE）于 2006 年 10 月正式创刊，是以视频方式展现生物学、医学、化学、物理等学科领域研究过程与成果的期刊。JoVE 实验视频期刊目前已发表 1.6 万名作者的超过 1.4 万个实验视频，实验视频来源于世界著名高校及学术研究机构的实验室。

JoVE 实验视频期刊的最大特色在于综合多种媒体的优势，利用视频技术使知识的传递更加生动直观，清晰而直观地展现生命科学实验的多个方面和复杂的细节，通过视频还原科学实验的完整过程，同时非常注重科学实验的应用性，不仅发表前沿科研成果，同时也关注经典实验方案的再现及新应用。

JoVE 实验视频期刊每月出版一期，每期约 100 个视频（每个视频配有一篇文章）。视频每日更新，保证用户能够获取最新的实验成果，了解最新的学科发展动态。视频分成两个板块，研究板块和教育板块。研究板块包括生物学、生物化学、医学、神经科学等 13 个学科的实验视频文章，视频均在世界顶尖科研机构拍摄完成,将尖端实验的复杂细节变得生动有趣,使人们能够有效地学习和复制新的研究方法和技术。教育板块分为核心概念、科学教育和实验室手册三个部分,帮助本科生和研究生快速深入理解相关学科的核心概念和实验方法,提高学生的参与度和学习成果。

三、医学考试资源库

1. USMLE easy   USMLE easy 是面向美国医生执照考试的练习数据库。USMLE 是美国的医生执照考试,由美国联邦医学委员会和美国医师委员会共同发起,考试分成三个阶段,包括基础医学(Step 1)、临床技能笔试(Step 2 CK)和实操(Step 2 CS)、临床综合技能(Step3)。USMLE easy 数据库提供涵盖 USMLE Step 1、Step 2 CK 和 Step 3 中所有学科和器官系统的数千个问题,通过个性化练习为 USMLE 做准备。USMLE easy 使用自适应学习技术提供使用者个人技能报告,允许使用者制订个人的学习计划、提供测试报告。强大的自定义功能使用户可自定义绕开已掌握的知识,更加专注于其他需要进一步提高的知识点上。

2. VIPExam 考试学习资源数据库   VIPExam 考试学习资源数据库是一套集日常学习练习、考前模考自测、在线无纸化考试等功能于一体的教辅系统,涵盖外语类、计算机类、考研(含在职考研)类、公务员类、财经类、司法类、医学类、工程类、自考类、职业资格类、实用职业技能类等 11 大类 2 100 多个考试科目的历年真题试卷、模拟试卷及视频课程。其中医学类包括医学相关的资格考试,研究生招生考试,内、外、妇、儿等学科"三基"(基本理论、基本知识、基本技能)考试试卷。学生不仅可以在平时根据自己个性化需求来进行巩固学习,同时也可以在考前进行专项强化练习和模拟自测,从而提高考试和能力测评成绩。

本章小结

本章介绍了图书馆馆藏资源及其获取方式,包括 OPAC 检索、资源发现系统、移动图书馆系统和图书馆新媒体服务,以及它们的概念、功能,介绍了图书馆提供的各种类型的信息服务,如文献借阅、参考咨询与培训、馆际互借和文献传递、科技查新、空间服务等以及更广泛的信息资源共享。同时介绍了医学学习类、实验室指南类和医学考试类数据库。

(王虹菲)

思考题

1. 为什么在获取图书馆馆藏资源时使用 OPAC ?
2. 为什么要使用资源发现系统? 它具有什么特点?
3. 在大学学习期间为什么要充分利用图书馆?
4. 在解剖学及生理学学习中,除了课堂学习外,还可以参考哪些数据库资源?
5. 若想了解医学实验的步骤和注意事项,可以参考哪些数据库?
6. 准备执业医师考试时,可以从哪些数据库资源中获得帮助?

第四章
中文文献数据库检索

在医学科研活动中,要系统全面地查找某一研究课题的文献信息,首先需要从文摘数据库中获取文献线索,进而获取全文。本章介绍中文医学文献检索方法,主要包括中国生物医学文献服务系统(SinoMed)、中国知网(China National Knowledge Infrastructure,CNKI)、万方数据知识服务平台(Wanfang Data Knowledge Service Platform)和维普资讯中文期刊服务平台收录资源的特点、检索功能和检索技巧。

第一节　中国生物医学文献服务系统

一、概述

中国生物医学文献服务系统(SinoMed)是由中国医学科学院医学信息研究所 2008 年开发研制,集文献检索、引文检索、期刊检索、开放获取、原文传递及个性化服务于一体的生物医学中外文整合文献服务系统。该系统整合了中国生物医学文献数据库(CBM)、中国生物医学引文数据库(CBMCI)、西文生物医学文献数据库(WBM)、北京协和医学院博硕学位论文库(PUMCD)及中国医学科普文献数据库(CPM)等多种资源,通过中心网站为全国高校、医院、研究院所和医药企业提供生物医学文献检索和知识获取服务。

SinoMed 涵盖的资源丰富,专业性强,是综合性的生物医学文献服务平台。其中,CBM 收录了1978 年以来国内出版的生物医学学术期刊 2 900 余种,文献题录 1 220 余万篇;CBMCI 收录 1989 年以来国内生物医学学术期刊文献的原始引文 2 530 余万篇,归一化处理后引文总量达 860 余万篇;WBM 收录了世界各国出版的重要生物医学期刊文献题录 3 390 余万篇,部分期刊可回溯至创刊年;PUMCD 收录了 1981 年以来北京协和医学院培养的博士、硕士学位论文;CPM 收录了 1989 年以来国内出版的医学科普期刊 130 余种。

SinoMed 注重数据的深度揭示与规范,与 PubMed 检索系统具有良好的兼容性。所有资源严格依据美国国立医学图书馆(National Library of Medicine,NLM)的医学主题词标引规则,采用 NLM 的《医学主题词表》(MeSH)中译本和《中国图书馆分类法·医学专业分类表》进行主题和分类标引。

二、检索方法

SinoMed 提供文献检索、期刊检索、引文检索 3 类检索内容,其中文献检索包括多资源跨库检索和单一资源单库检索,以下检索功能均以 CBM 为例图示说明。

1. 智能检索　基于词表系统,是将输入的检索词转换成表达同一概念的一组词的检索方式,即自动实现检索词及同义词(含主题词、下位主题词)的同步检索,是基于自然语言的主题概念检索。系统将智能检索融入快速检索和高级检索中,如在快速检索框中输入"艾滋病",系统自动检出全部字段中包含"艾滋病""AIDS"或"获得性免疫缺陷综合征"的所有文献,输入多个检索词时,支持检索词同时进行智能检索。

2. 跨库检索　跨库检索能同时在 SinoMed 平台集成的所有资源库进行检索。首页检索输入框默认是跨库快速检索入口,点击右侧的高级检索后进入跨库高级检索,如图 4-1 所示。跨库高级检索提供常用字段、全部字段、标题、摘要、作者、作者单位、文献来源等检索入口。

　　跨库检索支持:①智能检索:默认在常用字段、全部字段、标题、摘要字段进行智能检索,常用字段分别与各单库的常用字段相同;②精确检索:在作者、文献来源字段支持进行精确检索,不勾选"精确"时系统进行模糊检索。

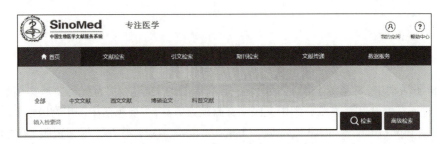

图 4-1　SinoMed 首页跨库检索界面

　　3. 快速检索　在首页"文献检索"下拉菜单中选择"中文文献",或在首页检索框上定位"中文文献"均可进行 CBM 数据库的快速检索。快速检索默认在全部字段内执行检索,集成智能检索功能,检索过程简单,检索结果全面。

　　4. 高级检索　支持常用字段、全部字段、核心字段、中文标题、英文标题、摘要、关键词、主题词、作者、第一作者、作者单位、刊名、基金等 22 个检索入口,多个检索字段之间可以进行逻辑组配检索,方便用户构建复杂检索表达式。如图 4-2 所示。

图 4-2　CBM 高级检索界面

　　高级检索支持:①智能检索:默认在常用字段、全部字段、核心字段、中文标题、英文标题、摘要、关键词字段进行智能检索,其中核心字段由最能体现文献内容的中文标题、关键词、主题词三个检索项组成,常用字段由标题、摘要、关键词、主题词四个检索项组成。②精确检索:在特征词、分类号、作者、第一作者、通讯作者、刊名、期字段进行精确检索,不勾选"精确"时系统进行模糊检索。③智能提示:在作者单位、第一作者单位、通讯作者单位、刊名、基金字段支持规范名称的提示,在作者、第一作者、通讯作者字段支持关联规范机构名称的提示,如图 4-3 所示。④限定检索:可将文献类型、年龄组、性别、对象类型等生物医学领域常用限定条件与检索表达式进行组合,用于对检索结果的进一步限定,提高检索效率;设置限定条件后,除非手动取消,否则在检索过程中,限定条件一直有效。

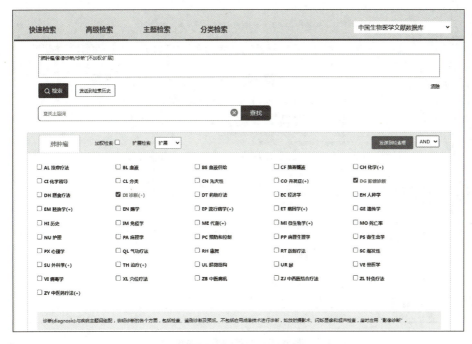

图 4-3 CBM 作者 – 规范机构关联检索界面

5. 主题检索 主题检索是基于主题概念检索文献,可有效提高查全率和查准率。

主题检索支持:①加权检索:表示仅对加星号(*)主题词(主要概念主题词)检索,非加权检索表示对加星号和非加星号主题词(非主要概念主题词)均进行检索。系统默认为非加权检索。②扩展检索:表示对当前主题词及其下位主题词进行检索,非扩展检索则仅限于对当前主题词进行检索,系统默认为扩展检索。③副主题词组配检索:指用副主题词来对主题词进行限定,使检出的文献限于主题词概念的某一个方面或某几个方面,以提高检索的准确性。如:"肾 / 药物作用"表明文章并非讨论肾的所有方面,而是讨论药物对肾的影响。④副主题词扩展检索:在副主题词列表中,选择副主题词后面有"(+)"的副主题词,自动扩展当前副主题词及其下位副主题词进行检索。如图 4-4 所示。

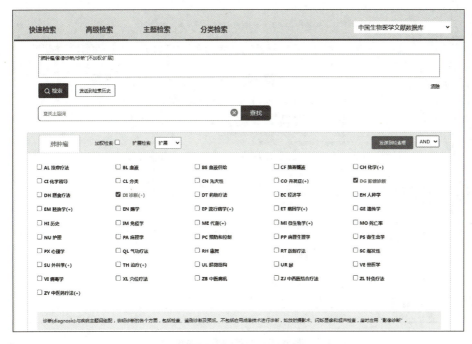

图 4-4 CBM 主题加权扩展组配检索界面

6. 分类检索 分类检索指从文献所属的学科角度进行检索,具有族性检索的功能。既可在类名查找框中输入完整类名或类名片段,从查找结果中浏览选择相应类名,也可通过"分类导航"浏览选择类名。分类检索支持多个分类名的逻辑组配检索、扩展检索和复分组配检索。

7. 期刊检索 期刊检索支持对中文学术期刊、中文科普期刊及西文学术期刊进行一站式整合检索,中文学术期刊可通过刊名、出版地、出版单位、期刊主题词、ISSN 检索入口查找期刊,也可通过"首字母导航"逐级浏览查找期刊信息。中文学术期刊检索结果页面提供"核心期刊"标识,可以用于遴选高质量期刊。其中,"[中信所]"表示中国科技期刊引证报告收录期刊,"[北大]"表示中文核心期刊要目总览收录期刊。

8. 引文检索　支持常用字段、被引文献题名、主题、作者/第一作者、出处、机构/第一机构、资助基金检索入口查找引文;支持发表年代、施引年代的限定检索;支持从发表时间、期刊、作者、机构、期刊类型维度对检索结果进行聚类筛选;支持生成引文分析报告和查引报告。

引文检索支持:①关联提示:被引文献机构、被引文献第一机构、被引基金字段支持规范名称提示;被引文献作者、被引文献第一作者支持关联规范机构名称提示。②精确检索:支持被引文献作者、被引文献第一作者、被引文献出处字段精确检索。③引文报告:支持引文报告功能,包括引文分析报告和查引报告。④文献去重:支持对重复施引文献自动去重。

三、检索结果

SinoMed 系统依据文献相关特征,可进行检索结果聚类,输出格式与多种文献管理工具兼容。

1. 检索结果展示　在文献检索结果概览页,可设置检出文献的显示格式、显示条数和排序方式。如图 4-5 所示。

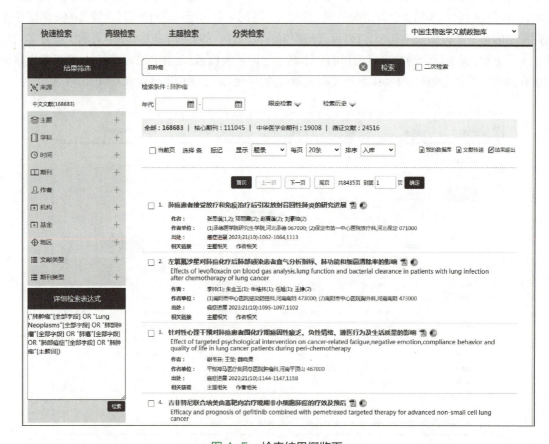

图 4-5　检索结果概览页

(1)全文链接展示:在检索结果页面,对于有全文链接的文献,均在文献标题后或"原文链接"处显示全文链接图标,包括 PDF 图标、DOI 链接图标或数据库服务商图标,点击全文链接图标可跳转到全文页面。

(2)检索结果聚类筛选:CBM 支持对检索结果进行多维度聚类筛选,包括主题、学科、时间、期刊、作者、机构、基金、地区、文献类型、期刊类型 10 个聚类维度。

2. 检索结果分组　为方便查看检索结果,系统支持对检索结果的多维度分组显示。CBM 重点对核心期刊、中华医学会期刊及循证方面文献分组进行集中展示。其中,"核心期刊"指被《中文核心期刊要目总览》或者《中国科技期刊引证报告》收录的期刊文献;中华医学会期刊指由中华医学会编辑出版的医学期刊文献;循证文献则指系统对检索结果进行循证医学策略限定后的文献。

3. 检索结果输出　在检索结果页面,可根据需要灵活输出检索结果,可设置输出方式、输出范围、保存格式。系统提供 SinoMed、NoteExpress、EndNote、RefWorks、NoteFirst 5 类数据格式,其中 SinoMed 格式包括题录、文摘、参考文献、查新、自定义 5 种输出格式。

四、检索实例

查询"植入药物洗脱支架治疗心肌梗死"方面的期刊文献,了解此研究每年的发文量,以及中国医学科学院阜外医院发表的文献。

1. 利用"主题检索"途径检索"药物洗脱支架"的相关文献。

(1)点选 SinoMed 下中文文献的"主题检索"。

(2)在检索框中输入"药物洗脱支架"点击"查找",在主题词检索结果中勾选对应的主题词"药物洗脱支架",点击"发送到检索框",检索式生成后点击检索框下的"发送到检索历史"。

2. 利用"主题检索"途径检索"心肌梗死治疗"的相关文献。

(1)在主题词检索框中输入"心肌梗死",点击"查找",在主题词检索结果中点选对应的主题词"心肌梗死",进入主题词详细页面。

(2)在副主题词中选择"TH 治疗(＋)",系统默认进行不加权扩展检索,点选逻辑运算符"AND"和"发送到检索框",检索式生成后点击检索框下的"发送到检索历史"。在检索历史中选择"心肌梗死"和"药物洗脱支架"两个检索式,点选逻辑运算符"AND"和"检索",检索结果页面将显示有关"药物洗脱支架治疗心肌梗死"的文献。

3. 通过检索结果页面"结果筛选"中的"时间"选项来统计药物洗脱支架治疗心肌梗死相关研究文献的时间分布。

点击"时间",默认显示最近 10 年的发文数量,点击"更多",可显示最近 50 年的发文数量。勾选"某一年"或"多年",点击"过滤",可检索指定年代发表的文献。

4. 通过高级检索"作者单位"字段查找中国医学科学院阜外医院发表的文献。

(1)点选 SinoMed 下中文文献的"高级检索"。

(2)在构建表达式中选择"作者单位"字段,在输入框中点击"中国医学科学院阜外医院"页面,右侧会自动提示相关的规范机构名称,选择"中国医学科学院阜外医院〔北京〕",检索式自动生成后,点击检索框下的"检索"。

5. 通过"检索历史"用逻辑运算符"AND"查找中国医学科学院阜外医院发表的药物洗脱支架治疗心肌梗死的文献。

(1)点击展开"检索历史"。

(2)在检索历史中选择"中国医学科学院阜外医院〔北京〕"和"药物洗脱支架治疗心肌梗死"对应的两个检索式,点选逻辑运算符"AND"和"检索",检索结果页面将显示中国医学科学院阜外医院发表的药物洗脱支架治疗心肌梗死的文献。

第二节　中国知网

一、概述

中国知网(China National Knowledge Infrastructure,CNKI)是中国学术期刊电子杂志社编辑出版

的以全文数据库和二次文献数据库为核心的学术文献平台。收录资源包括期刊、硕博士论文、会议论文、报纸、年鉴、工具书、专利、成果、标准等学术与专业资料;覆盖理工、社会科学、电子信息技术、农业、医学、经济管理等广泛学科,数据每日更新,支持跨库检索。中国知网常用子库有:中国学术期刊网络出版总库、中国博士学位论文全文数据库、中国优秀硕士学位论文全文数据库、中国重要会议论文全文数据库、国际会议论文全文数据库、中国重要报纸全文数据库、中国年鉴网络出版总库、中国专利全文数据库(知网版)、海外专利摘要数据库(知网版)、标准数据总库、中国科技项目创新成果鉴定意见数据库(知网版)、中国图书全文数据库。

二、检索方法

(一) 快速检索

主页的上方可直接进行快速检索。检索框左侧下拉框提供可检字段,包括:主题、关键词、篇名、全文、作者、第一作者、通讯作者、作者单位、基金、摘要、小标题、参考文献、分类号、文献来源。检索框下方提供检索资源类型的选项,可单选或多选。如图 4-6 所示。

图 4-6　中国知网快速检索页面功能

(二) 高级检索

高级检索支持多字段逻辑组合,并可通过选择精确或模糊的匹配方式、检索控制等方法完成较复杂的检索。点击中国知网主页检索框右侧的"高级检索"按钮,进入高级检索页面。

高级检索页面主要包括以下功能版块:检索条件输入区、检索控制区、文献类型导航、检索推荐 / 引导功能、检索数据库切换。如图 4-7 所示。

1. 检索条件输入区　支持的检索字段包括:主题、关键词、篇名、全文、作者、第一作者、通讯作者、作者单位、基金、摘要、小标题、参考文献、分类号、文献来源、DOI。通过"+"和"-"按钮添加或者减少检索条件,通过 AND、OR、NOT 运算符链接,同时高级检索也提供精确检索和模糊检索选项。

2. 检索控制区　检索控制区通过条件筛选与时间选择等,对检索结果进行范围控制。控制条件包括:出版模式(网络首发、增强出版)、基金文献、时间范围与检索扩展(同义词扩展)。

3. 文献类型导航　文献分类导航默认为收起状态,点击展开后勾选所需类别,可缩小检索的文献类型范围。中国知网高级检索提供的文献分类类别包括:基础科学、工程科技Ⅰ辑、工程科技Ⅱ辑、农业科技、医药卫生科技、哲学与人文科学、社会科学Ⅰ辑、社会科学Ⅱ辑、信息科技、经济与管理科学。

图 4-7　中国知网高级检索页面功能

4. 检索推荐/引导功能　中国知网高级检索的检索推荐/引导功能与一框式检索的该功能类似,用户在检索框输入检索词后,在检索条件输入区右侧显示推荐词。

5. 检索数据库切换　高级检索页面下方为检索数据库切换区域,单击子数据库名称,可切换至某单库进行高级检索。

(三) 专业检索

在高级检索页面点击"专业检索"按钮,可切换至专业检索页面。专业检索指在确定检索字段构造一般检索式的基础上,借助字段间关系运算符和检索值限定运算符构造复杂的检索式。

中国知网专业检索提供的可检索字段有:SU= 主题,TKA= 篇关摘,KY= 关键词,TI= 题名,FT= 全文,AU= 作者,FI= 第一作者,RP= 通讯作者,AF= 作者单位,FU= 基金,AB= 摘要,CO= 小标题,RF= 参考文献,CLC= 分类号,JN= 文献来源,DOI= 唯一标识符,CF= 被引频次。

(四) 作者发文检索

在高级检索页面点击"作者发文检索"按钮,可切换至作者发文检索页面。用户通过输入作者姓名和作者单位,可缩小检索范围。

(五) 句子检索

在高级检索页面点击"句子检索"按钮,可切换至句子检索页面。句子检索是通过输入的两个检索词在全文范围内查找同时包含这两个词的句子,找到有关事实的问题答案。句子检索的检索条件包括"同一句"和"同一段"。"同一句"指包含 1 个断句标点(句号、问号、感叹号或省略号),"同一段"指 20 个句子之内。

三、检索结果

(一) 知网节扩展检索

在检索结果页面上点击每一文献题名,进入当前篇名文献细览区,即知网节。知网节可提供单篇文献的详细信息和扩展信息浏览,包含了单篇文献的题名、作者、作者单位、文献来源、基金、学科、关键词等详细信息。

(二) 二次检索

在检索结果页面,可对检索结果进行二次检索。用户在检索框输入检索词,点击"结果中检索"按钮即可。

(三) 检索结果处理

1. 检索结果的呈现与排序　用户可在检索结果页面勾选不同选项,选择检索结果每页显示条数、排序方式、检索结果展示方式。检索结果以两种方式展示,详情式展示文献题录信息或列表式展示文献简要信息。检索结果可以按照相关度、发表时间、被引量和下载量排序。

2. 检索结果聚类与筛选   通过检索结果页面的左侧分面面板选择限定条件,进一步缩小检索结果范围。检索限定条件包括:检索数据库切换、语种切换、研究层次、主题、发表年度、文献来源、学科、作者、机构、基金和文献类型。

3. 检索结果分析和导出   中国知网的文献分析功能包括指标分析、总体趋势、文献关系网络分析(文献互引、关键词共现、作者合作网络等)。提供多种格式的文献导出:《信息与文献 参考文献著录规则》(GB/T 7714—2015)格式、知网研学、CAJ-CD 格式、MLA 格式、APA 格式、查新(引文格式)、Refworks、EndNote、NoteExpress、NoteFirst、自定义格式等。在检索结果页面勾选需要分析或导出的文献,点击“导出与分析”按钮即可执行操作。

4. 在线阅读和全文下载   中国知网提供文献预览和 HTML 阅读两种在线阅读方式,点击“CAJ 下载”或“PDF 下载”,根据系统提示可选择打开或保存。

四、检索实例

查询近五年来“肝肾联合移植或胰肾联合移植手术中的麻醉及护理”相关的文献。检索步骤如下:

进入中国知网专业检索页面,输入检索式

SU=('肝肾联合移植'+'胰肾联合移植')AND TKA='手术' AND TKA=('麻醉'+'护理')

选择时间限定为:“2016-2021 年”,勾选“中英文扩展”,点击“检索”,共得到 13 条检索结果。

第三节   万方数据知识服务平台

一、概述

万方数据知识服务平台(Wanfang Data Knowledge Service Platform)是提供以科技信息为主,集经济、金融、社会和人文信息为一体的知识资源出版、增值服务平台。目前平台出版的资源总量超过 2 亿条,全面覆盖自然科学和社会科学各个专业领域,汇集期刊、学位论文、会议论文、科技报告、专利、标准、科技成果、法规、地方志、视频等各类信息资源,拥有中国学术期刊数据库、中国学位论文数据库、中外标准数据库等各类数据库,覆盖中文、英文、德文、日文等多语种文献,实现海量学术文献统一发现及分析,支持多维度组合检索,提供镜像站服务、光盘、远程网络访问等多种服务形式。

万方智搜是万方数据知识服务平台的检索入口,通过整合数亿条全球优质数据资源,通过资源检索、获取、引导、揭示及交互,实现海量学术文献的统一发现服务。

二、检索方法

(一) 资源导航

主页“资源导航”栏目可浏览万方数据知识服务平台上多种文献类型,包括学术期刊类、学位论文类、会议论文类、科技报告类等。如图 4-8 所示。

(二) 检索

1. 快速检索   万方数据知识服务平台首页的检索框即为快速检索的输入框,用户可以直接在检索框内输入检索式进行检索,也可以选择输入框自动弹出的限定检索字段进行检索,目前共有 5 个可检字段:题名、作者、作者单位、关键词、摘要。单击输入框左侧的下拉菜单,用户还可以限定检索资源类型,包括期刊、学位论文、会议、专利、科技报告、成果、标准、法规、地方志、视频。

图 4-8　万方数据知识服务平台主界面

2. 高级检索　高级检索是在指定的范围内,采用两个或以上检索表达式,便于实现多表达式的逻辑组配检索。点击主页检索框右侧"高级检索"按钮进入高级检索页面。

在高级检索界面,用户可以对文献类型、发表时间、智能检索条件进行限定;在检索信息栏,通过"+"和"−"按钮添加或者减少检索条件,通过"与""或""非"限定检索条件,还可以选择限定文献的检索字段,例如第一作者、会议名称等;同时高级检索也提供精确检索和模糊检索的选项,从不同维度满足用户检索需求。如图 4-9 所示。

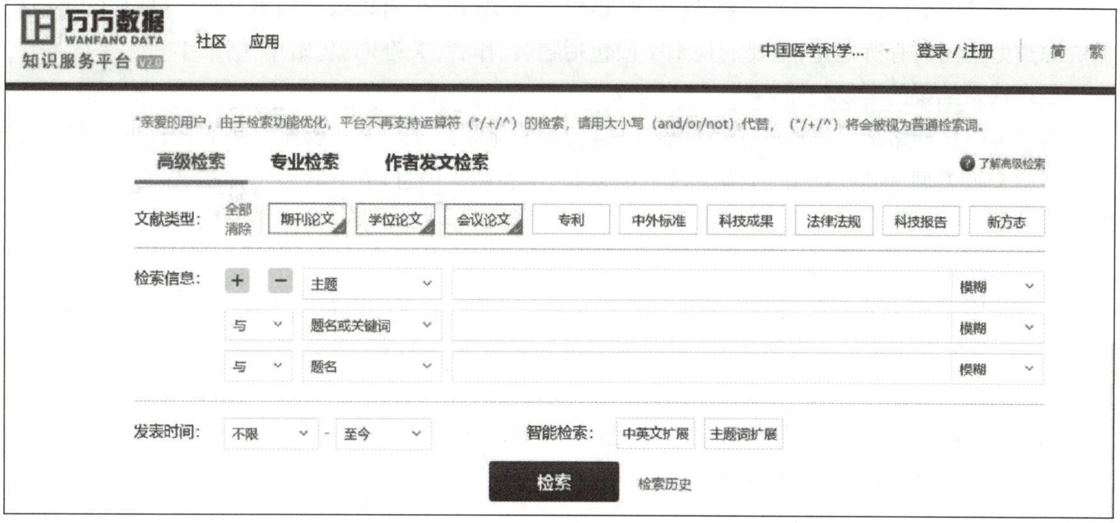

图 4-9　万方数据知识服务平台高级检索页面功能

3. 专业检索　专业检索可以根据系统的检索语法构建更为复杂的检索表达式。点击主页检索框右侧"高级检索"按钮,然后点击"专业检索"按钮,进入专业检索页面。

在专业检索界面,用户可以手动输入检索表达式,或在"可检索字段"栏目中选择相应字段进行检索。如果不能确定检索词,用户可以点击"推荐检索词"按钮,输入需要检索的主题内容文本,单击"提取检索词",即可得到系统推荐的检索词。如图 4-10 所示。

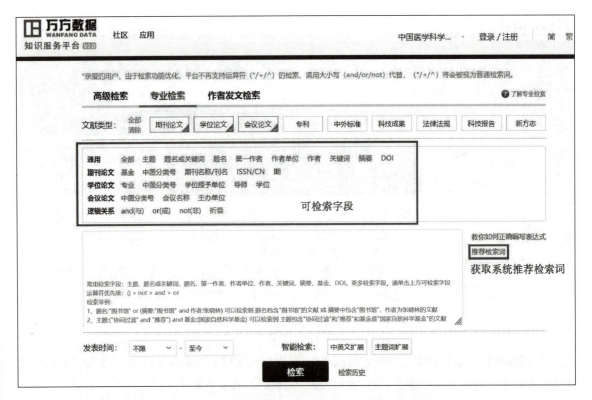

图 4-10　万方数据知识服务平台专业检索页面功能

三、检索结果

(一) 二次检索

在检索结果页面,可对检索结果进行二次检索。二次检索也可以限定检索字段,这些检索字段根据资源类型不同而有所变化,主要的检索字段包括题名、作者、关键词、起始年、结束年等。

(二) 检索结果的呈现与排序

用户可以在检索结果页面勾选不同选项,选择检索结果展示方式。检索结果有两种展示方式:详情式展示文献类型、标题、摘要、作者、关键词、来源、年卷期等信息;列表式展示标题、作者、来源、时间等简要信息。

(三) 检索结果聚类与筛选

通过检索结果页面的左侧分面面板选择限定条件,进一步缩小检索结果范围。根据检索资源类型不同,分面面板的显示也有所不同,主要限定条件包括资源类型、年代、学科分类、语种、来源数据库、作者、机构。

用户还可以通过检索结果页面的“获取范围”下拉框来限定检索结果范围,选项包括:全部、有全文、免费全文、原文传递、国外出版物。

(四) 检索结果管理、下载与保存

用户可以通过检索结果页面的“在线阅读”“下载”“导出”按钮,对检索结果进一步处理;点击单篇文献标题,进入检索结果详情页面,可以进行下载、在线阅读、导出、收藏、分享操作。

四、检索实例

查询发表在《中国免疫学杂志》期刊上、论文题名出现“类风湿关节炎”“基金来源为国家自然科学基金”的全部期刊类型文献,检索步骤如下:

在高级检索页面,选择文献类型为“期刊论文”;第一个检索字段为“期刊 - 刊名”,在检索框内输

入"中国免疫学杂志";第二个检索字段为"题名",在检索框内输入"类风湿关节炎";第三个检索字段为"期刊-基金",在检索框内输入"国家自然科学基金";三个检索条件的运算符均选择"与",选择精确检索;点击"检索",即可得到检索结果。

第四节 维普资讯中文期刊服务平台

一、概述

维普资讯中文期刊服务平台以中文科技期刊数据库为数据基础,截至2021年6月,维普资讯中文期刊服务平台已收录期刊15 220余种,期刊文章7 180余万篇;其中医学期刊1 842种、论文1 242余万篇。

维普资讯中文期刊服务平台有五大主要功能,详见表4-1。

表4-1 维普资讯中文期刊服务平台主要功能

功能名称	功能介绍
智能文献检索系统	文献检索智能提示、自然语言分词技术和错词校对,提升检索效率。
聚类组配筛选	任意检索条件下对检索结果进行再次组配,提高检索的检准率。
引文追踪分析	针对检索结果,进行参考文献、引证文献溯源分析,深入追踪研究课题的来龙去脉。
检索分析报告	针对检索结果文章进行各个维度分析,得到本次检索文章的客观情况。
期刊评价报告	从文献计量学角度对国内学术期刊指标数据进行规范的计算,得到特定期刊的评价参数。

二、检索方法

维普资讯中文期刊服务平台从检索类型上分为论文检索和期刊检索两大类型。其中,论文检索根据检索方式的不同,又分为基本检索、高级检索和检索式检索;期刊检索根据查询方式的不同,分为分类目录查询和关键词检索查询。

(一)基本检索

维普资讯中文期刊服务平台的主页提供基本检索功能,用户在输入框中输入检索词即可。检索框左侧的下拉栏提供可检字段,包括:题名或关键词、题名、关键词、摘要、作者、第一作者、机构、刊名、分类号、参考文献、作者简介、资金资助、栏目信息。如图4-11所示。

图4-11 维普资讯中文期刊服务平台简单检索页面

(二)高级检索

高级检索,又称组栏式检索,用户在检索时,可使用"与""或""非"逻辑符组配,多个条件联合使用以满足检索需求。

在高级检索界面,用户可以对检索条件、发表时间、期刊范围、学科进行限定;在检索信息栏,通过"+"和"-"按钮添加或者减少检索条件,通过"与""或""非"限定检索条件,还可以选择限定文献的检索字段,例如题名、关键词等;同时高级检索也提供精确检索和模糊检索的选项,从不同维度满足用户检索需求。如图 4-12 所示。

图 4-12　维普资讯中文期刊服务平台高级检索页面

(三) 检索式检索

在检索式检索页面,用户通过布尔逻辑运算符,对多个检索词进行组配,形成一个规范的检索表达式,同时可以对发表时间、期刊范围、学科进行限定,进一步缩小检索范围。检索式一般由三部分组成:

1. 字段标识符　U= 任意字段,M= 题名或关键词,K= 关键词,A= 作者,C= 分类号,S= 机构,J= 刊名,F= 第一作者,T= 题名,R= 摘要。

2. 逻辑运算符　AND/and/*(逻辑"与"),OR/or/+(逻辑"或"),NOT/not/-(逻辑"非")。

3. 运算辅助符　( )代表运算先后顺序," "代表精确查询。

(四) 期刊检索

点击维普资讯中文期刊服务平台主页左上角的"期刊导航",进入期刊导航页面。该页面提供期刊浏览与检索功能,检索方式包含分类目录查询和关键词检索查询两种方式。

1. 分类目录查询　用户可以按首字母查找方式或学科领域筛选查看期刊种类,还可以限定期刊类型为 Open Access(开放获取)期刊。

2. 关键词检索查询　用户可以点击左侧分面面板,选择限定检索字段,输入相应的检索词,即可快速查询并定位到该期刊。常用的检索字段有:刊名、ISSN 号、CN 号、主办单位、主编和邮发代号。

三、检索结果

(一) 二次检索

在检索结果页面,可以对检索结果进行二次检索。二次检索的限定检索字段包括题名、关键词、摘要、作者、第一作者、机构、刊名、分类号、参考文献、作者简介、基金资助、栏目信息。

(二) 检索结果的呈现与排序

用户可以在检索结果页面勾选不同选项,选择检索结果每页显示条数、检索结果展示方式。检索结果有三种展示方式:文摘式、详细式、列表式。检索结果可以按照相关度、被引量、时效性排序。

(三) 检索结果聚类与筛选

通过检索结果页面的左侧分面面板选择限定条件,进一步缩小检索结果范围。检索限定条件包括出版年、学科、期刊收录、主题、期刊、作者、机构。

(四) 检索结果管理、下载与保存

在检索结果页面点击单篇文献标题,进入检索结果详情页面,可以进行在线阅读、下载 PDF、收藏、分享、导出操作。

(五) 文献计量分析功能

1. 引文追踪分析功能　在检索结果页面,用户勾选单篇或多篇文献,点击"引用分析"按钮,选择"参考文献"或"引证文献",可以对检索结果进行引文追踪分析,直观分析该文献课题的总体发展趋势和学术影响力情况。

2. 检索分析报告　在检索结果页面,用户点击"引用分析"按钮,可以对检索结果生成检索分析报告。检索分析报告主要包括学术成果产出分析、主要发文人物分析、主要发文机构统计分析、文章涉及主要学科统计、主要期刊统计分析 5 个维度,能快速掌握该检索主题在相关领域内的前沿学术成果和研究概貌。

四、检索实例

查询"近三年青霉素的过敏反应"相关的文献。检索步骤:在高级检索页面,第一个检索字段为"题名或关键词",在检索框内输入"青霉素",第二个检索字段为"题名或关键词",在检索框内输入"过敏反应",两个检索条件均选择"同义词扩展"以扩充检索词,运算符选择"与",选择时间限定为:2019-2021 年;点击"检索",即可得到相应的检索结果。

本章小结

本章介绍了四个常用的中文医学文献数据库:SinoMed、中国知网、万方数据知识服务平台和维普资讯中文期刊服务平台,主要包括各数据库收录文献内容、检索功能、检索结果处理方法,并附具体检索案例供操作练习。

(任慧玲)

思考题

1. SinoMed 包含哪些资源内容?
2. SinoMed 提高查全率的方法有哪些? 提高查准率的方法有哪些?
3. SinoMed 检索结果页面提供了哪些链接信息?
4. 中国知网如何限制只在核心期刊中检索?
5. 知网节可获取哪些扩展的信息?
6. 万方数据知识服务平台如何导出文献的题录信息?

第五章
外文文摘数据库检索

在医学科研活动中,要系统全面地查找某一研究课题的文献信息,首先需要从文摘数据库中获取文献线索,进而获取全文。本章介绍 PubMed、Embase、BIOSIS Previews、CAS SciFinder 四种外文文摘数据库,它们是医学研究中极为重要的信息源。

第一节　PubMed

一、概述

PubMed 是医学和生命科学领域最重要、最权威的数据库之一,由美国国立医学图书馆(NLM)下属的美国国家生物技术信息中心(NCBI)开发和维护,可通过互联网免费访问。

PubMed 最早源于 1879 年创刊的医学检索工具 Index Medicus(IM)。1964 年,NLM 创建了 MEDLARS 系统(Medical Literature Analysis and Retrieval System),实现了 IM 的自动化编辑,1971 年发展为可联机访问的 MEDLINE 数据库(MEDLARS Online)。1983 年,MEDLINE 发行光盘版并在全球范围内得到广泛应用。1996 年,NCBI 推出了基于 Web、以 MEDLINE 数据库为核心内容的 PubMed 检索系统,并免费向全球开放。PubMed 文献报道速度快,检索功能强大,使用方便快捷,还提供丰富的外部链接及多种个性化服务功能。2020 年 5 月推出的新版 PubMed,界面更清晰易用,用户体验更友好,系统内置功能强大的搜索引擎和智能算法,使检索结果能更精准地匹配用户需求。

1. PubMed 的收录范围及来源　PubMed 收录了全世界 8 300 多种学术期刊及部分在线图书的题录/摘要信息,累计文献记录超过 3 600 多万条。PubMed 主要收录生物医学和健康领域的文献,也包括生命科学、行为科学、化学科学和生物工程等相关学科。通过链接到 NLM 的开放存取(Open Access,OA)平台 PubMed Central 和出版商的在线平台,PubMed 中有大量文献可免费获取原文。PubMed 由以下三个部分组成:

(1)MEDLINE:MEDLINE 是 PubMed 的主体,现有 3 000 多万条文献记录,每条记录都进行了深加工,除了按照《医学主题词表》(Medical Subject Headings,MeSH)标引 MeSH 主题词(MeSH Terms)之外,还提供基因、化学、基金资助等其他元数据。MEDLINE 收录期刊 5 200 多种,很多可回溯至 1946 年。

(2)PubMed Central(PMC):PMC 是生物医学领域最大的开放存取仓储,由 NCBI 开发与维护,其题录/摘要信息均纳入 PubMed 数据库并提供全文链接。PMC 现有全文记录 940 多万篇,最早的文献可追溯到 18 世纪晚期。这些全文资源主要来自开放存取期刊、研究者的自存储论文以及 NIH 资助的论文(包括预印本)。截至 2023 年 12 月,PMC 收录的期刊超过 4 100 种。

(3)Bookshelf:Bookshelf 是 NCBI 开发的以收录生物医学、健康和生命科学的书籍、报告为主的全文数据库。PubMed 也包含 Bookshelf 的部分内容。

PubMed 的数据每天更新,每条记录都有唯一的识别号 PMID(PubMed Unique Identifier)。最新的电子文献进入 PubMed 后,标记为[in-process]。如果该文献属于 MEDLINE 的收录范围,经过 MeSH 主题词标引等处理后转入 MEDLINE。少量不被 MEDLINE 收录的文献(如综合性学术期刊中的非生物医学文献),则继续留在 PubMed。

PubMed 主页可以链接到 NCBI 的统一检索平台,与 NCBI 旗下的 30 多个数据库实现跨库检索,全面提供生物医学研究必需的文献、基因、蛋白质、基因组、临床试验、化学物质等信息。

2. PubMed 的常用检索字段 PubMed 的记录字段有 60 多个,表 5-1 列出了常用检索字段的字段名称、字段标识(Tags)及字段含义。

表 5-1 PubMed 的常用检索字段

字段名称	字段标识	字段含义
Affiliation	[AD]	著者单位、地址
Article Identifier	[AID]	文献识别码,例如 DOI
All Fields	[ALL]	所有字段
Author	[AU]	著者
Author Identifier	[AUID]	著者识别码,例如 ORCID、ISNI
Corporate Author	[CN]	合作者或团体著者
EC/RN Number	[RN]	美国 FDA 物质登记系统唯一识别码,或国际酶学委员会给特定酶的编号,或化学物质的 CAS 登记号
Entrez Date	[EDAT]	文献被 PubMed 收录的日期
First Author Name	[1AU]	第一著者
Full Author Name	[FAU]	著者全名
Grant Number	[GN]	获资助项目的编号或合同号
Issue	[IP]	期刊的期号
Investigator	[IR]	对研究项目有贡献的主要研究者(PI)或合作者
Journal Title	[JT]	期刊全称、缩写或 ISSN 号
Language	[LA]	语种
Last Author	[LASTAU]	排名最后的作者
MeSH Major Topic	[MAJR]	主要 MeSH 主题词,主题词后加 "*" 作为标记
MeSH Subheadings	[SH]	MeSH 副主题词
MeSH Terms	[MH]	MeSH 主题词
Pagination	[PG]	文献在期刊中的起始页码
Place of Publications	[PL]	期刊的出版国别
PMID	[PMID]	PubMed 文献的唯一识别码
Publications Date	[PD]	文献的出版日期
Publication Type	[PT]	文献类型
Secondary Source ID	[SI]	第二来源库 ID(在 NCBI 其他数据库的识别码)
Supplementary Concept	[SC]	补充概念,包括化学物质、方案、疾病术语等
Subset	[SB]	PubMed 数据库子集
Text Words	[TW]	文本词,来自 TI、AB、MH、SH、PT、NM 等字段
Title	[TI]	文献的题名
Title/Abstract	[TIAB]	文献的题名 / 摘要
Volume	[VI]	期刊的卷号

NOTES

二、检索方法与技巧

(一) 检索技术

1. 自动词语匹配检索　自动词语匹配(Automatic Term Mapping, ATM)检索是 PubMed 的特色检索技术,其基本原理是:系统自动对输入的检索词进行概念分析,在多个索引词表中搜索、比对、匹配,转换为相应的主题词、刊名或著者;同时将检索词在[All Fields](所有字段)中检索,并执行"OR"逻辑运算。若检索词为词组,则拆分为单词后再执行"AND"逻辑运算。

例如,输入 heart attack, PubMed 通过 ATM 执行的实际检索式为 "myocardial infarction" [MeSH Terms] OR ("myocardial" [All Fields] AND "infarction" [All Fields]) OR "myocardial infarction" [All Fields] OR ("heart" [All Fields] AND "attack" [All Fields]) OR "heart attack" [All Fields]。可以看出,系统自动把 heart attack 转换为相应的主题词 myocardial infarction,同时 myocardial infarction 与 heart attack 这两个词组都进行了拆分。因此,ATM 能最大限度地保证检索到相关文献,但检索结果很宽泛,查准率不高。

2. 布尔逻辑检索　支持 AND、OR、NOT 布尔逻辑运算,但运算符没有优先级之分,如果检索式中包含多个运算符,系统默认按照自左向右的顺序进行运算。圆括号为优先运算符,可改变运算顺序。例如,leukemia AND (child OR adolescent)。

3. 截词检索　支持截词符 "*",截词检索时,系统关闭 ATM 功能。

4. 短语检索　将短语加上双引号或短语含有连词符(如 first-line),此时系统关闭 ATM 功能,不再进行短语拆分。

5. 限定字段检索　格式为"检索词[字段标识]",如 "hypertension [ti]" 表示检索篇名中含有 "hypertension" 文献。常用可检索字段及标识见表 5-1 所示。限定字段检索时,系统关闭 ATM 功能。

6. 主题词检索　MEDLINE 数据库中的每篇文献都标引了 MeSH 主题词(MeSH Heading),能保证较好的检索效率。

7. 邻近检索　2022 年年底,PubMed 推出了邻近检索(proximity search),格式为"检索词"(字段名 :~N)。例如 "hip pain" [tiab:~2],表示检索在标题或摘要字段含有 "hip" 和 "pain" 的文献,且这两个词之间最多可以插入 0 ~ 2 个单词,词的先后顺序不限。因此,标题或摘要字段含有 hip pain、hip-related pain、pain in right hip 等的文献均为命中文献。目前,邻近检索仅可用于标题、摘要和著者地址这三个字段。

(二) 检索方法

PubMed 主页面分成四个部分(图 5-1)。点击页面上方 NIH 图标进入 NCBI 的统一检索平台。页面中部为 PubMed 检索框,点击检索框下的 Advanced,进入 PubMed 高级检索页面。页面下方有 Learn、Find、Download 和 Explore 四个栏目。Learn 为帮助系统;Find 提供 PubMed 的特色工具与检索入口;Download 提供下载工具,包括 E-utilities API(利用 E-utilities API 接口实现自动批量下载)、FTP 与 Batch Citation Matcher(多篇引文匹配器);Explore 可链接到 MeSH Database(MeSH 数据库)和 Journal(期刊数据库)。页面下方有 Trending Articles(热点论文)、Latest Literature(最新文献)两个专栏。Trending Articles 是近期高活跃度的热点论文,Latest Literature 则是来自高访问量期刊的最新文献。

1. 基本检索　进入 PubMed 主页,在检索框中输入有实际意义的检索词,如关键词、著者、刊名等,点击 "Search",系统默认通过 ATM 在所有字段检索。PubMed 的智能拼写检查及词语自动提示功能可帮助用户正确选词。

(1) 著者检索:通常采用姓在前(用全称)、名在后(用首字母)的形式。为减少著者检索的重名歧义,可采用以下方式:① 2002 年以后的文献,PubMed 支持直接输入姓名全称进行检索,而且姓名排列顺序不限。例如,查找病毒学家查尔斯·M. 赖斯(Charles M. Rice)2002 年以来发表的论文,可以直接输入 "Charles M Rice",也可以输入 "Rice Charles M" 或 "Rice, Charles M" 等。②结合著者单位、主题等信息。例如,输入 "Rice CM Rockefeller University",可以检索洛克菲勒大学 Rice CM 的论文(2014 年之前的文献,PubMed 仅支持检索第一著者的地址)。③系统默认执行前方一致的截词检索。例如,

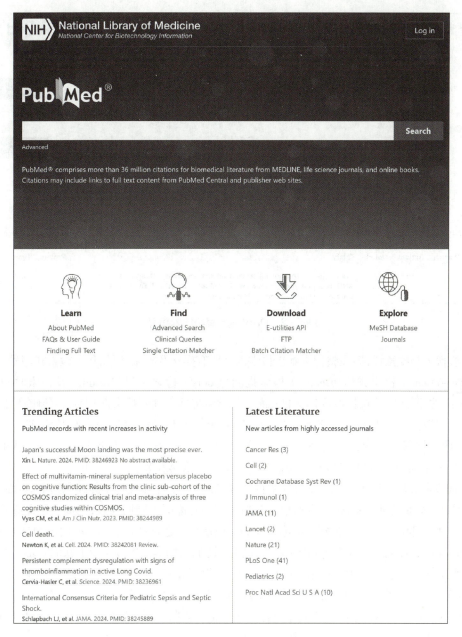

图 5-1 PubMed 主页面

输入"Rice C",系统自动检索出 Rice CE,Rice CM 等所有姓为 Rice、名字首字母为 C 的著者。将姓名加上双引号并限定在著者字段,如"Rice CM"［au］,可关闭截词功能,提高查准率。

（2）期刊检索:可直接输入刊名全称、标准的 MEDLINE 刊名缩写或期刊的 ISSN 号,如 Journal of Clinical Oncology、J Clin Oncol、1527-7755（电子版 ISSN 号）。若刊名与关键词相同,可限定在刊名字段检索。例如,输入"Cell Research［ta］"可检索出期刊 *Cell Research* 的文献。

（3）关键词检索:可限定在 Title/Abstrat［tiab］字段检索,以提高检索效率。

2. 高级检索 PubMed 的高级检索页面包括 Advanced Search Builder（高级检索构建器）、History and Search Details（检索史与检索详情）两部分（图 5-2）。

（1）高级检索构建器:应用构建器可以很方便地实现多个字段的组合检索。检索时,在左侧 Add terms to the query box 的下拉菜单中选择检索字段,输入检索词（点击右侧的"Show Index"可浏览选词）,在"ADD"下选择逻辑运算符,检索框中即显示输入的检索词及运算符。如有多个字段进行组合检索,可重复上述步骤,完成检索式构建,再点击"Search"完成检索。

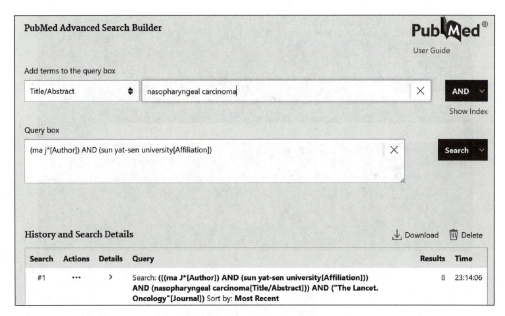

图 5-2　PubMed 高级检索页面

（2）检索史与检索详情：完整记录本次检索以来所有操作及检索结果，包括检索式序号（Search）、检索操作（Actions）、检索详情（Details）、检索提问（Query）、检索结果（Results）及检索时间（Time）。点击 Actions 之下的"…"按钮可选择 Add query（将检索提问添加到检索框）、Delete（删除）、Create alert（创建提醒）等操作。点击 Details 之下的">"按钮，系统显示 PubMed 实际执行的检索式。

3. 主题词检索　主题词检索是 PubMed 最有特色的检索方法，能保证较好的查全率和查准率。有关 MeSH 主题词表的结构、内容及应用请参考本书第二章第五节。

主题词检索的基本步骤：①在 PubMed 主页点击"MeSH Database"，进入 MeSH 数据库页面。②在检索框中输入检索词，点击"Search"，页面显示与检索词相匹配的主题词列表，浏览选择合适的主题词。③点击选定的主题词，进入主题词详览页面（Full），包括该主题词的定义、收录年份、可匹配的副主题词、入口词（Entry Terms，一般为该主题词的同义词）、树形结构等。图 5-3 为主题词 Crohn Disease（克罗恩病）的详览页面示例。④选择副主题词，默认选择全部副主题词。PubMed 有副主题词 78 个，每个副主题词均有特定含义及使用范围。主题词 / 副主题词的组配可使检索结果更专指。若无法确定合适的副主题词，一般建议选择全部副主题。⑤其他检索限定：勾选"Restrict to MeSH Major Topic"表示将检索词限定在 Major Topic（主要主题词，Majr）检索，可提高查准率。此外，若勾选"Do not include MeSH terms found below this term in the MeSH hierarchy"，系统将不检索该主题词的下位主题词，易造成漏检，一般不建议。⑥点击页面右上方"Add to search builder"按钮，将选定的主题词送入检索框中（图 5-3）。⑦若检索课题有多个主题词，可重复上述步骤，通过下拉菜单选择逻辑算符，完成检索式的构建，最后点击"Search PubMed"按钮，完成检索。

主题词对同一概念的不同表达方式进行了规范，可以通过组配副主题词及限定为主要主题词使检索结果更加专指、精准。利用主题词的树状结构表，可以很方便地扩大或缩小检索范围。因此，主题词检索的优点很明显。但主题词检索也需要注意以下几点：①主题词检索只针对 MEDLINE 中的记录，已被 PubMed 收录但尚未完成主题词标引加工的一些最新文献可能无法检出。②MeSH 词表每周更新，每年修订，但新出现的名词术语一般不会马上被主题词表收录；需通过查看主题词详览页面。③MeSH 词表收录的主题词超过 27 000 个，而且可以通过 21.8 万个入口词及 21.9 万个补充概念（Supplementary Concept）自动转换为相应的主题词。尽管如此，仍有不少医学概念没有直接对应的主题词。尤其是各种药物名词，很多并不是 MeSH 主题词，但会标引补充概念。因此，实际检索中应灵活应用各种检索方法，以达到满意的检索效果。

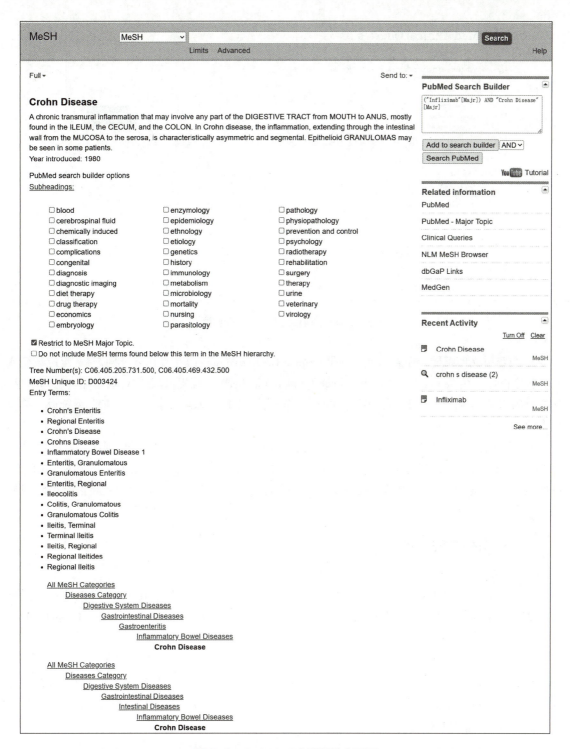

图 5-3　PubMed 主题词检索页面

4. 临床查询　临床查询（Clinical Queries）是专门为临床或某些特定疾病而设计的一种检索途径，通过系统预先设定的过滤器（Filter），可以快速精炼检索结果。

在 PubMed 主页点击 Clinical Queries，进入临床查询页面，有 Clinical Studies 和 COVID-19 两个专题（图 5-4）。Clinical Studies 提供 Therapy（治疗）、Clinical Predictions Guides（临床预测指南）、Diagnosis（诊断）、Etiology（病因学）和 Prognosis（预后）五类过滤器，Scope（范围）可以选 Broad（检索结果较宽泛，注重敏感性）或 Narrow（检索结果较专指，注重特异性）。每个过滤器与范围的组合均有预先设定的检索策略，具体可参考 PubMed 的 User Guide。

NOTES

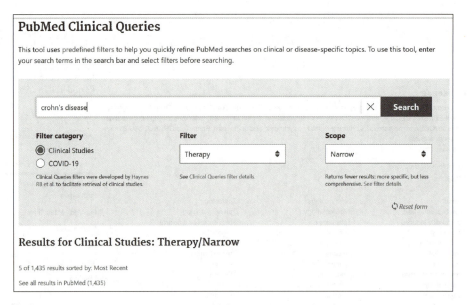

图 5-4　PubMed 临床查询页面

5. 单篇引文匹配器　单篇引文匹配器（Single Citation Matcher）主要用于准确查找、定位某篇或某类特定信息。在 PubMed 主页点击 "Single Citation Matcher"，系统提供表单式选项，输入已知信息，如有效的刊名，出版年、月、日，卷、期、起始页码，作者、篇名中的任意词等，点击 "GO"，系统返回符合要求的文献信息。

6. 期刊数据库检索　在 PubMed 主页点击 "Journals"，进入 NCBI 的期刊数据库。该库收录了 NCBI 各个数据库涵盖的所有期刊目录，并提供每种期刊的详细信息，包括刊名缩写、出版商、创刊年、ISSN 号、被 MEDLINE 收录状态等。检索时，可直接输入期刊的主题（Topic）、刊名全称、刊名缩写或 ISSN 号。

三、检索结果的处理

（一）检索结果显示

检索结果默认按照最佳匹配（Best Match）排序，点击页面上方的 "Sorted by" 可以选择按照最新文献（Most recent）、出版日期（Publication date）、第一作者（First author）和刊名（Journal）排序（图 5-5）。

概要（Summary）格式的检索结果页面提供每篇文章的篇名，著者，刊名，出版年、月，卷、期、页码，DOI，PMID 及一小段摘要。免费全文有 Free Article 或 Free PMC Article 链接。点击文献序号下的 "Cite" 按钮，选择 "Copy" 可复制 txt 格式的题录信息，选择 "Download.nbib" 则下载可直接导入文献管理软件的题录信息（图 5-5）。

点击篇名进入摘要页面，显示详细的著者地址、摘要、图片，以及该文献的评论、相似文献、参考文献等信息。系统还提供资助信息、出版类型、MeSH 主题词、物质信息，以及关联数据（Associated data，如该文献在美国临床试验中心的注册号）、相关信息（Related information，如该文献与 NCBI 其他资源的链接）以及更多的外部链接资源（Link Out-more resources）等。摘要页面的右上方显示全文链接，订购了电子文献的机构用户可直接下载全文。

（二）检索结果筛选

检索结果页面的左栏提供多种过滤选项，可以对检索结果进行筛选和限定（图 5-5），主要包括：

（1）My NCBI filters：注册了 My NCBI 账号的用户显示其设置的过滤选项与结果。

（2）Results by year：用直方图形式显示每年的检索结果篇数。

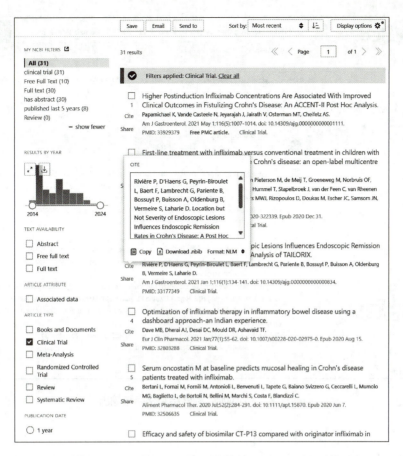

图 5-5 PubMed 检索结果页面（Summary 格式）

（3）Text availability：可以按 Abstracts、Links to full text 或 Links to free full text 筛选检索结果。

（4）Article Types：可筛选感兴趣的文献类型，如 Clinical Trial（临床试验）、Review（综述）等。

此外，系统还提供对 Publication dates（出版日期）、Age（年龄）、Species（物种）、Languages（语种）和 Sex（性别）的筛选和限定。

（三）检索结果保存及输出

系统提供了多种方式对检索结果进行保存与输出。浏览检索结果，勾选所需文献。点击"Send to"下拉菜单显示 Clipboard、My Bibliography、Collections、Citation manager 等选项，还可以选 Save、Email、Creat alert 及 Creat RSS 等（图 5-6）。

（1）Clipboard：将检索结果暂存在 Clipboard（剪贴板）中，最多可保存 500 条记录，保存时间为 8 小时。

（2）My Bibliography：注册了 My NCBI 账号的用户可以将检索结果发送到 My Bibliography（我的文献目录），并对 My Bibliography 的所有文献记录统一进行管理。

（3）Collections：注册了 My NCBI 账号的用户可以将检索结果（最多 1 000 条）发送到 Collections，方便日后调阅与管理。

（4）Citation Manager：将检索结果直接导入文献管理软件。

（5）Save：以文本形式保存检索结果。

（6）Email：将检索结果发送到指定的电子邮箱，一次最多可发送 200 条。

（7）Create alert：注册了 My NCBI 账号的用户可以创建提醒，设置定期发送最新的检索结果到指定邮箱，也可以直接保存检索式。

（8）Create RSS：创建并订阅 RSS feed，浏览追踪最新的检索结果。

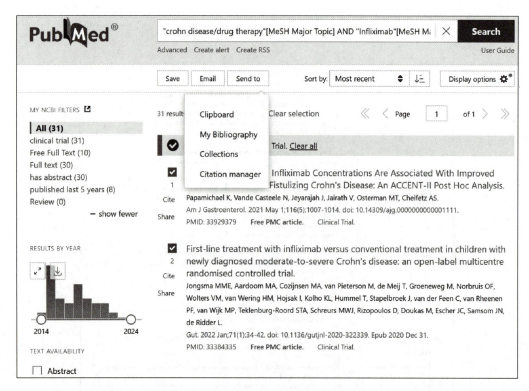

图 5-6   PubMed 检索结果保存与输出

（四）My NCBI 的个性化服务与功能

My NCBI 是一个功能强大且实用的文献管理工具。注册 My NCBI 账号后，用户可以管理在 NCBI 数据库的检索过程及检索结果，实现个性化服务。

点击 PubMed 主页右上方的"Log in"按钮，登录 My NCBI 账号后，点击"Dashboard"（仪表盘），进入 My NCBI 页面（图 5-7）。主要栏目有：

（1）Search NCBI Databases：选择 NCBI 的数据库直接进行检索。

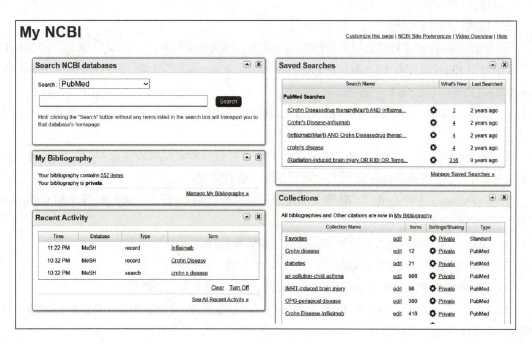

图 5-7   My NCBI 页面

（2）My Bibliography：类似小型的个人文献管理器，除了可以直接导入来自 NCBI 数据库的记录，也可以手动输入 PubMed 不收录的其他类型信息（如专利、会议摘要、演示报告等），并进行统一管理，如设置共享、检索、导出等。

（3）Recent Activity：显示最近 6 个月在 NCBI 数据库的操作记录。

（4）Saved Searches：显示保存在 My NCBI 的检索策略并进行管理。

（5）Collections：显示保存在 My NCBI 的所有检索结果，点击"Manage Collections"可以编辑、合并、共享、删除已保存的检索结果。

（6）Filters：显示在 My NCBI 中设置的 PubMed 过滤选项。

点击 My NCBI 页面上方的"NCBI Site Preference"，可以对 My NCBI 的多项参数进行个性化设置，如检索词高亮显示（highlighting）的颜色、PubMed 结果的显示格式等。

四、检索实例

利用 PubMed 中查找有关英夫利西单抗（infliximab，IFX）治疗炎症性肠病（inflammatory bowel disease，IBD）的临床试验（clinical trial）文献，希望查准率较高，能免费获取全文。

分析：IBD 是一种慢性非特发性肠道炎症性疾病，主要包括溃疡性结肠炎（ulcerative colitis，UC）和克罗恩病（Crohn disease，CD），近年来 IFX 广泛用于 IBD 的治疗。本例的主要检索概念为 IBD、IFX，且 IBD 有下位概念 UC 和 CD。采用主题词检索，通过限定在主要主题词及主题词组配副主题词，可以提高查准率；再在检索结果中选择文献类型为临床试验，并筛选免费全文。

检索过程：①在 PubMed 主页点击"MeSH Database"，进入主题词检索页面。②输入"infliximab"，点击"Search"，显示 infliximab 为主题词。点击该主题词，勾选"Restrict to MeSH Major Topic PubMed"（限定为主要主题词），点击"Add to search builder"。③继续在该页面的检索框中输入"inflammatory bowel disease"，点击"Search"，炎症性肠病的主题词为"inflammatory bowel diseases"。从树形结构表可以看出，"inflammatory bowel diseases"的两个下位主题词是 Colitis、Ulcerative 与 Crohn Disease。勾选副主题词 drug therapy（药物疗法），再勾选"Restrict to MeSH Major Topic PubMed"。点击"Add to search builder"，运算符选"AND"。检索构建器显示检索式为（"Infliximab"［Majr］）AND "Inflammatory Bowel Diseases/drug therapy"［Majr］。④点击"Search PubMed"，返回检索结果，命中文献 889 篇。⑤在检索结果显示页面左栏的 Text Availability 中勾选"Free Full Text"，然后在 Article Type 中勾选"Clinical Trial"，显示检索结果为 20 篇。⑥浏览摘要，20 篇均为符合要求的密切相关文献，可直接下载免费全文。

第二节　Embase

一、概述

Embase 是生物医学和药学研究领域最重要的文摘数据库之一，最早源自 1947 年荷兰爱思唯尔（Elsevier）公司出版的印刷型检索工具 Excerpta Medica（EM），20 世纪 70 年代发展为 EM 文摘数据库。Embase 整合了 EM 文摘数据库与 MEDLINE 数据库的全部内容，并删除了重复记录。

Embase 收录了全世界范围内逾 95 个国家的 8 500 多种生物医学和药学方面的同行评议期刊，数据每个工作日更新，每年新增文献记录 150 多万条，总文献记录超过 3 200 万条，其中包括 MEDLINE 数据库未收录的 Embase 独有的 2 900 多种期刊，文献可回溯至 20 世纪 40 年代早期。Embase 还收录了 2009 年以来举办的 7 000 多场会议的 240 多万条会议摘要，以及全文索引的药物、疾病和医疗器械数据。Embase 在收录非英语文献及提供循证医学证据方面也富有特色。

Embase 的所有字段均为可检索字段，常见字段名称、字段标识符见表 5-2。

表 5-2 Embase 数据库字段结构表

字段名称	字段中文译名	字段标识符	检索应用范例
Abbreviated journal title	刊名缩写	**ta**	'new engl j med' : ta
Abstract	文摘	**ab**	'end of life care' : ab
Accession number	文献编号	**an**	'2008579230' : an
Affiliation	隶属	**ff**	'Shanghai JiaoTong University' : ff
Article title	题名	**ti**	'bioterrorism' : ti
Author's first name	作者姓	**af**	'wang' : af
Author name	著者	**au**	'gold a p' : au
Author address	著者地址	**ad**	'food and drug administration' : ad
Author e-mail	著者电子邮件地址	**em**	'myname@goodisp.com' : em
Author keywords : kw	作者关键词	**kw**	'COVID-19' : kw
CAS Registry Number	CAS 登记号	**rn**	'50 99 7' : rn
Clinical Trial Number	临床试验号	**cn**	NCT00079001 : cn
CODEN	期刊代码	**cd**	'ophtd' : cd
Conference date	会议日期	**dc**	'1989-05-04' : dc
Conference editor	会议编辑	**ed**	'smith' : ed
Conference location	会议地点	**lc**	'new york' : lc
Conference name	会议名称	**nc**	'symposium on niddm' : nc
Country of author	著者所在国	**ca**	italy : ca
Country of journal	期刊出版国	**cy**	canada : cy
Device manufacturer	设备厂商	**df**	dupont : df
Device trade name	设备商标名称	**dn**	dermabond : dn
Digital Object Identifier（DOI）	数字对象标识符	**do**	'10.3390/ijerph18105401' : do
Drug manufacturer	药物制造商	**mn**	'glaxo' : mn
Drug trade name	药物商品名	**tn**	'ritalin' : tn
EMBASE classification	纸本 EM 分册号	**cl**	'047' : cl
Index term（Emtree subject descriptor）	Emtree 主题词	**de**	'insulin' : de
ISBN	国际标准书号	**ib**	'9781573317351' : ib
ISSN	国际标准刊号	**is**	'0012-186x' : is
Issue	期号	**ip**	'10' : ip
Language of article	原文语种	**la**	french : la
Language of summary	文摘语种	**ls**	english : ls
Subheading	副主题词	**lnk**	'adverse drug reaction' : lnk
MEDLINE PMID	MEDLINE 文献标识码	**ui**	'34070201' : ui
Molecular sequence number	分子序列号	**ms**	eu518933 : ms
Original non-English abstract	非英文原文摘要	**oa**	'le système de laçage nous a permis' : oa
Original non-English author keywords	非英文原文作者关键词	**ok**	'he' : ok
Original（non-English）title	非英文原文题名	**tt**	（herz or coeur）: tt
ORCID	学者身份标识号	**oc**	'0000-0003-2962-029X' /oc
Page range	起止页码	**pg**	'61-88' : pg

续表

字段名称	字段中文译名	字段标识符	检索应用范例
Publication date	出版日期	**pd**	'2017 08 23'：pd
Publication type	出版类型	**it**	'short survey'：it
Publication year	出版年	**py**	'2009'：py；［2007-2009］/py
Source title	资源来源	**jt**	'heart'：jt
Source type	资源类型	**pt**	book：pt
Start page	起始页码	**sp**	'27'：sp
Volume	卷号	**vi**	'39'：vi

二、检索方法与技巧

(一) 检索规则

1. 布尔逻辑运算符 支持 AND、OR 和 NOT 三种布尔逻辑运算。

2. 邻近算符 支持"NEAR/n"和"NEXT/n"两种邻近算符,两者均表示连接的两个检索词之间相隔不能超过 n 个单词,但"NEAR/n"对两词的前后顺序没有要求,"NEXT/n"则要求两词的前后顺序不能改变。

3. 截词符 支持"*"和"?"两种截词符,其中"*"表示零个或多个字符,"?"表示 1 个字符,两种截词符均可置于单词词尾或词间。

4. 短语检索 将短语加上引号表示精确查找某一短语或词组,此时系统不再自动对词组进行拆分。含有连字符"-"的短语,系统也不进行拆分。短语检索不支持邻近算符和截词符。

5. 字段限定符 有":"和"/"两种。字段限定符":"可用于所有字段,并可同时限定多个字段,字段标识符之间用逗号分隔;字段限定符"/"仅用于对部分字段进行精确限定检索,即实现与检索词完全一致的检索。表 5-2 中给出了字段限定检索的应用范例。

(二) 检索方法

Embase 检索功能强大,提供快速检索、高级检索、药物检索、疾病检索、设备检索、医疗器械检索、文章检索、主题词检索、期刊浏览和 PICO 检索等多种检索途径。

1. Quick(快速检索) 进入 Embase 主页,页面上方的工具条包括 Search、Emtree、Journals、Results、My tools 五个部分,默认为快速检索页面(图 5-8)。

在检索框中直接输入单词、短语词组(用引号括起),系统默认的检索策略是"broad search"(广泛检索),即将输入的信息与 Emtree 主题词表匹配,同时将其作为自由文本在所有字段中进行检索。检索式可以点击下方"display full query"(显示完整查询)中查看。此外,通过点击检索框旁边的铅笔图标或下方的"Add field"(添加字段)选项可以进一步选择检索字段的范围(如标题、摘要或关键词等)。点击"Limit to"可以输入出版年份和入库年份。如果检索的是循证医学相关文献,还可以进一步选择"Cochrane Review"(Cochrane 来源综述)、"Systematic Review"(系统综述)、"Meta Analysis"(Meta 分析)、"Controlled Clinical Trial"(临床对照试验)、"Randomized Controlled Trial"(随机对照试验)。

2. Advanced(高级检索) 高级检索的检索规则及检索方法与快速检索相同,但高级检索提供了多种限定选项,检索功能更加强大,可以实现精准检索以及对复杂课题的检索(图 5-9)。限定选项有:

(1) Mapping(匹配):Embase 默认执行尽可能宽泛的检索,将检索词自动匹配为 Emtree 中相对应的主题词,并对主题词的下位词进行扩检,同时将检索词作为自由词在全字段检索。如果勾选"Limit to terms indexed in article as 'major focus'"选项,表示在主题词匹配检索时仅检索主要主题词(图 5-9)。

(2) Date(日期):可以限定文献出版年份范围,也可以精确到具体日期。

(3) Sources(来源):有 Embase、MEDLINE、Preprints、PubMed-not-MEDLINE 等 4 种数据来源。

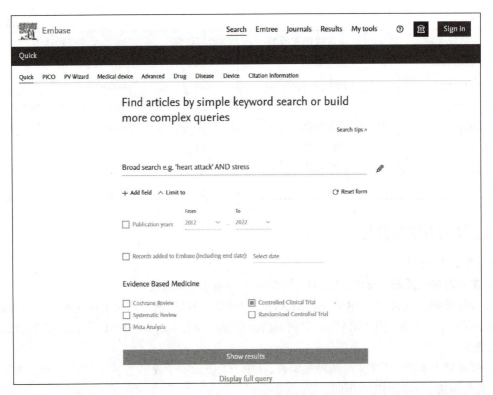

图 5-8 Embase 主页面（快速检索）

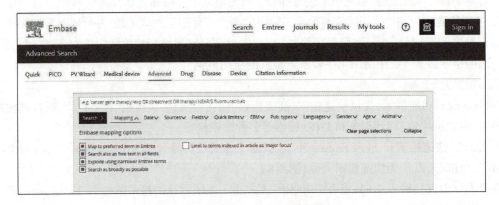

图 5-9 Embase 高级检索页面

（4）Fields（字段）：列出了 Embase 的 45 个常用字段及标识符，可以将检索词限定在某些特定字段。

（5）Quick Limits（快速限定）：列出了 11 种常用的快速限定选项，如英文文献（Only in English）、有摘要（With abstracts）、有分子序列号（With molecular sequence number）、有临床试验注册号（With clinical trial number）等。

（6）EBM（循证医学）：列出了 5 种常用的循证医学文献类型。

（7）Pub.types（出版类型）：列出了 13 种出版类型选项，如 Article in Press、Conference Paper、Review 等。

（8）Age（年龄）：列出了 13 种年龄选项，如 Newborn（0-1 month）、Infant（1-12 months）、very eldly（80+years）等。

此外，高级检索还提供 Language（语种）、Gender（性别）等限定选项。

3. Drug（药物检索） 可输入药物的通用名、商品名、实验室代码或化学名，系统自动将检索词转换为相匹配的 Emtree 药物主题词进行检索（图 5-10）。例如，输入"Losec"，系统自动提示 losec use：omeprazole，并将其转为药物主题词 Omeprazole。

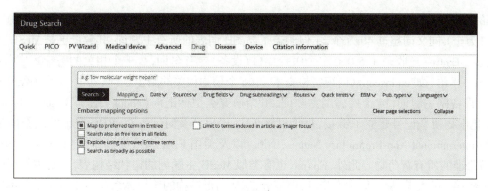

图 5-10　Embase 药物检索页面

　　药物检索的限定选项与高级检索基本相同,并增设了药物副主题词(Drug Subheadings)、药物字段(Drug fields)和给药途径(Routes)三类限定,以增强检索深度,提高查准率。Embase 有药物副主题词 19 个,给药途径有 47 种(图 5-11),药物字段专用于限定药物制造商或药物商品名。

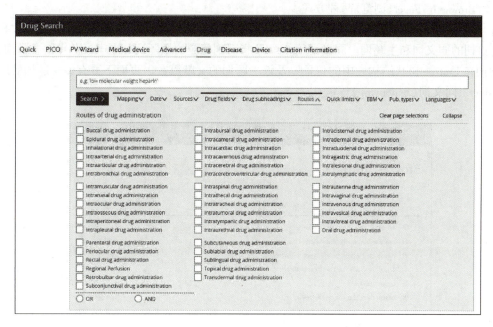

图 5-11　Embase 药物检索给药途径选项

　　4. PV Wizard(**药物警戒追踪检索**)　用于监控药物上市后的不良反应,只需输入药物名称就可以检索到药物毒性、副作用、药物与药物间的交互作用等信息。

　　5. Disease(**疾病检索**)　检索方法及限定选项与高级检索基本相同,并增设了 14 个疾病副主题词(Disease subheadings)选项。

　　6. Device(**设备检索**)　检索方法及限定选项与高级检索类似,并增设了设备副主题词(Device subheadings)及设备字段(Device fields)两类限定。Embase 有设备副主题词 4 个,设备字段专用于限定设备制造商或设备商品名。

　　7. Medical Device(**医疗设备检索**)　专用于检索医疗设备的副作用信息及制造商信息。

　　8. Citation Information(**文章检索**)　文章检索一般通过利用某些已知信息来准确查找、定位某篇或某类特定文献。文章检索提供标题、作者、期刊名称、刊名缩写、DOI 号等多个字段的组合检索,还可限定出版日期。

　　9. Emtree(**主题词检索**)　Emtree 是 Embase 对生物医学和药学文献进行主题分析、标引和检索

NOTES

时使用的权威主题词表。截至 2021 年 9 月,Emtree 有主题词超过 9 万个(其中药物和化学物质名词超过 3.3 万个),同义词超过 40 万个,不但涵盖了 MeSH 词表的所有主题词,其数量更是 MeSH 主题词的两倍多。Emtree 还收录了 5 000 多个医疗器械(设备)专有名词,数千个相关的医疗程序(medical procedures)术语[如 endoscopy(内窥镜检查术)],66 个药物相关的副主题词(其中 47 个为给药途径),4 个医疗设备副主题词,14 个疾病副主题词,50 个研究类型标记词(check tags)。Emtree 还与 2.5 万个 CAS 化学物质登记号建立了链接,每年更新 3 次,以保证及时纳入在 WHO 登记的最新国际非专利药物(International Non-Proprietary Names,INNs)以及美国 FDA 和欧洲药学会(European Medicine Agency)批准的所有新药物。此外,Emtree 也有类似 MeSH 主题词的树状结构表,所有主题词按学科领域共分为 14 个大类,从一般到专指,层层划分,形成树形结构的等级体系(tree hierarchy),可以很方便地扩大或缩小主题词检索的范围。

借助 Emtree 大容量的主题词表及强大的同义词库,Embase 对每条文献记录基于全文进行主题词的深度标引。因此,在主题词检索时,从药物、疾病、医学设备及生物医学名词术语的任一相关同义词入手,都能自动匹配为相对应的主题词,大大提高了检索效率,保证了较好的查全率和查准率。

在 Embase 主页上方点击 "Emtree",进入主题词检索页面(Browse Emtree)。系统提供 Find Term(查找)和 Browse by Facet(浏览)两种方式。

(1)Find Term:在检索框内输入检索词或者词组,点击 "Find Term",系统按字顺轮排方式显示所有包含该词的同义词和主题词。同义词用 "use:" 指引到相应的主题词(图 5-12)。点击主题词,显示该主题词在 Emtree 树状结构表中的位置以及该主题词的文献篇数。页面下方有该主题词的历史注释(History)、同义词(Synonyms)等信息。

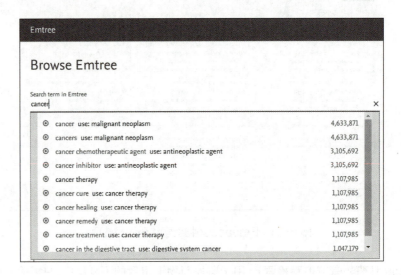

图 5-12　Emtree 主题词检索页面

系统默认勾选 "Explosion" 选项,对下位词进行扩展检索(Extent your search)。若勾选 "As major focus" 选项,表示限定在主要主题词检索。点击 "Add to Query Builder" 将选中的主题词送入检索构建器,点击 "Search" 完成主题词检索。也可以将主题词送入高级检索、药物检索、疾病检索或设备检索,进一步组配副主题词、进行各种检索限定等。对涉及多个主题词的课题,可重复以上步骤,在 Query Builder 中完成复杂的逻辑组配检索。

(2)Browse by Facet:Embase 提供按等级分类浏览主题词。点击 "Browse by Facet" 按钮,系统显示 Emtree 主题词表的 14 个大类,点击任意类名,显示该类的下位主题词,可层层点击逐级浏览,直到最底层的下位类。

10. Journals(期刊检索)　点击 Embase 主页上方的 "Journals",进入 Browse Journals(期刊浏览)页面。系统提供按刊名字顺浏览 Embase 收录的期刊(不包括 MEDLINE 独有的期刊),点击刊名右侧的"about"链接,显示期刊的基本信息,包括刊名全称、出版商、出版国以及出版频率。可逐级点击刊名、卷、期,直到浏览某一期的文章。

11. PICO 检索 PICO 是经典的基于循证医学的问题构建框架,可通过 P、I、C、O、S 等 5 个要素及其组合来检索文献。P(Population;Patient;Problem)表示研究对象或需要解决的问题,I(Intervention)表示干预措施,C(Comparison)表示比较对象,O(Outcome)表示结局,S(Study design)表示研究设计类型。PICO 检索时,系统对检索词提供了多种选择,如是否选用主题词,是否用主题词加上同义词并限定检索字段(如 ti,ab)等,以达到满意的检索效果(图 5-13)。

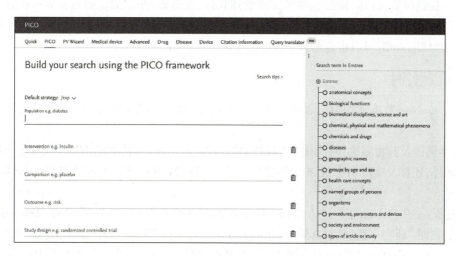

图 5-13 Embase PICO 检索页面

三、检索结果的处理

Embase 检索结果页面可分为检索史区和检索结果显示区两个部分(图 5-14)。

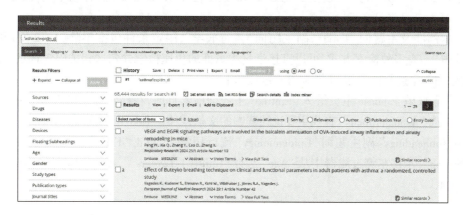

图 5-14 Embase 检索结果页面

1. 检索史区 显示本次检索以来的所有检索式及检索结果。光标移至某一检索式即显示为高亮区,右下方出现 Edit、Email alert 及 RSS feed 选项。点击 Edit 可以编辑修改检索式;点击 Email alert,注册用户可以跟踪该检索式的检索结果,通过电子邮件定期向用户发送最新信息;点击 RSS feed 可以订阅该检索式的最新检索结果。对选中的检索式可执行保存、删除、预览、输出和发送电子邮件等操作;还可以通过 Combine 命令对选中的多个检索式进行逻辑运算。

2. 检索结果显示区 以引文格式显示命中文献,包括篇名、作者、出处、被引用次数及数据来源。点击"Abstract"显示该文献的摘要;点击"Index Terms"显示该文献标引的主题词;点击"View

Full Text" 链接到电子期刊出版商,订购了该电子期刊的机构用户可直接浏览下载全文。点击 "Similar records" 链接到和该文献主题相关的其他文献。

点击文献篇名显示记录的详细信息(Record details),包括所有作者地址、作者关键词,以及其他信息(如出版类型、DOI、刊名缩写等)。

检索结果显示区的左侧为检索结果过滤器(Results Filters),可对检索结果进一步精炼或筛选。过滤选项有来源、药物、疾病、浮动副主题词等 17 种。勾选感兴趣的过滤内容,点击 "Apply",即可显示过滤后的检索结果。

Embase 提供浏览、打印、输出至参考文献管理软件、发送邮件、添加至剪贴板等多种方式输出检索结果(图 5-14)。浏览选中的文献,点击 "Add to Clipboard" 可暂存在剪贴板中。点击主页右上方 My Tools 中的 Clipboard,可以将剪贴板中暂存的文献批量输出。

四、检索实例

1. 通过 Embase 数据库检索口服阿德福韦(adefovir)治疗 18~24 岁青年人乙肝患者的不良反应的文献。

分析:本例涉及药物名称(阿德福韦)、药物的给药途径(口服)和药物的不良反应 3 个药物相关检索要素。此外,还涉及疾病名称(乙肝)、年龄限定条件(18~24 岁)。多个检索要素应充分体现在检索过程中。

检索过程:①在 Embase 主页进入 "Drug" 检索页面,输入药物名称 "adefovir";②在 "Drug subheadings" 中选择副主题词 "药物不良反应(Adverse drug reaction)";③在 "Routes" 中选择给药途径 "口服(oral drug administration)";④点击 "Search" 按钮,显示检索结果为 82 篇;⑤在左侧过滤器中从 "Disease" 下拉菜单中选择 "hepatitis b"(乙肝),从 "Age" 选择 "Young adult(18-24 years)",点击 "Apply" 按钮,即可检索到需要的文献。

此外,除了通过左侧的过滤器功能对疾病和年龄进行筛选外,也可以在 "Disease" 中检索乙肝,然后和药物检索的结果以逻辑运算符 "AND" 进行合并,最终也能找到答案。

2. 利用 Embase 数据库,检索主要论述 1~12 岁儿童哮喘(asthma)流行病学(epidemiology)的 Meta 分析(Meta analysis)文献。

分析:本例涉及主题词 "哮喘",副主题词 "流行病学",限定条件包括年龄(1~12 岁)和文献类型(Meta 分析)。有多种检索方式,可以直接通过主页面的快速检索并勾选相关限定选项,也可以从 Emtree 主题词入手进行检索,以主题词检索过程如下。

检索过程:①在 Embase 主页进入 "Emtree" 主题词检索页面,在检索框中输入 "asthma";②根据题目要求,勾选 "As major focus" 查找主要论述哮喘的文献,点击 "Take this query ro Disease Search",勾选 "Disease subheadings" 副主题词 "Epidemiology" 流行病学;③点击 "EBM" 勾选 "Meta analysis",然后点击 "Search";④在左侧过滤器中从 "Age" 选择 "Child(1-12years)",点击 "Apply" 按钮,即可检索到需要的文献。

第三节　BIOSIS Previews

一、概述

美国生物科学信息服务社,即 BIOSIS Previews(BP)是世界知名的综合性的生命科学与生物医学文摘数据库。BP 目前主要整合在 Web of Science(WOS)和 Ovid 检索平台上,本节仅介绍 WOS 平台的 BP 使用方法。

BP 收录了来自 100 多个国家和地区的 6 000 多种生物学和生命科学的期刊,以及相关的国际会议、专著和美国的专利信息。内容覆盖生命科学的所有相关领域,包括生物学、生物化学、临床和实验医学、药理学、生物工程学、植物学、动物学、农学和兽医学等。BP 的数据每周更新。

BP 采用系统独有的关联性索引（Relational Indexing）对文献进行标引，能深入揭示每一个检索字段与索引词表的关联性，使用户能从多个字段迅速准确地找到相关文献。

BP 的每条文献记录除了标题、来源出版物、摘要等基本信息外，还有很多特色字段。这些字段主要有以下几类：

1. 作者信息（Author Information）　指作者地址、电子邮箱、作者标识符（Web of Science Researcher ID 和 ORCID ID）、团体作者等字段。

2. 类别 / 分类（Categories / Classification）信息　包括研究方向、主要概念与概念代码、分类数据、疾病数据、化学数据等多个字段。

（1）研究方向（Research Area）：文献所涉及的学科领域。

（2）主要概念（Major Concepts）与概念代码（Concept Code）：主要概念是文献所涉及的较大范围的学科领域；概念代码是用一个五位数字的代码反映文献的学科主题，相当于主要概念之下的次级概念。

（3）分类数据（Taxonomic Data）：BP 采用自然分类系统反映每种生物体的生物分类信息，包括界、门、纲、目、科等，均采用拉丁学名。分类数据包括：① SUPER TAXA，是生物分类中较高级别的生物分类拉丁学名，一般按照从低级分类到高级分类显示；② Taxa Notes(分类注释)，为上位生物分类的俗名；③ Organism Classifier（生物分类［生物物种分类代码］），是上位生物分类之下更具体的生物分类拉丁学名及相应的生物物种分类代码；④ Organism Name，为生物名称；⑤ Variant，是生物物种名称的不同形式、其他常见名称或物种名称；⑥ Details，为生物体的其他更为详细的信息，如生物的性别、发育阶段和作用。

（4）疾病数据（Disease Data）：包括疾病名词、MeSH 主题词、疾病类型（Disease Affiliation，疾病的上位词）、疾病详细信息（一般为副主题词）。

（5）化学数据（Chemical Data）：文献涉及的化学和生化物质（包括药物）信息，包括化学名称、化学名称的不同形式、化学物质 CAS 登记号（CAS Registry Number®）、药品限定词（Drug Modifier，用于定义文献中所涉及的化学物质的治疗作用，一般是比较宽泛的概念）、酶学委员会（化学物质的酶学委员会编号）、化学详细信息等。一篇文献最多标引 20 种化学和生化物质。

（6）基因名称数据（Gene Name Data）：文献涉及的基因信息，包括基因名称、不同形式、详细信息等。

（7）综合叙词（Miscellaneous Descriptors）：不能纳入上述字段的其他主题词自动分配到综合叙词字段。

3. 文献信息（Document Information）　主要包括出版类型、媒介、文献类型、入藏号（Accession Number，BP 中每条记录的唯一索取号）、PubMed ID 等信息。

4. 其他信息（Other Information）　主要包括文献所涉及的方法和设备数据、器官 / 系统 / 细胞器数据以及地理数据。

5. 会议（Conference）信息　包括会议名称、会议地点、会议日期及会议主办者等信息。

此外，BP 收录美国专利，提供发明人［Inventor(s)］、专利号（Patent Number）、专利授权日期（Patent Date Granted）、专利国 / 地区（Patent Country）、专利权人（Patent Assignee）、专利分类号（Patent Class）等信息。

二、检索方法与技巧

（一）检索规则

整合在 WOS 平台的 BP 采用与 WOS 平台数据库相同的检索规则。运算符和检索规则如下：

1. 支持布尔逻辑算符 AND、OR、NOT，运算符不区分大小写。

2. 支持 "*"（代表 0 到多个字母）、"$"（代表 0 或 1 个字母）及 "?"（代表任意 1 个字符）三种截词符。

3. 支持 NEAR/x 及 SAME 两种位置算符。其中 NEAR/x 表示 NEAR 连接的两个检索词之间最多相隔不超过 x 个单词。SAME 仅用于地址字段,表示 SAME 连接的检索词出现在同一地址中,以提高查准率。

4. 支持短语精确检索,将短语加上双引号,表示检索出与引号内的短语完全一致的记录。

5. 运算符的优先顺序为 NEAR/x>SAME>NOT>AND>OR,使用括号可改变优先顺序,括号内的检索式优先执行。

(二) 检索方法

1. **基本检索**　打开 Web of Science 平台,选择数据库中的 BIOSIS Previews,进入 BP 主页面(图 5-15)。默认为基本检索,可转至高级检索。检索区下方的时间跨度选项可提供检索年限限定。

图 5-15　WOS 平台 BP 主页面

基本检索可直接在检索框中输入检索词或检索式,默认在主题字段检索。主题字段是复合字段,包括标题、摘要、主要概念、概念代码、分类数据、疾病数据、化学数据等。也可以在下拉框中选择其他检索字段(图 5-15)。点击"添加行",选择逻辑运算符(AND、OR、NOT),可进行多个字段的复合检索。

2. **高级检索**　高级检索必须使用两个大写字母表示的字段标识符(Field Tags)进行布尔逻辑运算,以完成复杂课题的检索。高级检索页面右侧给出了所有可检索字段的标识符。高级检索也支持直接输入检索式的序号进行逻辑组配,还可以对检索年限、语种、出版类型、文献类型、生物分类注释等进行限定(图 5-16)。

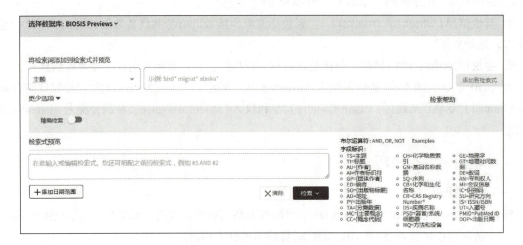

图 5-16　WOS 平台 BP 高级检索页面

三、检索结果的处理

（一）检索结果显示

BP 的检索结果有简要格式和全记录格式两种显示方式。

简要格式包括篇名、著者、来源出版物、出版时间、摘要、被引频次、参考文献等基本信息（图 5-17），如果用户所在机构订购了来源出版物的电子版全文，则显示"出版商处的全文"链接图标，点击可直接下载全文。检索结果默认按照相关性排序，点击排序方式可以选择按被引频次、相关性、日期、最近添加、会议标题、出版物标题、第一作者姓名、使用次数等排序。

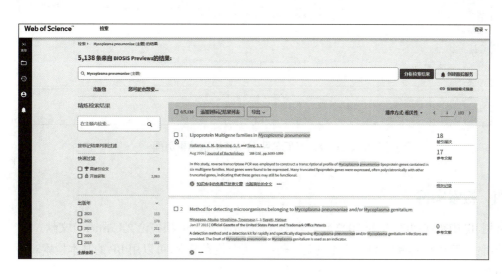

图 5-17　WOS 平台 BP 检索结果页面

点击文献篇名进入全记录格式，包括摘要信息、作者信息、研究方向、主要概念、概念代码、分类数据、疾病数据、化学数据、基因名称数据、文献信息、参考文献篇数、引证关系图、创建引文跟踪、相关记录链接等。页面右侧的"引文网络"详细显示该文献的被引用信息。

（二）检索结果精炼与分析

以简要格式显示检索结果时，页面左侧提供多种"精炼检索结果"选项（图 5-18），可以直接输入检索词进行二次检索，也可以按照出版年、文献类型、主要概念、作者、出版物标题、专利权人、开放获取、团体作者、编者、国家 / 地区、概念代码、Super Taxa、文献类型、语种、研究方向等 15 个不同字段或属性对检索结果进行提炼，使结果更精简。点击检索结果显示页面右上方的"分析检索结果"按钮，可以按上述 15 个字段对检索结果进行排序，深入分析、揭示相关信息。

（三）检索结果输出

检索结果输出的步骤：①选择输出的记录；②选择输出的字段：默认为作者、题名、来源出版物，也可以选择全记录格式；③选择输出方式，包括 EndNote Online、EndNote Desktop、纯文本文件、制表符分隔文件等多种。

（四）检索策略保存与跟踪

点击检索结果页面上方工具栏的"历史"链接，显示检索历史。点击检索式后面的"创建检索跟踪"按钮，可以创建检索跟踪（需要先进行个人账户注册），通过电子邮件定期接收最新文献信息。保存的检索策略可以供下次检索调用，在"跟踪服务"页面点击"检索跟踪"按钮即可调用。

BP 可利用 Web of Science 平台提供的个性化服务功能。用户注册后，可保存感兴趣的检索策略，并通过电子邮件定期接收最新文献信息，还可以使用 RSS feed 跟踪最新报道。对来自 Web of Science 核心合集的文献，注册用户可以建立引文跟踪，随时了解感兴趣文献的被引用情况，具体可参考本书第六章。

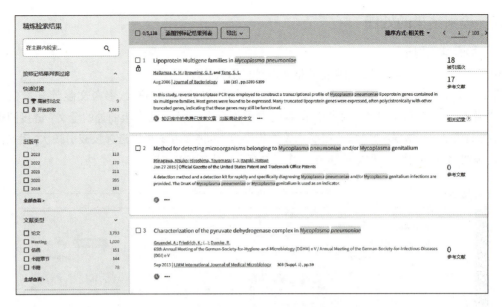

图 5-18 WOS 平台精炼检索结果页面

四、检索实例

利用 BP 中查找 2021 年和 2022 年发表的糖尿病治疗药物的相关论文（Article）文献。

分析：本例涉及主题"糖尿病"和主题"药物"两个检索要素，可以用 BP 的基本检索对两个字段进行组合检索。

检索途径一：①打开 Web of Science 平台，选择数据库中的 BIOSIS Previews，在字段选项的下拉菜单中选择"主题"字段，输入"Diabetes"。②点击"+ 添加行"，重复步骤①，选择"主题"字段，输入"drug*"；左侧的逻辑运算符选择 AND。③点击"+ 添加日期范围"，选择出版日期的自定义字段，输入日期范围 2021-01-01 至 2022-12-31。点击"检索"按钮，显示检索结果为 19 782 条文献。④左侧"精炼检索结果"选项栏，勾选"文献类型"下的"论文"，点击"精炼"，显示检索结果为 14 588 条论文。

检索途径二：进入高级检索界面，"检索式预览"检索框中直接输入检索式 TS=（Diabetes AND drug*），点击"检索"按钮。再在检索结果界面左侧"精炼检索结果"选项栏进一步限制"出版年"和"文献类型"。

第四节　CAS SciFinder^n

一、概述

CAS SciFinder^n 数据库由美国化学学会（American Chemical Society，ACS）下属的化学文摘服务社（Chemical Abstracts Service，CAS）出版发行，为全球化学及相关学科提供权威、可靠、全面的科研信息和分析工具，其前身是世界著名的检索工具期刊——美国《化学文摘》（*Chemical Abstracts*，CA）。CAS SciFinder^n 数据库涵盖全球 180 多个国家、50 多种语言的出版物以及 64 家专利授权机构的专利文献，涉及化学、化学工程、生物、医药、材料、食品、物理等多学科、跨学科的信息。收录的文献类型包括期刊论文、专利文献、会议论文、学位论文、图书、技术报告、评论、预印本和网络资源等。CAS SciFinder^n 数据库还整合了 MEDLINE 数据库的全部文献记录。

CAS 有数百位化学及相关专业领域的信息科学家对 SciFinder 的文献信息进行人工标引，通过深入准确地挖掘、分析 SciFinder 文献中的海量数据,建立关联,发现并揭示重要的新技术与新进展,提高检索的效率和精准性。2021 年,SciFinder 推出了新一代 SciFinderⁿ 平台,新增了几大特色模块,包括 CAS PatentPak(CAS 专利模块)、Synthetic Methods(合成方法模块)、CAS Retrosynthesis Tool(逆合成路线设计工具)、Biosequences Search(生物序列检索工具),检索技术更先进,分析功能更强大。

CAS SciFinderⁿ 包含 7 个合集,分别是:

(1)CAS Reference & CAS Patent(文献与专利数据合集):收录化学及相关学科的文献记录 5 500 余万条,最早可追溯到 19 世纪初。数据每日更新。

(2)CAS REGISTRYSM(物质数据合集):化学名称、结构和 CAS 登记号的权威来源,收录自 19 世纪初以来被披露的超过 2.5 亿万个有机物质和无机物质;近 7 000 万条蛋白质、DNA 和核苷酸序列;超过 80 亿条实验和预测理化性质数据、谱图等。数据每日更新。

(3)CAS Reactions(化学反应数据合集):提供从期刊、专利、论文等文献中获取的合成信息,收录自 1840 年以来超过 1.3 亿条单步、多步反应及合成制备信息各类型反应,内容涉及反应条件、产率、催化剂、实验步骤等。数据每日更新。

(4)CAS Markush(马库什结构专利信息数据合集):收录 130 余万个可检索的马库什结构,数据可回溯至 1961 年,源于 54 万件专利。专利中披露的关键化学信息往往隐藏在复杂的马库什(通式)结构中,一个马库什结构可定义数百至数百万个物质。数据每日更新。

(5)CAS Commercial Resources(化学品商业信息数据合集):主要用于查询全球化学品供应商及其产品目录信息,涉及数百万商用化学品和数百万独特的物质。数据每周更新。

(6)CAS Chemical Compliance Index(化学品合规信息数据合集):提供全球主要市场生产、进口、出口、运输和使用化学产品所需的信息,是查询全球重要市场被管控化学品信息(化学名称、别名、库存状态等)的工具。数据库目前收录超过 40 余万种备案/管控物质,覆盖范围为 1980 年至今的 150 份名录及目录。数据每周更新。

(7)MEDLINE:由美国国家医学图书馆编制的最重要的生物医学文摘数据库,收录来自 5 400 多种期刊的 3 200 多万篇期刊文献。数据每日更新。

利用 CAS SciFinderⁿ 必须先注册,注册时需要提供有机构后缀名的邮箱。注册成功后,可通过用户名与密码登录 CAS SciFindernⁿ 进行检索。

二、检索方法与技巧

(一)检索规则

1. 布尔逻辑检索　支持 AND、OR、NOT 布尔逻辑运算,默认运算顺序为 OR > AND > NOT。圆括号为优先运算符,可改变运算顺序。

2. 截词检索　支持通配符"*"或"?",通配符可以出现在检索词中间或检索词后面,其中"*"代表 0 或多个字符,"?"代表 0 或 1 个字符。

(二)检索方法

进入 CAS SciFinderⁿ 主页(图 5-19),左栏有 All(综合)、Substance(物质)、Reactions(反应)、References(文献)、Biosequences(生物序列)、Retrosynthesis Tool(逆合成路线设计工具)、Patent Markush Structure(专利马库什结构)等检索入口。

1. Refernces(文献)　文献检索有三种检索方式,分别是 Search Term(文本检索)、Chemical Structure(化学结构检索)、Search Terms and Chemical Structure(文本+化学结构联合检索)。

(1)文本检索:默认直接在检索框中输入关键词、物质名称、CAS 登记号、专利号、PubMed ID、文献号、DOI 等。例如,输入药物名称"ibuprofen"(布洛芬),点击放大镜图标开始检索(图 5-19)。

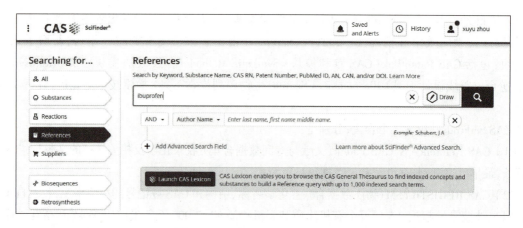

图 5-19　CAS SciFinder^n 主页

文献检索页面的高级检索（Advanced Search Field）可以很方便地实现多个字段的组合检索，提高查准率。检索时，在下拉菜单中选择布尔逻辑算符，点击"Add Advanced Search Field"，再选择需要组合的字段即可。例如，要查找学术期刊 *Nature* 上发表的有关 PD-1/PD-L1 抑制剂与癌症的文献，可采用高级检索（图 5-20）：①在检索框中输入 PD-1/PD-L1 inhibitor*；②选择"AND"算符，选择 Abstracts/Keywords 字段，输入 cancer*；③点击"+"，选择"AND"算符，选择 Publication Name 字段，输入 Nature；④点击放大镜图标，开始检索。

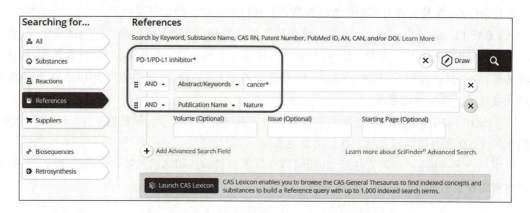

图 5-20　CAS SciFinder^n 高级检索

（2）化学结构检索：查找具有某一化学结构的相关文献。点击"Draw"按钮，打开化学结构编辑器（Structure Editor），可以选择直接用结构绘图板 CAS Draw 或 ChemDoodle 绘制需要检索的化学结构，也可以导入化学结构。例如，导入抗肿瘤药物紫杉醇的化学结构（图 5-21），点击"OK"，即可查找所有含有该结构式的相关文献。

（3）文本 + 化学结构联合检索：CAS SciFinder^n 提供文本 + 化学结构联合检索，以提高检索效率。

2. Substance（物质）　物质检索可直接输入物质名、CAS 登记号（物质、组分）、专利号、文献号等，物质名称的中间或词尾使用通配符"*"或"?"，可检索出多种物质，提高查全率。例如，输入"WO2016178162"，可以得到专利号为"WO2016178162"的专利文献中包含的所有物质（图 5-22）。

物质检索支持高级检索，通过组合分子式、物性参数、谱图数据等多种参数，得到更精准的检索结果，提高检索效率。高级检索的字段包括分子式（Molecular formula）、实验谱图（Experimental spectra）、生物 / 化学（Biological/Chemical）、密度属性（Density）、电学（Electrical）、Lipinski 自由旋转键（Lipinski free rotation key）、磁（Magnetic）、机械属性（Mechanical）、光散射（Optical and Scattering）、结构相关（Structure related）和热学（Thermal）等。

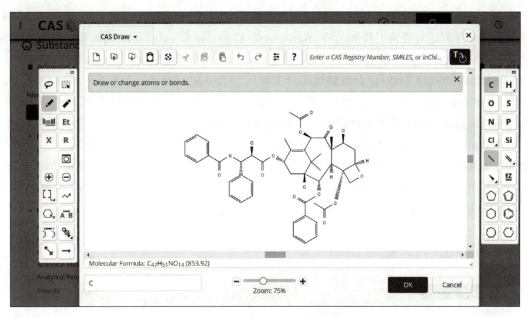

图 5-21　CAS SciFinder^n 化学结构检索

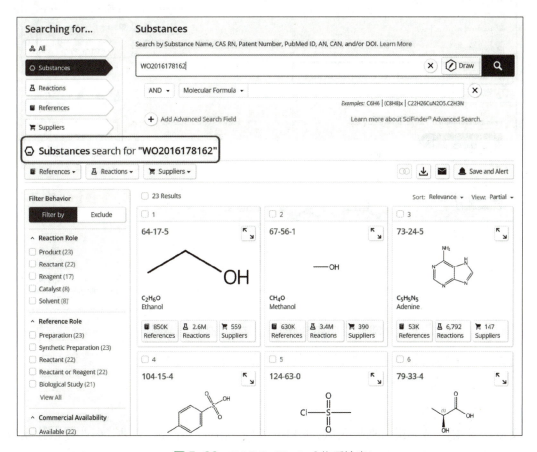

图 5-22　CAS SciFinder^n 物质检索

　　物质检索时，也可以打开结构绘制面板进行结构检索。物质检索也支持物质 + 化学结构的联合检索。

　　3. Reactions（反应）　反应检索时，可以直接输入物质名、CAS 登记号（物质、组分）、专利号、文献号等，获得反应信息。反应检索也支持化学结构检索。

4. Biosequences（生物序列）　生物序列检索提供超过 5.8 亿条可检索的生物序列,包括 NCBI 的生物大分子序列比对搜索工具 BLAST（Basic Local Alignment Search Tool）、抗体和 T 细胞受体的互补决定区即 CDR（Complementarity-Determining Region）以及表观组学的 Motif 分析。

5. Retrosynthesis Tool（逆合成路线设计工具）　逆合成路线设计工具是基于 CAS 化学反应数据合集（CAS Reactions）,结合先进的算法和人工智能,综合多种因素如经济性、收率、绿色、成本等,为已报道或尚未报道的分子提供实验验证或预测的逆合成路线。

6. Patent Markush Structure（专利马库什结构）　在化学、药品专利中,用来揭示一个"属类"化合物发明的通式被称为马库什结构。典型的专利马库什结构代表了大量甚至无限数量的物质。检索马库什结构有利于初步确定化合物新颖性。选择"Substances",点击打开结构编辑器,绘制或导入结构,勾选"Search Patent Markush",点击放大镜,执行检索（图 5-23）。

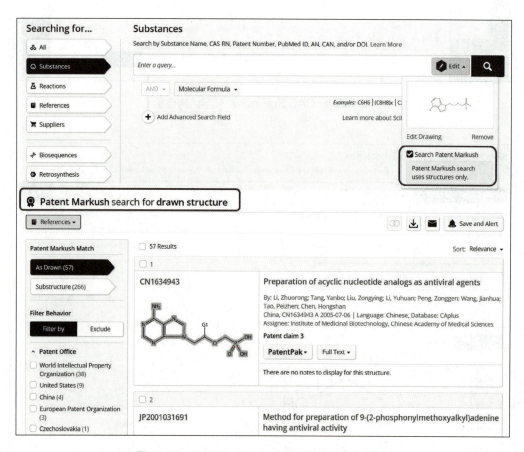

图 5-23　CAS SciFinder^n 专利马库什结构检索

三、检索结果的处理

（一）检索结果显示

文献结果集页面默认为概要格式,按相关度（Relavance）排序。点击"Sort"可以按索取号（Accession Number）、被引次数（Times Cited）和出版日期（Publication Date）排序（图 5-24）。

点击文献检索集页面上方的"Substances""Reactions"按钮可以获取与检索结果相关的物质数据、反应数据,并提供二次检索。点击"Knowledge Graph"（知识图谱）可以对文献检索集中不超过 150 篇的文献数据信息自动进行语义分析,构建知识图谱,并提供作者（Authors）、物质（Substances）、概念（Concepts）、机构（Organizations）四类节点（Keys）,深入揭示某一主题文献的相关概念、物质、作者、机构等众多数据之间的关联（图 5-25）。点击"Citing"按钮显示引文数据和引文地图（Citation Map）。对

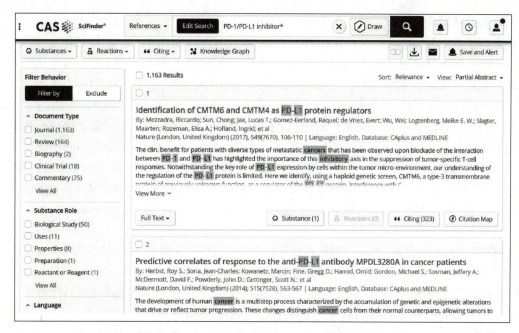

图 5-24　CAS SciFinder^n 文献检索结果显示

期刊论文,点击篇名显示详细信息,包括 DOI 号、期刊信息及全文链接。对专利文献,点击 "PatentPak" 按钮,显示详细的专利信息,包括该专利的专利族(Patent Family)、相关的物质信息、PDF 格式的专利全文以及含有物质标引信息的 PDF 专利全文等。用 CAS 的专利浏览工具 PatentPak Viewer 可以快速定位专利中的物质,包括 CAS 登记号、物质结构等,并跳转到专利全文中该物质出现的位置,以加深对专利内容的理解和运用。

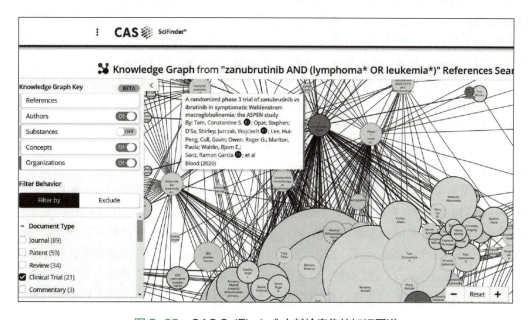

图 5-25　CAS SciFinder^n 文献检索集的知识图谱

　　物质结果集页面以直观的方式显示物质的属性信息及高分辨率结构等信息。点击 CAS 登记号,可以查看物质详情以及关键的物理属性。物质结果集页面还提供了结构分析工具 ChemScape Analysis,可以对物质结构的相似度进行可视化分析。反应结果集页面显示反应条件、反应详情以及经过编辑标引的完整反应操作等信息。

NOTES

（二）检索结果筛选

检索结果集页面的左栏提供了多个过滤（Filter by）与排除（Exclude）选项，除了作者、机构、出版物、出版年、文献类型等通用选项，CAS SciFinder" 提供了大量特色选项，方便多途径筛选并精准定位感兴趣的信息。文献结果集可以按 Substance Role（文献中的物质角色，如不良反应、制备等）、Concept（概念，CAS 标引的关键词、技术名词等专业术语）、CAS Solutions（包括分子式和分析方法）、CA Section（学科研究方向）等进行筛选。物质结果集提供了按 CAS 登记号、分子式、分子量、文献量、供应商数量等进行筛选，还可以利用 Reaction Role（物质在反应中的角色，如催化剂、溶剂等）、Reference Role（物质在文献中的角色，如药理活性、治疗应用等）精准、筛选定位相应的物质。反应结果集可以按产率、反应步数、实验方案、反应类型、催化剂等进行筛选。此外，物质结果集和反应结果集还可以按结构精准度进行筛选，分为精确结构（As Drawn）、亚结构（Substructure）和相似结构（Similarity）。

（三）检索结果保存与输出

1. 保存（Save） 点击 "Save" 按钮，可保存检索策略与选中的检索结果（最多 20 000 条），或者仅保存检索策略或选中检索结果，同时可设置定题提醒或添加标签。进入已保存的检索结果集（包括文献、物质和反应）页面（Saved），点击左侧的 "Combine" 按钮，可以对选中的结果集进行组合并自动去重，包括 Add（等同于 OR）、Intersect（等同于 AND）、Subtract（等同于 NOT）三种方式。

2. 下载（Download） 点击下载图标↓，可以将检索结果（包括文献、物质和反应）下载保存为 ".PDF" ".rtf" ".xlxs" 格式的文件（最多 500 条）。对物质检索结果，选择下载为 ".sdf 格式"（SDFile）的文件，可以批量导出可编辑的结构数据文件。

3. 提醒（Alert） CAS SciFinder" 可以对文献检索、物质检索、反应检索以及 Patent Markush Structure 检索的结果集设置提醒，对检索历史和检索记录进行动态跟踪。

四、检索实例

用 CAS SciFinder" 查找泽布替尼（zanubrutinib，CAS 登记号为 1691249-45-2）治疗淋巴瘤或白血病的文献信息，以及泽布替尼的化学物质信息与专利信息。

分析：泽布替尼是一种布鲁顿氏酪氨酸激酶（BTK）小分子抑制剂。本例的检索概念很明确，分别是泽布替尼（zanubrutinib）、淋巴瘤（lymphoma）、白血病（leukemia），用 CAS SciFinder" 的文献检索途径即可获得相关文献。有关泽布替尼的化学物质信息，可以用 CAS SciFinder" 的物质检索途径，通过 CAS 登记号准确定位泽布替尼，得到该药物的详细物质信息。有关泽布替尼的专利信息，可以在文献检索集中选择文献类型为 Patent（专利）。

检索过程：①进入 CAS SciFinder" 主页，选择 References（文献）检索，在检索框中输入检索式 "zanubrutinib AND（lymphoma* OR leukemia*）"，点击放大镜图标，开始检索。文献结果集页面显示概要信息，点击篇名可以获取每篇文献的详细信息，可浏览选择切题文献。②在 CAS SciFinder" 主页选择 Substances（物质）检索，在检索框中直接输入泽布替尼的 CAS 登记号 "1691249-45-2"，点击放大镜图标，页面显示泽布替尼的详细物质信息，包括化学结构、分子式、分子量等物质属性及关键的物理属性。点击页面上方的 "References" 按钮，页面显示有关泽布替尼的所有文献信息。在左栏的筛选项中点击 "Document Type"（文献类型），勾选 "Patent"（专利）选项，页面显示泽布替尼的相关专利信息。点击 "PatentPak" 按钮，可浏览详细的专利信息，包括专利族（Patent Family）、PDF 格式的专利全文等。

本章小结

本章介绍的四个数据库是生物医学研究领域常用的文摘型数据库。

PubMed 可免费使用，更新速度快，回溯年限长，检索方便快捷，有大量免费全文，是查找生物医学文献的首选数据库。主题词检索是 PubMed 的特色检索途径,灵活运用检索结果过滤、临床查询、My NCBI 等工具,可提高检索效率。

Embase 整合了 EMBASE 与 MEDLINE 数据库的全部内容,检索功能强大。Embase 对药物、疾病、医疗器械等提供了多种专有的副主题词与限定选项,以保证文献的可检索性及检索结果的精确性。

BP 是生物学、实验医学研究的必查数据库,收录范围广,收录文献类型多。BP 有多个特色字段,主题检索时系统会自动扩检这些字段,提高了查全率。整合在 WOS 平台上的 BP 可以对检索结果进行深入的分析与提炼。

CAS SciFinder^n 是世界上最大的化学化工信息数据库,也是生命科学、药学研究的重要数据库。CAS SciFinder^n 不仅提供文献信息,还提供专利、化学合成、化学反应、分子式等事实型数据信息,多样化的二次筛选及分析处理工具能帮助用户得到更深入、更全面、更精准的检索结果。

（周旭毓　仇晓春）

思考题

1. PubMed 有哪几种检索途径? 如何应用?

2. 结合一个检索实例,写出 PubMed 主题词检索的基本步骤。

3. 比较 PubMed 与 Embase 主题词检索的异同。

4. Embase、BIOSIS Previews、CAS SciFinder^n 这三个数据库分别有哪些特色的检索途径? 如何应用?

5. CAS SciFinder^n 如何进行自动语言检索? 试举例说明。

6. 结合你的检索体会,谈谈外文文摘数据库的特点及应用价值。

第六章
外文全文数据库检索

外文全文数据库即收录有外文原始文献全文的数据库，以电子图书、电子期刊、电子学位论文以及电子会议文献等数字出版物为主。外文全文数据库收录的内容具有原创性，因此，所包含的信息更加全面和客观，也可以实现文献信息的全文检索，即可对文中的任一词进行检索。医学文献信息本身的专业性较强，一些重要的文献信息必须通过查阅全文方可获得，因此，外文全文数据库在医学文献信息检索中是不可或缺的一部分。本章将对医药卫生领域常用的 7 种外文全文数据库及其检索方法和技巧进行详细介绍。

第一节　ClinicalKey

一、概述

ClinicalKey（简称 CK）是荷兰 Elsevier（爱思唯尔）出版公司在 2012 年推出的临床医学文献信息全文网络数据库平台。CK 整合了 8 种以上的数据库，几乎囊括了爱思唯尔全部医学文献信息内容，并且针对用户需求，建立了全新的医学分类法系统，旨在帮助用户用最短的时间、最简洁的方式找到最想要的资源。用户不但可以在 CK 平台中浏览、下载各种文献资源和经典医学图书，还可以查看最新、最权威的临床指南、疾病综述，观看视频，导出图片制作课件等；一站式满足用户的多种需要，从而提高医学工作者在科研、教学和临床实践中的工作效率和产出。

CK 收录的文献类型包括：① Books（电子图书）：包括临床参考书和医学教科书 1 000 余种，涵盖基础医学和临床医学所有学科，其中包括《格氏解剖学》《西氏内科学》《克氏外科学》《尼尔森儿科学》《默里及纳达尔呼吸医学》《坎贝尔骨科学》《坎贝尔 - 沃尔什泌尿外科学》等世界医学经典名著。② Journals（电子期刊）：包括 700 余种全文期刊，其中 490 余种被 SCI 收录，其中包括《柳叶刀》（*The Lancet*）系列、细胞出版社（Cell Press）系列综述、《欧洲泌尿外科》（*European Urology*）杂志等顶级期刊以及北美临床医学系列顶级循证期刊。③ Clinical overviews（临床概览）：包括 1 250 多个以疾病为主题的循证专论。④ Clinical trials（临床试验）：包括 16 万个来源于（美国）国立卫生研究院（National Institutes of Health，NIH）在全球范围注册的临床试验。⑤ Drug class overviews（药物分类概览）：包括 66 类药物的分类概览，每篇药物概览包括概要、药理学 / 作用机制、治疗应用、疗效比较、不良反应 / 毒性、药物相互作用、安全问题以及参考文献等内容，药物分类概览有助于医生或药剂师在用药过程中确定某类药物使用的最佳治疗方案。⑥ Drug monographs（药物专论）：包括 2 500 多个以药物为主题的专论，来源于 Gold Standard's monographs，帮助用户查询全球的药物信息，用于指导临床上治疗决策的药物和计量信息。⑦ Guidelines（临床指南）：包括 5 000 多份来源于全球 270 多家学 / 协会的最新权威临床指南。⑧ Patient education（患者教育）：包括 9 000 多份患者教育讲义，内容来源于权威机构和著作；通过患者教育提高患者对于疾病的认识和了解，提高健康素养，可减少和解决医患问题。⑨ Multimedia（多媒体）：包括 8 万多个涵盖内、外、妇、儿各医学专科的教学或实验视频，500 多万张医学高清影像（图、表、照片等），且每张都标注来源、说明等内容。⑩ Procedure videos（操作视频）：包括 330 多个临床操作视频，配有文字、图解等，诠释操作流程和关键点；视频内容来源于哈佛大学医学院、杜克大学医学中心、宾夕法尼亚大学医学院等权威大学和机构。⑪Clinical calculators（临床计算器）：包括临床各学科常用的各种临床医学计算器。⑫Clinical focus（临床聚焦）：包括最新更新的临床热点内容。另外，CK 也整合了 MEDLINE 数据库的内容，与其他文献类型一起提供一站式检索，对于非爱思唯尔期刊的内容仅提供文摘信息。

CK 的内容基于爱思唯尔合并医学分类法（Elsevier's Merged Medical Taxonomy，EMMeT）进行了重新组织，实现了内容之间广泛而紧密的语义关联，可进行语义搜索，帮助用户快速、准确、全面地检索到所需要的文献信息。

CK 平台首页如图 6-1 所示。

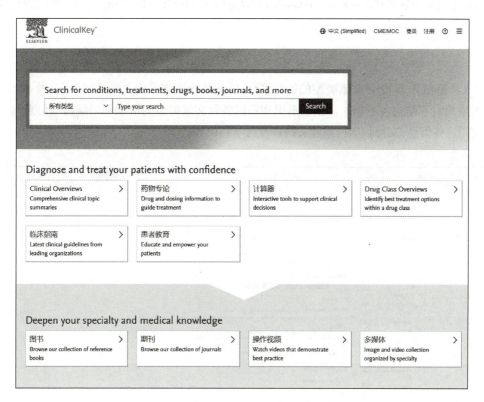

图 6-1　ClinicalKey 平台首页

二、检索方法与技巧

ClinicalKey 主要面向临床医务工作者提供临床医学文献信息服务。为了满足临床医务工作者快速精准、简单易用的信息查询需求，CK 主要提供整合检索和按文献类型浏览两种方式查询文献信息。

（一）整合检索

CK 平台首页上方的检索框即为整合检索界面（图 6-1）。整合检索能对上述 12 种文献类型以及 MEDLINE 数据库内容进行一站式统一检索，也能通过检索输入框左侧的文献类型选择框下拉菜单选择某一文献类型进行专项信息检索。在检索输入框中，可以输入任意症状、体征、疾病、治疗、药物、图书、期刊等名称检索相关信息。

检索输入框中可以输入任意单词、词组或短语进行检索。整合检索支持自然语言检索，但不支持布尔逻辑运算符和通配符检索；固定词组或短语的检索必须给词组或短语加上英文双引号，否则系统将对词组或短语进行拆分词检索；基于内嵌的爱思唯尔合并医学分类法，整合检索支持语义检索，可输入中英文检索词进行检索，英文检索词不区分大小写。在输入检索词过程中，系统不断推荐检索建议词。

(二) 按文献类型浏览

CK 平台提供的第二种信息查询方式是按文献类型浏览。在平台首页整合检索框下面即为按文献类型浏览入口。按文献类型浏览提供两个浏览入口,分别是 Diagnose and treat your patients with confidence(自信诊治您的患者)和 Deepen your specialty and medical knowledge(加深您的专业和医学知识)。在"自信诊治您的患者"入口下提供临床概览、药物专论、计算器、药物分类概览、临床指南和患者教育等 6 种文献类型的分项浏览。在"加深您的专业和医学知识"入口下提供图书、期刊、操作视频和多媒体等 4 种文献类型的分项浏览。每种文献类型按照自身信息的组织结构,可以分别再按照字顺、专科或分类等属性进行具体逐项浏览信息内容。

在 CK 主页下方还提供 Get news and updates(获取新闻和更新)、Trending topics(热门话题)内容的浏览。

三、检索结果的处理

由于 CK 是包含了 12 种文献类型的检索平台,因此其检索结果的文献类型丰富(图 6-2),并且不同文献类型的内容结构各不相同。正确辨识和解读各种文献类型的检索结果结构和信息内容,有助于有效利用这些信息,支持临床决策和实践以及医学科研和教学。

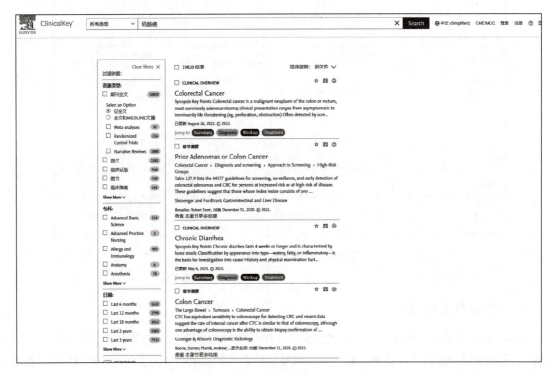

图 6-2　ClinicalKey 检索结果页面

(一) 检索结果的过滤

图 6-2 所展示的是整合检索"结肠癌"后的检索结果页面。检索结果中包含了不同类型的文献信息。在检索结果的页面左侧,平台提供 Source Type(资源类型)、Specialties(专科)及 Date(日期)三种过滤项,用户可以根据自己的实际需要,勾选相应的选项对检索结果进行过滤,进一步缩小检索范围,提高查准率。

(二) 检索结果的显示

如图 6-2 所示,检索结果默认按照"relevance"(相关度)进行排序,点击旁边的下拉按钮,还可按date(newest to oldest)[日期(新到旧)]进行排序。在检索结果的上端还提供"Rate Results"(检索结果评价),允许用户给出具体的评价意见和建议,以帮助系统改进检索效能。检索结果的第一项是系统根据检索内容智能推荐的图书。

图 6-2 所示的是检索结果简单显示页面,每条检索结果仅显示文献类型、标题、摘要片段以及来源等信息,点击每条检索结果的标题超链接即可进入文献详细显示页面或者全文显示页面。不同文献类型的检索结果内容结构各不相同,例如,临床概览主要包括疾病的概要、术语、诊断、治疗、并发症和预后、筛查和预防以及参考文献等部分;临床指南主要包括概述、建议以及更新资料等内容;药物专论主要包括药物的适应证和用法用量、给药方式、监测参数、禁忌证、相互作用、副作用、分类和参考文献等;临床试验主要包括目的、样本纳入资格标准、联系方式和地点以及更多信息等;图书包括章节、标题结构导航等;期刊论文包括各级标题结构导航浏览以及 PDF 全文下载等。

(三)检索结果的输出

在检索结果页面,勾选需要的文献记录,点击结果列表上方的五角星图标,可将选中的检索结果保存到个人空间中;点击"信封"可将检索结果通过电子邮件传送输出;点击"打印机"可将检索结果打印输出;点击"幻灯片"可将选中的文献内容,特别是图片、视频等送入幻灯片制作,直接生成 ppt 格式的幻灯片。每条检索结果的右上角均有保存、电子邮件输出和打印按钮,可以单独输出。

(四)检索历史和个性化服务

在整合检索输入框的下方,点击"检索历史"即可进入检索历史页面,系统自动记录了用户所有的检索式和检索过程。对于比较满意的检索式,用户可以保存起来以备后用。

CK 平台支持用户免费注册个人账号,并为个人账号提供个性化服务,包括上述的检索历史、保存的检索、保存的内容、幻灯片制作、CME/MOC(医学继续教育学分)以及远程访问等服务,都属于个性化服务。

四、检索实例

检索有关慢性阻塞性肺疾病(chronic obstructive pulmonary disease)患者教育(patient education)的资料。

检索步骤如下:

1. 分析课题,确定主题概念 根据课题内容要求而确定主题概念,本课题只有一个主题概念,即慢性阻塞性肺疾病(chronic obstructive pulmonary disease),"患者教育"属于资源(文献)类型,可作为检索限定条件。根据课题具体要求,用整合检索方式来查找有关资料。

2. 整合检索 ①在 CK 平台首页,检索资源(文献)类型中选择患者教育(patient education);②在检索词输入框中输入"chronic obstructive pulmonary disease";③点击"检索",得到检索结果,完成检索。

第二节 ScienceDirect

一、概述

Elsevier(爱思唯尔)公司是一家经营科学、技术和医学信息产品及出版服务的世界著名出版公司。ScienceDirect 全文数据库是爱思唯尔公司的主要产品之一,目前数据库收录了 2 650 多种期刊和 42 000 多部图书、参考工具书、手册等,内容以理、工、医为主,涵盖自然科学与工程学、生命科学、健康科学、社会科学与人文科学四大学科领域,包括生物化学 / 遗传学 / 分子生物学、环境科学、免疫学和微生物学、神经系统科学、医学和牙科、护理与卫生保健、药理学 / 毒理学 / 制药科学、兽医学、艺术与人文科学、商业 / 管理 / 会计学、决策科学、心理学、社会科学等 24 个学科。ScienceDirect 还集成了多种外部资源的内容,包括音频、视频和数据集等。研究人员可以浏览、检索 2 650 多种同行评审期刊,

1 800 多万篇文章全文,最早可回溯至 1823 年;数据库在内容更新速度和范围、检索模式、检索技巧和个性化服务等方面具有特色。

ScienceDirect 数据库首页如图 6-3 所示。

图 6-3　ScienceDirect 数据库首页

二、检索方法与技巧

ScienceDirect 数据库主要提供浏览和检索两种文献查询方法。其中,检索又包括快速检索(Quick Search)和高级检索(Advanced Search)两种方式,支持多种检索技术。

(一)检索技术

ScienceDirect 数据库规定了多种检索运算符和检索规则,编制检索策略时必须正确运用这些运算符和运算规则。

1. 布尔逻辑检索　支持逻辑"与"(AND)、逻辑"或"(OR)、逻辑"非"(NOT)(或"-")三种布尔逻辑运算符的检索。检索时运算符必须全部用大写字母。运算符优先级为:NOT>AND>OR。括号"( )"为优先运算符,可以改变检索式的运算顺序。在一个字段中,如果输入的检索词之间没有运算符或引号,系统默认各检索词之间的逻辑关系为 AND。

2. 短语检索　英文双引号(" ")表示短语检索,在这种检索模式下,检索词以短语形式执行检索,并忽略其中的标点符号,单复数或英美拼写变体也能自动关联检索。

(二)快速检索

快速检索(Quick Search)在 ScienceDirect 数据库首页上方(图 6-3)可以通过关键词(keywords)、作者(author name)、杂志名/书名(journal/book title)、卷(volume)、期(issue)以及页码(page)进行。检索时可选择其中一项或几项内容进行检索,不同检索项之间的关系为 AND。如果只用刊名字段检索,检索结果将为刊名包含该检索词的所有期刊的论文列表。

(三)高级检索

点击数据库主页上的"Advanced Search"即可进入高级检索界面。高级检索提供多个检索输入框,可以输入单词、词组或布尔逻辑检索表达式。提供 Find articles with these terms、in this journal or book title、Year(s)、Author(s)、Author affiliation、Volume(s)、Issue(s)、Page(s)、title,abstract or author-specified keywords、Title、References、ISSN or ISBN 等多个检索输入框(图 6-4)。可多项组合检索,以获得更精确的检索结果。

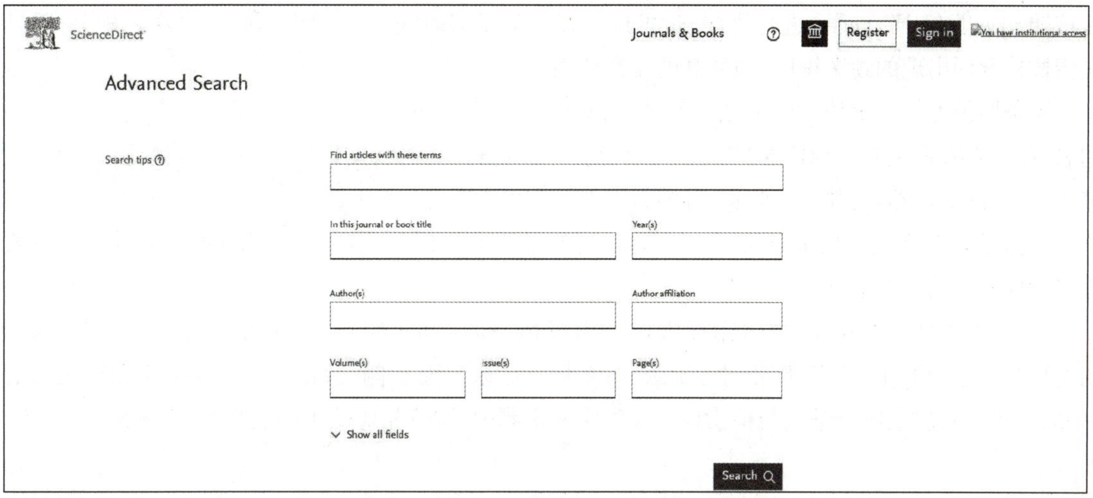

图 6-4　ScienceDirect 高级检索界面

(四)浏览

数据库提供按学科主题、出版物名称字顺(browse by publication title)两种方式浏览图书和期刊及其内容。

1. 按学科主题浏览　数据库将书刊按 4 大学科领域 24 个学科类目分类并列于主页中。4 大学科领域 24 个学科为:①自然科学与工程学,包括化学工程学、化学、计算机科学、地球和行星学、能源和动力、工程与技术、材料科学、数学、物理学和天文学;②生命科学,包括农业和生物学,生物化学/遗传学/分子生物学、环境科学、免疫学和微生物学、神经系统科学;③健康科学,包括医科和牙科、护理与卫生保健、药理学/毒理学/制药科学、兽医学;④社会科学与人文科学,包括艺术与人文科学、商业/管理/会计学、决策科学、经济学/计量经济学/金融、心理学、社会科学等。

点击一级或二级学科类目名称,可显示按题名字顺排列的该类书刊列表。在页面的左侧可通过大类(Domain)、子类(Subdomain)、出版物类型(Publication type)、期刊类型(Journal status)、访问类型等方式精炼出版物(refine publications by)。在页面的上方可通过 Filter by journal or book title 下的输入框,输入刊名或书名进行检索。在页面的右侧,可以通过英文字母顺序,点击某字母找到该字母开头的出版物。出版物类型(Publication type)可选期刊(Journals)、图书(Books)、教科书(Textbooks)、手册(Handbooks)、参考工具书(Reference works)和丛书(Book series)等。

2. 按出版物名称字顺浏览　点击主界面下方"Browse by publication title"后的出版物首字母或者点击页面上方"journals & books"(见图 6-3),可浏览书刊。所有书刊按名称的首字母排列,再按书刊英文名称的字顺排列。可依刊名字顺浏览,找到相关杂志,单击刊名,显示该刊相关信息,如各卷、期、目次,显示文章题录、全文获取权限(绿色表示可以下载全文),可看到该刊是否开放存取(OA)期刊,可否下载全文。

三、检索结果的处理

(一)检索结果的过滤

在检索结果界面,左侧栏显示检索结果的数量及按不同方式精炼(Refine)检索结果。可以按订阅期刊（Subscribed Journals）、出版年代（Years）、文献类型（Article Type）、出版物名称（Publication Title）、主题领域（Subject Areas）和存取类型（Access Type）等方式对检索结果进行精炼。

（二）检索结果的显示

检索结果界面中间栏显示题录信息，内容包括篇名、刊名、卷期、日期、页数和作者。检索结果默认按照相关度（Relevance）进行排序，也可选择按文献发表时间（Date）由新到旧排序。相关度排序是指按检索词出现的频率排序，频率高的排在前面。

每条题录上方显示该文献的文献类型，若有全文信息以"full text access"标识。点击每条记录的题名，即可查看该文的 HTML 格式的全文信息，以及该篇论文的引文信息、文章内容纲要信息及图表链接、相关论文推荐等，并可在此页面内对该文进行 PDF 格式全文下载。

点击题录下方摘要（Abstract 或 Extracts）可显示相应文摘，点击"Export"可选择四种输出方式，输出相应格式的题录信息。

在检索结果页面上方，数据库提供建议出版物（Suggested Publications），列出与检索主题相关的主要出版物，可浏览对应的书刊等出版物；在检索结果页面右侧，数据库提供相关主题（Suggested Topics），点击对应主题可进入与检索词有关的学科主题内，浏览相应的主题文献等（图 6-5）。

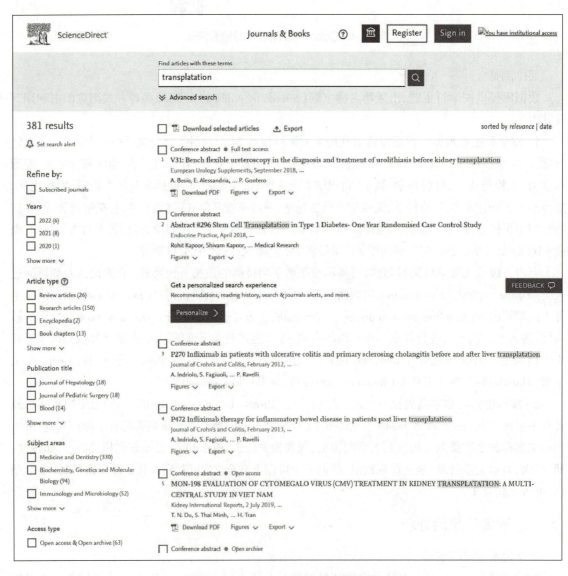

图 6-5　ScienceDirect 检索结果界面

在检索结果页面下方,可设置每页显示条数,可选 25、50、100 条。点击"Next"可显示下一页相关文献。

(三) 检索结果的输出

在每篇文章篇名前有复选框可进行勾选,选择完成后,点击"Export",可以按照自己设置的格式输出题录信息,可选四种输出文档格式:save to RefWorks、export citation to RIS、export citation to BibTeX、export citation to text。题录信息左上方的"download PDFs"工具按钮,可对选择的记录进行 PDF 下载格式设置,系统默认下载显示结果的所有记录。点击"PDF",可以 PDF 格式下载本篇文章全文。

(四) 检索历史和个性化服务

在高级检索页面下方,可显示最近的 100 条检索式。

注册并登录个人账户后,可设置个人检索偏好,查看我的推荐(My Recommendations)、我的检索历史(My Search History)、我的阅读历史(My Reading History),设置提醒管理(Manage Alerts)、更改密码(Change Password),进入个人中心(Privacy Center)进行相关设置。

四、检索实例

检索有关"突发公共卫生事件"的书刊文献。

检索步骤如下:

1. 分析课题　根据检索课题要求,课题的主题为"突发公共卫生事件",英文中并没有对应的专有词汇,需确定与此相关的英文表达、同义词以及缩写,将相关检索词纳入检索范围,使用逻辑或"OR"进行检索。

2. 确定检索式　经查询并结合 ScienceDirect 检索技术,确定检索表达式为:"emergency event" OR "public health emergency" OR "emergency public health event" OR "emergent event of public health" OR "public health emergency of international concern" OR "PHEIC"。

3. 快速检索　在 ScienceDirect 主界面,将以上检索式输入关键词(Keywords)检索框内,点击"检索"按钮,得到检索结果,完成检索。

第三节　SpringerLink

一、概述

施普林格·自然(Springer Nature)集团是世界上著名的科技、医学与人文社科学术出版集团,通过其平台之一 SpringerLink 系统提供学术期刊及电子图书的在线服务。

SpringerLink 平台整合了原 Springer 的出版资源、原 Palgrave 的电子书,涵盖施普林格出版的所有在线资源,目前收录文献超过 1 000 万篇,包括 291 970 种图书、3 767 种期刊、6 902 种丛书、1 686 种参考工具书、65 564 篇实验室指南、33 211 篇会议文献、263 个视频文档和回溯文档数据库,最早可回溯至 1840 年。涵盖 24 个学科主题,与医学相关的学科内容集中在生物医学、生命科学、医学与公共卫生、药学等类目中。可进行多语种、跨数据库的信息检索。

SpringerLink 数据库首页如图 6-6 所示。

SpringerLink 具有如下主要特点:

1. PDF 预览　全新的 PDF 预览功能可以协助用户正确地下载文章。通过 PDF 预览功能,读者可以浏览电子图书各个章节,在确认内容后下载。读者可以快速概览整本电子图书,以更快速度确认下载的章节。这项重要的新功能正好满足用户"预览"电子图书内容的习惯,并排除下载过程中存在

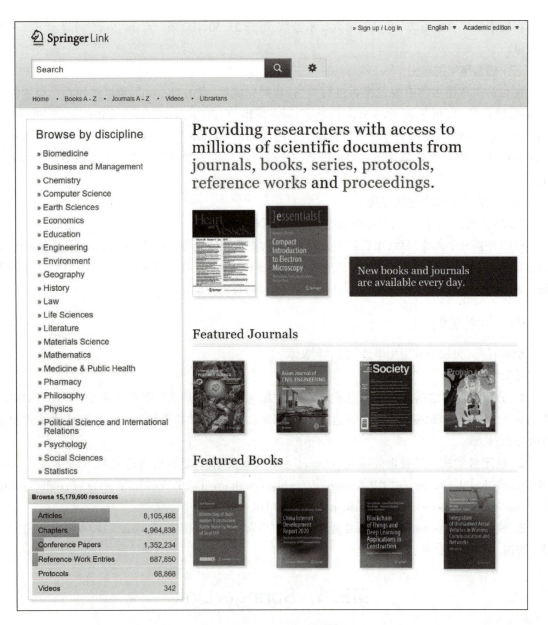

图 6-6　SpringerLink 首页

的不确定性。

2. 语义链接　这是一种由软件驱动的新型电子文献语义分析服务,可特别为用户提供符合最初检索需求的文献列表。"相关文献"功能可以为用户提供与其检索相关的其他内容,并提供这些文献最便捷的访问方式。利用一种新的数字识别程序,在内容层面对期刊文章和图书章节进行分析。另外,"相关文献"能够提供额外 10 篇与文献最为类似的其他内容,远远胜过一般简单的关键字搜索功能。

3. OnlineFirst　提供在出版印刷之前经过同行评议的文章。文章可以通过数字对象标识符(DOI)进行检索和引用,让 OnlineFirst 加速研究成果的传播。该功能可以帮助图书馆员为读者提供最新信息,便于科研人员更快地了解重要的研究成果。

4. OpenChoice　与 OpenChoice 进行整合,作者能够自行选择出版模式,任何人、任何地点都可以免费检索并访问作者的文章。

5. 提醒服务　Springer alerts 是一项方便且可自行设定的免费提醒服务,读者可根据作者、主题、关键字或出版标准来选择出版物提醒服务。读者可以设定自己的 Springer alerts，以获得个人所需的信息。

6. 馆员管理功能　提供的管理功能使采购和馆藏管理更加轻松，并可改善用户服务品质和降低成本。该管理功能包括管理成员、建立外部链接、增加机构标志以及查看统计报告等。

7. 使用统计　提供符合统计在线使用网络电子资源（Counting Online Usage of Network Electronic Resources，COUNTER）标准的使用报告，便于图书馆了解该平台中各产品使用状况。可供下载的报告还包括 ISSN 或 ISBN 等书目资料。详细了解读者的需求将有助于满足用户的需要，并优化馆藏。

8. 弹性的认证方式　支持 IP 认证或一般的 Athens 和 Shibboleth 认证。

二、检索方法与技巧

SpringerLink 平台将期刊、丛书、图书、参考工具书等多种电子出版物整合在一起，同时提供灵活、实用的限定以缩小检索范围，方便读者选择、查询使用，快速获得更为专指的检索结果。SpringerLink 提供浏览和检索两种检索方式，其中，检索又包括快速检索（Quick Search）和高级检索（Advanced Search）两种方式。

（一）检索技术

1. 布尔逻辑检索　逻辑运算符 AND（或 &）表示逻辑"与"，运算符 OR（或 |）表示逻辑"或"，运算符 NOT 表示逻辑"非"，运算符不区分大小写。空格默认布尔逻辑"与"运算。在一个表达式中，布尔逻辑运算符优先级为 NOT>OR>AND，可以通过括号"（ ）"改变运算顺序。

2. 截词检索　截词符"?"代替单词中的一个字符；截词符"*"代替单词中的 0 至多个字符。如输入 Comput*，可检索到包含 compute，computed，computer，computing，computers，computable，computations，computerize，computerization 等词的文献。

3. 位置检索　系统提供"NEAR"和"ONEAR"两种位置算符。"NEAR"表示两个检索词之间最多可以插入 10 个词，位置不限。"NEAR/n"（$n<10$），n 必须为整数，表示两个检索词之间最多可以插入 n 个词，位置不限；"ONEAR"表示两个检索词紧挨着，位置不可变。

4. 词根检索　检索时系统会自动进行词根检索，即在检索框内输入关键词时，能同时检索到以所输入关键词的词根为基础的派生词；例如，输入关键词"controlling"系统会同时检索 control，controlled，controller 等。

5. 短语检索　短语检索即精确检索，系统对短语检索的表示方法是在词组或短语上加上英文半角状态下的双引号。如 "system manager"，只检索到 system manager 这个词组。

（二）快速检索

在 SpringerLink 首页上方检索输入框中输入检索词或检索式，可以是 DOI、作者姓名（Author）、词或词组（Exact Phrase），点击搜索按钮，系统显示为检索结果信息列表（图 6-7）。点击相应的项目可以显示具体信息。

（三）高级检索

在 SpringerLink 首页界面，点击齿轮图标，再点击"Advanced Search"，进入高级检索界面（图 6-8）。检索选项中"with all of the words"表示输入的多个检索词是逻辑"与"的关系；"with the exact phrase"表示强制短语检索；"with at least one of the words"表示输入的多个检索词是逻辑"或"的关系；"without the words"表示对输入的一个或多个检索词执行逻辑"非"运算；"where the title contains"表示限定检索，即检索词出现在篇名中的文献；"where the author/editor is"表示作者检索；"show documents published"可以设置检索年代，还可以选择检索时间，有 between 和 in 两个选项（图 6-8）。

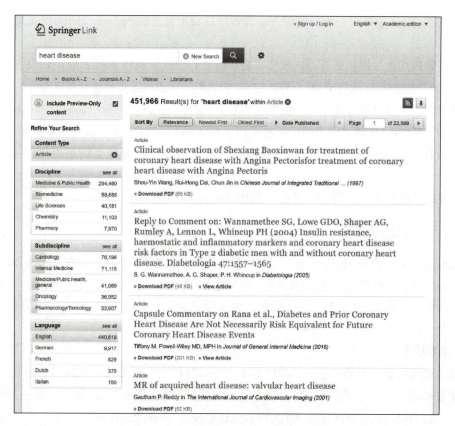

图6-7　SpringerLink 检索结果页面

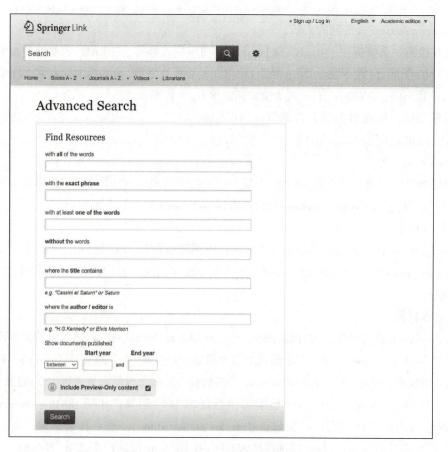

图6-8　SpringerLink 高级检索界面

(四) 浏览

1. 按照学科主题类目浏览 SpringerLink 目前包含 24 个学科主题,分别为建筑和设计、天文学、生物医学、业务和管理、化学、计算机科学、地球科学与地理、经济学、教育和语言、能源、工程、环境科学、食品科学与营养、法律、生命科学、材料、数学、医学、哲学、物理、心理学、公共卫生、社会科学、统计数据,与医学相关的学科内容集中在医学、生物医学和生命科学类目中。点击相应的类目即可出现检索结果。

2. 按照资源类型浏览 SpringerLink 按照出版物的形式分成"文献""图书章节""参考工具书""实验室指南""视频"等,点击各个类型后即显示该类型的所有书刊名称。比如点击"文献",即显示 SpringerLink 平台上的所有文献。Protocols 是全球重要的经同行评审的在线实验室指南数据库,收集超过 36 000 条标准化的实验室操作记录,学科领域主要包括生物化学、分子生物学、生物医学等。

3. 按照书名或刊名字顺浏览 在 SpringerLink 首页上,数据库提供按照书名(books A-Z)或刊名(journals A-Z)字顺两种方式浏览文献信息。

(1) 按照图书英文名称字顺浏览:在 SpringerLink 首页上,点击上方"books A-Z"后,可按图书名称英文字顺浏览图书,也可输入检索词检索图书。点击某一英文字母,可显示以该字母开头的图书列表,点击欲查看的书名,即可显示该书的基本信息,如图书名称、著者、出版年份、被引次数、下载数量等信息。点击"table of contents"可以查看该书目录,点击具体目录名称即可显示该章节摘要文字等信息。若有权限或订购了该书,即可显示章节详细文字信息,也可以下载该章节的 PDF 格式。点击"about this book"可以查看该书简介、关键词、著者及机构、书目信息等。

(2) 按照期刊英文名称字顺浏览:在 SpringerLink 首页上,点击上方"journals A-Z"后,可按期刊名称英文字顺浏览期刊,也可输入检索词检索期刊。点击某一英文字母,可显示以该字母开头的期刊列表。点击欲查看的期刊名称,显示该刊相关信息,如期刊简介,各卷、期等信息。也可输入检索词在本刊内进行检索。点击某期可查看该期论文题录信息,点击论文篇名可显示该篇文章摘要格式,若有权限或订购了该刊,可以下载该论文 HTML 格式或 PDF 格式全文。

三、检索结果的处理

(一) 检索结果的过滤

在检索结果显示界面左侧,通过"Refine Your Search"可以从资源类型(Content type)、学科(Discipline)、子学科(Subdiscipline)、语种(Language)等四个筛选条件对检索结果进行过滤精炼,点击相应类目,显示所需文献结果(见图 6-7)。

(二) 检索结果的显示

检索结果页面右侧显示文献题录,在页面上方显示检索结果的数量及相应的检索式,通过"Sort by"可选择按相关度(Relevance)、出版时间最新(Newest first)和最旧(Oldest first)对检索结果进行排序。通过"Date Published"可对检索结果按时间进一步筛选,点击"Date Published"后,可选 between 和 in 两种方式精炼检索结果,在 Start year 和 End year 所在框里输入具体年代,点击"Submit",即可显示按时间筛选的检索结果。

每条文献题录显示文献类型、标题、作者及出处,在题录下方,通过"Download PDF"可下载该篇文献的 PDF 格式全文,点击"View Article"可显示该篇文献的 HTML 格式全文,点击篇名也可显示该篇文献的 HTML 格式全文。

(三) 检索结果的输出

点击题录下方"Download PDF"可直接下载该篇文献的 PDF 格式全文,点击"View Article"可显示该篇文献的 HTML 格式全文。

通过检索结果页面右上方的灰色向下箭头,可输出包含前 1 000 条文献题录的 CSV 格式文件。

(四) 检索历史和个性化服务

在 SpringerLink 主页用电子邮件地址注册并登录后,可设置"My Bookshelf",将检索历史及检索结果存储进去,供日后查询。也可对自己的账户进行维护。

四、检索实例

检索信息管理在生物医学中应用的相关资料。

检索步骤如下:

1. 分析检索课题,确定主题概念　本课题包含两个主题概念,分别是"信息管理"和"生物医学",SpringerLink 主页有学科分类,其中和这两个主题相关的学科有"Computer Science"和"Biomedicine",检索时可以在 SpringerLink 主页中选择其中的一个学科,然后,在该学科的内容里检索另一个主题以提高检索效率。考虑"Computer Science"所包含的内容远远超过信息管理,因此,选择在"Biomedicine"这个学科类别下对"信息管理"相关的内容进行检索。

2. 选择检索方式,制定检索式　根据检索课题需求,选择快速检索方式。根据前面的分析,需要确定"信息管理"的表达式,结合相关同义词和缩写,确定检索式为:"information management OR information resources management OR IRM"。

3. 快速检索　打开 SpringerLink 主页,在学科类别里选中 Biomedicine 后,输入检索式"information management OR information resources management OR IRM"即可检索出信息管理在生物医学中应用的相关文献。

第四节　Wiley Online Library

一、概述

John Wiley & Sons Inc. 是一家国际知名的专业出版机构,通过 Wiley Online Library 网络出版及服务平台向读者提供服务。Wiley Online Library 平台涵盖了生命科学、健康科学、自然科学、社会与人文科学等学科领域,主要有农业、水产养殖与食品科学,建筑与规划,艺术与应用,商业、经济、财务和会计,化学,计算机科学与信息技术,地球、空间与环境科学,人文学科,法律与犯罪学,生命科学,数学与统计学,医学,护理、牙科和保健,物理科学与工程,心理学,社会与行为科学,兽医 17 个学科,与医学相关文献主要集中在生命科学,医学,护理、牙科和保健等学科中。目前汇集了 2 743 种经同行评审的期刊,25 132 种在线图书,259 部多卷参考工具书(包括百科全书、手册和辞典),54 种丛书。Wiley Online Library 平台为用户提供直观的导航,用户可以检索、阅读、下载和引用现有期刊和在线图书内容、Early View 文章、回溯期刊以及其他相关材料和支持数据。

Wiley Online Library 平台首页如图 6-9 所示。

二、检索方法与技巧

Wiley Online Library 平台提供浏览和检索两种检索方式,可用快速检索、高级检索和题录检索三种方式检索,可按出版物主题和字顺等方式浏览(图 6-9),支持多种检索技术。

(一) 检索技术

1. 布尔逻辑检索　支持布尔逻辑检索,运算符 AND(或"+""&")表示逻辑"与";运算符 OR 表示逻辑"或";运算符 NOT(或"−")表示逻辑"非"。所有运算符须大写。空格默认布尔逻辑"与"运算。例如,输入"spinal cord"表示检索 spinal AND cord。

2. 截词检索　截词符"?"代替单词中的一个字符;截词符"*"代替单词中的任意多个字符。"*"可用于中间截词和后截词,不可用于前截词与强制短语检索中。

3. 作者姓名检索　作者的姓名可以是全名,也可以是首字母缩写。将作者的名字放在引号中,以查找特定的名字及其变体。例如,"John Smith" 可以找到 John Smith、John K Smith 和 John Colby-Smith 的文章,而 "J Smith" 可以找到 J Smith、JR Smith、John Smith 和 Julie Smith 的文章。

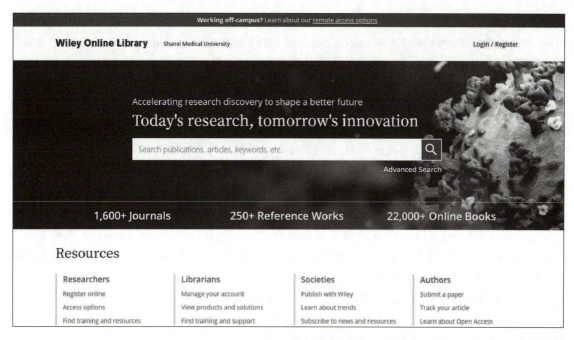

图 6-9　Wiley Online Library 平台首页

4. 短语检索　短语检索即精确检索,系统对短语检索的表示方法是在检索词上加上英文半角状态下的双引号。例如:"spinal cord" 表示精确检索 spinal cord 词组代表的文献。

（二）快速检索

快速检索（Quick Search）即为系统首页提供的检索输入框,是系统提供的默认检索方式,可输入出版物名称、文献题名或者关键词进行检索（图 6-9）。

（三）高级检索

点击系统首页的 "Advanced Search" 即可进入高级检索界面。高级检索界面提供多个检索行,每个检索行可以选择限定一个特定字段。根据课题复杂程度和检索条件的多寡可以自由增删检索行。每个检索行可选字段有任意字段（Anywhere）、标题（Title）、作者（Author）、关键词（Keywords）、摘要（Abstract）、作者机构（Author Affiliation）、资助基金（Funding Agency）等,选择相应字段输入检索词,限制出版物类型及出版时间,即可完成高级检索。可以使用布尔逻辑检索、截词检索、词组精确检索等方式,使检索结果更加符合检索需求。

（四）题录检索

在高级检索界面,数据库还提供题录检索（Citation Search）,使用此检索方法,可准确获得一篇文献的题录信息,提高检索效率。点击 "Citation Search" 进入题录检索界面,根据数据库提供的期刊名称（Journal）、出版年（Year）、卷（Volume）、期（Issue）、页码（Page）及题录号（Citation#）等字段,输入对应的符合检索要求的检索词,点击 "Search" 即可完成检索。

（五）浏览

1. 按主题浏览　数据库按学科分成 17 个学科主题,主题下细分专题,点击主题、专题或亚专题名称,进入其浏览界面,显示该主题下的 Articles & Chapters 和 Publications 数目,点击相应按钮可查看具体信息。同一主题的书刊按字顺排列,可按出版类型进一步筛选图书或期刊。点击书刊名的链接可进入其细览界面,可浏览该刊某年某期中的文献信息。

在医学学科主题下共设有 32 个二级学科,在护理、牙科和保健学科主题下设有 7 个二级学科,每一学科下的二级学科均按学科名称字顺排列,点击学科名称可显示该学科下的研究主题及相应的医学文献。

2. 按出版物类型浏览　在数据库主页上方,提供三种按出版物类型浏览方式来获取相关文献。目前,可以浏览 1 600 多种期刊(Journals)、250 多部 / 多卷参考工具书(Reference Works)和 22 000 多种在线图书(Online Books)。点击相应的出版物类型即可进入具体的浏览界面,一般会按出版物英文名称字顺排列出版物,点击出版物名称的链接可进入其细览界面,浏览相应内容。

在期刊浏览界面,通过 Filters 可以从期刊名称英文字顺(Alphanumeric)、主题(Subjects)和著者(Author)等筛选条件对浏览结果进行过滤精炼,获取更准确的信息。

在参考工具书和在线图书浏览界面,通过 Filters 可以从工具书名称英文字顺(Alphanumeric)、主题(Subjects)、著者(Author)、出版时限(Publication Date)和出版年等筛选条件对浏览结果进行过滤精炼,获取更准确的信息。

3. 按出版物标题字顺浏览　在数据库主页下方,提供按出版物标题字顺浏览获取出版物相关信息。点击"Browse all titles"进入浏览结果界面,以图书(Books)、期刊(Journals)、参考工具书(Reference Works)和丛书(Book Series)四种出版物的标题字顺显示相应的出版物,点击具体的出版物名称可获得相应出版物相关信息。

在按出版物标题字顺浏览结果界面,通过 Filters 可以从工具书名称英文字顺(Alphanumeric)、出版物类型(Publication Type)、主题(Subjects)、著者(Author)、出版时限(Publication Date)和出版年等筛选条件对浏览结果进行过滤精炼,获取更准确的信息。

三、检索结果的处理

(一) 检索结果的过滤

在检索结果显示界面左侧,通过 Filters 可以从出版类型(Publication Type)、出版日期(Publication Date)、访问权限(Access Status)、学科主题(Subjects)、出版物名称(Published in)、作者姓名(Author)等多个筛选条件对检索结果进行过滤精炼,点击相应类目,显示所需文献结果(图 6-10)。

(二) 检索结果的显示

检索结果以题录的形式显示,在页面上方显示检索结果数量及相应的检索式,可按论文与图书章节(Articles & Chapters)、图书(Publications)、期刊(Collections)显示不同文献类型检索结果数量。可选择按相关度(Relevance)和时间(Date)对检索结果排序。每条题录内容包括文献类型、获取权限、标题、著者、出处(包括期刊名称、卷、期),点击"Abstract"可显示文摘。

若通过浏览方式获得具体期刊,点击相应期刊名称,即可显示该刊某期中的文献题录信息,内容包括文献类型、获取权限、标题、著者及出版时间等信息。每条题录下显示文摘、HTML 格式全文、PDF 格式全文、参考文献链接,点击可显示相应信息。在题录上方,可选择按最新出版时间(Most Recent)、被引量(Most Cited)和浏览量(Most Viewed)等方式对结果排序。

在检索结果界面,点击"Refine Search",可进行二次检索、查看检索历史、保存检索结果。二次检索时,可选字段有任意字段(Anywhere)、标题(Title)、作者(Author)、关键词(Keywords),在"Term"框内输入检索词或检索式,即可检索;还可在"Published in"框内输入刊名、书名、参考工具书名称进行限定检索;还可在"Publication Date"选项下进行时间的限定检索,提供"All Dates""Last""Custom Range"三个选项供检索。

点击标题超链接可以进入单篇文献详细显示页面,包含文摘、HTML 格式全文、参考文献及引文的链接。在此页面,检索者可以通过"Sections"显示文章目录结构,点击相应目录可查看详细信息。点击"PDF"可显示 PDF 格式全文并保存或下载;点击"Share"可分享该文;点击"Tools"可进行权限申请(Request Permission)、输出题录(Export Citation)、将文献添加到个人收藏夹(Add to Favorites)和跟踪引文(Track Citation)。点击"Figures"可查看文献中的图片,点击"References"可查看文献的参考文献,点击"Related"可查看与此篇文献相关的文献,点击"Information"可查看文献的计量学数值、文献关键词和稿件出版历史等信息。

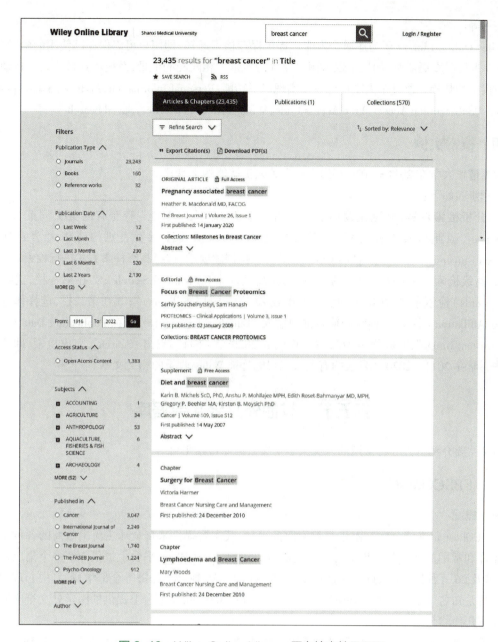

图 6-10　Wiley Online Library 平台检索结果页面

（三）检索结果的输出

检索结果列表上方提供选择当前界面文献记录的"Export Citation（s）"和"Download PDF（s）"输出。点击"Export Citation（s）"，可将所选择文献保存个人账户或输出文献题录 / 文摘，输出格式可选 Plain Text、RIS（ProCite，Reference Manager）、EndNote、BibTex、Medlars、RefWorks 等，还可选择 Type of Import，提供"citation file or direct import"和"indirect import or copy/paste"两个选项。点击"Download PDF（s）"，如有可下载的全文，可以压缩文件包方式输出所选 PDF 格式全文。

（四）检索历史和个性化服务

用户登录 Wiley Online Library 平台后，通过"Register for Alerts"注册并创建 My Account 服务及个人账户管理。

用户通过登录个人账号，可对自己喜欢或感兴趣的出版物进行跟踪提醒选择。当用户定制的期刊新一期出版时，系统将其目录内容自动发送至用户设定的邮箱，帮助用户方便、及时地了解、追踪、获取自己需要的最新信息，如存储用户浏览的期刊论文、书籍章节及搜索结果，便于用户下次登录时快速使用等。

Wiley Online Library 还为注册个人账户提供保存检索通知,即用户可以保存已使用的检索式(检索历史);当数据库更新时,如果出现与用户保存的检索式相匹配的记录,系统将其目录内容自动发送至用户设定的邮箱。通过个人账户还可以实现以下功能:Personal Information,Address,Subscriptions & Purchases,Subscription Access,Free Access Code,Manage Alerts,Favorites,Saved Searches。

四、检索实例

检索清华大学在 2011—2020 年发表的有关人工智能的文献。

检索步骤如下:

1. 分析检索课题,确定主题概念 分析检索课题:"人工智能"有专有的英文词汇 "artificial intelligence",因此检索式较为简单,无须找同义词。只需要注意发表机构清华大学的英文为 "Tsinghua University" 而非 "Qinghua University"。根据课题要求,选择高级检索方式进行检索。

2. 高级检索 ①打开 Wiley 的主页,选择高级检索(Advanced Search);②在第一栏,选择关键词(Keywords)检索字段,在检索词输入框中输入 "artificial intelligence";③在第二栏,选择作者单位(Author Affiliation)字段,在检索词输入框中输入 "Tsinghua University";④在 Publication Date 项目下,选择 "Custom Range",时间设定为 "2011 年 1 月 -2020 年 12 月",点击 "Search",完成检索,即可检索出清华大学在 2011—2020 年发表的有关人工智能且被 Wiley 收录的相关文献。

第五节　其他外文全文数据库

本节主要介绍另外 3 种常用的外文医学全文数据库检索平台。

一、EBSCOhost

(一) 概况

EBSCOhost 是在线学术文献信息检索服务平台,其主要提供来自全球主流出版商的各种文献全文数据库和常用的文摘数据库的检索浏览服务。目前,EBSCOhost 平台上提供 300 多个集成期刊数据库,涉及 26 万种以上的期刊,专业涉及理、工、农、医、天、地、生、经济等全部学科,其中心理学数据库系列更是知名学术机构的必备研究工具。目前,在 EBSCOhost 平台上提供的医学外文全文数据库包括以下几种。

1. CINAHL Plus with Full Text(护理学全文数据库) CINAHL Plus with Full Text 是基于护理学权威文摘数据库 CINAHL 并将其全文化的护理学全文数据库,是护理以及相关医疗研究人员不可或缺的关键资源。提供 5 500 余种期刊的论文摘要、1 400 余种期刊论文参考文献检索,共计 760 多万篇期刊论文。CINAHL 收录的 770 多种期刊全部提供全文,最早文献可回溯至 1937 年。另外,还收录了美国护理协会以及美国国家护理联盟所出版的高质量资源,主题涵盖生物医学、替代 / 补充医学以及 17 个健康护理学科相关的护理内容。特色资源还包含护理研究问卷与量表,疾病与病症的简易快速课程,以及护理继续教育模块等。

2. Dentistry and Oral Science Source(牙科与口腔医学全文数据库) Dentistry and Oral Science Source,简称 DOSS,是目前全球现有口腔医学领域最大的全文集成数据库,整合超过 100 家学术出版商与口腔专业学 / 协会的期刊及书籍全文资源。目前,收录 Journal of Dental Research 1919 年至今完整即期全文,收录德国著名牙科出版商精粹出版集团(Quintessence Publishing)的 20 余种期刊全文,无全文滞后。DOSS 总共收录逾 310 种全文期刊与 20 余种专论书籍。收录大量 PubMed 未收录的口腔医学期刊的摘要及全文,是口腔科医生和研究人员进行研究查阅资源的重要检索入口和平台。

3. Academic Search Complete(综合学科学术文献大全) Academic Search Complete 是世界上

最全面的学术型多学科全文数据库,全文收录了超过 8 700 种期刊,包括 7 500 多种同行评审期刊。此外,还提供了超过 12 500 种期刊和总计超过 13 200 种包括专题论文、报告、会议录等出版物在内的题录和摘要,还可回溯到 1887 年至今的 PDF 文件(绝大部分全文标题都采用原生可搜索 PDF 格式),以及 1 400 多种期刊的可检索参考文献。主题范畴涉及生物科学、工程技术、社会科学、心理学、教育、法律、医学、健康卫生医疗等。

EBSCOhost 平台首页如图 6-11 所示。

图 6-11　EBSCOhost 平台首页

(二) 检索方法与技巧

EBSCOhost 平台主要提供高级检索、基本检索、主题词检索和出版物检索等检索方式查阅文献,也支持多种检索技术。

1. 检索技术　包括:①布尔逻辑检索,运算符 AND(逻辑与)、OR(逻辑或)、NOT(逻辑非);②截词检索,截词符"?"代表 1 个字符,"*"代表零个或多个字符;③位置检索,位置算符包括"Nn"和"Wn",表示两个检索词之间的位置邻近关系。它们均表示检索词之间最多相隔 n 个单词,前者表示两词出现的顺序无关,后者表示两词出现顺序与输入顺序一致。

2. 高级检索　提供多个检索输入框可进行复杂课题检索,并可根据课题复杂程度增删检索框,同时提供多种对检索式进行修饰或限定的方法(图 6-11)。

3. 基本检索　与高级检索类似,区别在于基本检索界面仅提供了一个检索行,其他检索模式与限定条件与高级检索基本相同。

4. 主题词检索　MeSH 主题词表辅助检索,可通过内嵌的主题词表查询确认规范的主题词,并选择合适的副主题词,设定是否加权检索和扩展检索,完成主题词检索过程。

5. 出版物检索　可以按照字顺浏览数据库收录的所有期刊,也可输入关键词查找所需的期刊。每种期刊都提供了出版者信息、收录文献的起止年份、全文记录的起止年份、出版物类型、所属科目等资料,并在右侧提供具体卷、期的链接。

二、ProQuest

(一) 概况

ProQuest 是网络学术文献信息检索服务平台,提供来自全世界各类出版商的电子书刊、学位论文、报纸、电视和无线电广播、公司年度报告和快照、政府文件和存档以及地图的检索阅览服务(图 6-12)。平台提供大量有关商业信息、学术研究、应用科技的数据库,涉及艺术、商业、健康与医学、历史、文学和语言、科学和技术、社会科学、商业管理等广泛领域。目前,在 ProQuest 检索平台上提供的医学外文全文数据库包括以下几种。

1. Research Library(研究图书馆) Research Library 数据库收录了 1971 年至今的综合参考及人文社会科学期刊论文全文,涉及社会科学、人文科学、商业与经济、教育、历史、传播学、法律、军事、文化、科学、医学、护理学、卫生保健、公共卫生、药理学、艺术、心理学、宗教与神学、社会学等 150 个学科领域,收录综合性期刊和报纸 3 671 种,其中多数期刊有近年来收录的文章全文。

2. Health & Medical Collection(健康医疗数据库) Health & Medical Collection 数据库主要收录临床和生物医学、消费者健康、健康管理等领域的期刊论文。目前,该库提供 1 500 多种期刊,其中近 1 300 种为全文,900 多种期刊论文内容被 MEDLINE 收录,包括《新英格兰医学杂志》(*The New England Journal of Medicine*)、《柳叶刀》(*The Lancet*)、《国立癌症研究院杂志》(*Journal of the National Cancer Institute*)(美国)、《美国精神病学杂志》(*The American Journal of Psychiatry*)、《风湿病学》(*Rheumatology*)、《美国公共卫生杂志》(*American Journal of Public Health*)等高品质医学期刊。这些期刊涵盖所有主要的临床和医疗保健学科,包括基础医学和临床医学、免疫学、药学和药理学、护理、身体健康和卫生等。

3. Pharmaceutical News Index(药学新闻索引) Pharmaceutical News Index 数据库提供有关药学新闻、制药研究、药物法规等方面的信息。覆盖了药学、医疗保健、生物技术和医疗设备等方面的重要专业出版物 20 余种。

图 6-12　ProQuest 平台首页

(二) 检索方法与技巧

ProQuest 平台主要提供基本检索、高级检索、命令行检索、词库检索、出版物检索和浏览等检索方式查阅文献,也支持多种检索技术。

1. 检索技术 包括:①布尔逻辑检索,运算符 AND(逻辑与)、OR(逻辑或)、NOT(逻辑非);②截词检索,截词符"?"代表 1 个字符,"*"代表零个或多个字符,"$n"或"[*n]"表示可以替换 n 个字符;

③位置检索,位置算符包括"NEAR/n 或 N/n"和"PRE/n 或 P/n 或 -",表示两个检索词之间的位置邻近关系。它们均表示检索词之间最多相隔 n 个单词,前者表示两词出现的顺序无关,后者表示两词出现顺序与输入顺序一致;④运算符优先:( )>PRE>NEAR>AND>OR>NOT。

2. 基本检索　一框式检索,可输入任意单词、词组、短语或检索式进行检索,支持布尔逻辑检索、位置检索、截词检索、字段限定检索(包括主、副主题词组配检索)。

3. 高级检索　提供多个检索输入框可进行复杂课题检索,并可根据课题复杂程度增删检索框,每个检索框可指定检索字段,不同检索框之间可设定逻辑运算,同时提供多种对整个检索式进行修饰或限定的方法。

4. 命令行检索　一框式检索,综合运用字段标识符、字段限定符、各种运算符以及检索词用命令行方式构建一个复杂课题的逻辑检索表达式进行检索。

5. 词库检索　词库即《医学主题词表》(MeSH),词库检索即为 MeSH 辅助检索,可通过内嵌的主题词表查询确认规范的主题词,并选择合适的副主题词,设定是否加权检索和扩展检索,完成主题词检索过程。

6. 出版物检索　在所选数据库中检索和浏览全文文献出版物。可以按照字顺浏览数据库收录的所有出版物,也可输入关键词查找所需的出版物。每种出版物都提供基本出版信息,若是期刊,还提供在可用期刊内和单个期刊内检索。期刊还提供按年、卷、期,逐期、逐页浏览文献全文。

7. 浏览　浏览主题和特色内容。提供按主题指南、行业与市场研究、商品报告、公司报告、国家/地区报告等浏览商业信息内容;提供按主题、国家(地区)浏览学位论文。

三、Taylor & Francis Online

(一) 概况

Taylor & Francis Online 是网络学术期刊文献检索服务平台(图 6-13)。目前,Taylor & Francis 出版集团在全球范围内出版 2 000 余种期刊,纸质图书每年出版量 6 500 种,出版的电子图书近 7 万册,享有良好的声誉。

目前,在 Taylor & Francis Online 平台上提供的医学外文期刊全文数据库包括以下两种。

1. T&F MEDICAL Library(Taylor & Francis 医学期刊专辑库)　该库收录医学期刊数量 200 多种,其中超过 80% 的期刊被 Web of Science 收录,可使用回溯 20 年的内容(年限不尽相同),覆盖内容从基础医学到临床医学,划分为 4 个主题:综合医疗与公共卫生、临床精神病学与神经科学、综合内科与口腔医学、药物学与毒理学,共涉及 28 个重要领域。

2. T&F Expert Opinion Collection(Taylor & Francis 专家见解专辑库)　该库是 Taylor & Francis 出版集团出版的一个药学高影响因子专辑,共收录 11 种 Expert Opinion 系列的药学高影响因子学术期刊,覆盖药物研发全部阶段,提供专业分析和综述,涵盖新药研发、疫苗研发、罕见病药物研发,药物基因疗法、药物专利评价等新兴热点研究主题,出版有关所有治疗领域的综述、评估和原创文章。

(二) 检索方法与技巧

Taylor & Francis Online 平台主要提供基本检索、高级检索和浏览三种方式检索阅读期刊文献,也支持多种检索技术。

1. 检索技术　①布尔逻辑检索,运算符 AND(逻辑与)、OR(逻辑或)、NOT(逻辑非);②截词检索,截词符"?"代表 1 个字符,"*"代表零个或多个字符;③位置检索,"AIDS vaccine"~10 表示 AIDS 和 vaccine 两个检索词之间最多相隔 10 个单词;④模糊检索,"dostoyevsky~"表示同时检索 dostoevsky 和 dostoievski 这两个词的结果(逻辑或);⑤短语检索,固定词组或短语用双引号引起才能实现短语检索,例如 "blue moon"。

2. 基本检索　一框式检索(图 6-13),可输入任意单词、词组或检索式进行检索,支持布尔逻辑检索、位置检索、截词检索、字段限定检索、模糊检索、短语检索等。

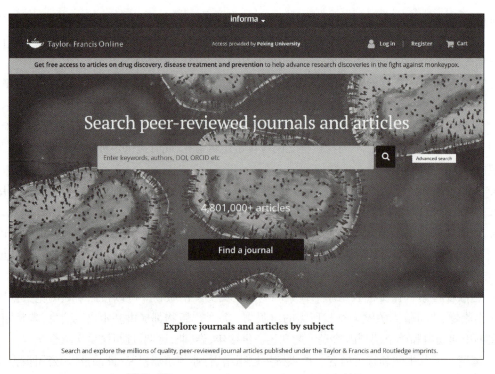

图 6-13　Taylor & Francis Online 平台首页

3. 高级检索　提供多个检索输入框可进行复杂课题检索,并可根据课题复杂程度增删检索框,每个检索框可指定检索字段,不同检索框之间默认为逻辑"与"运算,同时提供对整个检索式进行出版日期的限定检索。

4. 浏览　提供按学科浏览期刊和论文(Explore Journals and Articles by Subject);按刊名字顺以及学科过滤浏览期刊及其论文(Browse journals A-Z)。

本章小结

　　本章对 7 种医药卫生领域常用的外文全文数据库检索平台,即 ClinicalKey、ScienceDirect、SpringerLink、Wiley Online Library、EBSCOhost、ProQuest 和 Taylor & Francis Online 的概况及特点、检索方法与技巧,以及检索结果的处理方式进行了详细介绍,并给出检索实例加以示范说明。

(袁永旭　谢志耘)

思考题

　　1. 试述 ClinicalKey 对临床实践的作用和价值。

　　2. 如何使用 ScienceDirect 数据库长期跟踪某一特定医学研究主题的最新动态?

　　3. SpringerLink 数据库对医学科研工作者有何帮助?

　　4. Wiley Online Library 资源有哪些特点? 个性化服务里可实现哪些功能?

　　5. ProQuest 平台中常用的医学数据库有哪些?

　　6. 比较分析 EBSCOhost、ProQuest 和 Taylor & Francis Online 三个外文全文数据库检索平台医学全文资源的优劣势和价值,以及检索技术和方式的便利性和用户体验。

第七章
引文数据库检索

　　科学研究通常是在前人工作基础上的创新,因此,撰写科技论文往往需要引用、引述大量的相关文献,以丰富或佐证论文的内容。如此,便形成了学术论文之间的引用与被引用关系。引文检索就是通过检索这些存在相互引用关系的文献,获取相关主题的最新文献,揭示学者之间的学术交流,并对研究人员的科研绩效和期刊质量进行评价。本章主要介绍引文检索的相关概念和作用,Web of Science 核心合集、Scopus 数据库和中文数据库中的引文检索的方法和检索结果分析,以及引文分析工具的使用。

第一节　引文检索概述

一、基本概念

　　引文,又称被引文献(cited paper),指列于文献末尾或脚注的参考文献(reference)。列有参考文献的文献称为引用文献(citing paper),又称引证文献。引用文献与被引文献是相对的。文献 A 对于它的参考文献来说就是引用文献,但当文献 A 被别人引用后就成了那篇文献的被引文献。当作者引用自己发表的文献时称为作者自引,同一期刊上文献的相互引用是期刊自引,二者统称为自引(self-citation)。若文献 A 与文献 B 同时被后来一篇或多篇文献引用,则称文献 A 与文献 B 之间的关系为同被引。

　　引文检索(citation search)是指以被引文献为检索起点来检索引用文献。引文检索中常见的检索字段有被引作者、被引刊名、被引年份和被引标题等。

二、引文检索的作用

　　引文检索在学术交流和科研评价中的作用日显突出,其作用主要有以下几个方面。

　　1. 分析、追踪热点文献　通过对热点文献进行引文检索,可以获得一系列主题相关、内容上有所继承和发展的新文献,追踪理论的发展轨迹、学科的研究热点。

　　2. 评估学术文献的影响力　文献的被引用次数(times cited)是其学术观点和研究成果被他人参考借鉴认可的例证。论文的被引用次数越高,表示其影响力越大。

　　3. 评估科研人员的学术水平　文献质量与文献被引次数成正比已被广泛认同,通过文献数量和被引次数可以评估科研人员的学术水平。

　　4. 评估机构或国家的科研实力　文献被引总频次在一定程度上能反映该机构和国家的科研总体实力,也可查询基本科学指标等分析评价工具。

　　5. 评价学术期刊的质量　目前,国际上采用的计量指标有期刊的影响因子、立即指数和被引总频次等,这些数据都可从期刊引证报告中获得。

第二节　Web of Science 核心合集

一、概述

　　Web of Science 是学术信息资源整合平台。该平台具有检索、提取、分析、评价和管理等功能,包含 Web of Science 核心合集、Derwent Innovations Index、BIOSIS Previews、MEDLINE、SciELO Citation Index 和中国科学引文数据库等书目数据库。Web of Science 平台中的分析工具有期刊引证报告（Journal Citation Reports，JCR）、基本科学指标（Essential Science Indicators，ESI）和 Incites 等。

　　Web of Science 平台中影响力最大的书目数据库是 Web of Science 核心合集（以下简称核心合集）；揭示了自然科学、社会科学、艺术和人文研究领域中期刊、图书和会议录文献之间的引证关系，有助于发现研究人员在科研成果中建立起来的相互关联。

　　核心合集包括引文索引和化学索引。

（一）引文索引

引文索引包括自然科学、社会科学、人文艺术等期刊、会议的引文索引和图书引文索引。

　　1. 科学引文索引扩展版（Science Citation Index Expanded，SCIE）　收录 1900 年至今的 8 700 多种科技期刊。内容涵盖农业、天文学、生物化学、生物学、生物技术、化学、计算机科学、材料学、数学、医学、精神病学、肿瘤学、药理学、物理学、植物学、兽医学和动物学等。

　　2. 社会科学引文索引（Social Sciences Citation Index，SSCI）　收录 1900 年至今的 3 500 多种社会科学期刊，同时从科技期刊中选择性地收录与社会科学有关的文献。内容涵盖人类学、历史、情报学和图书馆学、法学、语言学、哲学、心理学、精神病学、政治学、公共卫生、社会问题、社会工作、社会学、城市研究等。

　　3. 艺术与人文科学引文索引（Arts & Humanities Citation Index，A&HCI）　收录 1975 年至今 1 800 多种艺术与人文科学期刊，同时从自然科学和社会科学期刊中选择性地收录与人文艺术相关的文献。内容涵盖考古学、建筑学、艺术、古典作品、舞蹈、历史、语言学、文学评论、文学、音乐、哲学、诗歌等。

　　4. 新兴来源引文索引（Emerging Sources Citation Index，ESCI）　收录 2005 年至今 SCIE、SSCI 和 A&HCI 中尚未涵盖的期刊。这些期刊符合编辑质量、时效性和影响力方面的最低标准，经过一段时间的评估后才能进入 SCIE、SSCI 和 A&HCI。

　　5. 会议录引文索引（Conference Proceedings Citation Index，CPCI）　收录 1997 年至今的学术会议的会议录。分为 Science 和 Social Science & Humanities 2 个索引。

　　6. 图书引文索引（Book Citation Index，BCI）　收录 2005 年至今由数据库编辑人员选出的已出版的学术图书和图书章节。图书引文索引与核心合集中的其他引文索引无缝集成，提供了针对作者已发表著作的完整引文计数。图书引文索引分为自然科学、社会科学与人文科学 2 个索引。

（二）化学索引

化学索引可以通过绘制化学结构来查找化合物和化学反应。

　　1. 当代化学反应数据库（Current Chemical Reactions，CCR）　收录从 1985 年至今国际知名期刊和专利授权机构的单步和多步的新合成方法。每一种方法都提供了完整的化学反应过程，同时伴有详细、精确的图形来表示每个化学反应的步骤。其中来自法国国家知识产权局（Institute National de la Propriété Intellectuelle，INPI）的化学反应最早可追溯到 1840 年。

　　2. 化合物数据库（Index Chemicus，IC）　收录 1993 年至今国际知名期刊上报道的新的有机化合物的化学结构和关键数据，其中许多记录展示了从最初的原料到最终产品的整个化学反应过程。IC 是揭示生物活性化合物和天然产品最新信息的重要信息源。

二、检索规则

　　1. 支持 AND，OR，NOT 布尔算符　遵循 NOT>AND>OR 的运算顺序。默认检索词之间的空格为 AND 算符，但不适用于中文检索词。

　　2. 词组检索时应使用半角双引号（""）　表示检出文献中含有与双引号内完全相同的检索词。

3. 可使用位置限定算符 NEAR/x 和 SAME NEAR/x 表示该运算符连接的两个检索词之间相隔不大于指定数量的单词,两个检索词的前后顺序可交换。例如,tongue NEAR/2 base 可以检索到包含 tongue base、base of tongue 和 base of the tongue 的记录。tongue NEAR base 则表示两者之间不超过 15 个单词。SAME 通常在"地址"字段中使用,表示 SAME 前后两个检索词出现在全记录的同一地址中。例如,fudan SAME zhongshan hosp 可以检索到复旦大学附属中山医院学者发表的文献。

4. 通配符是星号(*)、问号(?)和美元符号(\$) 通配符表示未知字符,所有通配符都不能用于"出版年"字段。"*"表示 0 个或多个字符,可以用于单词的左、中、右三个位置,其中左截词符只能在主题字段、标题字段和标识代码中使用。"?"表示任意 1 个字符。"\$"表示 0 个或 1 个字符。

三、检索方法与技巧

Web of Science 核心合集提供文献(Documents)、高级检索(Advanced Search)、被引参考文献(Cited References)、化学结构(Structure)和研究人员(Researchers)等多种检索方法。

(一)文献检索

文献(Documents)检索是默认的检索方法。提供的字段有主题、标题、作者、出版物标题、所属机构、地址、会议、语种、文献类型、基金资助机构和 PubMed ID 等。

例:查 2017—2021 年有关"禽流感"的英文综述文献。在图 7-1 中,第一个检索字段选"主题",右侧检索框内输入 "avian influenza" OR "bird flu";第二个检索字段选"语种",右侧框内选"English";第三个检索字段选"文献类型",右侧框内选"Review";点击添加日期范围后,选择 Publication Date 中的"自定义年份范围",在右侧框中分别输入起止年份(注意格式)。点击"检索"获得检索结果。

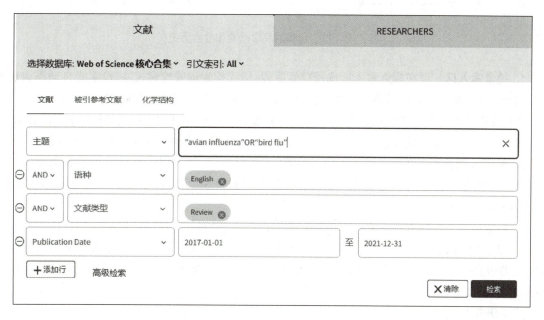

图 7-1 核心合集的文献检索页面

主题是最常用的检索字段。主题包含标题、关键词、摘要和增补关键词(Keywords Plus)4 个字段。由于 Web of Science 平台不设主题词,检索时要考虑同义词情况。本例中的"avian influenza"和"bird flu"是同义词,都表示"禽流感",所以用运算符"OR"连接。为了查全,还可以用"H5N1""H7N9"等特定禽流感病毒作为检索词参与检索,同样用运算符"OR"连接。

（二）高级检索

核心合集的高级检索（Advanced Search）主要有检索输入区、检索式预览框和检索历史三个部分（图 7-2）。

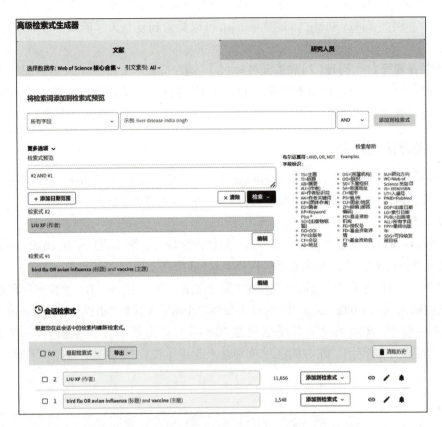

图 7-2　核心合集的高级检索和检索历史

1. 检索输入区　可在检索输入区选择检索字段，输入检索词或检索式，将检索式自动添加到下方检索预览框。例如，选择"主题"字段，输入 hepatitis b virus，然后点击"添加到检索式"。

在更多选项中开启精确检索之后，系统只检索输入的检索词，不使用词形还原和词干来扩展检索。例如，输入 mouse，开启精确检索，系统只检出包含单词 mouse 的记录，包含 mice 的记录将不会被检出。

2. 检索式预览框　在检索输入区输入检索词，点击"添加到检索式"之后，检索式预览框中将自动生成带有字段标识符的检索式。也可在检索式预览框中直接输入检索式，如 TS=（hepatitis B virus），TS 表示主题字段。

3. 检索历史　按检索顺序显示检索式及检出记录数。针对每一条检索式点击"编辑"可修改检索式。点击"添加到检索式预览区"，可对之前的检索式进行重复检索。点击"复制检索式链接"，可在浏览器中直接进入检索结果页面，无须输入检索式。点击"创建跟踪服务"，可定期获得这一课题的最新文献。

（三）研究人员检索

研究人员检索（Researchers）即通过作者姓名查看其作者记录。作者记录是可能由同一作者撰写的若干组文献。同一位作者的文献可能会显示在多条记录中，也可能一条记录中出现了错误的文献。

例：检索诺贝尔奖获得者美国科学家 Stanley B. Prusiner 撰写的论文。通过研究人员检索页面（图 7-3），在姓氏检索栏中输入 Prusiner，在名字和中间名首字母检索栏中输入 Stanley B.。点击检索后即可获得研究人员的记录。在研究人员的记录（图 7-4）中包含作者的署名变体、作者所属的组织机构以及来自核心合集的文献。

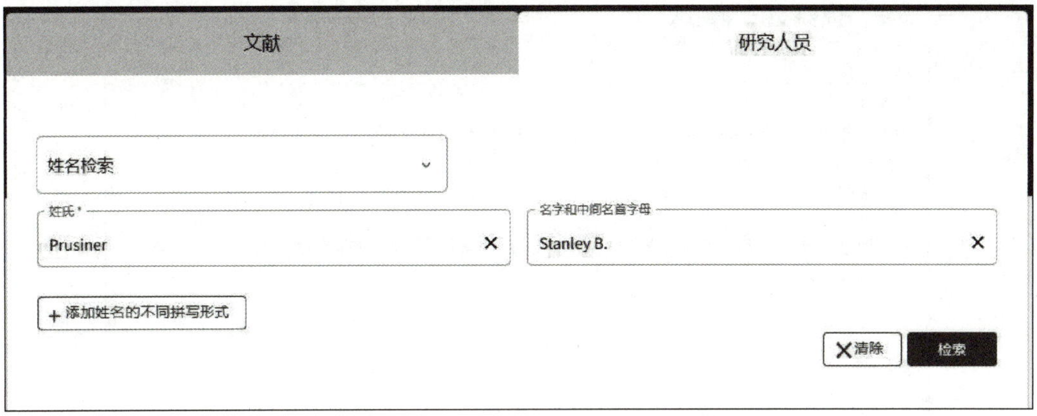

图 7-3 核心合集的研究人员检索页面

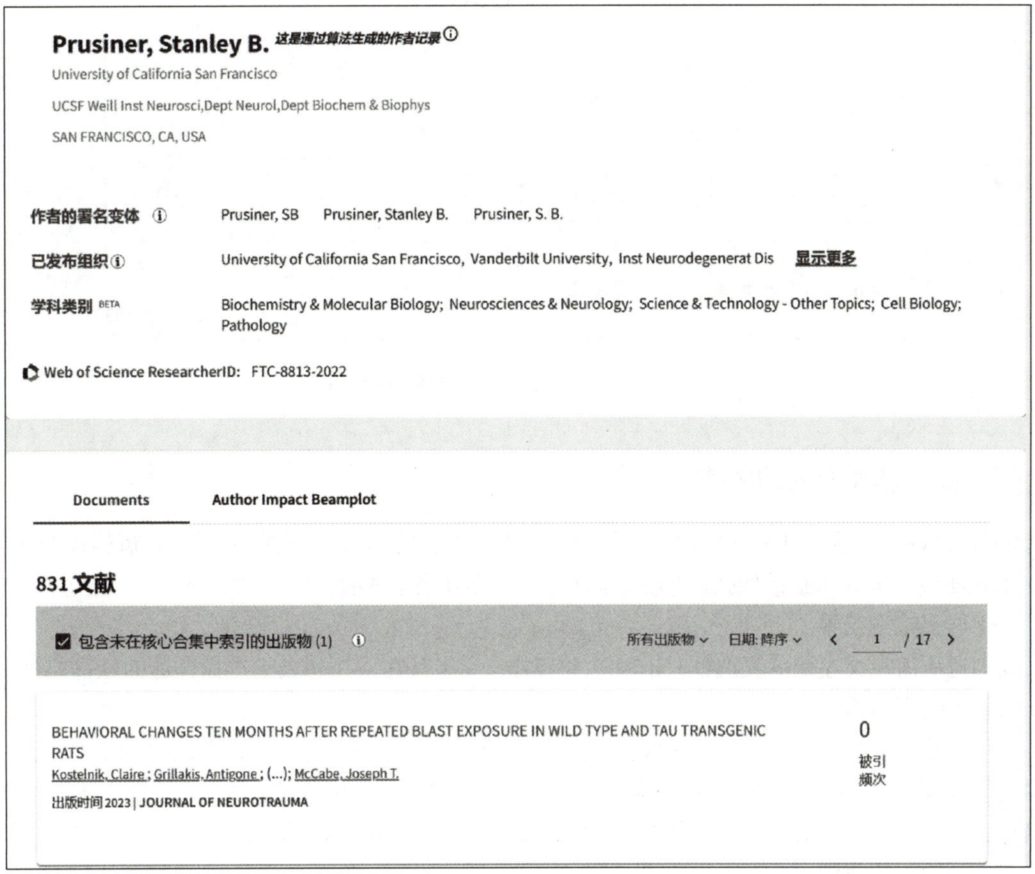

图 7-4 核心合集的研究人员记录

（四）被引参考文献检索

被引参考文献检索（Cited References）即引文检索，指通过被引文献获得引用文献，从而分析追踪热点文献、评估学术文献的影响力、科研人员的学术水平和机构或国家的科研实力。检索字段有被引作者、被引著作、被引年份、被引标题、被引 DOI 等。检索步骤详见本节"检索实例"。

（五）化学结构检索

在两个化学索引中，通过化学结构图或检索词可获得化合物信息和化学反应信息。在化学结构检索（Structure）界面（图 7-5）通过绘制化学结构图，或在"化合物数据"和"化学反应数据"输入与化合物和反应相关的数据获得与之相匹配记录。

NOTES

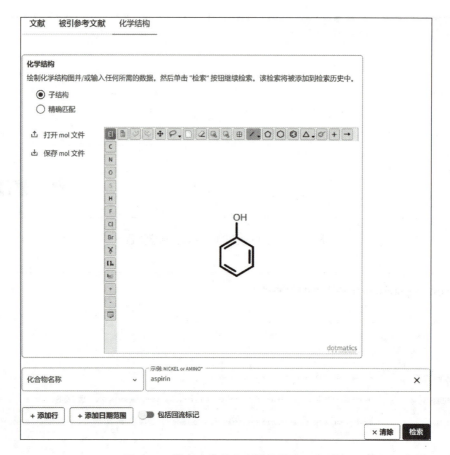

图7-5　核心合集的化学结构检索界面

四、检索结果处理和分析

Web of Science 平台具有导出检索结果、创建跟踪服务、创建引文跟踪、精炼/分析检索结果等检索结果处理和分析等功能；但创建引文跟踪只有在核心合集中才有。

（一）导出检索结果

先勾选所需论文左侧的复选框（图7-6），再点击"导出"，在下拉列表中选择合适的软件或格式。

（二）创建跟踪服务

使用创建跟踪服务可以保存检索式以备日后调用，或者定期获得这一课题的最新文献。这项服务需免费注册后才能使用。操作步骤为：在检索结果页面点击"创建跟踪服务"，登录后创建检索跟踪名称，依次点击"管理跟踪""更多选项"，可选择定期发送到电子邮箱中的频率等。

（三）创建引文跟踪

若对某篇文献被人引用的情况感兴趣，可创建引文跟踪。创建引文跟踪后，将来只要有人引用了该文献，用户的电子邮箱就会接收到引用文献的信息。操作步骤是：在想要被跟踪文献的全记录显示页面，点击右侧的"创建引文跟踪"；登录后，在新窗口中点击"创建"即可。可在图7-7的界面编辑和删除已创建的检索跟踪和引文跟踪服务。

（四）精炼/分析检索结果

对检索结果进行精炼和分析有助于从宏观上把握检出文献的各种分布情况。在"精炼检索结果"（图7-8）和"分析检索结果"（图7-9）中，按作者、国家/地区和所属机构排序，从而了解哪些学者、机构和国家或地区在进行这个研究领域的工作；按出版物标题排序可了解该专题的文献主要刊登在哪些刊物上，以便作为今后选读和投稿的方向；按 Web of Science 类别或研究方向排序，可了解某专题研究的学科交叉情况。

图 7-6 导出检索结果页面

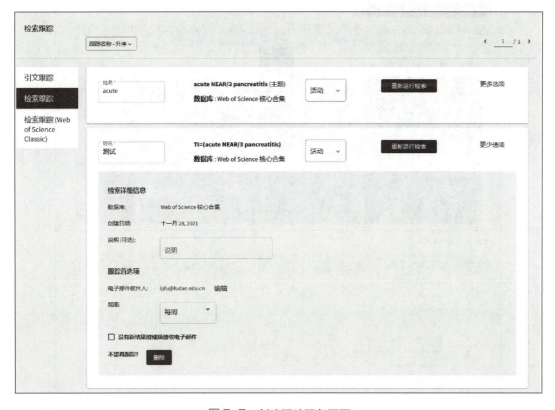

图 7-7 创建跟踪服务页面

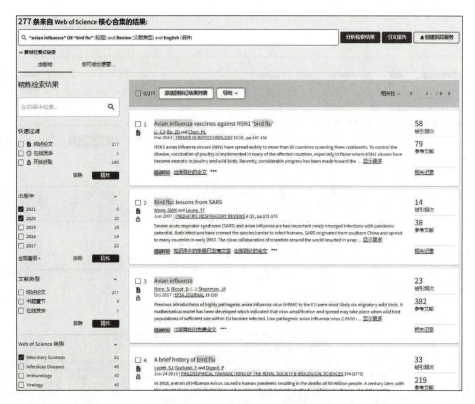

图 7-8　核心合集的精炼检索结果

图 7-9　核心合集的检索结果分析

"分析检索结果"比"精炼检索结果"界面更直观,功能更强大。除了树状图还有柱状图及每个选项在整个结果中所占的比例。

(五) 创建引文报告

在检索结果页面,点击右上角的"创建引文报告",可获得当前检索结果的引文报告。图 7-10 是对"循环肿瘤细胞诊断结直肠癌转移"课题创建的引文报告。

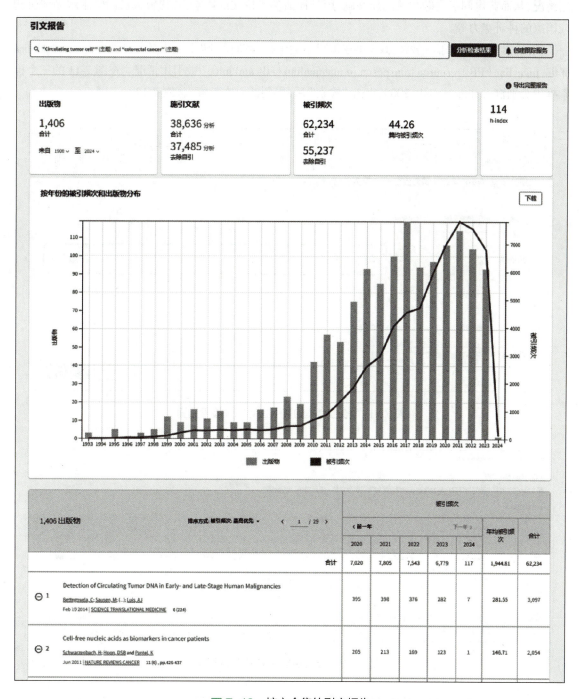

图 7-10 核心合集的引文报告

引文报告分三个部分:引文指标、引文图表和引文列表。在引文指标中列出检索结果中的文献数量、施引文献数、被引频次和 H 指数(详见本章第三节)。引文图表则列出每年的文献数量和对应的被引频次。由此可概览该课题的研究历程和被关注程度。引文列表将每篇文献按照被引频次从高到低排列显示,并详细列出每篇文献每年被引次数和平均每年被引次数。由此可获得这个课题的高被引文献。

五、检索实例

核心合集中的被引参考文献检索是较有特色的检索方式,可以用来检索某人或某篇文献的被引用情况,从而获得同一主题相关的新文献;用于评估学术论文的影响力、研究人员的学术水平和机构或国家的科研实力等。

例:检索复旦大学丁升教授2005年在国际顶尖生物学期刊 *Cell* 上发表的文献"efficient transposition of the piggyBac(PB)resource transposon in mammalian cells and mice"被引用情况。在图7-11的三个检索框内分别输入 ding s 、cell 、2005,点击"检索"后,得到被引文献索引(图7-12)。

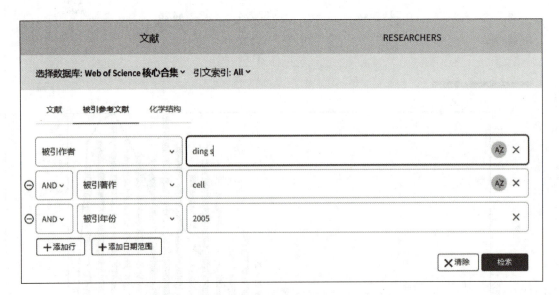

图 7-11　核心合集的被引参考文献检索页面

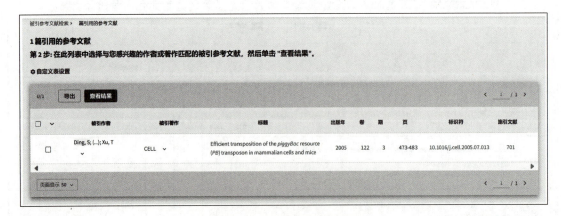

图 7-12　核心合集的被引文献索引

图7-12中,被引文献索引条目从左至右分别表示:被引作者,被引著作,被引标题,被引文献出版年、卷、期、起止页,被引文献的 DOI 和施引文献数。点击施引文献数,或勾选索引条目最左侧的复选框,然后,点击"查看结果",可得到引用文献(图7-13)。

在图7-12页面上,点击文献标题可浏览该文献的详细内容(图7-14)。点击该页右上方被引频次,也能获得引用文献。若想持续关注这篇文献被引用情况,可点击"创建引文跟踪"。

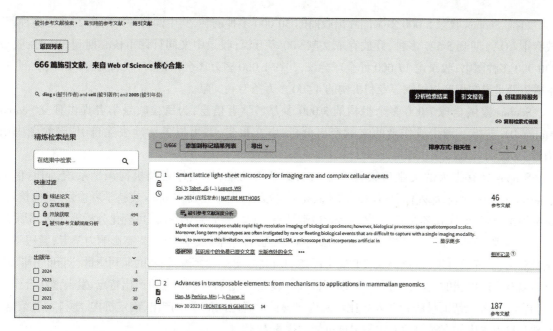

图 7-13 核心合集的被引参考文献检索结果

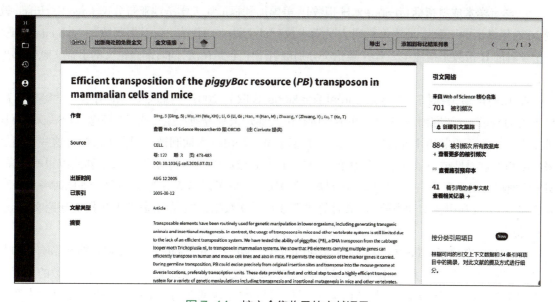

图 7-14 核心合集收录的文献记录

第三节 Scopus

一、概述

（一）基本概况

Scopus 是 Elsevier 出版公司 2004 年推出的科研检索分析和学科规划管理平台，是全球规模最大的同行评审期刊文摘和引文数据库，收录专业文献文摘与题录 7 800 多万条。资源类型包括期刊、图书和会议论文。文献记录最早回溯至 1782 年，涵盖科学、技术、医学、社会科学、艺术和人文等研究领域。每日更新，支持多语种可选检索界面，提供底层元数据（XML）及丰富的 API 对接其他信息系统。

目前,Scopus 收录 5 000 多家国际出版商的 30 000 多种期刊,其中同行评审期刊 20 000 多种,开放存取(OA)期刊 5 527 多种,开放存取文献 900 多万篇;收录中文同行评审核心期刊 884 种;收录 230 000 多种图书;收录逾 17 000 种全球会议,共约 1 000 多万篇会议论文;收录美国、英国、欧洲、日本等以及世界知识产权组织等专利机构的 4 400 多万条专利文献。

Scopus 提供全球 7 000 多个机构的 3 000 多万名学者信息,为每位收录学者提供独立 Scopus Author ID,支持一键生成作者的文献产出分析、引文报告,并可以灵活地去除自引、删除图书引用等。

Scopus 具有强大的文献检索及专业的引文分析功能,提供作者及机构识别系统,同时借助 Elsevier 的索引词表,深入标引所收录的文献记录,文献检出率较高;Scopus 支持学者检索、机构检索、文献检索,其平台拥有多种工具,提供精炼检索结果、引文分析、智能跟踪、可视化分析等功能,帮助科研人员梳理、分析文献,了解机构科研动态、学科表现、合作单位、学术产出、高影响力学者;紧跟学科领域前沿、了解学科领域高水平期刊,确定可能的研究方向;了解学科领域的期刊质量、期刊的国际影响力以及将来可能的投稿方向和目标期刊;快速获取个人、同行、机构科研产出特点,发掘潜在合作机构和合作学者。帮助科研管理人员比较机构、学科、学者之间的学术产出,确定机构、学科发展策略,发现和培养本机构有潜力的人才和引进可能的优秀人才。

(二) Scopus 独特的评价指标

1. 学者学术成就指标(h-index,H 指数)　美国加利福尼亚大学圣地亚哥分校 Jorge E. Hirsch 教授 2005 年提出的一种定量评价科研人员学术成就的方法。H 代表"高引用次数"(high citations)。一个学者的 H 指数是指他至多有 N 篇论文分别被引用了至少 N 次,同时剩余论文的引证文献数都小于 N。

2. 期刊声望指标(Scimago Journal Rankings,SJR)　2007 年西班牙格拉纳达大学等四所高校组成的 Scimago 研究团队,基于"并不是所有引文都是被平等地产生出来的"理念,以 Scopus 为基础提出了一种新的期刊评价指标——SJR。其基本思想是由学术期刊被引用多少次数与这些引用是来自哪里的重要性或声望性来衡量期刊的影响力,期刊被高声望期刊引用越多,期刊的声望就越高。SJR 的独特性在于它是一个既考虑了期刊被引数量,又考虑了期刊被引质量的指标,即同时考虑期刊发文量、引文量和引证期刊声望。SJR 计算需要 3 年引文数据,纳入的文献类型包括期刊论文、会议录和综述。

3. 期刊标准化指标(Source Normalized Impact per Paper,SNIP)　用于衡量期刊影响力的期刊度量指标,由荷兰莱顿大学 Hank Moed 博士于 2010 年提出。其基本思想是从篇均引文数的角度减少不同主题领域引用行为的差异,从而实现不同主题领域来源期刊的直接比较。SNIP 是某一来源出版物 3 年引文中的每篇论文平均被引次数与该学科领域"引文潜力"之间的比值,其中"引文潜力"是指估计一篇文章在指定学科领域中所达到的平均被引次数(包含自引)。SNIP 特别考虑了不同学科领域来源出版物的特点、作者引用其他领域的参考文献的引用频次、引用影响的成熟速度和所用数据库在学科领域内的文献覆盖程度等,综合考虑了期刊发文量、引文量和学科领域间引用行为的差异。SNIP 一年更新两次。

4. 期刊引用影响力指标(CiteScore)　用于简单衡量来源出版物(如期刊)的引用影响,与 WOS 核心合集中的影响因子(IF)类似,区别是它的计算方法是对期刊在 4 年内引用文献(Articles、Reviews、Conference Papers、Book Chapters、Date Papers)的次数除以编入 Scopus 索引的相同类型文献在这 4 年内的发表总数。引文区间是 4 年,且无权重处理,包含自引。CiteScore 每年报告一次。

对基于当前年的最新数据的引用则使用 CiteScore Tracer 指标,该指标计算方法与 CiteScore 相同,但其针对的是当前年份,而非过去几年的全部年份,CiteScore Tracer 计算每月更新。

（三）Scopus 检索规则

1. 逻辑算符　Scopus 支持逻辑算符 OR、AND、AND NOT。检索词间的空格默认为 AND。建议将 AND NOT 放在检索式末尾处，以防止返回预期以外的检索结果。

2. 位置算符　PRE/n："居前"，限定检索式中的第一个检索词必须在第二个检索词之前，并且之间间隔的单词数为指定的数量 n 以内。W/n："以内"，限定检索式中两个检索词之间的单词数应小于所指定的数量 n。不考虑两个检索词的先后关系。n 应替换为两个检索词之间最多可以有的单词数量。n 可以为 0~255 的任何数字。同一个检索式中使用了多个布尔算符或位置算符时，运算优先次序为：( )>OR > W/n，PRE/n>AND>AND NOT。

3. 截词检索　"?" 替换单词中任意位置上的一个字符。"*" 替换单词中任意位置上的 0 或多个字符。

4. 短语检索　完全匹配的精确短语检索：将检索词放在大括号{ }内，实现精确检索（包括非检索用词、空格和标点）。

大体或近似匹配的松散短语检索：将检索词放在半角双引号内，检出检索词彼此相邻的文献（忽略检索词之间的非检索用词、空格和标点，AND 不会插入两个检索词之间，包含单词的复数形式，通配符按通配符检索）。

二、检索方法和技巧

Scopus 提供文献（Documents）、作者（Authors）、归属机构（Affiliations）、高级（Advanced）检索等功能。Scopus 主页和文献检索界面见图 7-15。

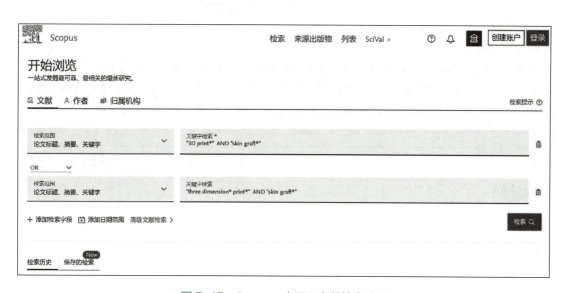

图 7-15　Scopus 主页和文献检索界面

（一）文献检索

文献检索（Documents）是 Scopus 默认检索途径，又称基本检索。通过在检索框中输入检索词，选择不同检索字段实现检索。系统提供选择的检索字段包括：论文标题、摘要、关键词、作者、来源出版物名称、归属机构、语种、ISSN、DOI、化学物质登记号等。必要时可限定时间范围、文献类型和学科范围。Scopus 提供按年代过滤文献的功能，同时，可将过去 7、14、30 天收录的文献单独过滤，方便读者了解最新增加的文献内容。此外，Scopus 还将所有文献分为四大领域，即生命科学、健康科学、物理科学和社会科学，为进一步按照学科范围检索文献提供便利。

例：查找有关 "皮肤移植 3D 打印应用" 方面的文献。

在图 7-15 第一行检索框内输入："3D print*" AND "skin graft*"，检索字段选择论文标题、摘要、关键词，点击"添加检索字段"添加检索行，行间逻辑算符选择 OR，第二行检索框内输入："three dimension* print*" AND "skin graft*"，点击"检索"按钮，得到 75 篇检索结果（图 7-16）。

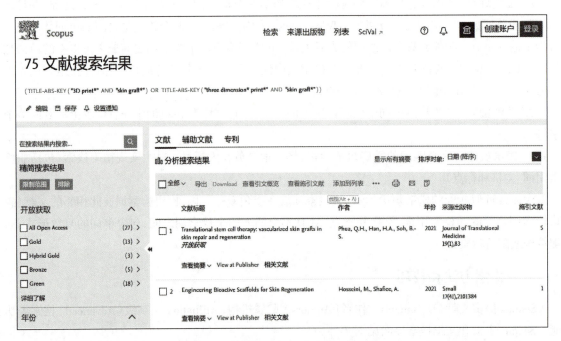

图 7-16　Scopus 文献检索结果

（二）作者检索

作者（Authors）检索提供作者姓（全称）、名（全称或缩写）、归属机构组合检索某作者发表的论文（图 7-17）。选择"仅显示完全匹配"选项可以将搜索范围限制为只包括与姓氏字段中输入完全匹配的作者，以及名字是以首字母或名字字段中输入的检索词起始的作者。Scopus 同时提供 ORCID ID 检索。

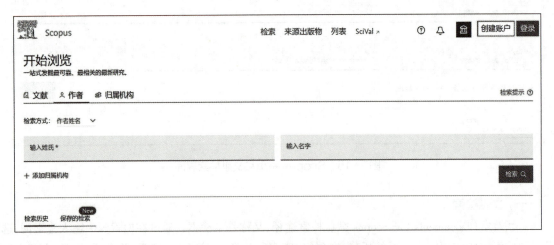

图 7-17　Scopus 作者检索界面

为了区分具有相似姓名的作者，Scopus 提供作者标识符功能，根据作者的归属机构、地址、学科类别、来源出版物名称、出版物被引日期以及合著作者等信息与作者姓名之间建立关联，从而识别同一作者的不同姓名形式，区分同名作者，为每个作者分配一个唯一编号并将其所著所有文献分为一组。

在检索结果页面，系统提供输入的作者姓氏及名字全称所有作者的列表，可通过来源出版物名称、归属机构、城市、国家/地区及学科类别进行范围限制或排除,从而精炼结果。图 7-18 显示汕头大学医学院石 ×× 教授的检索结果,共检出以"shi …"拼写形式的作者 4 个,其中第 1、4 满足要求,可请求合并作者。

图 7-18　Scopus 作者检索结果页面

点击作者姓名,进入作者详情页面(图 7-19),可获取作者 ID 号、H 指数、合著者数量、被引频次和引证文献数量、研究领域及论文列表,分析作者产出,查看引文概览、查看 H-graph。中间显示作者论文发表的时间趋势柱状图和引文折线图、作者历史信息等。

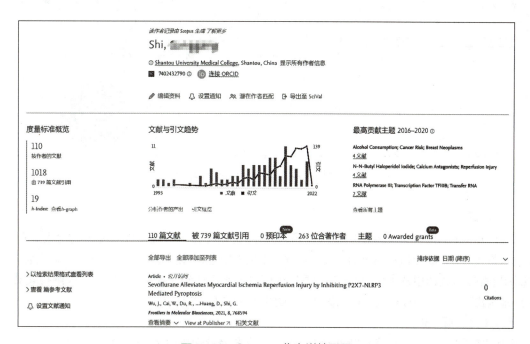

图 7-19　Scopus 作者详情页面

(三)归属机构检索

归属机构(Affiliations)检索是通过已知机构名称检索该机构发表的论文信息(图 7-20)。输入机构名称,系统返回与检索机构名称书写相似的机构列表以便选择更准确的名称。点击准确机构后系统返回该机构的 ID 号、发文数量、作者数量、专利数量及合作机构列表、相应论文数量和发文前列期刊列表及论文数量。右侧以饼图显示该机构发表论文的学科分布及详细论文数量列表。图 7-21 显示汕头大学医学院该作者发表论文的详细信息。

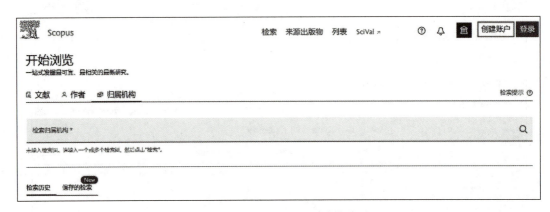

图 7-20　Scopus 归属机构检索界面

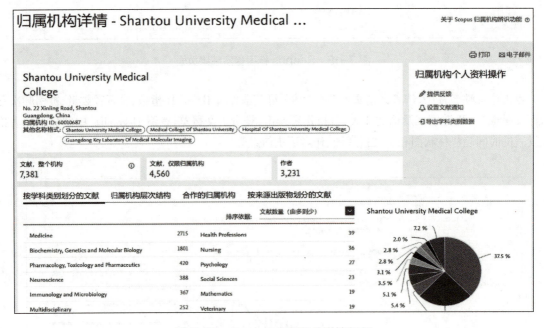

图 7-21　Scopus 归属机构详情页面

(四) 高级检索

高级(Advanced)检索支持使用字段代码、邻近算符或逻辑算符构建较为复杂的检索式检索文献,输入格式为"字段标识(检索词)",检索式输入框的右侧显示相关逻辑算符及字段代码名称提示,供编辑检索表达式选用及参考,点击"+"添加运算符或字段代码。检索表达式有"大纲检索式"和"紧凑检索式"两种。高级检索中可以添加作者姓名和归属机构(图 7-22)。

(五) 来源出版物检索

来源出版物(Sources)检索包括期刊、丛书、会议文献及商业出版物(图 7-23)。

1. 浏览来源出版物　通过学科类别和来源出版物名称字顺浏览,可以按 Citescore 等指标进行排序。

2. 检索来源出版物　通过学科类别、标题、出版商、ISSN 来检索来源出版物,还可以单独过滤开放存取(OA)期刊。

图 7-22　Scopus 高级检索界面

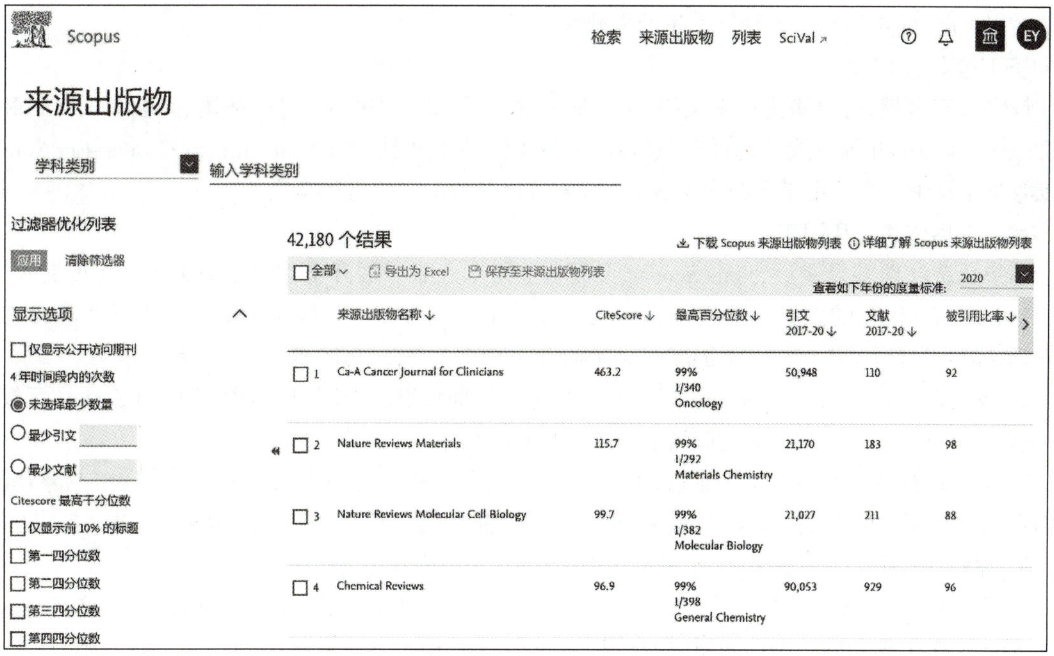

图 7-23　Scopus 浏览来源出版物界面

（六）比较来源出版物

比较来源出版物（Compare Sources）通过来源出版物名称、ISSN、出版商来查找获取所有学科类别或相关学科的来源出版物列表。最多可从列表中选择 10 个来源出版物按多种参数进行分析比较，这些参数包括 CiteScore、SJR、SNIP、总引文数量、总文献数量、未受到引用文献百分比、综述文献百分比。Scopus 提供折线图表和表格视图两种形式呈现比较结果。

三、检索结果处理和分析

（一）检索结果显示与排序

检索结果页面上方显示检索结果数量（默认为文献数量，除文献外，检索结果还包括辅助文献和专利）及检索表达式。表达式可以编辑、保存、设置邮件定题跟踪服务。显示结果除了文献标题、作者、年份、来源出版物名称、被引次数外，还提供出版社、文摘和相关文献链接，并注明是否为 OA 论文。系统默认按文献发表时间显示检索结果，还可按被引次数、相关性、第一作者、来源出版物名称等选项对检索结果排序。

(二) 检索结果精炼

系统提供开放存取(Gold、Hybrid Gold、Bronze 和 Green 四种类型)、出版年份、学科类别、文献类型、来源出版物名称、国家/地区和原文语种等限定条件精炼检索结果,也可输入关键词进行二次检索。

(三) 检索结果分析

检索结果页面点击"分析搜索结果",即可从来源出版物出版年、作者、归属机构、国家/地区、文献类型、学科类别和资金赞助商等 7 个维度分析,同时以折线图、条形图和饼图可视化呈现。

(四) 引文分析

Scopus 引文分析功能主要表现在其检索结果的显示页面上,包括单篇文献的引用、被引,共引文献追踪和一组文献的引文概览与查看施引文献。

在作者检索结果页面上,选择某一作者姓名后,点击"引文分析"按钮,系统将列出该作者文献,并将该作者 1996 年以来所有文献的被引情况分别统计列出。

在来源出版物检索的结果显示页面上,选择某一来源期刊,点击"引文分析"按钮,该期刊 1996 年以来所有被 Scopus 收录文献的被引情况按年代列出,从而了解该刊的总被引情况以及具体某篇文献的被引情况,确定该刊和该具体文献的权威性。

(五) 检索结果输出

针对选定文献,可以输出检索结果,包括文献导出、下载、创建引文分析概览、阅读引文文献和参考文献、打印、Email 等方式。选择合适格式,可将检索结果文献导入 Mendeley、RefWorks、EndNote 等文献管理工具中。支持批量下载全文,通过 SFX 链接获取免费或订购全文。

(六) 个性化功能和服务

用户免费注册并登录后,点击 Scopus 页面右上角个人账号展开个性化服务菜单。主要有:仪表板(Dashboard)、保存的检索(Saved searches)、通知(Alerts)、保存的列表(Saved lists)、导出和参考文献管理设置(Export and reference management settings)、隐私中心(Privacy center)等。

1. 仪表板　显示用户与 Scopus 请求互动情况及处理状态。如用户、作者、机构向 Scopus 反馈更正请求、合并作者,以及 Scopus 支持请求的处理状态及结果。

2. 保存的检索　执行文献检索后,单击检索结果页面顶部的"保存"链接,或者单击"检索历史"页面上的"保存",可以保存检索式,最多可以在"保存的检索"列表中保存 50 条检索式。

3. 通知　包括"检索通知""作者引文通知"和"文献引文通知"。

执行一次新检索后,单击结果页面上"设置通知"链接,即可创建新的检索通知,每当这些检索之一在 Scopus 中呈现新的检索结果时,用户便会通过注册邮箱收到检索通知。

执行新的作者检索,选择某个作者的姓名链接(位于"作者"列表中),选择"个人资料"操作框"通知"部分中的"设置引文通知链接",即可创建新的作者引文通知,每当 Scopus 引用该作者文献时,用户便会收到电子邮件。

执行新搜索,单击检索结果之一的文献标题链接,单击右侧"施引"列下方的"设置引文通知"链接,即可创建新的文献引文通知,每当 Scopus 中引用该文献时,用户便会收到电子邮件。

4. 保存的列表　在检索结果中可以分别将文献、作者、来源出版物保存到列表中。执行检索后,在检索结果列表中,选择想要加入保存列表中的文献/作者/来源出版物,在检索结果列表的菜单中,选择"保存到列表",使用弹出菜单为新列表命名,选择"保存列表"以创建列表,即可将选中的文献/作者/来源出版物保存到相应列表中。

5. 导出和参考文献管理设置　Scopus 对导出检索结果及参考文献管理提供个性化的设置(图 7-24),以方便用户按照个人要求对检索结果进行科学分析、有效利用和管理。

6. 文献原文全文下载扩展程序插件　用户可以选择安装一个 Scopus Document Download Manager 扩展程序插件,安装成功后,用户可以在文献检索结果页面,直接批量下载原文全文文献,每次最多批量下载 50 篇。

图 7-24　Scopus 导出和参考文献管理设置页面

四、检索实例

例：查找近 3 年胰腺炎研究方面的期刊文献。

在图 7-22 高级检索界面字段代码中，点开文本内容下拉菜单，点击"文献标题、摘要、关键字"（TITLE-ABS-KEY）后面的"+"号，向检索框中添加字段代码，在代码后面的括号内输入 pancreatitis；点击"+"添加逻辑运算符"AND"，再在字段代码中展开学科领域 - 健康科学，点击"+"添加"所有健康科学"（MEDI）学科领域至检索框，最后点击检索按钮执行检索，再通过年份（2022、2021、2020、2019）及来源出版物类型（Journal）对检索结果"限制范围"进行精炼，并按被引次数排序，得到图 7-25 检索结果。

图 7-25　Scopus 高级检索结果

第四节　中文引文检索

一、中国科学引文数据库

(一) 概述

中国科学引文数据库(Chinese Science Citation Database,CSCD)由中国科学院文献情报中心开发研制,收录我国数学、物理、化学、天文学、地学、生物学、农林科学、医药卫生、工程技术、环境科学和管理科学等领域的中英文科技核心期刊和优秀期刊千余种,自1989年至今已累计的论文记录有570余万条。

中国科学引文数据库是我国第一个引文数据库,被誉为"中国的SCI"。1995年出版印刷本《中国科学引文索引》,1998年出版光盘版,2003年推出网络版,2007年成为Web of Science平台上第一个非英文语种数据库。

(二) 检索方法

目前,CSCD服务形式有两种:集成WOS平台和中国科学院文献情报中心自有平台。本节主要介绍前者,其检索规则与WOS核心合集相同,详细参见第七章第二节。

1. **文献检索**　文献检索即来源文献检索,系统默认检索途径。检索字段包括:主题、标题、作者、出版物标题、摘要、地址、ORCID、文献类型、语种等,可限定时间范围(图7-26)。

图7-26　CSCD来源文献检索界面

2. **被引参考文献检索**　检索字段包括被引作者、被引著作、被引DOI、被引年份、被引标题等。限定条件包括论文发表日期等时间范围,支持使用半角双引号进行精确检索(图7-27)。

例:查找张××2002年发表在《中华精神科杂志》上的一篇文献的被引用情况。

在被引参考文献页面(图7-27)的3个检索框内分别输入"张××、中华精神科杂志、2002",点击检索后,得到被引参考文献索引(图7-28),勾选文献,点击"查看结果";或点击"施引文献"对应栏的数字;均可得到最终检索结果(26篇引用文献)。

3. **高级检索**　高级检索中可使用字段标识符、逻辑算符、括号和检索词在检索框中构建检索表达式(图7-29)。高级检索提供了更多的检索字段,更适合专业用户使用,可提高检索效率。检索结果显示"检索历史"中,用户可以对检索历史中执行过的检索表达式进行组合检索,检索历史可以保存,创建定题跟踪服务。

图 7-27 CSCD 被引参考文献检索

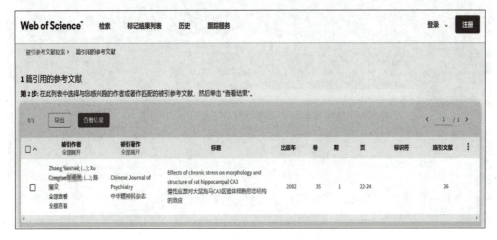

图 7-28 CSCD 被引参考文献索引

图 7-29 CSCD 高级检索界面

二、中国引文数据库

(一) 概述

中国引文数据库(Chinese Citation Database,CCD)是中国知网(CNKI)中的一个子库,源数据库包括中国学术期刊全文数据库、中国博硕士学位论文全文数据库、中国重要会议论文全文数据库等。

CCD 具有三个特点:一是引文检索的检索项细化为被引题名、被引作者、被引关键词等 13 个选项,可满足不同角度引文检索要求;二是收录范围广,检索到的引用文献除期刊论文外,还有学位论文、会议文献、专利文献等;三是平台集成了作者、机构、期刊、基金、地域、出版社等有效的科研管理及统计分析工具——数据分析器。

(二) 检索方法

CCD 检索方法主要有一框式检索、高级检索和专业检索。

1. 一框式检索　系统默认检索页面如图 7-30 所示,选择菜单选项(被引文献、被引作者、被引机构等),直接在检索框中输入相应检索词,点击检索按钮即可执行检索命令。被引文献的检索字段包括被引主题、被引题名、被引文摘关键词、被引作者等。

图 7-30　CCD 一框式检索界面

2. 高级检索　高级检索分来源文献检索(图 7-31)和被引文献检索(图 7-32),提供多个检索框和多个被引字段的下拉菜单,可按文献出版年和被引年进行时间范围限定。

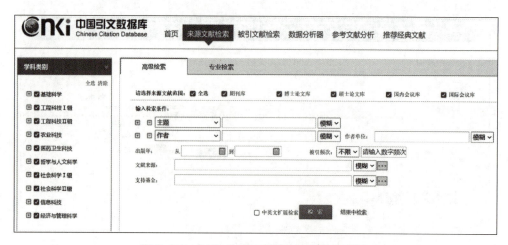

图 7-31　CCD 来源文献检索高级检索界面

NOTES

图 7-32 CCD 被引文献检索高级检索界面

3. 专业检索 使用逻辑算符和检索字段构建表达式检索,适用于图书情报专业人员查新与信息分析。检索字段包括:TI= 题名,KY= 关键词,AB= 摘要,AU= 作者,FI= 第一责任人,AF= 作者机构,RT= 更新日期,FU= 基金,CLC= 中图分类号。如使用"TI='生态' and KY='生态文明' and(AU % '陈'+'王')",可以检索到篇名包括"生态"、关键词包括"生态文明"、作者为"陈"姓和"王"姓的所有文献。

(三) 检索结果处理和分析

CCD 检索结果可按发表时间、相关度、被引次数、下载次数排序,可按学科、发表年度、研究层次、基金、作者、机构等分组浏览。检索结果按题录呈现的字段包括被引题名、被引作者、被引文献来源、发表时间、被引次数、下载次数、热度等。检索结果可批量下载、导出参考文献及计量可视化分析。

三、其他中文数据库的引文检索

(一) 中文科技期刊数据库(引文版)

重庆维普资讯 2010 年推出的期刊资源整合服务平台的重要组成部分,是目前国内规模最大的文摘和引文索引型数据库。收录文摘覆盖 8 000 多种中文科技期刊,引文数据回溯至 2000 年。针对用户需求不同提供基本检索、作者索引、机构索引和期刊索引等检索方式(图 7-33)。

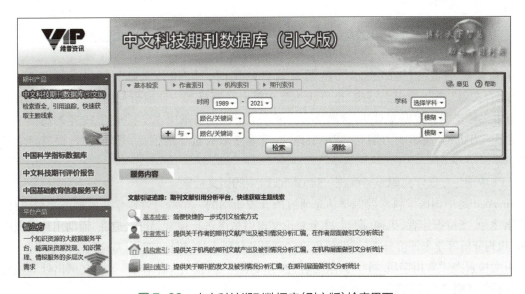

图 7-33 中文科技期刊数据库(引文版)检索界面

1. **基本检索**　针对所有文献按被引情况进行检索,提供题名、关键词、文摘、作者、机构等检索字段,可以限定时间及学科范围。

2. **作者索引**　提供关于作者的科研产出与引用分析统计,可直接输入作者姓名检索,按拼音浏览作者或按学科浏览作者的学术研究情况。

3. **机构索引**　提供关于机构的科研产出与引用分析统计,直接输入机构名称进行机构检索,或按拼音、学科浏览机构,可全面了解机构的科研实力。

4. **期刊索引**　提供关于期刊的科研产出与引用分析统计,直接输入期刊名称进行期刊检索,或按拼音、学科浏览期刊,可全面了解期刊的学术贡献与影响力。

基本检索结果分为引文概览和单篇文献细览两种方式。

引文概览:按被引数量返回检索结果(图 7-34),以期刊论文引用统计为主,同时析出有价值的图书、学位论文、专利、标准、会议论文。通过"查看参考文献""查看引证文献"从一组文献出发探寻某一课题研究脉络。支持排除自引的"引用追踪",可同时查看多篇文献被引用情况及年代分布情况,帮助科研人员发现研究热点和趋势。综合数量与质量计算作者或一组文献的 H 指数,并附三种 H 指数相关功能图。

检索结果	37283篇 **您的检索式:** 题名或关键词=胃炎				
选中 清除　导出　查看参考文献　查看引证文献　引用追踪			共1865页 上一页 第1页 下一页 末页	1 /1865 跳转	
	题名	**作者**	**年代**	**出处**	**被引量**
□ 1	慢性胃炎的中西医结合诊治方案(草案)　显示文摘▾	张万岱 陈治水 危北海 李道本	2004	中国中西医结合消化杂志2004, 12, 5:	398
□ 2	铝碳酸镁和西沙必利对胆汁反流性胃炎的疗效及胃内胆汁的影响　显示文摘▾	朱爱勇 许国铭 李兆申 邹多武 尹宁	2000	中华消化杂志2000, 20, 2:	95
□ 3	综合护理干预对慢性胃炎及消化性溃疡患者生活质量的影响　显示文摘▾	陆忠红 仇训华 黄丽儿	2012	齐鲁护理杂志:上旬刊2012, 5:	198
□ 4	慢性胃炎中西医结合诊断、辨证和疗效标准(试行方案)　显示文摘▾	周建中 陈泽民 危北海	1990	中西医结合杂志1990, 10, 5:	922
□ 5	全国慢性胃炎研讨会共识意见　显示文摘▾		2000	胃肠病学2000, 5, 2:	98
□ 6	"幽门螺杆菌胃炎京都全球共识"解读　显示文摘▾	刘文忠	2015	胃肠病学2015, 20, 8:	114

图 7-34　中文科技期刊数据库(引文版)基本检索引文检索结果概览

单篇文献细览:图 7-35 提示文献题录信息的同时,对"相关文献""参考文献""引证文献""耦合文献"进行知识点链接,也可从一篇文献出发探寻某一课题研究的脉络。通过"查看全文"与中文科技期刊数据库对接,获取全文。可以了解该篇文献所在学科最近 10 年的高影响力作者、高影响力机构、高影响力期刊、高被引论文,准确获取有价值的信息,开阔视野,提高科学研究效率。

(二) 中国生物医学文献服务系统(SinoMed)中的引文检索

SinoMed 是中国医学科学院医学信息研究所开发研制的一个综合性医学文献服务平台,提供引文检索途径,支持按作者、机构、期刊、基金对论文被引情况进行检索、分析、追踪,辅助用户开展引证分析、机构分析等学术评价分析,辅助评价论文质量及科研人员、机构、期刊、基金的学术水平。

引文检索提供常用字段、被引文献题名、被引文献主题、被引文献作者、被引文献出处等检索字段。其检索规则详见第四章第一节。

图 7-35 中文科技期刊数据库（引文版）基本检索结果单篇引文细览

例：检索林××1998年发表在《中华骨科杂志》上的"关节镜诊断和治疗膝关节骨关节炎"一文被引用情况。

点击 SinoMed 菜单栏"引文检索"，第一个检索字段选择"被引文献作者"，输入"林××"，第二个检索字段选择"被引文献题名"，输入"关节镜诊断和治疗膝关节骨关节炎"，增加一行检索式，选择"被引文献出处"，输入"中华骨科杂志"，发表年代选择"1998-1998"，点击"检索"按钮（如图 7-36）。

检索结果为该篇被引用文献（图 7-37）。点击被引频次数字 133，即可获得其 133 篇施引文献。

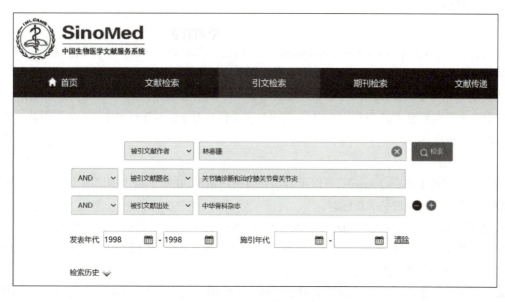

图 7-36 SinoMed 的引文检索界面

图 7-37   SinoMed 引文检索的被引用文献

第五节   引文分析工具

引文分析就是利用各种统计学的方法对期刊、论文和著者等分析对象的引用和被引用现象进行分析,以揭示其内在特征和规律。引文分析的数据有期刊的影响因子、期刊的即年指数、文献发表量、文献被引次数和作者 H 指数等,它们是评价期刊和研究人员学术水平的客观指标。Web of Science 平台提供的引文分析工具主要有期刊引证报告、基本科学指标和 InCites。

一、期刊引证报告

(一) 概述

期刊引证报告(Journal Citation Reports,JCR)是国内外学术界公认的多学科期刊评价工具。JCR 通过对收录期刊的影响因子、立即指数、引文量和发文量等数据的统计,供研究人员和科研管理人员分析比较期刊的质量。JCR 约在每年 6 月底发布上一年的引文数据。2020 年版 JCR 收录期刊来源于科学引文索引扩展版、社会科学引文索引、艺术与人文科学引文索引和新兴来源引文索引共计 20 994 种(数据截至 2021 年 11 月)。

(二) 期刊数据

通过 JCR 中的 Browse Journals,可以了解期刊被引用情况、在本学科中的影响力以及老化速度等期刊数据。期刊数据中常见的指标有:

1. 期刊影响因子(journal impact factor,JIF)   期刊影响因子是指某刊前两年发表的论文在评价当年平均被引用的次数,即把某刊前两年发表的文献在当年被引用的次数作为分子,该刊前两年发表的文献数作为分母得出的数值。

影响因子是评价学术期刊质量最重要的指标。影响因子越高,表示该期刊文献的平均利用率越高,由此可推理出期刊的质量越高。利用期刊的影响因子,可以确定各学科的核心期刊,指引期刊选读和投稿。

2. 五年影响因子（5-year impact factor）　期刊前 5 年发表的文献在评价当年被平均引用的次数。如果期刊影响因子（2 年期）大于 5 年影响因子，表明期刊受关注度增加，反之则表示受关注度降低。

3. 立即指数（immediacy index）　期刊当年发表的文献在当年平均被引用的次数，提示文献发表后在学术界所引起的反应速度。

4. 被引半衰期（cited half-life）　将某刊在 JCR 统计年内被引用的次数依出版年份降序排列，前 50% 论文的出版时间段即为该期刊的被引半衰期。被引半衰期是测定某期刊文献老化速度的重要指标。被引半衰期越短，期刊文献的老化速度越快，反之则越慢。

5. 期刊引文指标（journal citation index，JCI）　期刊引文指标是某刊前 3 年出版的所有研究论文（article）和综述（review）的平均学科标准化引文影响力（CNCI）。JCI 大于 1，则表示该刊的影响力超过同领域期刊的平均水平。JCI 可实现跨学科的期刊影响力的对比。

例：通过 Browse journals 检索 2020 年细胞生物学领域影响因子排名最高的期刊。

检索步骤如下：在 JCR 首页（图 7-38）点击"Browse journals"。在新页面（图 7-39）中勾选左侧 Filter 中 Categories 里面的 cell biology，点击"apply"，获得细胞生物学的 201 种期刊列表。系统默认按照影响因子由高到低排序。2020 年细胞生物学中影响因子最高的期刊是 NATURE REVIEWS MOLECULAR CELL BIOLOGY，其影响因子为 94.444。

图 7-38　期刊引证报告首页

继续点击图 7-39 上的期刊刊名，可得到期刊的详细信息。包含：

（1）期刊基本信息：包含刊名全称、缩写、ISSN、所属索引、学科、出版商和出版周期等信息。

（2）期刊表现（Journal's performance）：包含最新影响因子、近五年影响因子、被引文献列表、期刊引文指标（JCI）、引文分布图、开放获取数据（Open Access）、影响因子学科排名和期刊引文指标的学科排名等信息。

（3）引文网络（Citation network）：包含被引半衰期、引用半衰期及图表。

（4）内容指标（Content metrics）：包含来源文献数据、平均期刊影响因子百分位、近 3 年稿件所属机构和国家 / 地区排名信息。

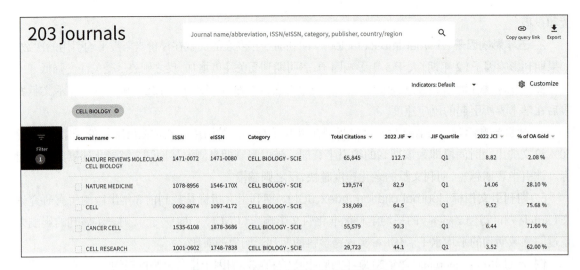

图 7-39　JCR 中细胞生物学的期刊列表

（5）其他指标（Additional metrics）：包含特征因子值（Eigenfactor Score）、归一化特征因子、论文影响值（Article Influence Score）、五年影响因子和立即指数等信息。

期刊引证报告提供上述数据和信息，有效地帮助用户纵观期刊的影响力走势，确定本专业的核心期刊，了解某期刊在本学科领域中的表现和确定投稿方向。

（三）学科数据

点击 JCR 中的 Browse categories，可以进行学科分组浏览（图 7-40）。将 254 个学科分为 21 个小组（Group）。列出每个小组包含的学科、期刊数量和文献数量。有些交叉学科会被归入多个小组。

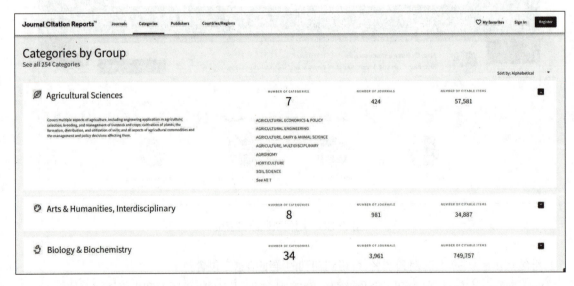

图 7-40　JCR 中的学科分组浏览

点击学科名称，可进一步了解该学科的学科数据（图 7-41）。包含期刊数（Journals）、被引文献数（Citable Items）、总引用次数（Total Citations）、学科立即指数（Aggregate Immediacy Index）和学科被引半衰期（Aggregate Cited Half-Life）等。其中，中值影响因子（Median Impact Factor）取自于一个学科中影响因子排序居中的那个期刊的影响因子。学科影响因子（Aggregate Impact Factor）指前两年本学科期刊上的文献在 JCR 统计当年被平均引用的次数。

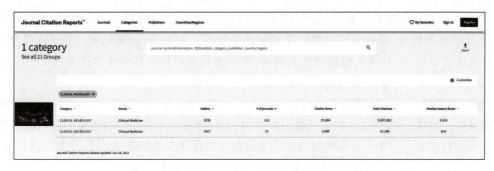

图 7-41 JCR 的学科数据

二、基本科学指标

(一) 概述

基本科学指标（Essential Science Indicators，ESI）揭示了 22 个学科研究领域中有影响力的国家、机构、论文和期刊以及研究前沿。通过 ESI，可以分析国家、机构和期刊的论文产出和影响力，发现各研究领域中的发展趋势，按研究领域对国家、机构、期刊和作者进行排名，评估潜在的合作机构和具有潜力的人才。

ESI 的统计数据来源于 SCIE 和 SSCI 收录期刊中的 Articles 和 Reviews，是近十年的滚动数据，每 2 个月更新一次。统计指标包括论文篇数、被引频次（Cites，默认的排序指标）和篇均被引频次（Cites/Paper）高被引论文、热点论文和研究前沿等。

(二) 数据类型

ESI 提供指标（Indicators）、学科基准值（Field Baselines）和引用阈值（Citation Thresholds）三大类数据（图 7-42）。

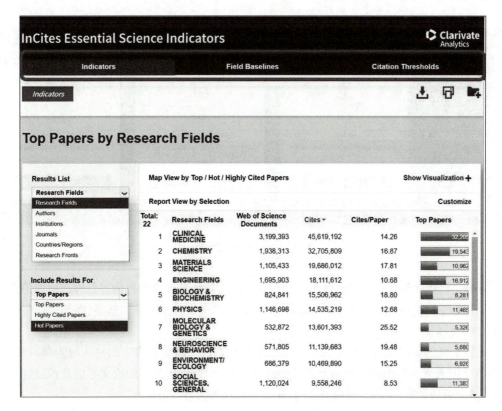

图 7-42 基本科学指标主页

1. **指标**   可以通过选择研究领域、作者、机构、期刊、国家/地区和研究前沿等单一指标,或研究领域与其他指标的组合,获得研究对象的排名和详细数据。例如,查找某机构已经进入全球 1% 的 ESI 学科的论文篇数、被引频次和篇均被引频次;也可查找某机构在各 ESI 学科的高水平论文(Top Papers)、高被引论文(Highly Cited Papers)和热点论文(Hot Papers)。

2. **学科基准值**   可以分别选择篇均被引频次(Citation Rates)、百分位(Percentiles)和学科排名(Field Rankings)浏览详细信息。以篇均被引频次为例,分年度显示每个学科论文的篇均被引用全球平均值。百分位则显示每个学科每年发表的论文达到某个百分点基准应至少被引用的次数。学科排名提供近十年每个学科的论文总数、被引次数、篇均被引次数和高被引论文。

3. **引用阈值**   ESI 学科阈值(ESI Thresholds)显示近十年中某学科被引次数排在前 1% 的作者和机构、前 50% 的国家和期刊的最低被引次数。高被引论文阈值(Highly Cited Thresholds)显示近十年中某学科被引次数排在前 1% 的论文的最低被引次数。热点论文阈值(Hot Paper Thresholds)显示近十年中某学科被引次数排在前 0.1% 的论文的最低被引次数。

三、Incites

(一) 概述

InCites 是基于 Web of Science 核心合集引文数据的综合性科研绩效分析工具。通过 InCites 用户可以:定位重点学科、优势学科、发展潜力学科以优化学科布局;跟踪和评估机构的科研绩效;与同行机构开展对标分析,明确机构全球定位;分析本机构的科研合作开展情况,识别高效的合作伙伴;挖掘机构内高影响力和高潜力的研究人员,吸引外部优秀人才。

(二) 主要内容模块

InCites 提供分析、报告和组织三大模块(图 7-43)。

图 7-43   InCites 主页

1. **分析**   提供针对人员、机构、区域、研究方向、出版物和基金资助机构等分析选项的信息分析。每个分析选项包含多种分析主体、阈值和指标等数据。也提供常见案例的指导,例如,哪些机构在某研究领域中的科研绩效表现较好。

2. **报告**   可创建报告或在概览报告的基础上进行调整。概览报告中的机构报告和研究人员报告,以可视化图表展现整个机构或研究人员的研究、合作和被引用最多的论文等信息;通过出版商报告可以了解出版商产出、学科领域覆盖范围、开放获取和影响力等信息。

3. **组织**   管理组织个人的分析结果、数据图和报告。

NOTES

本章小结

引文检索是一种特殊的检索方法,是指以被引文献为检索起点来检索引用文献。通过引文检索可获取相关主题的最新文献,揭示学者之间的学术交流,并对研究人员的科研绩效和期刊质量进行评价。本章简要介绍引文检索的相关概念和作用。通过实例重点介绍 Web of Science 核心合集、Scopus 数据库和中文引文数据库的检索方法、检索结果分析和个性化服务。最后介绍了 Web of Science 平台的三个引文分析工具:期刊引证报告、基本科学指标和 Incites。

（符礼平　余恩琳）

思考题

1. 引文检索有哪些作用?

2. 一篇文献未被 Web of Science 核心合集收录,通过 Web of Science 核心合集的被引参考文献检索有可能查到该篇文献被引用情况吗? 请说明理由。

3. 定题跟踪服务和引文跟踪服务有什么异同?

4. 比较 Stanley B. Prusiner 在 Web of Science 核心合集和 Scopus 中的 H 指数,了解 H 指数的含义。

5. Scopus 的位置算符有哪些? 同一个检索式中使用了多个布尔算符或位置算符时,运算优先次序是什么?

6. 利用 Web of Science 核心合集查找近 10 年"多奈哌齐治疗阿尔茨海默病"方面的文献,找出该研究领域的高被引论文和高被引期刊,以及刊载该研究领域论文数量居前 3 位的期刊。

第八章
专类信息检索

随着科学的进步、时代的发展,尤其是信息环境的变化,对医学文献信息的划分亦在悄然演化。围绕某一新兴学科或边缘性领域的专类文献信息如循证医学和转化医学,针对某种特定目的如学位论文和药品说明书,基于知识产权保护理念的如专利文献信息,源于特定源头的如会议文献和会议信息,借助于特殊媒介的如视听文献等,因对其范畴的专门限定而将其归之为专类信息。对这类信息的检索,既遵循信息获取与利用的共有规律与原则,更有其各自独特的方式与路径。因此,本章将介绍学位论文、会议信息、专利信息、循证医学资源、药学信息、公共卫生综合信息等各类中外常用的专类文献信息资源系统的特点及其检索方法。

第一节　学位论文检索

一、学位论文概述

学位论文是学生为获得学位向高等院校或其他学术研究机构提交的学术研究论文,包括学士论文、硕士论文、博士论文等。硕士及以上学位论文内容相对专业性强,有一定学术参考价值。目前数据库建设主要针对硕士和博士学位论文。

学位论文具有科研论文的科学性、学术性、新颖性,绝大多数不公开发表或出版等特性。其中博硕士论文的特点为:①选题新颖,带有独创性;②问题专一,论述系统;③来源分散,大多不正式出版,获取难度较大;④具有连续性和继承性。

学位论文的组成:①封面;②版权声明;③题目;④中文摘要;⑤英文摘要;⑥目录;⑦序言(或导论);⑧正文;⑨注释;⑩结论;⑪参考文献;⑫附录;⑬作者的致谢、后记或说明等一律列于论文末尾;⑭学位论文原创性声明和授权使用说明;⑮封底。

学位论文数据库主要有:①万方数据中国学位论文全文数据库;②CNKI硕士与博士学位论文库;③CALIS高校学位论文库等。

二、国内学位论文检索

(一)万方数据中国学位论文全文数据库

万方数据中国学位论文全文数据库由中国科技信息研究所万方数据中心研究创建(图8-1)。中国科技信息研究所是国家法定的学位论文收藏机构,各高等院校(包括研究生院)及研究所均向该机构送交硕士、博士和博士后的论文,收录了自1980年以来900余家学位授予单位的500余万篇学位论文,每年增加约30万篇。覆盖85%以上重点高校,中科院、农科院、医科院、林科院等重点机构;其中985及211高校论文收录量占总量的60%以上。涵盖理学、工业技术、人文科学、社会科学、医药卫生、农业科学、交通运输、航空航天和环境科学等各学科领域。

(二)中国知网硕士与博士学位论文数据库

中国知网学位论文数据库包括中国博士学位论文全文数据库和中国优秀硕士学位论文全文数据库(即由原中国优秀博硕士学位论文全文数据库分化而来),是目前国内相关资源最完备、高质量、连

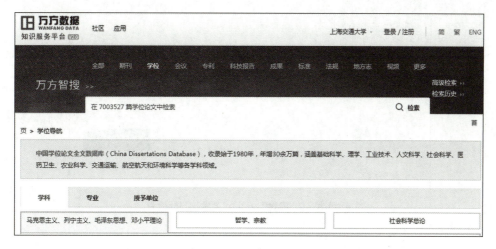

图 8-1　万方数据中国学位论文全文数据库检索界面

续动态更新的中国博硕士学位论文全文数据库(图 8-2)。收录 500 余家博士培养单位的博士学位论文 40 余万篇以及 780 余家硕士培养单位的硕士学位论文 470 余万篇,最早回溯至 1984 年,覆盖基础科学、工程技术、农业、医学、哲学、人文、社会科学等各个领域。两个数据库分为十大专辑,十大专辑下分为 168 个专题。

图 8-2　中国知网硕士与博士学位论文数据库检索界面

(三) CALIS 学位论文中心服务系统

CALIS 学位论文中心服务系统收录包括北京大学、清华大学等全国著名大学在内的近百个 CALIS 成员馆的硕士、博士学位论文,提供中文学位论文 200 余万篇(图 8-3)。该库只收录题录和文摘,没有全文,全文服务通过 CALIS 的馆际互借系统提供。内容涵盖自然科学、社会科学、医学等各个学科领域。用户可从题名、论文作者、导师、作者专业、作者单位、摘要、分类号、主题和全字段等不同角度进行检索。

三、国外学位论文检索

(一) ProQuest 学位论文全文数据库

ProQuest 是世界上最早且最大的博、硕士论文收藏和供应商,出版的全球硕、博士论文数据库(ProQuest Dissertations & Theses Global,PQDT Global),原名为 ProQuest Digital Dissertation(PQDD),全文覆盖范围自 1743 年开始,引文覆盖范围可追溯到 1637 年。涵盖了自 1861 年开始的全球博、硕士论文,其中包括在 1861 年全世界首篇获得通过的博士论文(美国),回溯至 17 世纪的欧洲培养单位的博士论文,内容覆盖科学、工程学、经济与管理科学、健康与医学、历史学、人文及社会科学等各个领域。每周更新,年增论文逾 20 余万篇。

NOTES

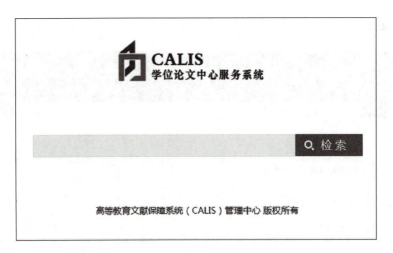

图 8-3　CALIS 学位论文中心服务系统检索界面

　　ProQuest 国外学位论文中国集团全文库是为了满足国内高校教学、科研对全球博、硕士论文全文的广泛需求,从 2002 年起,中国高等教育文献保障系统(CALIS)文理中心等组织国内各高等院校、学术研究单位等建立 ProQuest 学位论文全文数据库中国集团联盟,实现了学位论文的网络共享。由于采用了单个图书馆采购、集团共享的订购模式,得到了高校成员的广泛认可。

　　ProQuest 国外学位论文中国集团全文库已在国内设立了 3 个镜像网站:北大 CALIS 文理中心镜像站、上海交通大学镜像站、中国科技信息研究所镜像站。该数据库系统通过 IP 地址控制访问权限,成员馆的用户可登录到任一个镜像站进行访问。(图 8-4)

图 8-4　ProQuest 学位论文全文数据库检索界面

(二) 网络博、硕士学位论文数字图书馆

　　网络博、硕士学位论文数字图书馆(Networked Digital Library of Theses and Dissertations, NDLTD)是由美国国家自然科学基金支持的"电子学位论文"(Electronic Theses and Dissertations, ETD)基础上发展起来的一个网上学位论文共建共享的开放联盟,为用户提供免费的学位论文文摘,还有部分可获取的免费学位论文全文(根据作者的要求,NDLTD 文摘数据库链接到的部分全文分为无限制下载、有限制下载、不能下载几种方式),以便加速研究生研究成果的利用(图 8-5)。

　　1996 年以来,NDLTD 每一年收集超过 4 万篇博士论文和 36 万篇硕士论文,同时邀请各大学团体、图书馆协会等组织加入,如贝勒大学、耶鲁大学、香港中文大学等,以达到共建共享的目的。目前拥有学位论文数量达 600 余万篇。

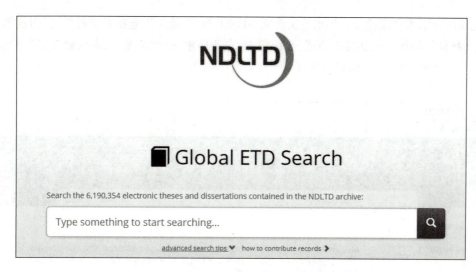

图 8-5　NDLTD 网络博、硕士学位论文数字图书馆检索界面

第二节　会议信息检索

一、会议论文概述

学术会议在学术交流中起到了举足轻重的作用,它不仅为学者们提供了一个分享及讨论其研究成果的平台,而且还有助于拓展其社交网络。会议论文和期刊论文在学术交流中起着互补的作用。会议论文是专家、学者表述其初始思路,从同行中收集反馈,改善进一步的研究的报道。医学会议是医学科研人员交流与传递医学信息的重要途径。由于一些新问题、新见解、最新研究成果或进展等大多数都是在会议上首次提出来的,及时地获取和掌握这些信息对于医学科研人员来说尤为重要。医学会议信息已成为科研人员了解医学领域最新发展状况的重要情报源之一。会议信息主要分为会议预告信息和会议论文信息。

二、会议预告信息检索

参加学术会议有助于促进学术交流、共享科研成果、掌握专业发展动态,为进一步的专业研究和学术交流积累信息。及时获悉学术会议信息,即获取学术会议召开的时间、地点、主题和会议征文通知等内容,是撰写学术会议论文、参加学术会议的前提,通过网络形式发布会前信息已成为一种趋势。

当医学专家想要了解最新的研究进展或分享自己的研究成果时,他们通常会参加由中华医学会等专业机构举办的会议。在这个背景下,中华医学会网站就显得尤为重要,它不仅是中华医学会组织学术交流活动和开展继续医学教育的重要平台,还汇集了国内众多医学会议的预告信息,为医学领域的专业人士提供了宝贵的资源。通过浏览"会议通知"栏目,可获取由中华医学会及各分会主办的学术会议信息,包括会议介绍、日程、地点、征文以及会议网站链接等内容。通过"会议计划",按年度和会议类别浏览学术会议计划,包括主办方的分会名称、会议名称、重要内容和目的、会议时间和地点、参会人数、会期以及联系人和联系方式等信息。注册会员还可以利用网站提供的"学术会议计划申报""学术会议计划查询"栏目,发布和查询会议信息。

三、国内会议论文检索

(一)万方数据中国学术会议文献数据库

万方数据中国学术会议文献数据库主要收录 1982 年以来由国家级、部委、协会、研究会组织、高校召开的全国性学术会议论文。年增论文全文 20 余万篇,专业范围包括自然科学、工程技术、农林、医学、人文社科等领域。包括简单检索、高级检索、专业检索、分类浏览、二次检索等多种检索方式。一次文献与二次文献结合,文摘和全文可以同时浏览(图 8-6)。

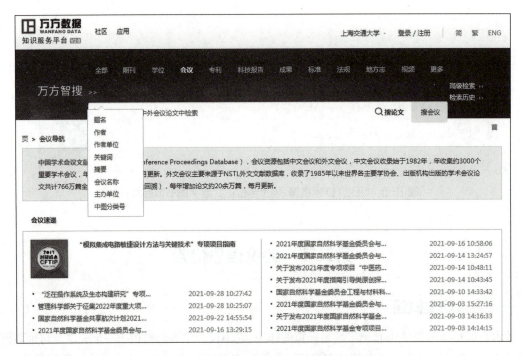

图 8-6　中国学术会议文献数据库检索界面

(二) 中国知网中国重要会议论文全文数据库

中国知网中国重要会议论文全文数据库重点收录我国 1999 年以来中国科协、社科联(社会科学界联合会)系统及省级以上学会、协会、高校、科研机构、政府机关举办的重要学术会议。其中,全国性会议文献超过总量的 80%,部分连续召开的重要会议论文回溯至 1953 年。已收录出版 3 万次国内重要会议投稿的论文,累计文献总量 250 余万篇。用户可进行初级检索、高级检索、知识元检索、引文检索等,高级检索的可检字段包括:主题篇名摘、作者、会议名称、主办单位、论文集名称等字段;知识元检索需要输入检索的问题,支持自然语言或关键词提问。引文检索的可检字段有被引主题、被引题名、被引关键词等字段。此外,系统还提供了会议导航系统,用户可通过论文集、会议、主办单位三种方式按照学科、行业、单位性质、党政等导航进行浏览和检索;也可以直接在检索框中输入会议主办单位、论文集名称、会议名称等进行查找(图 8-7)。

四、国外会议论文检索

(一) ISI 会议论文集引文索引

ISI 会议论文集引文索引(Conference Proceedings Citation Index,CPCI)原为美国科学情报研究所(ISI)创建的专门收录国际会议录的数据库,包括自然科学版(Conference Proceedings Citation Index-Science,CPCI-S)和社会科学与人文科学版(Conference Proceedings Citation Index-Social Science & Humanities,CPCI-SSH),分别取代原来的科技会议录索引 ISTP(Index to Scientific & Technical Proceedings)和社会科学与人文会议录索引 ISSHP(Index to Social Science & Humanities Proceedings)两个版本。收录 1990 年以来世界上最著名的会议、座谈会、研究会、专题讨论会及其他各种会议中发表的会议录论文及其引文信息,涵盖 256 个学科的自然科学、社会科学和人文学科的期刊和图书论文集,包括会议名称、主办机构、地点、论文篇名、论文摘要、参考文献等会议信息及会议文献信息,是科研人员了解和查找世界

图 8-7 中国重要会议论文全文数据库检索界面

上权威会议文献最主要的检索工具。两大数据库集成为 ISI Proceedings，并被整合到 Web of Science 检索平台中，检索方式与支持的检索方法同 Web of Science 数据库使用方式相同。科学与技术版本（CPCI-S）涵盖了所有科学与技术领域，包括：农业与环境科学、生物化学与分子生物学、生物技术、医学、工程、计算机科学、化学与物理等。社会科学与人文科学版本（CPCI-SSH）包含了来自社会科学、艺术与人文领域的所有学科——心理学、社会学、公共健康、管理学、经济学、艺术、历史、文学与哲学（图 8-8）。

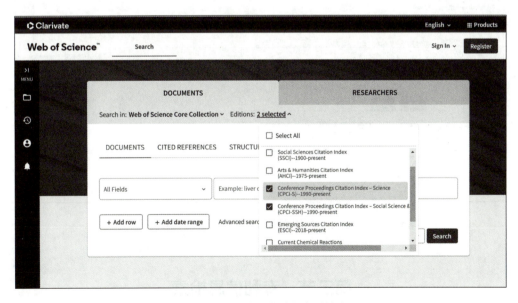

图 8-8 ISI 会议论文集引文索引检索界面

（二）OCLC FirstSearch 会议论文与会议录索引

OCLC FirstSearch 包括 PapersFirst（国际学术会议论文索引，见图 8-9）和 ProceedingsFirst（国际学术会议录索引，见图 8-10）两个会议论文数据库，收录了 1993 年以来世界范围的研讨会、专题会、学术报告会、座谈会、博览会等各种会议的论文题录信息,包括英国不列颠图书馆文献提供中心(British Library Document Supply Center,BLDSC)出版的会议论文及资料。PapersFirst 收录会议论文 650 余万条记录,每月更新两次。ProceedingsFirst 收录会议录 192 000 余条记录,每周更新两次。两个数据库的检索途径及字段基本相同;均提供基本检索(Basic Search)、高级检索(Advanced Search)和专家检索(Expert Search)等途径,关键词、作者、会议名称、会议地址、会议日期等 27 个检索字段。会议论文题录主要包括作者、论文题名、资料来源、语种、会议名称等项内容。

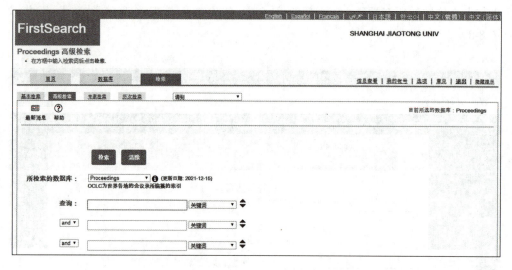

图 8-9　OCLC FirstSearch 国际学术会议论文索引检索界面

图 8-10　OCLC FirstSearch 国际学术会议录索引检索界面

第三节　专利信息检索

据世界知识产权组织统计,世界上 90%~95% 以上的发明创造成果都出现在专利信息中,其中 70% 不出现在非专利信息中,充分利用专利信息可以节约 60% 的研究时间和 40% 的科研经费。专利信息检索和分析不仅可以避免重复研究和专利侵权,同时可以有效保护自己的科研成果。因此对于专利信息的检索、分析和利用,已成为科学研究过程中不可缺少的重要组成部分。

一、专利信息概述

(一) 相关概念

1. 专利 (patent)　专利是专利权的简称,是指一项发明创造向国家专利局提出专利申请,依法审查合格后,向专利申请人授予的在规定时间内对这项发明创造享有的专有权。

2. 专利信息 (patent document)　狭义的专利信息是实行专利制度的国家及国际性专利组织在审批专利过程中产生的官方文件及其出版物的总称。广义的专利信息是指以专利文献作为主要内容或以专利文献为依据,经分解、加工、标引、统计、分析、整合和转化等信息化手段处理,并通过各种信息化方式传播而形成的与专利有关的各种信息的总称。

3. 专利的属性　专利权属于知识产权,具有独占性、地域性和时间性。

(1) 独占性:也称专有性或排他性。专利权人对其发明创造享有的独占性的制造、使用、销售和进口等实施权。

(2) 地域性:指一个国家授予的专利权,只在本国有效,对其他国家没有约束力,任何国家都没有保护别国专利的义务。

(3) 时间性:指任何专利的保护有一定的法律期限。专利权人对其发明创造所拥有法律赋予的专有权只在法律规定的期限内有效。

4. 专利的类型　具体划分各国不尽相同,我国分为发明专利、实用新型专利和外观设计专利三种类型。

(二) 专利分类法

各国都有自己的专利分类法,各自采用的分类原则、分类体系和标识符号都不相同。目前,大多数国家都已废弃本国的专利分类表,改用国际专利分类表 (International Patent Classification,IPC),IPC于 1968 年正式出版并使用,每五年修订一次,以适应新技术发展的需要。

一个完整的 IPC 分类号由代表部 (1 个字母)、大类 (2 个数字)、小类 (1 个字母)、大组 (1~3 个数字) 或小组 (2~4 个数字) 的符号构成,部以下的分类会阶段性调整、增加。例如:A01B 1/02。

(1) 部 (Section):是分类系统的一级类目,部下面有分部 (Sub-Section),分部只有类目,不设类号 (表 8-1)。

表 8-1　国际专利分类表部与分部类目名称

部	分部
A:人类生活必须	农业,食品与烟草,个人和家庭用品,健康与娱乐
B:作业,运输	分离和混合,成型,印刷,运输
C:化学,冶金	化学,冶金
D:纺织,造纸	纺织和其他类不包括的柔性材料,造纸
E:固定建筑物	建筑物,挖掘;采矿
F:机械工程、照明、加热、武器、爆破	发动机与泵,一般工艺,照明与加热,武器,爆破仪表,核子学
G:物理	
H:电学	

(2) 大类 (Class):由二位数字组成,如 **A61** 医学或兽医学;卫生学。

(3) 小类 (Sub-Class):由一个大写字母组成,如 **A61B** 诊断;外科;鉴定。

(4) 组:每个小类细分为许多组,包括大组 (Group) 和小组 (Sub-Group)。每个组的类号由小类类号加上用 "/" 分开的两个数组成。大组:由小类类号加上一个 1~3 位的数及 "/00" 组成,如:**A61B3/00** "表示测试眼睛的设备;检查眼睛的仪器"。小组:由小类类号加上一个 1~3 位的数,后跟一个 "/" 符号,再加上除 00 以外的两位数组成,如:**A61B3/02** "表示主观型的,即要求患者主动配合的测试装置"。

（三）专利书目数据特征

专利文献著录项目所代表的信息包括：技术信息、法律信息和文献外在形式信息。

1. 专利技术信息　是通过专利文件中的说明书、附图等文件部分详细展示出来的。便于人们从各种角度便捷地了解该发明创造信息，如发明创造名称、专利分类号、摘要等技术信息。

2. 专利法律信息　包括专利保护的范围，专利的权利人、发明人，专利的生效时间，专利申请的标志等。通过专利分类号（专利保护的范围）、申请人、发明人、专利权人、专利申请号、申请日期、优先申请号、优先申请日期、优先申请国家、文献号、专利或专利申请的公布日期、国内相关申请数据等专利文献著录项目来揭示不同法律信息特征。

3. 专利文献外在形式信息　著录项目主要是文献种类的名称、公布专利文献的国家机构、文献号、专利或专利申请的公布日期。其中专利文献编号包括：

（1）专利国别代码：是指专利号前面的两个英文字母，如 CA（加拿大）、CN（中国）、JP（日本）、WO（世界知识产权组织）等。

（2）申请号：申请号为专利局受理某件专利申请时同时给的编号，中国均采用 10~12 位数编码，前四位数（2004 年之前使用两位数字）代表申请的年代，第 5（3）位数代表不同的专利类型（1 表示发明专利，2 表示实用新型，3 表示外观设计），后 5 位数为当年各项专利申请的流水号，最后加小数点及一位计算机校验码。如：CN200610054320.0、CN99104538.6。

（3）公开/公告号：按文献流水号排序，均采用 7 位数编号，前面加国际通用国别代码，第一位数字用来区分三种不同专利。

A 发明专利申请公开，如：CN1348826A；Y 实用新型专利授权公告，如：CN2475414Y。

C 发明专利授权公告，如：CN1084638C；D 外观设计专利授权公告，如：CN3100661D。

（4）专利号：正式获得授权的专利的编号。我国的专利编号与申请号相同，仅在前面加 ZL。如：ZL01214062.7。

二、国内专利检索

（一）国家知识产权局专利检索系统

由国家知识产权局（SIPO）建立的"专利检索及分析"系统，向公众提供专利检索和专利分析服务。

可检索 100 多个国家、地区和组织的专利数据，其中涵盖了中国、美国、日本、韩国、英国、法国、德国、瑞士、俄罗斯、欧洲专利局和世界知识产权组织。公众可免费获取专利全文图像文件，注册用户还可使用专利分析服务。专利检索功能包括常规检索（图 8-11）、高级检索、导航检索、药物检索等；专利分析功能包括申请人分析、发明人分析、区域分析、技术领域分析、中国专项分析、高级分析等。

检索结果可查看申请人、法律状态、说明书文本和图像版全文信息等（图 8-12）。

通过"中国专利公布公告"可以查询专利是否授权。

（二）中国知识产权网

中国知识产权网提供对中国专利和国外（美国、日本、英国、德国、法国、加拿大、瑞士、欧洲专利组织、世界知识产权局等 98 个国家和组织）专利的检索。用户还可通过手机客户端使用该平台；另可免费下载".tif"格式的专利说明书全文。

该系统提供了个性化服务功能，包括法律状态检索、失效专利检索、专利信息分析和预警功能等。

（三）其他中文专利检索系统

除 SIPO 外，还有 SooPat 专利搜索引擎、中国专利信息中心的专利之星等中文专利检索系统。

图 8-11　SIPO 专利检索主界面

图 8-12　SIPO 专利详细信息显示界面

三、国外专利检索

因特网上的国外专利数据库很多,由各国专利局官方网站(如 SIPO、USPTO)、公益性免费专利数据库网站(如 Free Patents Online)、商业性专利数据库网站(如 Delphion)、大型国际商业性联机检索系统(如 STN、DIALOG、ISI)等多种组织或机构提供。

由各国专利局官方或国际组织提供的大多免费。其中专利容量大、检索功能强的有世界知识产权局、美国专利商标局、欧洲专利局提供的专利数据库,都可以免费下载专利说明书。

(一)世界知识产权局专利检索系统

世界知识产权局(WIPO)的专利检索系统提供专利合作条约(Patent Cooperation Treaty,PCT)成员的专利查询。检索方式包括:简单检索(Simple)、字段组合检索(Field Combination)、化合物检索(Chemical compounds)、跨语言扩展检索(Cross Lingual Expansion)和浏览(Browse)。

WIPO 的专利检索系统不需要注册,免费使用,提供对检索结果多种语言的机器翻译服务,每件专利的信息包括基本的书目数据、全文、同族专利和相关文档,可查看和下载全文(图 8-13)。

1. JP2010236302 - LEARNING DIAGNOSTIC SYSTEM, STATE DIAGNOSTIC DEVICE, AND STATE LEARNING DEVICE FOR WORK MACHINE

国家著录项目数据   全文   专利族   文件

永久链接

已公布申请		
	查看	
JP0005290026B9	JP2013034	XML, PDF, ZIP[XML + TIFFs]
JP2010236302A	JP2010042	XML, PDF, ZIP[XML + TIFFs]

全球案卷		
法律日期	说明书	下载
31.03.2009	Abstract [ORIGINAL]	PDF
31.03.2009	Abstract [TRANSLATED]	PDF
31.03.2009	Claims [ORIGINAL]	PDF

图 8-13   WIPO 专利信息文档下载页面

(二)美国专利商标局专利检索

该检索系统提供申请专利(AppFT:Applications)和授权专利(PatFT:Patent)两种检索入口,并提供专利分类表、专利法律状态、专利转让数据库等相关数据库的检索。

提供快速检索(Quick Search)、高级检索(Advanced Search)和号码检索(Number Search)。1790—1975 年的专利只能通过专利号和美国专利分类查找。

该系统免费提供 1976 年以来授权的专利说明书和 2001 年 3 月以后的专利申请文件,其专利文献全文有文本和图像两种形式。文本形式无图片,图像为原件扫描而成的 TIFF 文件,需要下载安装 TIFF 图片插件方可阅读。

(三)欧洲专利局检索服务

欧洲专利局通过 Espacenet 免费提供专利检索服务。该系统有多个登录入口可以登录其引导页面,包括欧洲专利组织(EPO)、欧洲委员会(EC)以及欧盟成员国的 Espacenet 站点。选择任何一个入口都可利用该检索系统访问世界专利数据库(Worldwide)、欧洲专利局数据库(EP database)和世界知识产权组织数据库(WIPO database)。

Espacenet 提供简单检索(Search)、高级检索(Advanced Search)和分类检索(Classification Search)3 种检索模式。

检索结果包括专利基本信息(Bibliographic data)、专利描述(Description)、专利权(Claims)、设计图(Drawings)、专利原文(Original document)、被引文档和引证文档(Citations)、法律状态(Legal status)、同族专利(Patent family)等 8 个方面的信息。其中专利权声明树(Claims tree)以树状结构的形式将被保护的相关权利的依存关系形象地展示了出来(图 8-14)。

(四)德温特创新索引数据库

德温特创新索引数据库整合了 Derwent 最著名的 World Patent Index(世界专利索引)和 Patent Citation Index(专利引文索引),收录来自世界 40 多个专利机构的超过 3 000 万项专利,数据可回溯至 1963 年。分为化学(Chemical Section)、电子电气(Electrical & Electronic Section)和工程技术(Engineering Section)三部分,通过 Web of Science 平台综合检索世界各国的专利文献。

NOTES

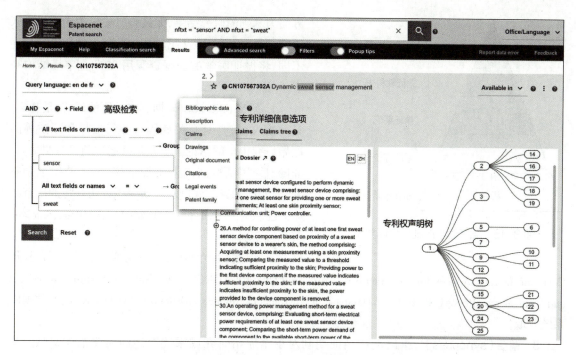

图 8-14 Espacenet 高级检索及结果显示界面

与其他专利检索系统对比,其收录范围更广、数据量大,但并不能提供全部专利的全文。此外,还加入了 WOS 平台其他数据库的一些元素,如"被引专利检索"(Cited patents search)、"化合物检索"(Compound search),检索结果可对学科分类、专利权人、发明人、IPC 代码、德温特分类代码、德温特手工代码等选项进一步筛选,并对检索结果进行计量分析。

(五) PubChem 化合物专利检索

由美国国立医学图书馆提供的化合物专利检索,涵盖了化学药品的专利,其检索方式除了常规的主题检索外,还可进行化学结构(Structure)和分子式(Molecular formula)检索,并提供与专利相关的化合物独特化学结构的列表和与多个网站专利的全文链接。

(六) 其他专利检索系统

1. 日本工业产权数字图书馆专利数据库 数据库提供 1922 年以来的日本专利和实用新型说明书,有日文和英文两种界面。

2. 免费专利在线(Free Patents Online) 目前提供美国专利、美国专利申请、欧洲专利、日本专利文摘、WIPO 专利和德国专利的查询与下载。系统提供快速检索(Quick Search)、专家检索(Expert Search)。快速检索支持表单式构建逻辑组配检索,可从专利号、创作人、登记日、创作人所在城市、题名等 20 多个方面进行组合检索。注册用户(免费注册)享有在线保存检索历史、创建文件夹、获取相关新专利出现时的提醒等其他服务;系统支持 RSS 订阅,所有专利按学科分为近千个 RSS,每周更新,用户可以订阅感兴趣的 RSS,以便能及时跟踪最新的专利信息。

第四节 循证医学资源检索

循证医学(evidence-based medicine,EBM)意为"遵循证据的医学";是一种积极寻求和应用最佳证据,用以指导临床实践的医学实践模式。

一、证据类型

证据是循证医学的基石,主要指临床人体研究的证据,即以病因、诊断、预防、治疗、康复和预后等

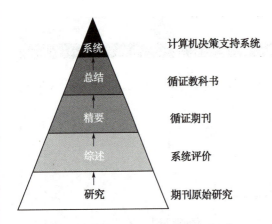

图 8-15   循证医学的证据资源类型

方面为基础的研究结果,尤其是以患者为中心的临床研究结果,包括一次文献和二次文献。按加工的深度不同,将循证医学的证据资源用"5S"金字塔结构来表示(图 8-15)。

1. **研究(studies)**   期刊中的原始研究,是基础,是一次文献;是对有关病因、诊断、治疗和预防等的原始研究得出的结论。主要包括通过随机对照试验、非随机对照试验、半随机对照试验、交叉试验、队列研究、横断面调查和病例对照研究等方法获得的研究结果。主要从文献数据库如 PubMed、EMBase、SinoMed 等系统获取。

2. **综述(syntheses)**   指系统综述。主要从 Cochrane Library、Agency for Healthcare Research and Quality(AHRQ,USA)、National Institute for Health and Clinical Excellence(NICE,UK)、Database of Abstracts of Reviews of Effects(DARE,UK)这些数据库系统获取。

3. **精要(synopses)**   指出现在循证期刊对单个原始研究或系统综述的简要描述文献。从 *Evidence Based Medicine*、*Evidence Based Nursing*、*Evidence Based Paediatrics* 等期刊可以获取;代表数据库为 OVID 提供的 ACP Journal Club(美国医师协会的循证医学资料库)。

4. **总结(summaries)**   临床主题的证据总结,是整合来自单个精要、系统综述或原始研究甚至它们的总和,针对某一具体疾病提供有关其治疗选择的全面证据。代表性信息源有 BMJ Clinical Evidence、PIER、Up to Date、Dynamed、Harrison's Practice、Essential Evidence Plus(EEP)、Clin-eguide 等系统;多为证据资源综合性网站。

总结将与某一主题各方面相关的精要、综述或研究汇总分析,是一种临床决策辅助工具。其检索系统和功能比较完善,使用方便,可以快速解决临床问题。

5. **系统(systems)**   系统指能将患者个体的信息与研究证据的适用相匹配的计算机决策支持系统。系统将电子病案中的特征与当前可得的最优匹配证据(如临床实践指南、技术评估等)自动链接,并提醒或告知医护人员治疗的关键所在。

精要、综述、总结按文献加工层次来讲,属于二次临床研究证据。主要包括系统综述、临床实践指南、临床决策分析、临床证据手册、卫生技术评估及卫生经济学研究等。公认最好的二次临床证据数据库为 Cochrane 图书馆。

"5S"证据结构中,证据可靠性从高到低依次为:系统→总结→精要→综述→研究。因此,在循证医学实践中,检索证据用于指导临床决策时,应首先从"5S"中证据可靠性最高的系统开始,随后依次利用下位类证据资源。

二、证据资源及检索

目前有大量可供医学研究证据查询的来源,包括原始研究数据库、二次研究数据库、期刊、指南、卫生技术评估手册等。一般可以分为以下几类。

(一)证据评价类数据库检索系统

证据评价类数据库检索系统以 Cochrane Library(简称 CL)为代表。

1. **Cochrane Library**   是目前各国学者最为认可的临床疗效研究证据来源,包含 CDSR、CENTRAL、CCA 数据库。

(1)Cochrane 系统评价数据库(Cochrane Database of Systematic Reviews,CDSR)   收录了由 Cochrane 协作网 50 余个系统综述专业组在统一工作手册指导下完成的系统综述,包括系统综述全文(Review)

NOTES

和研究方案（Protocol），并随着读者的建议和评论以及新的临床试验的出现不断补充和更新。

（2）Trials：Cochrane 中心临床对照试验注册数据库（Cochrane Central Register of Controlled Trials，简称 CENTRAL 或 Clinical Trials）。资料来源于协作网各系统评价小组和其他组织的专业临床试验资料库以及在 MEDLINE 上被检索出的随机对照试验（RCT）和临床对照试验（CCT）。还包括了全世界 Cochrane 协作网成员从有关医学杂志会议论文集和其他来源中收集到的 CCT 报告。

（3）Cochrane Clinical Answers：简称 CCA，基于 Cochrane 综述的患者、干预、比较、结果（PICO）临床问题提供简洁、基于证据的答案。每个 CCA 都包含一个临床问题、一个简短的答案以及与医疗保健专业人员最相关的数据，采用表格格式显示，内容包括叙述、数据和图形链接。

Cochrane 图书馆资源的文献和记录状态有多种类型。① Review：有完整的结果和讨论、数据分析和图表的系统综述。② Protocol：系统综述的准备大纲（方案），包括背景、原理说明和方法。③ Methodology：系统综述方法学研究的全文文献。④ Comment：含有评论或批评的完全系统综述。读者可以提出自己的评论，这些评论会被整合到作者的回答与回馈中。⑤ New：最新一期版本中所收录的最新的 Protocol 或 Review。⑥ New search：对已经出版的系统综述有关研究的新的检索。⑦ Conclusions change：对最新一期版本中系统综述的结论有重要的改变。⑧ Major change：重大变化，对最新一期版本中的系统综述进行了修订影响到了其内容的改变。⑨ Withdrawn：被撤销的 Review 或 Protocol，通常是因为缺乏相关活动或更新，撤销的理由会在该篇文章上详细说明。这些类型在其结果显示时以图标形式提示（图 8-16），在高级检索的记录状态限定选项（Restrict Search by Record Status）也提供选择。

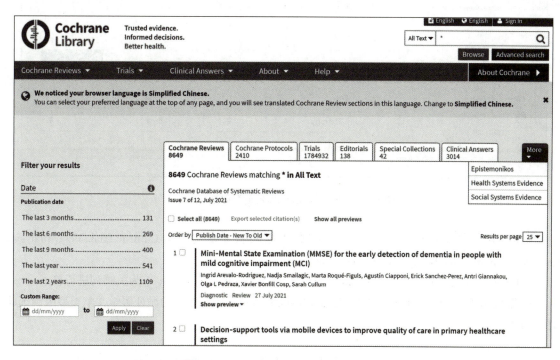

图 8-16　Cochrane 图书馆检索结果

可从主题（By Topic）和系统评价组（By Cochrane Review Group）两种方式浏览查询。检索包括普通检索、高级检索和 MeSH 主题词途径检索等。

2. 循证医学评价数据库（Evidence-Based Medicine Reviews，EBMR） 由 OVID 公司提供。包括 CL 的全部数据和美国医师协会循证医学资料库，并与 MEDLINE 和 OVID 收录的杂志全文相链接。

3. 评价与传播中心数据库（Centre for Reviews and Dissemination，CRD） 包括了疗效评价

文摘数据库（Database of Abstracts of Review，DARE）、NHS 经济评估数据库（NHS Economic Evaluation Database，NHSEED）和卫生技术评估数据库（Health Technology Assessment Database，HTA），由英国约克大学卫生评估与传播中心提供服务。

4. 中国卫生技术评估数据库　包括国内和国外有关卫生技术评估的论文。

（二）原始研究类数据库

外文文献以 PubMed 为代表，中文文献以 SinoMed 的 CBM 为代表。

1. PubMed　可检索原始研究证据，也可检索二次研究证据。

（1）利用临床咨询（Clinical Queries）模块：临床咨询检索采用过滤器（Filter）模式将无效或不适用信息滤掉，只保留有助于解决临床问题的信息。该模式不需要复杂的检索策略，就可直接检索到所需的临床研究文献。

临床研究类文献（Clinical Studies）。在检索框中输入某一疾病名称（如 hepatitis e），可进一步限定在病因（Etiology）、诊断（Diagnosis）、治疗（Therapy）、预后（Prognosis）和临床预测指南（Clinical Prediction Guides）等更细的领域和选择检索范围（Scope）确定查全率（Broad，Sensitive Search）或查准率（Narrow，Specific Search），对文献进行筛选（图 8-17）。

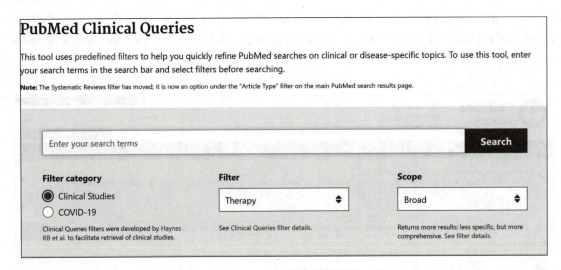

图 8-17　PubMed 临床咨询文献检索界面

（2）利用结果筛选中 "Article types" 选项，可以限制文献类型为 Clinical Trial，Meta-Analysis，Practice Guideline，Randomized Controlled Trial。

（3）直接以 systematic review，cochrane，meta-analysis，multicenter-study 等为关键词进行检索。

2. EMBASE　在 EMBASE 的检索限制（Record Limits）中有专门的循证医学文献类型限制选项（图 8-18）。

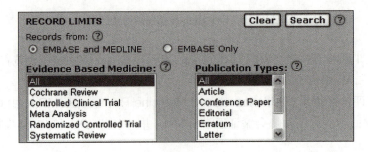

图 8-18　EMBASE 的循证医学文献检索限制选项

3. 中国生物医学文献数据库（CBM） CBM 是国内常用的一个综合型的生物医学文献数据库，其使用方法与 PubMed 类似。使用"循证医学""系统综述""系统评价""荟萃分析""Meta 分析""汇后分析"等作为检索词可检索到二次证据文献；使用一些特定的术语作为检索词，并通过逻辑组配检索可获取原始研究证据文献。

（1）与"病因学"相关的检索词或策略：随机对照试验、队列研究、横断面研究、多因素分析[MH]、前瞻、危险因素[MH]、风险、病例对照、健康对照、正常对照、相关、关系、有关、无关、人类[CT]、动物[CT]。

（2）与"诊断"相关的检索词或策略：敏感度(性)、灵敏度(性)；特异性(度)、诊断[SH]、诊断应用[SH]、阳(阴)性预测值。

（3）与"治疗"相关的检索词或策略：药物疗法[SH]；治疗应用[SH]、随机对照试验[MH]、随机分配[MH]、双盲法[MH]、单盲法[MH]、安慰剂、随机、盲法、对照、对比研究[CT]、人类[CT]、动物[CT]。

（4）与"预后"相关的检索词或策略：回归分析[MH]、分层、发生率、死亡率、生存率、存活率、预后[SH]、随访研究[SH]、随诊、队列研究。

（三）临床实践指南类数据库

临床实践指南分为两类：基于专家共识的临床实践指南（consensus-based guideline）和基于证据的临床实践指南（evidence-based guideline）。

1. 基于证据的临床实践指南 如英国国家卫生和临床示范研究所（National Institute for Health and Clinical Excellence，NICE）临床实践指南库、苏格兰大学校际指南网络（Scottish Intercollegiate Guidelines Network，SIGN）临床实践指南等。

2. NIH 共识发展项目数据库（consensus development program，CDP） NIH 将共识会议法引入医学研究领域，用以辅助复杂的决策过程。当治疗意见和诊断方法选择等存在矛盾时，共识会议法可以发挥所长，由各相关专家、群体、代表等以投票、排序或其他达成共识的互动方法，针对决策或研究发现进行评估，再由会议委员会讨论，将这些多元化的决议整合，形成"共识声明"或"推荐意见"。这些声明和意见也是很好的临床证据。

（四）证据总结类数据库

以 BMJ 最佳临床实践为代表，融临床知识库和资源于一体，检索结果的资源中有证据（Evidence）指南（Guidelines）选项，对证据给予了有效性等级，突出显示对其效果的评估，并以 GRADE 评级表示该效果的可信程度（图 8-19）。

其他类似的数据库还有 PIER、Up to Date 临床顾问等。

（五）循证医学集成搜索引擎

以 SUMSearch 和 TRIP 数据库为代表。

1. SUMSearch 使用元搜索引擎技术建立的医学证据跨库检索平台，可针对病因、诊断、治疗、预后、预防等进行限制检索，系统会自动将结果按系统综述、原始研究证据、指南等进行整合，并按相关性排序（图 8-20）。

2. TRIP 数据库 TRIP（Turning Research into Practice）即将研究转为临床实践，开发于 1997 年。TRIP 提供基本检索、高级检索和 PICO 检索。基本检索状态下可进行逻辑运算检索，可使用"and""or"和"（ ）"组配运算。在高级检索状态，系统按检索顺序显示检索历史，可直接用检索序号进行布尔逻辑"and"运算检索。

TRIP 提供的检索结果筛选（图 8-21），将文献类型进行了聚合分类，数据库收录的内容包括：证据精要（Evidence-Based Synopses），临床问题（Clinical Q&A），系统综述（Systematic Reviews），北美、欧洲、其他指南（Guidelines），对照试验（Controlled Trials），重要的原始研究（Key Primary Research），扩展的原始研究（Extended Primary Research），病例报告（Case Reports），电子书籍（eText books），等等。

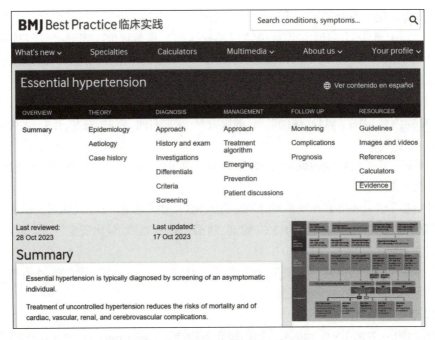

图 8-19　BMJ 最佳临床实践检索主页面

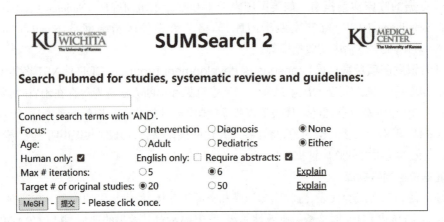

图 8-20　SUMSearch 检索结果总览

图 8-21　TRIP 检索结果分类显示

第五节　药学信息检索

药学是由化学、医学、生物学等相关学科知识综合而成的一门交叉学科,药学信息则涵盖了药学各个学科、专业领域的内容,包括药品的研制、生产、流通、使用和管理,横跨科研、工业、商业、卫生、教育、管理等行业和系统。药学信息检索从资源类型的角度来看,包括药学文献、专利、产品等信息检索,最重要的是药学文献信息的检索;从专业角度来看,主要包括药物制备、药理、毒理、药物流行病学(不良反应)、临床应用等。

一、综合性药学文献数据库

(一) 中国中医药数据库检索系统

中国中医药数据库检索系统由中国中医科学院中医药信息研究所建设,包括中医药期刊文献数据库、疾病诊疗数据库、各类中药数据库、方剂数据库、机构数据库、各类国家标准数据库(中医证候、治则、疾病、药物、方剂)等相关数据库(图 8-22)。所有的数据库都可联网使用,部分数据提供英文版。中医药数据库检索系统可以实现单库检索与跨库检索。

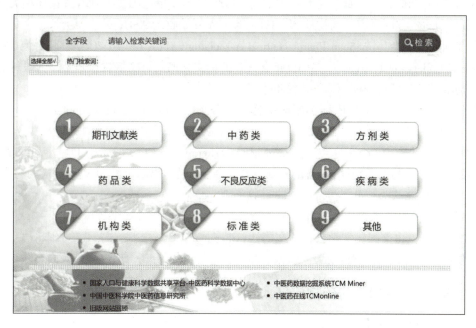

图 8-22　中国中医药数据库检索系统

(二) EMBASE 的药物信息检索

EMBASE 是荷兰 Elsevier 公司独家版权的生物医学与药理学文摘型数据库,其中,药物信息是 EMBASE 的特色资源,其药学文献标引、检索途径相较其他数据库更为丰富。与药物相关的有 Drugs & Pharmacology 及 Pharmacy 两个子数据库。前者收录了 1990 年以来关于药物或研制中的药物的临床、药理、药代动力学、药效、副作用等内容,后者主要收录 1988 年以来的有关药物生产、药物赋形剂、药物释放系统等内容的文献,涵盖药物研究、药理学、制药学、药剂学、毒物学、人体医学(临床和实验)等领域,还特别提供药物及医疗器械相关公司和制造商的系统索引。

EMBASE 提供的"药物检索"(Drug Search)是检索药物文献的主要途径(图 8-23)。可通过化学名称、商品名和制造商名称检索。建议从 Mapping 入口以药物名称为检索词检索。

药物检索提供自动转换到优选术语、药物作为关键词检索、扩展检索和以某药物为研究重点的专门检索;提供药物副主题(Drug Subheadings)限制检索,如药物副作用反应、临床试用、药物分析等;提供常用给药方式(Route)的检索,如口服、肌内注射、静脉注射等。

NOTES

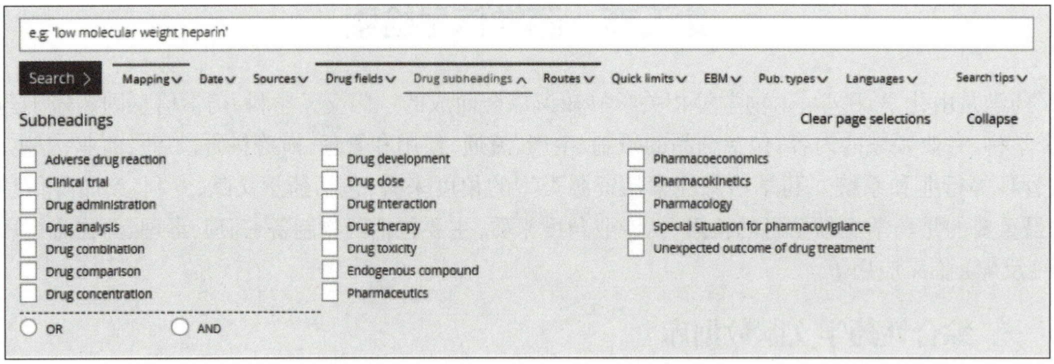

图 8-23　EMBASE 的药物信息检索主界面

（三）国际药学文摘

国际药学文摘（International Pharmaceutical Abstracts，IPA）由美国医院药师学会（American Society of Health-System Pharmacists，ASHP）提供。收录了 1970 年以来世界范围的 850 多种主要期刊和美国国内的所有药剂期刊（包括大部分化妆品出版物）；1985 年起收录范围扩大到有关论述相关条例、法律、人力资源和薪资方面报道的药物期刊。1988 年，IPA 开始收录 ASHP 的主要会议论文的文摘，现在还收集美国药学协会（American Pharmaceutical Association，APhA）和美国药学学院协会（American Association of Colleges of Pharmacy，AACP）年会推荐的论文文摘。该文摘提供包括研究设计、患者数量、剂量、剂型、剂量时间表等临床研究报告的信息。

IPA 中有关药物的分类是依据美国医院药典服务（American Hospital Formulary Service，AHFS）制定的药物学 / 治疗学分类系统进行分类的。每个文献记录都列出了药物的类别及其分类号。在 OVID 系统可通过"药物 / 治疗分类"（Pharmacologic/Therapeutic Classification，PC）字段完成。药物分类系统的分类号和药物类别都是 PC 的有效检索内容，PC 是非限制字段，可以用相应的药物分类号或分类类目检索。格式为："分类号 .pc." 或 "药物类别 .pc."。

（四）美国化学文摘

化学文摘（CA）由美国化学学会化学文摘社（Chemical Abstracts Service，CAS）编辑出版，从化学的角度提供与药物相关的文献，包括药物合成、筛选、分析、制备、分析、药理、毒理等内容。

二、与临床处方相关的药物信息

（一）默克手册与默克索引

"默克手册"（Merck Manuals）是系列药物工具书，包括《默克诊疗手册》《默克家庭诊疗手册》《默克老年手册》《默克索引》等。最著名的是《默克诊疗手册》，是很有价值的参考书籍，中文版可免费在线阅读。

《默克索引》（Merck Index）是查找化学品、药物以及生物化学品信息的首选；是世界著名的有关化学物质、药品及生物制品的百科全书。每一条记录评述一种单一存在的化学物质或一组非常密切相关的化合物。记录的内容包括：分子式和分子量、标准化学名称（包括 CAS 采用的名称）、普通名称和俗名、商标及其拥有者、公司代码、CAS 登记号、物理和毒理数据、治疗应用、商业应用等（图 8-24）。

（二）医师案头参考

医师案头参考（PDR）由美国 Thomson 公司建立的供美国医师、护士和大众查询药物信息的网络。可查找 FDA 批准的处方药、非处方药和植物药的信息，包括药物商品名，药物相互作用、副作用、处方注意事项等，以及药物警戒信息、不良反应，药品召回，药品批准等信息。可以按药名索引浏览检索，也可以直接输入药名检索（图 8-25）。

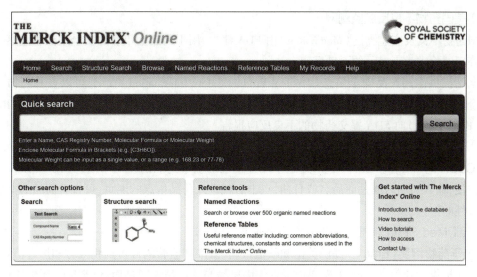

图 8-24 默克索引在线版主页

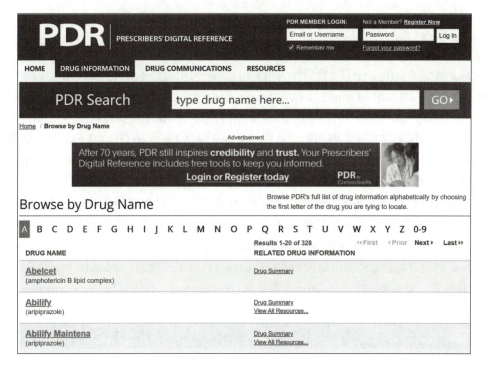

图 8-25 PDR 药物检索界面

(三) 网上处方药物索引

网上处方药物索引(Rxlist)可通过药品名称(Drugs A-Z)、颜色、外形、标记号(Imprint)、商标等物品识别信息(Pill identifier)、疾病或症状(Diseases & Conditions)入手查找系统收录的 5 000 余种药物的相关信息。该系统提供的检索结果十分详细,包括处方组成、原辅料所符合的标准、药物作用、作用原理(简述)、结构式、分子式、分子量、性状、溶解情况以及该药物剂型、剂量。此外还包括临床药理、适应证、剂量和用法、包装、禁忌证、注意事项、副作用、药物相互作用等内容。另外,还提供药物比较、药物相互作用检查等查询。

(四) 国家药品不良反应监测中心

国家药品不良反应监测中心设在国家药品监督管理局药品评价中心,通过该网站可查询药品、化妆品、医疗器械上市后的不良反应报告/不良事件报告、安全警示、科普宣传等信息。

（五）美国药物不良反应监测网

美国药物不良反应监测网（MedWatch）由 FDA 建立，用于药品上市后的质量跟踪和监察，以便及时发现临床试验中尚未揭示的不良反应。

该网站提供医药产品安全信息（Medical Product Safety Information）查询，可以查看药物、医疗器械的安全信息；还可通过直报系统（MedWatch：The FDA Safety Information and Adverse Event Reporting Program Form 3 500）向 FDA 提交药物的不良反应报告。

（六）药品查询

1. CDER 的 drug@FDA　可获取美国 FDA 批准的上市药品的说明书信息（Label Information）。权威且方便，输入通用名或是商品名或日期，点击后就进入药品信息的网页，可查看药品的批准历史、治疗等效性的信息。

2. DailyMed　FDA 批准的在售处方药说明书。

3. 电子药物纲要（Emc）　提供英国和欧盟最新、批准和监管的许可药物处方和患者信息。面向医生或护士提供专业信息（SPC），面向患者提供简单易懂的药品说明书信息（PIL）。还可通过药物的活性成分（Active ingredients）进行检索。

三、与药物开发相关的信息

（一）PubChem

PubChem 数据库提供小分子生物活性的相关信息，是 NIH 的分子文库计划（MLI）的重要组成部分，是 MLI 的资料存储库。PubChem 主要包含小分子，但也包含较大的分子，例如核苷酸、碳水化合物、脂质、肽和化学修饰的大分子。还包括有关的化学结构、标识符、化学和物理特性、生物活性、专利、健康、安全、毒性等数据和许多其他方面的信息。PubChem 包括 BioAssay（化学成分的生物活性筛选资料）、Compound（小分子化学物质结构）、Substances（化学物质数据）等数据库，通过 NLM 的 Entrez 平台提供服务，检索规则与方法同 PubMed。

PubChem 可以通过多种查询条件搜索超过 1 100 多万种化合物（包括 Thomson Pharma 的 270 多万种物质）的相关信息，信息量非常丰富（图 8-26），并可通过 FTP 免费下载 PubChem 整个数据库。提供的检索服务与 SciFinder 或 CAS Registry 提供的服务相似。

PubChem 的化合物检索还提供结构检索（Structure）和分子式检索（Molecular formula）。

1. 结构检索　提供相似度（Similarity）、亚结构（Substructure）、母体结构（Superstructure）检索。

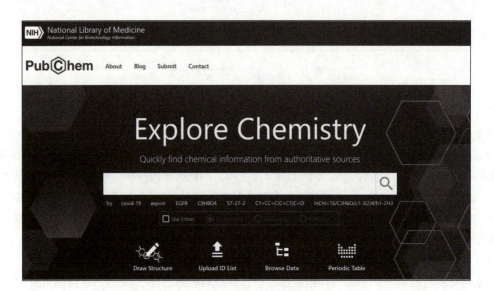

图 8-26　PubChem 检索主界面

（1）相似度：输入化学物质的部分或完整结构检索药物。相似度指化学物质的结构相似的百分率，检索时可指定与某结构式的相似度。

（2）亚结构、母体结构：与相似度相似。

2. 分子式检索　输入分子式检索，如 $C_9H_8O_4$。

3. 结构式辅助输入　相似度检索、亚结构和母体结构检索，都需要输入结构式，结构式是图形模式，与文本输入不同。PubChem 提供了结构式辅助编辑工具。

4. 检索结果　PubChem 详细结果显示采用标签导航模式（图 8-27），点击页面右栏的导航标签，自动定位显示相关内容。也可以以不同的格式下载化学物的 2D、3D 结构。

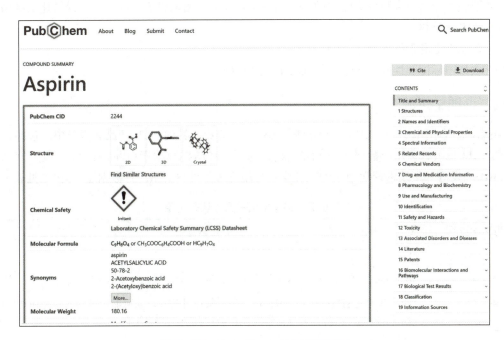

图 8-27　PubChem 结果详细显示

（二）ClinicalTrials.gov 临床药物试验研究信息

由美国国立卫生研究院（NIH）与所有的 NIH 研究所和 FDA 合作建立。从 ClinicalTrials.gov 中可以获得临床研究方案摘要，包括研究目的概述、参与者招募情况、患者参与标准、研究地点和具体联系方式，以及研究设计、研究阶段、研究中使用的药物或疗法及用于何种疾病，并与包括 MEDLINEPlus 和 PubMed 在内的医药网站中的相关疾病主题链接。

（三）NIST 的 Chemistry WebBook

Chemistry WebBook 是美国国家标准与技术研究院（National Institute of Standards and Technology，NIST）的基于 Web 的转化医学数据库，Chemistry WebBook 可以看作是 NIST 的标准参考数据库（Standard Reference Data）中一部分与化学有关的数据库的 Web 版本，可通过分子式检索、化学名检索、CAS 登录号检索、离子能检索、电子亲和力检索、质子亲和力检索、酸度检索、表面活化能检索、振动能检索、电子能级别检索、结构检索、分子量检索和作者检索等方法，得到气相热化学数据、浓缩相热化学数据、相变数据、反应热化学数据、气相离子能数据、离子聚合数据、气相 IR 色谱、质谱、UV/Vis 色谱、振动及电子色谱等信息。

（四）DrugPatentWatch 药物情报数据库

DrugPatentWatch 整合了直接来自 FDA、专利和商标局以及其他美国等国家政府来源的数据，提供有关小分子药物的价格、销售、开发中的药物的商业情报，内容涉及品牌制药全球商业情报和预测、仿制药和原料药制造商联合投资管理、医疗保健支付方管理和预算管理等。系统自动生成包括最新专利、最新临床试验、即将失去排他性的药物概况、最近在感兴趣的领域进行的基于对已批准药物的改良和新发现的新药申请的临床试验等在内的分析报告。

（五）药物专利检索

专利是新药开发和研制中最为重要的文献,药物专利包括药物用途专利、制备方法专利和药品专利(药物化合物专利、药物组合物专利、药物制剂专利)。有关专利检索请参见第七章第三节。从以下这些网站可获取有价值的药物专利信息:

（1）各国药品管理机构网站:如美国 FDA Orange Book(橙皮书)。

（2）各国专利局官方网站:如 SIPO、USPTO 等。

（3）公益性免费专利数据库网站:如 Free Patents Online(目前世界上唯一一个提供化学结构检索的免费专利数据库网站)。

（4）商业性专利数据库网站:如 Delphion。

（5）大型国际商业性联机检索系统:如 STN、DIALOG 等。

四、毒理学资源

美国国立医学图书馆(NLM)有关毒理学的资源已集成到其他 NLM 产品和服务中。包括毒理学文献(TOXLINE)、有害物质数据库(HSDB)、化合物别名和结构数据库(ChemIDplus)、风险信息集成系统(IRIS)、发育和生殖毒理学(DART)、化学物环境毒理学评价(TRI)等数据库,详情参见表 8-2。

表 8-2　毒理学相关资源获取途径

毒理学资源	检索途径
综合毒理学信息	PubChem 中的 HSDB
毒理学文献	PubMed 的 TOXLINE 子集,使用"tox[subset]AND ×××"语法检索。
哺乳和药物	药物和哺乳期数据库(LactMed)收录有关母乳喂养母亲可能接触到的药物和其他化学物质的信息,包括有关母乳和婴儿血液中此类物质水平的信息,以及哺乳期婴儿中可能的不良反应。
化学信息	化合物别名和结构数据库 ChemIDplus。
发育毒理学文献	PubMed 中的 DART 子集,使用"dart[subset]AND ×××"语法检索。
药物性肝损伤	LiverTox 提供有关处方药和非处方药以及精选草药和膳食补充剂引起的肝损伤的诊断、原因、频率、临床模式和管理。
比较毒理基因组学	比较毒理基因组学数据库(Comparative Toxicogenomics Database,CTD)提供关于化学物质 - 基因/蛋白质相互作用,化学物质 - 疾病和基因 - 疾病关系信息,并与功能和通路数据相结合,以帮助关于环境影响疾病潜在机制的研究。
家用产品安全	消费品数据库,包括 23 000 多个与家用产品类型、品牌名称、化学成分、健康相关信息(急性和慢性影响和目标器官)以及暴露最小化技术相关的信息。
膳食补充剂信息	膳食补充剂成分数据库(Dietary Supplement Ingredient Database ,DSID)提供了在美国销售的膳食补充剂产品的估计成分水平。膳食补充剂标签数据库(Dietary Supplement Label Database,DSLD)包括来自在美国销售的膳食补充剂产品的完整标签衍生信息。
风险评估	包含支持人类健康风险评估的数据。数据来自 CDC/ATSDR、加拿大卫生部、RIVM、美国环保署等,提供国际风险评估信息的比较图表,并解释不同组织得出的风险值差异。

五、综合性药学专业网站

（一）药智数据

药智数据提供药品研发、生产检验、合理用药、市场信息等各个环节的药品信息查询服务,同时还拥有包括中药材、医疗器械、食品、化妆品等众多健康领域数据库。药智网的数据由近200个数据库构成,分为9个数据库集群(图8-28)。

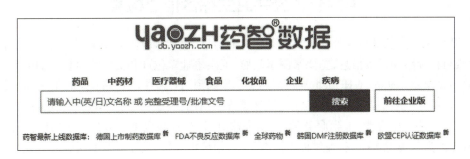

图 8-28　药智数据主页

1. **药品研发数据库群**　包括药品注册与受理数据库、药品转让信息数据库、全球药物、全球 / 中国临床试验数据库、药智专利通、全球药物审评报告、药物分子靶点数据库等。

2. **生产检验数据库群**　包括中国药品标准、国外药品标准、红外光谱图、色谱图数据库、药包材标准、中国药品生产企业、GMP 认证查询等。

3. **合理用药数据库群**　包括药品说明书、超说明书用药数据库、美国 FDA 药品说明书、日本药品说明书、医保目录查询、基本药物目录查询、药品商品名查询、药物 ATC 编码查询系统等。

4. **市场信息数据库群**　包括美国 FDA 药品数据库、欧盟药品上市信息、全球药品上市筛选系统、政策法规数据库、国产药品数据库、进口药品数据库、一致性评价分析系统、药品销售数据、药品中标信息查询等。

5. **CHEMPHARM 数据库群**　包括药用辅料数据库、杂质 - 对照品数据库、百万化合物信息库、药物合成数据库、药物合成路线辅助设计系统、有机合成经典反应数据库、全球原料药供应商数据库等。

6. **中药材数据库群**　包括中成药处方数据库、经典中药方剂、药材标准、中药饮片标准、中药配方颗粒标准、中药材图谱、中药材基本信息库、中药保护品种、方剂与中成药处方挖掘系统等。

7. **医疗器械数据库群**　包括国产器械、进口器械、医疗器械标准、医疗器械分类目录、医疗器械生产企业等。

8. **保健食品数据库群**　包括保健食品处方数据库、国产保健食品、进口保健食品、食品标准数据库等。

9. **化妆品数据库群**　包括国产化妆品、进口化妆品、化妆品原料等。

在上述数据库群中,每个数据库都有其自身的多功能检索方式,可供用户根据自己的需要进行单库检索。此外,药智数据提供每个领域的综合检索系统,可供用户对以上数据库群中药品、中药材、医疗器械等国内外信息进行一站式综合检索。

(二) Medscape

Medscape 是一个综合性的医学网站,按照专业提供信息,Medscape 的药物信息数据库提供了详细的药品信息,包括药品的分类、用法和剂量、理化属性、药理毒理、患者使用手册、药物副作用、用药注意事项以及生产厂商和商品名等。

(三) 国家药品监督管理局

国家药品监督管理局提供包括药品、化妆品、医疗器械、信息化标准、广告等信息。

(四) FDA 的药物信息

FDA 是美国食品药品管理局的官方网站,其中 Drugs@FDA 收录了 1938 年以来 FDA 批准的药品的历史档案。包括药物名称、活性成分、剂型、给药途径和强度,患者标签(用药指南、患者信息和 / 或使用说明),药物申请类型、申请编号、批准函和批准日期、营销状态(处方、非处方、停产药),治疗等效药品等信息。

NOTES

可使用药物名称、有效成分、申请编号（NDA、ANDA 或 BLA 编号）等检索。

第六节　公共卫生综合信息检索

公共卫生综合信息是指与公共卫生服务相关的信息，包括人口健康相关政策、社会经济、疾病监测、环境监测和健康知识等信息，主要来源于政府、卫生事业单位和相关研究机构。如世界卫生组织（World Health Organization，WHO）、世界银行和美国疾病预防控制中心（Centers for Disease Control and Prevention，CDC）等机构提供的各国卫生相关数据库。目前，我国已建立了各类公共卫生数据服务平台，汇集了大量的卫生资源、卫生服务利用、疾病监测、行为危险因素、环境监测和社会经济等数据。数据平台建设为各类卫生研究、报告提供数据支持，如传染病报告、死因监测报告和突发公共卫生事件报告等，在卫生决策与卫生发展中起到了重要作用。

一、国家人口健康科学数据中心

国家人口健康科学数据中心（National Population Health Data Center，NPHDC）是科技部和财政部认定的 20 个国家科学数据中心之一。开展面向国家政府资金资助的生物医学健康领域各级各类科技计划所产生的科学数据、医疗卫生机构电子病历系统等数据、科技文献相关数据、医疗健康产业数据以及国家重大战略和重大需求所需数据的汇聚、积累和保藏，开展生物医学健康数据标准研究，关注数据"管、控、用"关键技术攻关和数据分析挖掘，以提高数据资源价值和可用性。

国家人口健康科学数据中心平台的资源包括基础医学、临床医学、公共卫生、中医药学、药学、人口与生殖健康、地方节点、专题资源 8 大类。NPHDC 建成了基础医学、人口健康平台、公共卫生、临床医学、人口与生殖健康 5 个科学数据中心，提供基础医学、药学、中国流动人口动态监测、气象环境与健康、创新药物与合理安全用药、国民体质与健康、全国中药资源普查及种质资源共享数据等主题服务（图 8-29，表 8-3）。

图 8-29　国家人口健康科学数据中心

表8-3 国家人口健康科学数据中心的资源分布

学科/类别	资源类型
基础医学	人群调查及人体数据资源、分子机制类、模式生物类、实验材料类
临床医学	疾病、医院管理、科研教学
公共卫生	传染性疾病、健康危险因素、生命登记、基本信息、慢性非传染性疾病
中医药学	中医药事业、中医、中药、针灸、古籍
药学	药事管理、药物资源、药物研发、药品生产、药品使用
人口与生殖健康	人口统计-基本数据、人口统计-婚育数据、人口统计-死亡数据、人口统计-老年数据、人口统计-国际数据、人口调查数据、生殖健康文献与教学、生殖健康数据资源、计划生育文献与教学、计划生育数据资源、人口统计-迁移（流动）数据
地方节点	疾病谱主题数据库、老年健康保障主题数据库、妇幼保健主题数据库、标准规范主题数据库、医学知识主题数据库
专题资源	卫生决策专题服务、免疫接种、老年医学、人口与健康空间信息、合理安全用药、世界中医药科技信息、气象医学、中国方剂、生殖健康、中国脑卒中筛查与预防、肝肿瘤信息资源等

二、公共卫生科学数据中心

公共卫生科学数据中心是国家人口健康科学数据中心的组成部分,立足于预防医学和公共卫生服务。

(一) 公卫数据

公卫数据资源主要包括传染性疾病、慢性非传染性疾病、健康危险因素、生命登记、基本信息和其他六大项。每类资源均可浏览相关文档、检索查询、申请原始数据(图8-30)。

图8-30 公共卫生科学数据中心主页面

实名注册经审核批准后可申请原始数据免费使用,用于研究和开发,但须在成果中注明数据来源。

1. 传染性疾病   包括我国法定报告管理监测的39种传染病数据。法定报告传染病数据包括相关文档(发病率、死亡率等),可分职业、分地区、分年龄组、分性别和分时序查询。

2. 慢性非传染性疾病   包括糖尿病、高血压病、慢性病患病率、慢性病疾病系统别构成数据。主要指标为患病率,并从性别、地区别、年龄别等多个维度进行细分。

慢性病疾病系统别构成数据则从寄生虫、肿瘤、内分泌营养代谢、血液造血、精神病、神经病、眼、耳、循环系统、呼吸系统、消化系统、泌尿生殖系统、皮肤皮下组织、运动系统、损伤中毒、其他、症状不明确等17个疾病系统别构成比的数据进行了数据整理。

3. 健康危险因素   包括中国健康与营养状况、中国青少年健康危险行为、中国食物成分、食物血糖生成指数、中国吸烟行为的流行病学、地方病防治、中国老年人口健康状况调查等数据库。

4. 生命登记   生命登记数据提供我国死因构成数据。主要内容是全国疾病监测系统死因监测网络报告数据库和3次全国死因回顾抽样调查数据(1973—1975年,1991—2000年,2004—2005年)。

死因信息是反映人群健康状况、确定人群疾病控制优先领域、指导卫生资源有效配置的基础信息,是制定我国人口和卫生政策的重要依据。同时,死亡信息还是社会管理,包括养老保险、遗产继承、户籍管理等活动所必需的信息,社会各相关部门对死亡信息存在大量的需求。

5. 基本信息   主要是人口基础数据和传染病网络报告行政区划和机构数据库。

(二) 公卫专题

公卫专题包括法定报告传染病、传染病预警与追踪、结核病健康教育、卫生信息标准、视频资源、信息资源目录、查新查引、公卫文库等。信息资源目录提供了大量的可下载的资料,如相关政策,调查数据,健康教育图片、画册、视频等资料。

(三) 公卫百科

对涉及公共卫生的专业术语、概念以百科全书的形式呈现,包括文字、表格、图片等,既可按主题分类浏览也可按字母顺序浏览,还提供词条全文检索。

三、国家数据

国家数据是我国国家统计局建设的平台,汇聚了各专业领域的主要指标时间序列数据,包含月度、季度、年度数据,以及地区数据、普查数据、部门数据、国际数据七类统计数据。数据来源于国家各部委,其中卫生和社会服务数据来源于民政部、国家卫生健康委员会、应急管理部、国家中医药管理局、中国残联,国内生产总值、农业、人口、就业工资、工业、能源、固定资产投资、房地产开发投资、建筑业、批发零售、住宿餐饮、价格指数、城乡居民收入与支出等数据来源于国家统计局。除行政区划、国土面积和森林资源和降水量外,均未包括香港、澳门特别行政区和台湾地区数据。

国家数据平台提供多种文件输出、制表、绘图、指标解释、表格转置、可视化图表、数据地理信息系统等多种功能,数据包括翔实的月度、季度、年度数据以及普查,地区、部门和国际数据。

(一) 卫生相关统计数据

在"年度数据"类可以查询有关卫生相关指标数据,包括卫生资源、卫生服务利用、法定传染病、居民死因监测、5岁以下儿童和孕产妇死亡和卫生费用等20个大类的卫生统计年报表相关信息,每个大类下有若干指标。

国家数据平台是一个比较成熟的数据平台,对相关数据指标进行基本统计描述,并将结果以统计图和表的形式进行可视化(图8-31)。"数据管理"可对指标进行筛选、统计量计算、新变量计算和缺失数据删除;"报表管理"可对数据报表进行编辑、维度转换和数据转置。

其"数据管理"可进行进一步的统计运算,包括求和、平均值、中位数、众数、最大值、最小值、方差、标准差等,还可进行数值筛选。

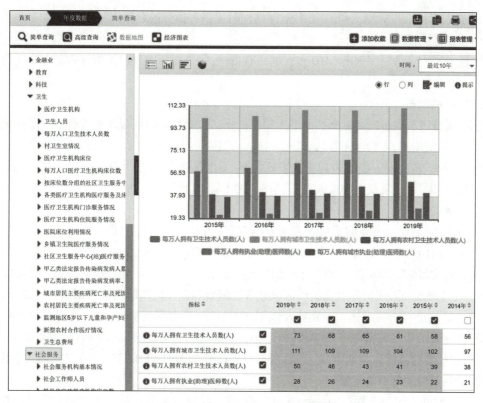

图 8-31　国家数据有关卫生信息数据查询结果

（二）部门数据

部门数据提供各行各业的数据门户检索,部门齐全,万象包罗。卫生统计数据的来源包括国家医疗保障局、国家卫生健康委员会、国家中医药管理局、中国残联等,可直接链接至相关网站。

四、全球卫生观察站

全球卫生观察站(global health observatory,GHO)是 WHO 关于世界各地卫生相关统计数据的网站(图 8-32),包括来自 194 个国家的 1 000 余项指标数据,其目的是帮助政府、卫生决策者、研究者确定基于公共卫生需求的卫生重点问题,监测全球可持续发展目标(sustainable development goals,SDGs)进展。

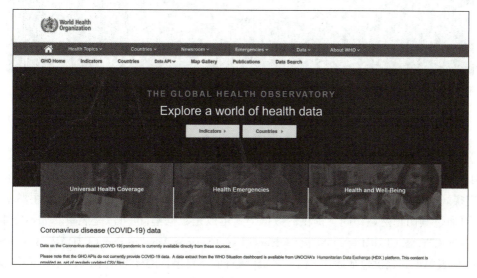

图 8-32　GHO 主页

GHO 数据库可按指标浏览和国别浏览,网站同时提供各指标的元数据和数据检索。

(一) 按指标浏览

按主题浏览或字母顺序列出 GHO 包含的所有指标,每个指标内容包括指标的定义和该指标的统计数据。

(二) 按国别浏览

按国别浏览可获取各国高度概括的卫生相关指标。包括艾滋病病毒感染人群的抗逆转录病毒治疗覆盖率、手机使用率、人均国民收入、最近一次人口普查年份、15~49 岁成人 HIV 流行率、总生育率、结核治疗覆盖率、霍乱报告数、5 岁以下儿童死亡率、新生儿死亡率、婴儿死亡率、出生死亡率、新生病死率、麻风病报告数、霍乱报告确诊人数、避孕率等 30 余项指标。

(三) 出版物

GHO 出版物是针对卫生的重要问题现状与趋势的报告,最主要的是每年出版的《世界卫生统计》。另外,还出版一些其他与卫生相关的千年发展目标年度进展简报,如《卫生 2015 从千年发展目标到可持续发展目标》;涉及各方面的交叉主题分析报告,如关于妇女与健康和疾病负担的报告。

《世界卫生统计》采用世界卫生组织区域办事处编辑和制作的出版物和数据库资料,对国家卫生现状和卫生系统进行全面综述。主要涉及以下 9 个领域:死亡率和疾病负担,死因别死亡率和发病率,部分传染病,卫生服务覆盖率,危险因素,卫生人力资源、基础设施与基本药物,卫生费用,卫生公平性,人口和社会经济统计。世界卫生统计所有报告都能以 Adobe PDF 和 Excel 格式形式下载。

(四) 公共卫生紧急事件专题

在 WHO 网站有紧急事件(Emergencies)专栏,该专栏以专题形式对全球突发公共卫生事件进行跟踪报道(图 8-33)。

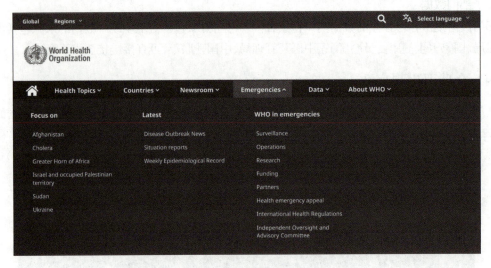

图 8-33　全球突发公共卫生事件专题主页

五、NIH 通用数据元素存储库

NIH 通用数据元素存储库(Common Data Elements,CDE)是一个通用的数据标准存储系统,NIH 针对特定疾病、病症或主题领域开发了多个 CDE 集合,按研究项目提供机构、领域或主题呈现 CDE 的集合,可通过其门户网站访问。提供的数据形式可以是数据集,也可以是表单。如不良事件 / 严重不良事件 CTCAE v4 NCI 标准模板(Adverse Event/Serious Adverse Event CTCAE v4 NCI Standard Template)以表单形式提供包括症状、体征等临床表现的不良事件的标准化术语(Adverse Event Term)近 800 个,以及 MedDRA 器官系统分类(SOC)等元数据信息(图 8-34)。

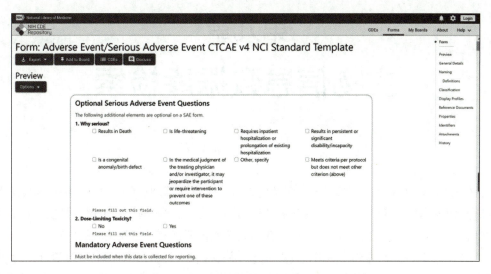

图 8-34 NIH 通用数据元素表单问题清单

　　CDE 是跨研究的多个数据集所共有的数据元素,CDE 提供了一种标准化数据收集的方法,方便在多项研究中汇集和分析相关数据,或者调查不相关数据集中数据之间的关系。生物医学研究数据遵循可查找的、可访问的、可互操作的和可重复使用的 FAIR 的原则,使用 CDE 可以促进交叉研究比较、数据汇总和元分析,简化培训和操作,提高整体效率,促进不同系统之间的互操作性和提高数据收集的质量。可让研究人员既可以简化数据收集,又可以增加重用共享数据的潜力。

本章小结

　　本章对医疗健康领域图书、期刊文献信息以外的会议预告,会议论文,博、硕士学位论文数据库的资源特点以及获取途径进行了介绍;并针对诊疗技术、药物开发等技术相关的专利数据库、药物开发资源、药物与健康的关系以及循证医学相关的数据库和网站进行了介绍;最后对涉及公共卫生的综合数据查询、科学研究的公共数据的获取途径进行了介绍。

（仇晓春　赵文龙）

思考题

　　1. 通过哪些数据库可以查找到国内学位论文?

　　2. 如何通过网上获取某一学术专题(如高血压)的国内外学术会议预告?

　　3. 循证医学的证据的核心资源有哪些?

　　4. 利用 USPTO、Espacenet、WIPO、Free Patents Online 专利检索系统检索有关聚焦超声的授权专利,比较说明各专利检索系统的特点。

　　5. 使用 Rxlist、Toxnet、PDR、PubChem、MedWatch 检索有关奥司他韦(Oseltamivir)的处方资料、研究文献(新药报批、临床研究)、不良反应原始报道等。

　　6. 利用 NGC、EBMR 检索妊娠期高血压的治疗指南。

第九章
生物信息数据库检索

　　生物信息学是一门新兴的交叉学科,涉及生物信息的获取、管理、存储、分析、解释和应用等各个方面,综合运用数学、计算机科学和生物学等学科的知识与方法,来阐明和理解大量生物数据所包含的生物学意义。生物信息数据库是在计算机存储设备上合理存放且相互关联的生物信息合集,是生物信息学的重要组成部分,是非常重要的生物信息学资源,在人类基因组计划、多组学研究、生物信息学发展中发挥了非常重要的作用。生物信息数据库种类繁多且不断更新变化,为此,选取了核酸数据库、蛋白质数据库、生物通路数据库和肿瘤组学数据库四种类型中重要的、经典的生物信息数据库,详细介绍了其内容、特点及检索方法,为有效利用生物信息数据奠定了坚实的基础,从而培养学生的生物信息数据库检索技能。

第一节　生物信息数据库概述

一、生物信息数据库的类型

　　根据数据库收录的信息内容,将生物信息数据库分为以下五类。

　　1. 核酸数据库　主要收录核酸序列数据、基因组图谱数据和 RNA 数据等,是最基本的生物信息数据库。如 GenBank、ENA、DDBJ、UCSC 基因组浏览器(UCSC Genome Browser)、微小 RNA 数据库(miRBase)等。

　　2. 蛋白质数据库　如 UniProt、PDB、蛋白质组交换联盟(ProteomeXchange Consortium)、全球蛋白质组机器数据库(Global Proteome Machine Database,GPMDB)和人类蛋白质图谱(Human Protein Atlas,HPA)等。

　　3. 生物通路数据库　如基因和基因组东京百科(Kyoto Encyclopedia of Genes and Genomes,KEGG)、Reactome、STRING、小分子通路数据库(The Small Molecule Pathway Database,SMPDB)和 WikiPathways 等。

　　4. 肿瘤组学数据库　如肿瘤基因组图谱(The Cancer Genome Atlas,TCGA)、cBioPortal、UALCAN、Ln2Cancer、TCIA 等。

　　5. 文献信息数据库　收录与生物信息有关的文献信息,如 PubMed、OMIM(Online Mendelian Inheritance in Man)等。

二、生物信息数据收集与存储

(一) 生物信息数据的收集

　　1. 人工收集　一些主要的生物信息数据库如 GenBank、ENA、BBDJ、UniProt,在建库的初期主要靠人工搜索科学期刊中核酸和蛋白质序列数据,然后录入数据库中。这种收集方式费时费力,跟不上生物信息数据增长的速度。

　　2. 直接发送　随着测序技术和克隆技术的发明和广泛应用,使得序列数据急剧增长,特别是人类基因组和各种模式生物基因组计划的启动和顺利实施,生物信息数据更是呈指数增长,巨大的生物信息数据仅靠科学期刊出版发行已经不能完成,靠人工收集科学期刊中的信息数据更是不可能完成。因此,1988 年,序列数据库与经常刊登序列数据的科学期刊合作,要求科研人员在论文发表之前必须将序列数据发送到某个数据库中,并从后者获得一个序列存取号(Accession Number),该存取号可随论文发表,代表该序列数据。因此,科研人员直接发送成为生物信息数据库收集数据的主要方式。

一些小型的二次数据库仍采用电子邮件方式收集数据,但是大型的核酸序列数据库如 GenBank、ENA、DDBJ,主要采用 Web 发送软件收集科研人员的数据,如 GenBank 的 BankIt、ENA 的 Webin、DDBJ 的 NSSS(Nucleotide Sequence Submission System)等,一般需要注册才能使用。Web 发送软件因其快捷、方便、直观,而成为科研人员发送数据的首选。

3. 成批发送　从 1998 年开始,人类基因组计划从基因作图转向大规模基因组测序,一些专门的基因组测序中心,如 Sanger 和专门的商业性测序中心相继成立,大型制药公司为了争夺新药开发的制高点,不惜斥巨资投入人类基因组和病原生物基因组测序。这些测序中心和制药公司每天能测序几兆或几百兆碱基,一次需要发送大量的基因组数据,上述发送工具显然不能满足大规模发送序列数据的需要。为此,GenBank、ENA 和 DDBJ 均开发了大批量发送序列数据工具,如 NCBI 的 tbl2asn、ENA 的基因组组装发送(Genome Assembly Submissions)和 DDBJ 的集中发送系统(Mass Submission System,MSS)。因此,成批发送成为数据库收集数据的另一个主要方式。

4. 数据交换　数据库之间的数据交换也是生物信息数据库收集数据的一个重要方式,如 GenBank、ENA、DDBJ 三大核酸序列数据库建立国际核酸序列数据库协作体(International Nucleotide Sequence Database Collaboration,INSDC),分别收集所在区域的序列数据,实行数据共享,每天交换各自收集的序列数据。

(二) 生物信息数据的存储

1. 记录格式　不同的生物信息数据库所采用的记录格式也不尽相同。由于 ENA 和 GenBank 是最主要的核酸序列数据库,所以 ENA 格式和 GenBank 格式被其他生物信息数据库广泛采用。详见表 9-1。

表 9-1　ENA 格式和 GenBank 格式标识符的含义

ENA 格式标识符	GenBank 格式标识符	含义
General Information	LOCUS	记录名称、性质描述
Primary Accession	不显示	初始存取号
Accession	ACCESSION	序列存取号
SRS Entry ID	无	SRS 记录号
Molecule Type	在 LOCUS 部分	分子类型
Sequence Length	在 LOCUS 部分	序列长度
Entry Division	不显示	记录分区
Entry Data Class	在 LOCUS 部分	记录数据分类
Sequence Version	VERSION	序列版本号(AC 不变)
Created Date	不显示	创建日期
Modification Date	在 LOCUS 部分	修改日期
Description	DEFINITION	序列简要描述
Keywords	KEYWORDS	关键词
Organism	SOURCE	来源种属
Organism Classification	ORGANISM	生物体分类
Comment	COMMENT	序列评述

续表

ENA 格式标识符	GenBank 格式标识符	含义
References	REFERENCE	参考文献
Features	FEATURES	特征表
Key	source	关键字
Location	Location	定位
Qualifiers	Qualifiers	限定
Value	直接列出	取值
Sequence（FASTA 格式）	ORIGIN	序列

（1）ENA 格式：EMBL 的每一条记录为纯文本文件，包括五个部分：General Information（一般信息）、Description（描述）、References（参考文献）、Features（特征表）、Sequence（序列），每一部分又分成几个子类。其中"特征表"包含一批关键字（内含子、外显子、起始密码子、基因及其功能等），它与 GenBank、DDBJ 是统一的。

（2）GenBank 格式：GenBank 的每一条记录也为纯文本文件。每行左端为空格或标识符。标识符均为完整的英文字母，不用缩写。每一条 GenBank 记录，从 LOCUS 到 ORIGIN 为记录的注释部分，注释部分按标识符分成若干段。

2. 序列格式　不同的序列分析软件所采用的序列格式也不尽相同，因而存在多种不同的序列格式，其中最常见的序列格式是 FASTA 格式，又称 Pearson 格式（图 9-1），主要用于序列类似性检索或序列同源分析。

```
>gi|2582741|emb|AJ002508.1|HIVAJ2508 Human immunodeficiency virus type 1
protease gene
CCTCARRTCACTCTTTGGCARCGACCCCTCGTCACAATAAAGATAGGGGGGCAACTAAAGGAAGCTCTATTAGATA
CAGRAGCAGATGATACAGTAKTAGAAGAMATRASTTTRCCAGGAAGRTGGAAACCAAAAATGATAGGGGGAATTGG
AGGTTTTWTCMAAGTAAGACAGTATGATCAGATACTCRTAGAAATCTGTTGACTCAGMTTGGTT
```

图 9-1　FASTA 格式

第一行是说明行，以">"符号开始，紧接着是序列存取号和描述性文字，有助于序列的理解。从第二行开始为序列本身。核苷酸符号大、小写均可，但氨基酸一般用大写字母。每一行都不得超过 80 个字母。由于 FASTA 格式无特殊的序列结束标志，建议最后多留一个空行。

三、生物信息数据库的查找

（一）搜索引擎

搜索引擎是查找生物信息数据库的一个重要途径。利用生物信息数据库名称或部分信息，百度、Bing 等搜索引擎进行查找，获取该数据库的 URL 网址及相关信息，再到该数据库网页，获取其中的信息。

（二）专门的生物信息数据库目录

从 2000 年开始，*Nucleic Acids Research* 设立了一个数据库目录。该目录将所收录的 1 000 多个数据库分成 Nucleotide Sequence Databases（核酸序列数据库）、RNA sequence databases（RNA 序列数据库）、Protein Sequence databases（蛋白质序列数据库）、Structure Databases（结构数据库）、Genomics Databases（non-vertebrate）［基因组数据库（非脊椎动物）］、Metabolic and Signaling Pathways（代谢与信号通路）、Human and other Vertebrate Genomes（人类与其他脊椎动物基因组）、Human Genes and Diseases

（人类基因与疾病）、Microarray Data and other Gene Expression Databases（微阵列数据与其他基因表达数据库）、Proteomics Resources（蛋白质组资源）等 14 大类，可按字顺或分类浏览，可以下载数据库介绍的全文，并可以链接到所需要的数据库。

（三）生物信息学中心资源导航

一些著名的生物信息学中心不仅自己建立和维护大量的生物信息数据库，而且在网上提供资源导航。例如美国国家生物技术信息中心（NCBI）创建和维护许多生物信息数据库，如 GenBank、dbSNP、OMIM 等；欧洲生物信息研究所（EBI）的检索服务（EBI Search）提供 90 多个数据库的查询与检索。

第二节　核酸数据库检索

一、GenBank

1. 概述　GenBank 是美国国家生物技术信息中心（NCBI）建立和维护的综合性公共核苷酸序列数据库，收录了所有已知的核苷酸序列及其蛋白质序列，以及相关的文献和生物学注释。主要来源于科研人员提交的序列数据，测序中心批量提交的 EST、STS、GSS、HTC、WGS 或 HTG 序列数据，以及与 DDBJ 和 ENA 协作交换的数据。截至 2021 年 6 月，GenBank（244 版）收录的碱基数多达 8 700 亿个，且每 18 个月增加 1 倍；数据来自约 48 万个物种，有 2.2 亿条。GenBank 的数据可以从 NCBI 的 FTP 服务器上免费下载。NCBI 还提供广泛的数据查询、序列相似性搜索以及其他分析服务。

每条 GenBank 记录包含对序列的简要描述、科学命名、物种分类名称、参考文献、序列特征表以及序列本身。序列特征表包含来源物种、CDS、基因、编码区、转录单元、重复区域、突变位点或修饰位点等特征注释。

2. 检索方法　Entrez 是 NCBI 开发的生物信息数据集成检索查询系统。不仅可以获取 GenBank 数据库的核苷酸序列数据（Nucleotide）；还可以获取基因（Genes）、蛋白质（Proteins）、基因组（Genomes）数据，临床遗传多态性数据（Clinical）、公共化学（PubChem）相关的数据及其文献数据等。Entrez 可以一次性完成检索，返回各个数据库的检索结果数量。然后点击某一种信息的结果数量，即可返回该信息的结果列表，进一步可获取某一条记录的详细信息。Entrez 可以选择某一数据库单独检索，在结果列表页，还提供了高级检索。

例如，查找视黄醇结合蛋白 4（retinol binding protein 4，RBP4）的核苷酸序列；其检索步骤是：①进入 NCBI 主页，在 ALL Database 下拉式菜单中，选择 Nucleotide 序列数据库。②在提问框输入 RBP4，点击"Search"，得到 1 763 条检索结果（Summary）（图 9-2）。③点击记录的标题链接，即可获取该记录的详细信息。

二、ENA

1. 概述　欧洲核苷酸序列数据库（European Nucleotide Archive，ENA）是国际三大核苷酸序列数据库之一，始建于 1982 年，现由欧洲生物信息学研究所（EBI）管理和维护，主要收集欧洲各国科研人员提交的原始序列数据、组装数据和序列注释，以及欧洲各大测序中心提交的高通量测序数据和国际核酸序列数据库协作体（INSDC）每天交换的数据。截至 2021 年 8 月，ENA 的组装和注释的核苷酸序列达到 2 487.9 万条，碱基数达到 10 249.3 亿个。每一条核酸序列记录包括概览（Overview）、来源特征［Source Feature(s)］、其他特征（Other Features）、组装（Assembly）、序列（Sequence）五个部分。

2. 检索方法　在 ENA 主页，点击"Search"，进入 ENA 检索页面（图 9-3），提供了自由文本检索（Free Text Search）、高级检索（Advanced Search）、参考文献检索（Cross References）、序列相似性检索（Sequence Similarity Search）和序列版本库（Sequence Versions Archive）查询。如果要进行更多限定，可点击检索页面的"Advanced Search"，进入高级检索页面。

NOTES

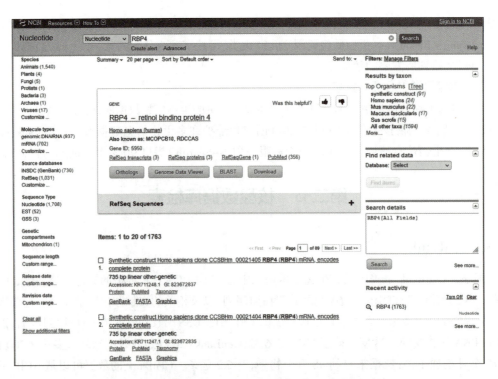

图 9-2   RBP4 对 Nucleotide 序列数据库的检索结果

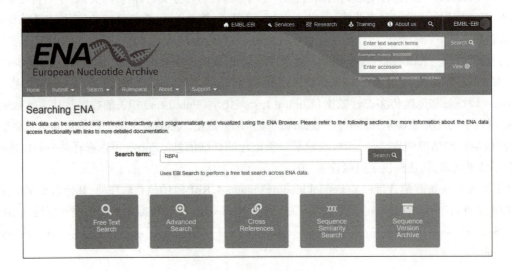

图 9-3   ENA 检索页面

在 ENA 检索页面,输入 RBP4,如图 9-3 所示。点击 "Search",即可得到 RBP4 的搜索结果,分为序列(Sequence)、编码序列(Coding)、读取(Read)、研究(Study)和样本(Sample)五大类数据,每一大类下细分小类,小类后面的数字表示该小类下的结果,如图 9-4 所示。点击相应的存取号,如 KT584548,可以获得该序列的详细信息,如生物体(Organism)、存取号(Accession)、分子类型(Mol Type)、拓扑结构(Topology)、碱基个数(Base Count)、数据类型(Data Class)、分类分区(Tax Division)、细胞株(Cell Line)、细胞类型(Cell Type)等。还可以进一步浏览该存取号的 EMBL 格式的记录信息、FASTA 序列数据、相关文献和序列版本等。

三、DDBJ

1. 概述   日本核酸序列数据库(DNA Data Bank of Japan,DDBJ)创建于 1987 年,由日本国家遗

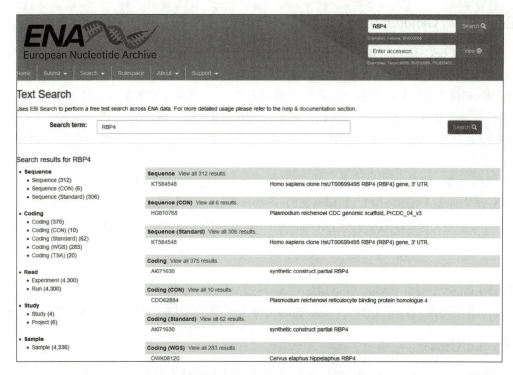

图 9-4　ENA 中 Text Search 的检索结果（RBP4）

传学研究所的生物信息中心（CIB/DDBJ）管理和维护。DDBJ 是国际三大 DNA 序列数据库之一，主要收集亚洲地区（主要是日本）的核酸序列数据，并与 NCBI 的 GenBank 和 EBI 的 ENA 协作，同步更新。截至 2021 年 6 月，DDBJ 共收录 2 414 499 799 条序列和 253 936 453 958 个碱基。

2. **检索方法**　通过 getentry、ARSA、TXSearch、BLAST、ClustalW 等工具可以获取 DDBJ 数据，其中 getentry 是存取号检索，ARSA 是关键词检索，TXSearch 是分类检索，BLAST 是基于序列或片段的同源搜索，ClustalW 是多序列比对和进化树构建。下面主要介绍 ARSA 的检索方法。

ARSA 提供了 Quick Search（快速检索）、Advanced Search（高级检索）、布尔逻辑检索等检索功能。例如在 Quick Search 检索框输入 RBP4，点击 "Search" 后，可以得到 365 条记录的简要格式（图 9-5），包括五列：存取号（Primary Accession Number）、定义（Definition）、序列长度（Sequence Length）、分子类型（Molecular Type）和生物体（Organism）。点击记录的存取号，可以获取记录的详细信息。选择某些记录和显示格式（FlatFile、XML、Fasta），可以浏览和下载相应格式的记录。

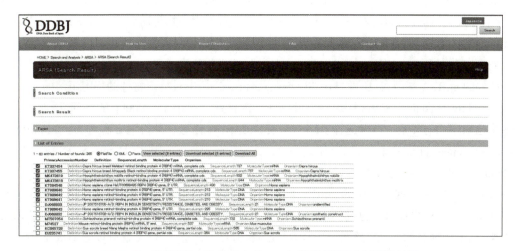

图 9-5　在 DDBJ 的 Quick Search 检索 RBP4 基因的结果

四、UCSC Genome Browser

1. 概述 　UCSC Genome Browser 是由加利福尼亚大学圣克鲁兹分校（University of California, Santa Cruz, UCSC）开发的基因组浏览器。2000 年 7 月首次应用于人类基因组草图的浏览, 现已成为脊椎动物和模式生物基因组序列的组装、注释以及查看、分析和下载数据的重要工具, 并且提供与 DNA 元件百科全书（Encyclopedia of DNA Elements, ENCODE）和尼安德特人（Neandertal）基因组分析等项目的快捷链接。此外, 还根据地理位置不同, 用户可选择 UCSC 本部的服务器或其他镜像站点的服务, 包括欧洲、亚洲和北美洲镜像站点。

2. 检索方法 　通过 UCSC Genome Browser 用户可以浏览基因组的某一部分, 并且同时可以得到与该部分有关的基因组注释信息, 如预测基因、表达序列标签、信使 RNA、CpG 岛、克隆组装间隙和重叠、染色体带型等。也可以通过 UCSC Genome Browser 提供的关键词检索和序列相似性检索（BLAT）, 快速获取某一基因相关数据。图 9-6 中展示的是在 UCSC Genome Browser 中检索 RBP4 基因的步骤和结果。

值得注意的是, 大约一半的注释信息是 UCSC 通过公开的序列数据计算得出的, 另一半来自世界各地的科研工作者的人工注释。UCSC Genome Browser 本身不作任何结论, 只是收集各种信息供用户参考。

五、miRBase

1. 概述 　MicroRNA（miRNA）是一类长约 22 个核苷酸的非编码小 RNA 分子, 最早在线虫中发现, 广泛存在于许多真核生物和细胞中, 包括植物、动物、单细胞藻类、病毒等。miRNA 主要通过与靶 mRNA 的结合, 在转录后介导靶 mRNA 降解或翻译抑制来调控基因表达。研究表明, miRNA 在动植物生长发育、细胞凋亡、癌症发生以及免疫应答胁迫等方面发挥重要作用。

miRbase 是由曼彻斯特大学的研究人员开发的一个在线的 miRNA 数据库（图 9-7）。2018 年 10 月, V22 版 miRBase 收录了来自 270 多个物种, 38 589 条发夹前体 MicroRNA 序列；miR 产物共 48 860 条。每一条记录包括 miRNA 序列数据、注释、预测基因靶标等信息。

miRBase 主要由两部分组成：miRBase database 和 miRBase Registry。其中 miRBase database 为 miRNA 序列数据库, 主要提供已公布的 miRNA 序列和注释的搜索服务。提交到 miRBase 序列数据库中的每条序列都代表一个预测的发夹结构 miRNA 转录本（用 mir 表示）的一部分, 包括成熟 miRNA 序列（用 miR 表示）的位置和序列信息。miRBase Registry 提供 miRNA 注册服务, 即为研究人员在研究结果发表之前给每个新发现的 miRNA 注册一个唯一的名称。

2. 检索方法 　点击主页 "Search" 按钮进入搜索页面, miRBase 提供了多种检索方法方便用户对目标 miRNA 进行搜索。在搜索页面顶部的 "By miRNA identifier or keyword" 输入框中输入 miRNA 的名称、存取号或关键词, 比如输入 "miR156", 页面就会把数据库中物种所含有的 miR156 家族 miRNA 全部显示出来。通过 "By genomic location", 选择所要查询的物种、染色体及起始位置和终止位置, 则可找到符合条件的所有 miRNA。通过 "For clusters", 选择物种和 miRNA 间的距离可以找出该物种中符合条件的 miRNA 基因簇, 还可以在 "By tissue expression" 中对特定物种的特定组织的 miRNA 进行检索。在 "By sequence" 检索栏中, 用户可以往框内粘贴一段小于 1 000bp 的序列, 进而得知其与数据库中已知序列的关系。可以选择 BLASTN 或 SSEARCH 任意一种检索方法对 Mature miRNAs 或 Stem-loop sequences 进行检索, 例如对序列 uacccuguagaaccgaauuugug 进行 Mature miRNAs、SSEARCH 并选择 human 和其他参数默认检索, 结果如图 9-8 所示。

一般而言, BLASTN 搜索较长的 miRNA 同源序列, 而 SSEARCH 则对搜索 miRNA 库内的短序列或基序非常有用。用户也可以通过 "Browse" 页面, 通过物种获取 miRNA。单击 "Expand all" 按钮展开分类树, 点击物种名称进入该物种 microRNA 列表, 再点击任意 miRNA 就可以看到该 miRNA 的详细信息。

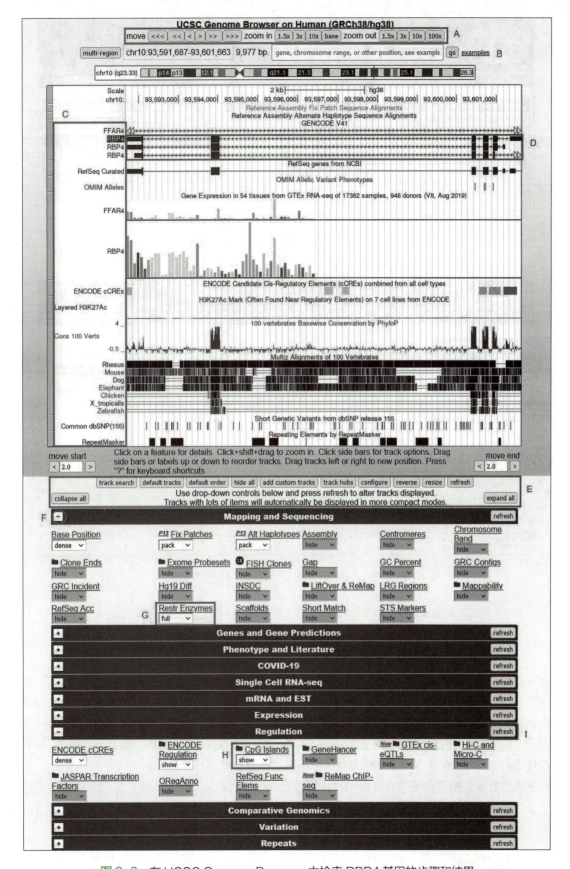

图 9-6　在 UCSC Genome Browser 中检索 RBP4 基因的步骤和结果

A. 显示和移动比例工具栏；B. 检索输入框；C. 显示的 Track 名称；D. 来自 ENCODE 的 RBP4 基因 Tracks；E. 窗口移动和调节工具栏；F. 展开和折叠按钮；G. 限制性核酸内切酶设置；H.CpG 岛设置；I. 重新显示。

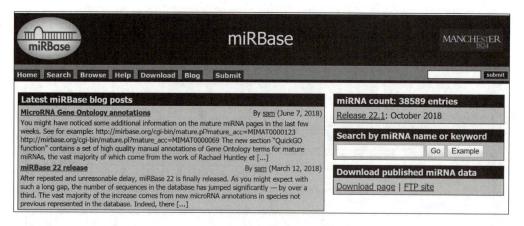

图 9-7 miRBase 数据库的主页面

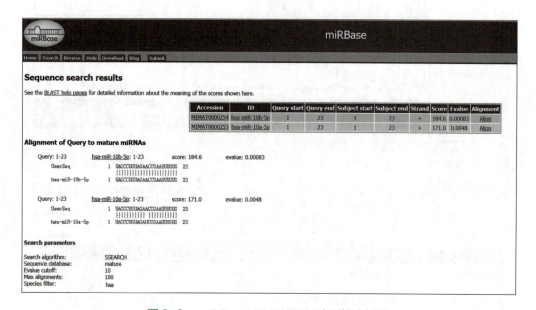

图 9-8 miRBase SSEARCH 序列搜索结果

第三节 蛋白质数据库检索

蛋白质是生物体功能的体现者。蛋白质主要分为五类:第一类为最主要的非冗余蛋白质,大约20 500 种,每个基因对应一个典型的蛋白质;第二类是蛋白突变体,有 200 000 种以上,为冗余的蛋白片段(剪切突变体或者蛋白降解片段);第三类是蛋白质异形体,有 100 000 种以上,为蛋白质翻译后修饰;第四类是各种蛋白质组合的突变体,有 1 000 万种以上,是由体细胞 DNA 重组而产生的;第五类是等位蛋白,有 75 000 种,由基因突变造成(可编码的单核苷酸多样性)。

蛋白质数据包括蛋白质序列数据、蛋白质结构数据、蛋白质关系数据和蛋白质质谱数据。目前国际上最主要的三大核酸序列数据库也存储蛋白质序列、结构等数据,如 GeneBank 收录大量的蛋白质序列、结构和结构(功能)域等。

一、UniProt

1. 概述 2002 年,在美国国立卫生研究所(NIH)和美国国家科学基金会(NSF)、欧盟,以及瑞士联邦政府教育和科研联合办公室等机构资助下,Swiss-Prot、TrEMBL 和 PIR 三个蛋白质序列数据库合

NOTES

并,建立综合性蛋白质资源(Universal Protein Resource,UniProt)数据库,统一收集、管理、注释、发布蛋白质序列数据及注释信息。目前,UniProt是欧洲生物信息生命科学基础设施(European Life Science Infrastructure for Biological Information,ELIXIR)的核心数据资源之一,成为生命科学研究和生物技术开发不可或缺的蛋白质序列信息资源。

2. 检索方法 包括蛋白质知识库(UniProt Knowledge base,UniProtKB)、蛋白质序列归档库(UniProt Sequence Archive,UniParc)、蛋白质序列参考集(UniProt Reference Clusters,UniRef)和蛋白组(Proteomes)4个组成部分。此外,还包括文献题录(Literature citations)、物种分类学(Taxonomy)、亚细胞定位(Subcellular locations)、交叉参考数据库(Cross-reference databases)、疾病(Diseases)和关键词(Keywords)等支撑数据(图9-9)。

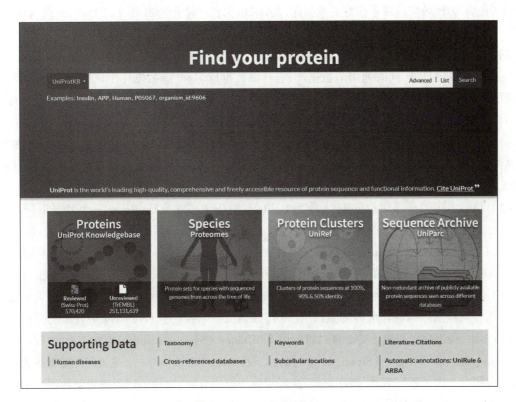

图9-9 UniProt 主页面

(1)蛋白质知识库(UniProtKB):是UniProt的核心,包括蛋白质序列及其注释。注释信息包括基因本体(Gene Ontology,GO)注释,物种名及分类,亚细胞定位,蛋白质加工修饰、表达等。还提供与基因组、核酸序列、蛋白质结构、蛋白质家族、蛋白质功能位点、蛋白质相互作用等数据库的交叉链接。

UniProtKB分为Swiss-Prot和TrEMBL两个子库。其中,Swiss-Prot的序列条目以及相关信息都经过人工注释(Manual Annotation)和人工审阅(Reviewed),由瑞士生物信息学研究所(SIB)负责,专门从事蛋白质序列数据的搜集、整理、分析、注释,力图提供高质量的蛋白质序列和丰富的注释信息。TrEMBL由欧洲生物信息学研究所(EBI)负责,所有序列条目由计算机程序根据一定规则进行自动注释,包括蛋白质名、基因名、物种名、分类学地位等基本信息,功能、表达、定位、家族和结构域等注释信息,以及与其他数据库的交叉链接。需要说明的是,TrEMBL的序列未经人工注释,也未经人工审阅(Unreviewed),可靠性远不及Swiss-Prot的序列,使用时需谨慎。TrEMBL和Swiss-Prot采用统一的数据库格式和存取号系统,TrEMBL中的序列经人工注释和人工审阅后,归并到Swiss-Prot中,不再保留在TrEMBL中。这两个子库的数据量差别很大,截至2021年8月,Swiss-Prot含565 254万条序列,而TrEMBL的数据量达到219 174 961条。

（2）蛋白质序列归档库（UniParc）：是目前数据最为齐全的非冗余蛋白质序列数据库。由于数据来源、测定方法、递交时间、审阅方式和更新周期等原因，同一蛋白质可能存放于多个数据库，而某个数据库中收录的若干条目其序列也可能相同。为避免上述冗余问题，UniParc 归档库将相同序列归并到同一个记录中，并赋予特定标识符（Unique Identifier）。特定标识符一旦赋予，就不再改变，也永不删除。UniParc 定期更新，若源数据库中某个序列有了更新，可以在 UniParc 中查到更新记录。UniParc 以序列唯一性为标准，将国际上不同蛋白质序列数据库整合在一起。UniParc 的数据来源除 UniProtKB 外，还包括国际核酸序列数据库协作体（EMBL/DDBJ/GenBank）、NCBI 参考序列数据库（Reference Sequence，RefSeq）、基因组数据库（Ensembl）、脊椎动物基因组注释（Vertebrate Genome Annotation，VEGA）、拟南芥等模式生物数据库、蛋白质三维结构数据库（Protein Data Bank，PDB），以及欧美、日本、韩国等蛋白质序列专利数据库，共计 20 多个。截至 2021 年 8 月 UniParc 约含 4.4 亿条记录。

每个 UniParc 记录除包含特定标识符 UPI、序列、循环冗余校验码（Cyclic Redundancy Check Number）等基本信息外，同时列出源数据库，包括源数据库名称，源数据库中该序列的存取号、版本号、最早收录时间和最近更新时间。不论这些序列条目源自何处，具有同一标识符的所有条目序列完全相同。若源数据库已经不复存在或源数据库中该序列条目已经不复存在，则标注为无效（Inactive）条目。以血红蛋白 alpha 亚基为例，其 UniParc 标识符为 UPI0000000239；共包括 228 个有效条目，1 189 个无效条目（截至 2021 年 8 月）。通过有效条目的存取号，可以查看源数据库中该序列条目。通过无效条目，可以追踪该序列历史，了解该序列曾经出现在哪些数据库中。

（3）蛋白质序列参考集（UniRef）：分为 UniRef100、UniRef90 和 UniRef50 三个数据集（Sequence Cluster），其数据主要来自 UniProtKB，同时也包括 UniParc 中部分条目。截至 2021 年 8 月，UniRef100 数据集约含 2.7 亿条记录，UniRef90 数据集记录数约为 UniRef100 的一半，约 1.3 亿条，而 UniRef50 数据集含 4 800 万条记录。UniRef 三个数据集中每个记录都有一个标识符，便于查询和比较。

（4）蛋白组（Proteomes）：自 2011 年 9 月起，UniProt 增加了蛋白组数据。主要是已经完成全基因组测序物种的核酸序列翻译所得的蛋白质序列。截至 2019 年 1 月，Proteomes 中收录的蛋白组数据共 34 万多组，每组数据都赋予特定蛋白组标识符（Unique Proteome Identifier），如布氏隐杆线虫 AF16 菌株［Caenorhabditis briggsae（Strain：AF16）］的标识符为 UP000008549。上述蛋白组数据绝大部分来自细菌和病毒。由于研究背景、测序质量、注释程度等原因，同一物种不同蛋白组的数据质量也参差不齐。为此，UniProt 数据库挑选测序质量较好、数据比较完整、注释比较详尽的蛋白组为参考蛋白组（Reference Proteome），目前总计有 2 万多套参考蛋白组数据。参考蛋白组通常为具有代表性的蛋白组，有的通过人工选择确定，有的则通过一定算法由计算机选择得到。

3. UniProt 数据获取　UniProt 为不同数据集提供了统一的检索界面，点击检索框左侧下拉式菜单，即可列出所有可检索的数据集，如 UniProtKB、UniRef、UniParc、Proteome，以及文献、物种等辅助数据集，可利用关键词进行检索。还提供高级检索、BLAST 序列搜索、Clustal Omega 序列比对和肽搜索（Peptide Search）。此外，还提供多种格式的数据下载。

二、PDB

1. 概述　PDB（Protein Data Bank）是目前国际上最著名、最完整的蛋白质三维结构数据库。1971 年，由美国 Brookhaven 国家实验室创建，现由结构生物信息学研究合作组织（Research Collaboratory for Structural Bioinformatics，RCSB）管理和维护。

PDB 主要收集通过 X 射线衍射、磁共振、电子衍射等实验手段确定的蛋白质、多糖、核酸、病毒等生物大分子的三维结构数据。此外，科研人员也可以通过网络直接向 PDB 提交数据。截至 2023 年 11 月，PDB 收录了蛋白质、核酸、蛋白质/核酸复合物等三维结构数据 212 599 条。如图 9-10 所示。

图 9-10　PDB 主页面

PDB 以文本文件格式存放数据,每条记录是一个独立的文件,包括物种来源、化合物名称、原子坐标、结构提交者以及有关文献等注释信息;还包括分辨率、结构因子、温度系数、主链数目、配体分子式、金属离子、二级结构信息、二硫键位置等和结构有关的数据。虽然用文字编辑软件可以查看 PDB 数据库的记录,但是无法直观地反映分子的空间结构。因此,RCSB 开发了基于 Web 的 PDB 数据库摘要显示系统,只显示主要信息。如需进一步了解其详细信息,或查询其他蛋白质结构信息资源,可以点击该页面左栏中的相应图标,并将 Mol*、NGL、Jmol 等分子结构软件集成在一起,具有数据分析和图形显示功能。

2. 检索方法　PDB 提供了 3 种检索方式(图 9-11)。

(1)基本检索:通过各种标识符(identifiers)(如 PDB、UniProt、GenBank 的存取号)、关键词(keywords)、结构(structure)、原始引文标题(primary citation titles)、作者姓名(author names)、基因名称(gene names)、来源生物分类名称(source organism taxonomy names)、化学名称(chemical name)等进行检索。在网站的任何页面,都可以通过在顶部搜索栏中输入检索词来进行基本搜索。当输入一个检索词时,将在检索栏下方的下拉菜单中看到检索建议。检索建议按属性或字段名分组,表示在其中找到检索词的一个或多个特定字段。从自动建议列表中选择检索词将立即对指定属性执行"包含短语"搜索。或者,可以在检索栏中键入一个单词或短语,然后单击搜索图标,或按"回车"键,以使用输入的检索词执行搜索。这将执行全文(Full text)搜索,即搜索将针对数据库中的多个字段运行,以查找给定单词或短语的匹配项。

(2)高级检索(Advanced Search):除了结构中原子的三维坐标外,所有 PDB 条目还包括有关实验的各种元数据、聚合物序列和结构中存在的配体的化学信息,以及来自其他数据资源的信息和注释。高级检索提供了四种检索方式:①属性检索(Attribute Search),可以从全文(Full text)、结构属性(Structural Attribute)和化学属性(Chemical Attribute)进行检索。②基于序列的检索(Sequence based Search),可以从蛋白质/核酸序列及其片段,或者序列模体(Sequence Motif)进行检索。③基于结构的

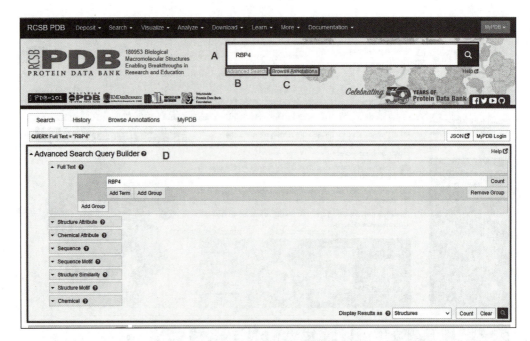

图 9-11　PDB 提供的 3 种检索方式

A. 基本检索；B. 高级检索；C. 浏览注释；D. 高级检索查询式构建器。

检索（Structure based Search），包括结构相似性（Structure Similarity）或者结构模体（Structure Motif）进行检索。④化学检索（Chemical Search），以化学式（chemical formula）和描述符（如 SMILES）进行检索。

（3）浏览注释（Browse Annotations）：提供 13 种浏览方式，包括①解剖治疗化学分类（Anatomical Therapeutic Chemical, ATC），是 WHO 用于药物的一种分类体系，分为 14 个大类；②生物学过程（Biological Process）；③CATH 分类；④细胞成分（Cellular Component）；⑤酶分类（Enzyme Classification）；⑥基因组定位（Genome Location）；⑦医学主题词（MeSH）；⑧膜蛋白结构注释（Mpstruc）；⑨分子功能（Molecular Function）；⑩蛋白质对称性（Protein Symmetry）；⑪SCOP 分类⑫来源生物体（Source Organism）；⑬膜中蛋白质方向（OPM）注释。

三、ProteomeXchange

1. 概述　ProteomeXchange Consortium 是一个全球性的蛋白质组数据共享联盟，主要成员包括 PRIDE、PeptideAtlas、MassIVE、jPOST、iProx 和 Panorama。ProteomeXchange 通过统一的数据提交标准和元数据交换协议，将各成员之间的数据有机地联系起来，并提供一个可以方便跨管理平台查找实验数据的搜索引擎，实现快速、高效的数据共享。截至 2021 年 8 月，ProteomeXchange 数据集达到 16 395 个，主要来源于上述 6 个成员数据库，还来源于 Uniprot、GPMDB 等其他数据库。ProteomeXchange 数据流程如图 9-12 所示。

（1）PRIDE（Proteomics Identifications database）：是欧洲生物信息学中心维护的数据管理平台，收录质谱原始文件、肽段和蛋白质鉴定、翻译后修饰等信息。同时提供数据共享和下载。它是 ProteomeXchange 的核心成员，制定了一系列的数据及元数据的标准。截至 2021 年 8 月，PRIDE 达到 14 327 个。

（2）PeptideAtlas：是由美国西雅图系统生物学研究所（Institute for Systems Biology, ISB）开发和维护的数据管理平台，收录人、小鼠、酵母等物种的质谱数据，并随时利用反式蛋白质组学管道（The Trans-Proteomic Pipeline, TPP）和最新的搜索引擎进行分析，从而保证数据结果的高质量以及控制整个数据管理平台层面的假发现率。可以在 PeptideAtlas 网站上查询和浏览结果。原始数据、搜索结果和完整版本也可以下载。

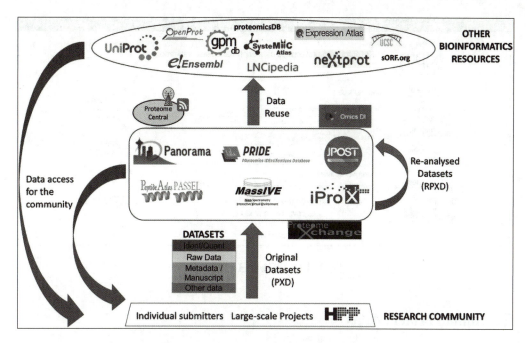

图 9-12　ProteomeXchange 数据流程

（3）MassIVE：是由美国计算质谱分析中心开发的质谱交互虚拟平台，旨在促进全球质谱分析数据共享，其功能包括质谱数据的管理以及通过 ProteoSAFe 对数据进行进一步分析。截至 2021 年 8 月，共收录公共数据库集 11 515 个，蛋白质数量 20 370 个，文件数量 6 036 903 个，总容量达 341.62TB；质谱图 3 800 810 923 张，肽序列 5 849 004 条；肽变异 15 855 998 个，翻译后修饰（PSMs）581 619 799 个。在网上提供公共数据集查询和质谱数据的重分析。

（4）iProX：是中国建立的蛋白质组学数据与知识中心，旨在促进蛋白质组学资源在世界范围内的共享。iProX 目前由一个蛋白质组数据提交系统和一个蛋白质组数据库组成，其中前者遵照国际蛋白质组学共享联盟（ProteomeXchange）的数据共享政策而建立，注册用户可以公开或私有两种方式向 iProX 提交数据，一旦相关论文发表后，数据集将自动公开；后者共收录 962 个数据集，包含数据文件 244 298 个，其中公开数据文件 59 682 个。

（5）jPOST：即 Japan ProteOme STandard Repository/Database（日本蛋白质组标准存储库 / 数据库），集成多个项目和机构产生的蛋白质组数据集。研究人员将蛋白质组数据集上传到 jPOST 存储库，使用 jPOST 标准协议重新处理原始 MS 数据，以自动生成用于数据比较和集成的高质量数据库 jPOSTdb。

（6）Panorama：是一个开源共享、免费使用的存储库服务器应用程序，用于靶向谱分析，集成到 Skyline 质谱工作流程中。它已作为 LabKey Server 中的一个模块实现，LabKey Server 是一个开放源代码的生物信息学数据管理平台，广泛支持蛋白质组学和小分子数据的临床研究。

2. 检索方法　ProteomeXchange Consortium 的数据可以通过其主页面的 ProteomeCentral 进行浏览检索和下载，也可以通过 6 个子库的检索系统进行获取和下载。

四、GPMDB

1. 概述　全球蛋白质组机器数据库（Global Proteome Machine Database，GPMDB）是为了利用 GPM 服务器获得的信息来帮助验证肽 MS/MS 光谱以及蛋白质覆盖模式。截至 2021 年 8 月，该数据库收录蛋白质 1 271 698 260 个，肽数据总量达 12.477GB。该数据库已集成到 GPM 服务器页面中，允许用户快速将其实验结果与其他科学家先前观察到的最佳结果进行比较。

2. 检索方法　在 GPMDB 的主页面（图 9-13），可以通过搜索蛋白质序列、关键词、基因名称、基因本体等，加上对应的种属即可获得有关该蛋白的质谱鉴定数据，包括肽段序列、翻译后修饰等。

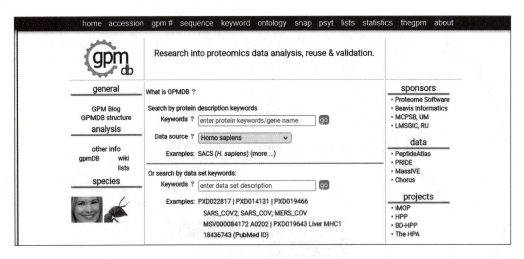

图 9-13　GPMDB 的主页面

五、Human Protein Atlas

1. 概述　2003 年 7 月人类蛋白质图谱（Human Protein Atlas, HPA）计划启动, 旨在构建包括大量正常和癌症组织, 以及人类细胞株的蛋白质表达图谱, 以揭示整个人类蛋白质组在不同细胞、组织和器官中的时空分布。基于抗体的高分辨率的细胞、组织、病理图像与基因组学、转录组学, 基于质谱的蛋白质组学、代谢组学和系统生物学相结合, 构成开源共享的综合性数据库。HPA 每年更新一次, 包括组织和细胞中的新抗体特征数据以及新功能。20.1 版的 HPA 包含 26 000 个以上的抗体, 收录了 17 000 个以上的人类独特蛋白质, 覆盖约 87% 的人类蛋白质, 并提供约 1 000 万张染色组织或细胞的高分辨率的免疫组化（IHC）或免疫荧光图像。HPA 分为组织图谱、单细胞类型图谱、病理图谱、脑图谱、血液图谱、细胞图谱和代谢图谱 7 个子图谱（图 9-14）, 每个子图谱各有侧重但又相互关联。

（1）组织图谱（the Tissue Atlas）：包含人类基因在 mRNA 和蛋白质水平上的表达谱的信息, 其数据来自 44 种正常人体组织类型, 是采用免疫组化方法获得的基于抗体的蛋白质表达数据。可以同时获取正常组织类型的免疫组化（IHC）染色的所有图像和蛋白质表达水平的注释。其中蛋白质数据包括基于抗体获得的 15 320 个基因（78%）; mRNA 表达数据来自 37 种正常组织的 RNA 深度测序（RNA seq）。为了全面反映基因和蛋白质在组织、器官中的表达水平, 突出某些组织、器官中基因和蛋白质的选择性表达, 同时考虑到所有三个 RNA 表达数据集, 基于 61 个组织、器官和血细胞类型的标准化表达水平（NX）进行一致性评分, 根据组织特异性和组织分布对每个基因进行分类, 并标注到 37 个主要器官、系统。

（2）单细胞类型图谱（the Single Cell Type Atlas）：包含 13 种不同人体组织的单细胞 RNA 测序（scRNAseq）数据, 以及内部生成的免疫组化染色组织切片, 显示相应的空间蛋白表达模式。基于公开的全基因组表达数据, 包括 192 个单独细胞类型簇中的所有蛋白质编码基因及其 12 个不同的细胞类型组进行 scRNAseq 分析。在此基础上进行组织特异性和组织分布分类, 以确定在这些单细胞类型中高表达的基因数量, 以及分别在一种、几种或所有细胞类型中检测到的基因数量。每种细胞类型中表达的基因都可以采用交互式的统一流形逼近与投影（UMAP）图和条形图进行可视化展示, 并与人体组织中相应的免疫组化染色进行链接。

（3）病理图谱（the Pathology Atlas）：显示正常情况下与疾病状态下的蛋白质表达水平与癌症患者生存预后及其在人类主要癌症类型的蛋白质分布之间的相关性。收录了 17 种主要癌症类型的mRNA 和蛋白质表达数据及其临床结局。以基因为中心显示癌症组织中人类基因 mRNA 表达水平

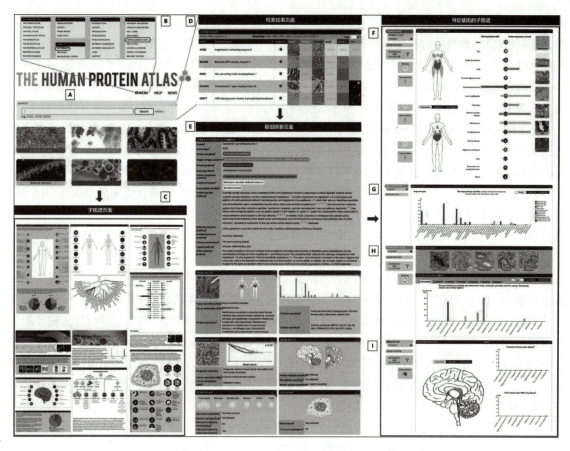

图 9-14 人类蛋白质图谱门户网站的总体结构

A. 人类蛋白质图谱（HPA）主页面；B. 菜单页面；C. 子图谱页面；D. 搜索结果页面；E. 基因摘要页面；F. 组织图谱；G. 细胞类型图谱；H. 病理图谱；I. 脑图谱。

和近 8 000 例癌症患者临床结果的相关性分析，包括 18 000 多个具有高度显著性的卡普兰 - 梅尔（Kaplan-Meier）生存曲线（P<0.001）。采用组织微阵列（TMA）的免疫组化（IHC）方法对癌症患者的每个蛋白质及其对应的癌症类型进行分析，所有原始数据汇总在每个基因的交互式生存散点图中，从而研究每个个体患者的表达水平和生存时间之间的相关性，或者单独关注可能影响生存预后的因素，如性别、死亡 / 存活或某一癌症阶段。该图谱在现有生存散点图的两个轴都添加了核密度图；顶部密度图显示了死亡和存活患者中表达水平的分布，而右侧密度图显示了死亡患者分别基于高表达水平和低表达水平存活的年数的数据密度。除了密度图外，还显示了一个 P 值评分曲线以及死亡中值分离曲线，它定义了高表达和低表达死亡患者之间 mRNA 表达中值的差异。该图谱还收录了 20 种不同癌症类型 500 多万张 IHC 染色癌组织图像，是对潜在预后和诊断生物标记物的细胞类型特异性表达模式的分析，为寻找与癌症类型相关的新的候选标记物提供了独特的机会。

（4）脑图谱（the Brain Atlas）：整合并可视化三种哺乳动物（人类、猪和小鼠）脑中的蛋白质表达数据。采用转录组学结合基于亲和性蛋白质原位定位技术，将蛋白质编码的基因定位到以脑为中心的图谱。数据包括高分辨率的染色图像以及 10 个解剖区域的基因表达数据，包括人类基因和猪、小鼠的同源基因的表达数据。每个基因都有一个摘要页面，显示脑各个子区域的表达数据（mRNA）以及蛋白质位置。

（5）血液图谱（the Blood Atlas）：包含人类蛋白质编码基因的全基因组 RNA 表达谱中的单细胞类型信息，包括各种 B 细胞和 T 细胞、单核细胞、粒细胞和树突状细胞。单细胞转录组学分析了经 RNA 测序分析分离出来的 18 种细胞类型和 6 个细胞系（B 细胞、T 细胞、NK 细胞、单核细胞、粒细胞和树突状细胞），突出血细胞群体中所有蛋白质编码的基因表达特异性和组织分布。此外，还对"人类分泌蛋白质组（human secretome）"进行了分析,包括预测可主动分泌到人类血液中的基因注释,以及预测可分泌到人体其他部位（如胃肠道和局部隔室）的蛋白质注释。还对人类血液中检测到的蛋白质进行分析,如Schmiedel等对15种血细胞类型的分析和Monaco等对29种血细胞类型以及外周血单个核细胞（peripheral blood mononuclear cells,PBMCs）总体分析。并通过基于质谱的蛋白质组学或基于抗体的免疫分析来估计各自的蛋白质浓度,创建一个标准化的"共识数据集",以便与来自组织的mRNA数据进行样本间比较。

（6）细胞图谱（the Cell Atlas）:提供了对人类细胞系中RNA和蛋白质的表达和高分辨率免疫荧光图像的亚细胞分布。通过对69个细胞系进行深度RNA测序来确定全基因组的mRNA表达,这些细胞系代表了人体不同器官和组织中不同细胞群。根据一组细胞系中RNA的表达,研究了12 813个基因（占人类基因的65%）编码蛋白质的亚细胞分布。蛋白质定位数据来自使用免疫荧光（ICC-IF）和共焦显微镜对编码蛋白基于抗体的验证,并分为35种不同的细胞器和精细的亚细胞结构。细胞图谱有助于探索感兴趣的单个基因和蛋白质,以便在细胞和亚细胞水平上增加对人类生物学的了解。

（7）代谢图谱（the Metabolic Atlas）:在人类代谢网络的背景下探索蛋白质功能和组织特异性基因表达。对第一个参与代谢的蛋白质提供了代谢摘要页面,描述代谢子系统/途径、细胞区域以及与其他蛋白质相关反应的数量。该图谱包含了120多张人工绘制的代谢途径图,可视化每一种蛋白质参与代谢的过程。每个代谢途径图都附有一张热图,详细说明37种不同组织类型中参与代谢途径的所有蛋白质的mRNA水平。该图谱的代谢特征由查尔姆斯理工大学生命科学系开发,包含10 000多种反应、4 000种代谢物和3 000种参与人类代谢的酶的详细生化信息,并提供代谢网络的交互式2D和3D图像。按照细胞或代谢子系统进行组织,便于可视化浏览感兴趣的代谢区域,并提供全局搜索功能且允许高级过滤,数据可以通过API获得。

2. 检索方法　HPA采用系统和以基因为中心的方法将数据细分为7个相互关联的子图谱,提供图谱浏览和关键词检索两种获取方式以及数据下载。

（1）图谱浏览:通过单击HPA主页面上任一子图谱图标,或者点击HPA主页面上"Menu"即可弹出菜单,在THE HUMAN PROTEOME栏点击子图谱,可以访问子图谱页面。组织和器官根据其共同的功能特征分为若干组。每个组织名称都可以单击并重定向到选定的蛋白质组。如果将鼠标放在符号上,相应的器官将在人形中高亮显示。在选定的蛋白质组页面,选择感兴趣的基因以获得基因特异性数据。

（2）关键词检索:可在PHA主页面上检索框输入基因名称,或者选择某一字段限定搜索,也可以与各种不同的过滤选项组合搜索特定基因。点击"Search"返回搜索结果页面,其中可选择感兴趣的基因以获得基因特异性数据,包括基因摘要（SUMMARY）信息,并在不同的基因特异性子图谱中详细浏览。

（3）数据下载:可以从搜索页面下载与当前搜索结果对应的不同格式（XML、RDF、TSV和JSON）的基因数据。存档数据（Archived data）可以从Menu菜单中的TECHNICAL DATA栏中选择"DOWNLOADABLE DATA",下载相关的文档数据。

第四节　生物通路数据库检索

一、KEGG

1. 概述　京都基因和基因组百科全书（Kyoto Encyclopedia of Genes and Genomes,KEGG）是一个整合基因、酶、化合物及代谢网络信息的综合性数据库,旨在通过分子水平的信息,特别是基因组测序和其他高通量实验技术所产生的大规模分子数据集,有助于理解生物系统如细胞、生物体和生态系统的高级功能和效用。

KEGG集成了15个子库,分为五大类:①系统信息（Systems information）;②基因组信息（Genomic information）;③化合物信息（Chemical information）;④健康信息（Health information）;⑤药物标签（Drug labels）。表9-2列出了KEGG中15个子库的数据类型、标识符前缀和条目数量。

表9-2　KEGG中15个子库的数据类型、标识符前缀和条目数量

大类	名称	数据类型	标识符前缀	条目数量*
Systems information	KEGG PATHWAY	通路图	map,ko,ec,rn,（org）	548
		参考通路图		801 598
	KEGG BRITE	功能等级目录	br,jp,ko,（org）	185
		参考等级目录		277 829
	KEGG MODULE	KEGG模块	M	446
		反应模块	RM	44
Genomic information	KEGG ORTHOLOGY	KEGG直系同源（KO）	K	24 550
	KEGG GENES	物种的基因	\<org\>	35 733 851
		病毒基因	vg	529 308
		病毒成熟肽	vp	157
		补体蛋白	va	4 056
	KEGG GENOME	KEGG物种	T0	7 344
		KEGG筛选的病毒	T4	355
Chemical information	KEGG COMPOUND	代谢物和小分子	C	18 816
	KEGG GLYCAN	Glycans	G	11 039
	KEGG REACTION	生化反应	R	11 564
		反应分类	RC	3 173
	KEGG ENZYME	酶		7 890
Health information	KEGG NETWORK	疾病相关网络元素	N	1 402
		网络变异通路	nt	133
	KEGG VARIANT	人类基因变异		455
	KEGG DISEASE	人类疾病	H	2 507
	KEGG DRUG	药物	D	11 694
		药物组		2 344
Drug labels		日本处方药标签		13 971
	KEGG MEDICUS	日本OTC标签		10 760
		FDA处方药标签		31 688

注:* 条目数量为2021年8月6日的统计数据。

　　每个子库条目在KEGG中唯一的标识符格式为"db:entry","db"是子库的名称,"entry"是条目名称。其中12个子库的数据是人工收录的,由相关子库的标识符前缀加上5位数字构成,在整个数据库里是唯一的;其他3个子库:KEGG GENES的数据主要来源于NCBI RefSeq和GenBank;KEGG ENZYME的数据来源于ExplorEnz;KEGG MEDICUS的数据来源于JAPIC的日本处方药及OTC标签和美国DailyMed的FDA处方药标签。下面介绍其中4个子库。

　　(1) KEGG PATHWAY:是采用KEGG Mapper软件人工绘制的通路图集合,表示新陈代谢(Metabolism)、遗传信息处理(Genetic Information Processing)、环境信息处理(Environmental Information Processing)、细胞过程(Cellular Processes)、组织系统(Organismal Systems)、人类疾病(Human Diseases)和药物研发(Drug Development)7个方面的分子相互作用、反应和关系网络。通路图由节点(同源基因、蛋白质、小分子)、边(反应、相互作用、关系)和箭头(反应方向)组成。KEGG中给出了不针对特定物种的一致性参考通路(Consensus Pathway),即每个参考通路图中包括所有已知物种的酶及其反应。但是在特定物种通路中,用绿框重点标出该物种特定的酶。

（2）KEGG BRITE：是表示已知基因和蛋白（Genes and Proteins）、化合物和反应（Compounds and Reactions）、药物（Drugs）、疾病（Diseases）以及物种和细胞（Organisms and Cells）的等级目录；是采用 KEGG Mapper 软件人工建立的不同层次之间的关系，便于信息的查询定位，并能和其他子库链接。BRITE 目录可以直接下载 htext（hierarchical text，层次文本）和 JSON 格式的文件。

（3）KEGG MODULES：是人工定义的基因集和反应集的功能单元，由 M 编号标识的 KEGG 模块（即 KEGG modules）和 RM 编号标识的 KEGG 反应模块（reaction modules）组成。其中，KEGG 模块进一步分为路径模块（Pathway modules）和签名模块（Signature modules）。

（4）KEGG ORTHOLOGY：是一个分子功能数据库，以直系同源的形式表示其功能。在 KEGG 分子网络即 KEGG 通路图、BRITE 等级目录和 KEGG 模块中，人工定义了功能性直系同源。网络中每个节点，例如 KEGG 路径图中的一个框，都被赋予一个 KO 标识符（称为 K 号），作为从特定生物体中实验表征的基因和蛋白质，定义功能直系同源，然后根据序列相似性将其分配给其他生物体中的直系同源基因。"功能"的粒度取决于上下文，由此产生的 KO 分组可能对应于有限的物种内一组高度相似的序列。

2. 检索方法　KEGG 提供了多种方式的检索。

（1）一站式检索：可以登录 KEGG 的主页面（图 9-15），在检索框输入关键词如 p53，点击 "Search"，即可获得 15 个子库的检索结果列表，点击子库下的条目存取号，可以获得更为详细的信息。

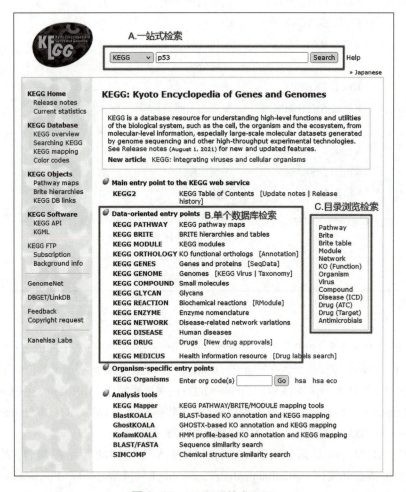

图 9-15　KEGG 的主页面

（2）单个数据库检索：在 KEGG 的主页面的中栏，选择某一个数据库，即可登录到某一数据库检索页面，如 KEGG PATHWAY Database 检索页面（图 9-16），可以输入关键词进行检索；也可以浏览目录，选取其存取号，获得其详细结果。

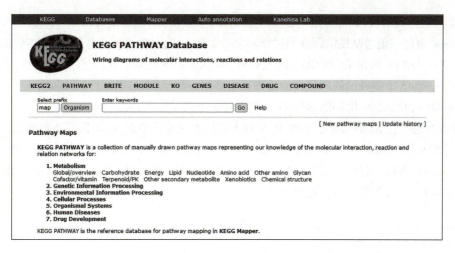

图 9-16　KEGG PATHWAY Database 检索页面

（3）目录浏览检索：在 KEGG 的主页面的右栏，选择某一个数据类型，如 PATHWAY，即可登录到某一数据文档目录浏览检索页面，如 KEGG Pathway Maps 浏览检索页面（图 9-17）。可以输入关键词进行检索，也可以浏览目录。

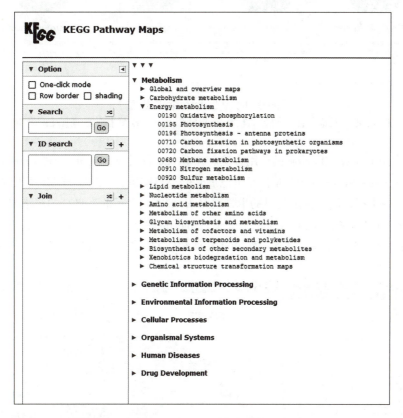

图 9-17　KEGG Pathway Maps 浏览检索页面

二、Reactome

1. 概述　Reactome 是一个由生物学专家撰写、编辑，并且经过同行评阅的、开源共享、免费使用的生物通路和反应数据库，包含参与生物通路和过程中的信号和代谢分子及其关系。Reactome 数据模型的核心单元是反应（Reactions），参与反应的实体（核酸、蛋白质、复合物、疫苗、抗癌药物和小分子

NOTES

蛋白)相互作用形成网络,并被分解为多个生物通路,包括新陈代谢、信号转导、转录调节、凋亡和疾病。Reactome 为每一条通路提供深度的注释和参考文献,并交叉参考其他数据库,如 NCBI、Ensembl、UniProt、KEGG、ChEBI、PubMed 和 GO。除人类外,Reactome 还收集小鼠、大鼠、鸡、河豚、果蝇、酵母、水稻和拟南芥等 15 个物种的同源蛋白的生物反应数据。截至 2021 年 6 月,Reactome(77 版)收录了89 623 个蛋白质、92 295 个化合物、80 635 个生物反应和 21 195 条通路。

2. 检索方法   在 Reactome 主页面(图 9-18),提供了关键词检索,还提供了通路浏览器(Pathway Browser)、分析工具(Analysis Tools)、ReactomeFIViz 和文档(Documentation)。不仅可以查询、分析和可视化 Reactome 数据,而且可以提交自己的数据,利用其特定的分析工具,还可以下载 Reactome 的所有数据和软件,或者下载自己想要的结果。

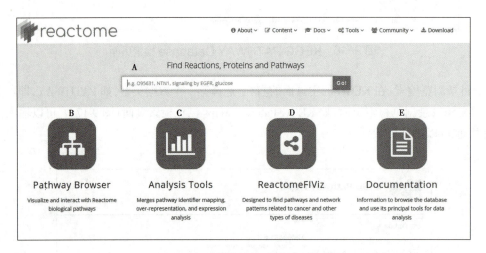

图 9-18   Reactome 主页面
A. 关键词检索;B. 通路浏览器;C. 分析工具;D. 查找肿瘤及其他疾病相关的通路和网络模式;E. 文档。

以下主要介绍 Pathway Browser 的使用方法。在 Reactome 主页面点击 "Pathway Browser",可以浏览生物通路,分三栏显示(图 9-19),左栏是可以展开的类目体系,点击 "+" 标识,可以展开,如选取自噬(Autophagy);右上栏显示是选定类目的生物通路图,如本例显示的是自噬的通路图;右下栏中有一个栏目条,包含该通路的描述(Description)、分子(Molecules)、结构(Structures)、表达(Expression)、分析(Analysis)和下载(Download)六个方面,点击获取相应的详细信息或执行相应的功能。

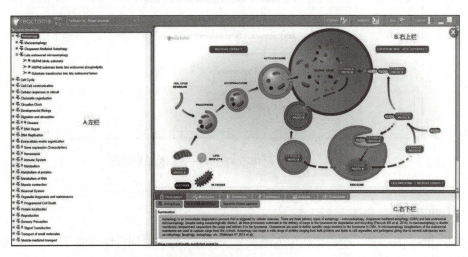

图 9-19   Pathway Browser 页面(Autophagy)
A. 类目体系;B. 选定类目的生物通路图;C. 详细信息。

三、STRING

STRING 是一个搜索已知蛋白质之间和预测蛋白质之间相互作用的数据库。截至 2023 年 7 月，STRING 收录了 12 535 个物种，包含 5 930 多万种蛋白质和 2 亿多种蛋白质之间的相互作用数据（图 9-20）。整合来自实验数据、PubMed 文本挖掘结果和其他数据库蛋白质相互作用数据（如 BioGRID），以及利用生物信息学方法预测结果。

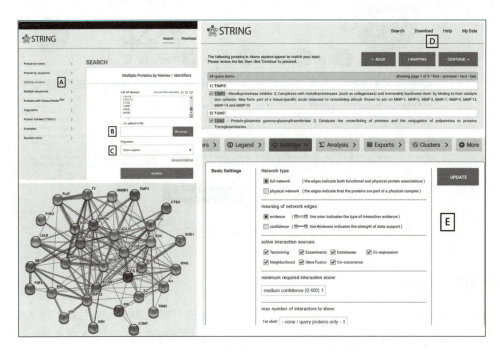

图 9-20　STRING 数据库的检索方法主页

四、SMPDB

1. 概述　小分子通路数据库（The Small Molecule Pathway Database，SMPDB）是一个交互式、可视化的数据库，收录了人类、小鼠、大肠杆菌、酵母和拟南芥等生物中发现的 40 000 多条通路。SMPDB 旨在支持代谢组学、转录组学、蛋白质组学和系统生物学中的通路解析和通路发现。它提供了详细的代谢、信号、疾病、药物、生理等通路和完全可搜索的超链接图表。SMPDB 通路注释包括有关细胞器、亚细胞组分（subcellular compartments）、蛋白质复合物辅因子（protein complex cofactors）、蛋白质复合物定位（protein complex locations）、代谢物定位（metabolite locations）、化学结构（chemical structures）和蛋白质复合物四级结构（protein complex quaternary structures）等信息。每个小分子通路都可链接到附有详细说明的人类代谢组数据库（Human Metabolome Database，HMDB）或药物数据库（DrugBank），每个蛋白质或酶均与 UniProt 超链接。SMPDB 通路附有详细的描述和参考文献，提供了每个图中描述的通路、条件或过程。该数据库支持浏览查找并支持全文、序列和化学结构搜索。用户可以使用代谢物名称、药物名称、基因 / 蛋白质名称、SwissProt ID、GenBank ID、Affymetrix ID 或 Agilent 微阵列 ID 列表查询 SMPDB。这些查询将检出一列匹配的通路，并在每个通路图表中高亮显示匹配的分子。基因、代谢物和蛋白质浓度数据也可以通过 SMPDB 的绘图界面可视化。SMPDB 的所有图像，图像映射、描述和表格都可以多种格式下载。

2. 检索方法　在 SMPDB 的主页面（图 9-21），可以在左上角的检索框内输入查询的蛋白质，如缺氧诱导因子（HIF），得到的结果页面包含有琥珀酸盐的致癌作用和富马酸盐的致癌作用等五条通路，点进任意一条通路的详情页面，均可进一步查看或下载该通路的详细信息，或标记显示图中内容等可视化操作。也可以点击"Search"下拉式菜单,从中选择文本检索、高级检索、分子量检索、序列检索和化学结构检索。此外,点击"Browse Pathways",进入到通路浏览界面,SMPDB 提供了过滤器选择项,如代谢、生理、药物和疾病等。

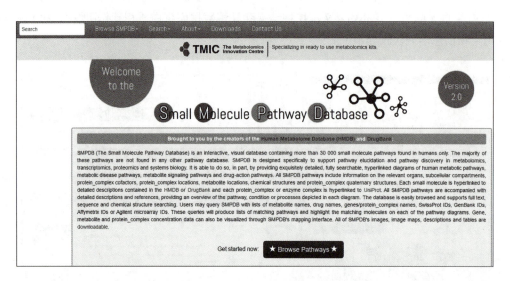

图 9-21　SMPDB 的主页面

五、WikiPathways

1. 概述　WikiPathways 是一个开放式协同平台,用于数据可视化和分析所用的生物学模型的收集和传播。该数据库收录了超过 20 个物种的通路,其中人类的通路就包含了 800 多个,涵盖了 7 500 种基因。此外,该数据库还包含了超过 1 000 个代谢产物的通路。WikiPathways 中每一个通路都有自己专属的页面,呈现该通路最新的图解、描述、引用、下载选项、版本历史以及成分基因和蛋白质列表,且数据信息支持免费下载,下载格式可以是文本格式、图片格式和 GPML 格式,后者可与 Cytoscape、GenMAPP 和 PathVisio 等通路可视化软件相兼容。

2. 检索方法　在 WikiPathways 主页面(图 9-22)的左侧有社区门户、工具栏和下载栏等链接,页面中间的功能有以下三个部分:

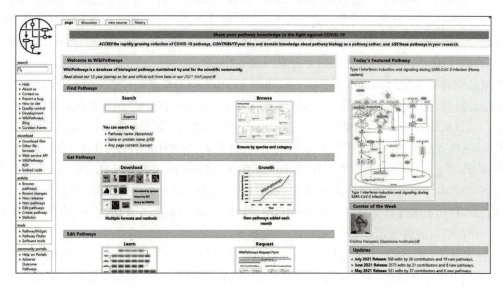

图 9-22　WikiPathways 的主页面

（1）检索通路（Find Pathways）：分为"Search"和"Browse"两个模块。在"Search"模块里，用户可以通过输入通路名称、基因或蛋白质的名字甚至通路所含内容进行通路数据库的检索，并可以组配"AND、OR、*"等逻辑符号帮助检索。在"Browse"模块里，用户可以根据要搜索的通路所属物种进行选择，包括智人、牛、拟南芥、斑马鱼等，再限定数据集类型，如 feature version、approved version 和 need work，在视图浏览模式中可选择缩略图或列表模式。

（2）获取通路（Get Pathways）：分为"Download"和"Growth"两个模块。在"Download"模块里，有该数据库所有通路的存储序列号；在"Growth"模块里，列出了最近一段时间用户贡献排名、通路相关数据统计和用户编辑次数等。

（3）编辑通路（Edit Pathways）：分为"Learn"和"Request"两个模块。在"Learn"模块里，WikiPathways 添加了一个自定义图形路径编辑工具和集成数据库，还提供了编辑新通路的操作指导，引导用户规范编辑和添加新通路及相关数据。在"Request"模块里，该平台提供了通路数据的托管平台（GitHub）原始代码，用户可以对其进行修改或转换。这一开放和协作的平台将极大地促进生物通路途径的研究工作。

第五节　肿瘤组学数据库检索

一、TCGA

1. 概述　2006 年，隶属于美国国立卫生研究所（National Institutes of Health，NIH）的国家癌症研究所（National Cancer Institute，NCI）和国家人类基因组研究所（National Human Genome Research Institute，NHGRI）发起癌症基因组图谱计划。TCGA（The Cancer Genome Atlas）是国际肿瘤基因协作组（International Cancer Genome Consortium，ICGC）研究计划的重要组成部分，主要目标是获得一个全面的、多维的、多种癌症基因组的图谱。2012 年发起的泛癌计划（Pan-Cancer Initiative），试图从分子特征的角度对癌症进行研究，绘制出了一张比癌症基因组图谱更为全面、深入的泛癌图谱（Pan-Cancer Atlas）。

目前 TCGA 收录了 33 种癌症类型的数据，数据总量达 2.5PB。不仅涉及基因组测序，还涉及转录组、甲基化等表观组学测序以及最终的整合分析，并将它们与临床和影像数据相关联。TCGA 存储两大类数据信息，一是临床样本信息：Biospecimen、Clinical；二是测序数据：RNA sequencing、MicroRNA sequencing、DNA sequencing、SNP-based platforms、Array-based DNA methylation sequencing、RPPA（Reverse Phase Protein array），涵盖基因组、转录组、表观组、蛋白组等组学数据。该数据库有统一的数据模型，如图 9-23 所示。最高层级为 Program，对应不同的数据来源，如 TCGA 和 TARGET 等；第二层 Project 代表一系列患者对应的项目；第三层 Cases 代表一个患者的所有相关数据，包括 SNV、CNV 和基因表达谱等多种数据，Cases 和 Sample 是一对多的关系；最后一层是每个 Cases 相关的 Files 数据，数据类型包括序列和基因表达谱、SNV、CNV、甲基化分析、临床信息等多种数据。

TCGA 数据一般分为 4 个等级：Level 1：单个样本的原始测序数据；Level 2：基因组回帖数据；Level 3：处理及标准化后的数据，该等级的数据可以直接使用；Level 4：概括性数据，一般与样本集分析有关。大部分 Level 1 和 Level 2 属于受限访问（controlled-access），需要账号登录才能下载；Level 3 和 Level 4 大部分是开放下载的（无须注册）。

2. 检索方法

（1）通过基因组数据共享数据门户（Genomic Data Commons Data Portal）获取：该方法适合于少量数据的获取和下载。进入

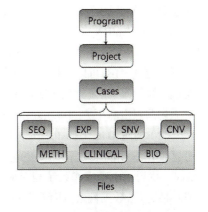

图 9-23　TCGA 的数据模型

TCGA 主页面,点击"Access TCGA Data",首次登录会弹出"Warning"页面,点击"Accept",进入基因组数据共享数据门户(图 9-24)。截至 2021 年 5 月 31 日,第 29.0 版,拥有 68 个计划(Projects),84 609 个病例(Cases),618 198 个文件(Files)。点击图 9-25 中"Repository"进入数据检索页面(图 9-25)。

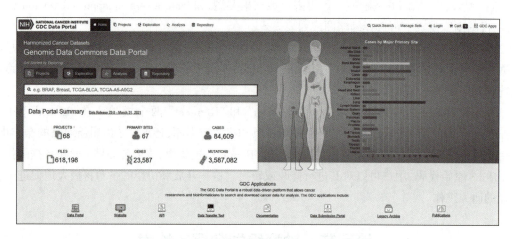

图 9-24   基因组数据共享数据门户

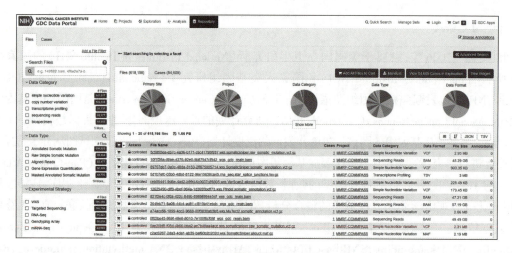

图 9-25   TCGA 数据库检索页面

从 TCGA 数据库检索页面来看,界面左侧有"Files""Cases",可进行具体的筛选,选择自己想要研究的肿瘤。以白色人种男性胃癌患者为例,下载与其相关的 miRNA 数据。在"Cases"栏目下选择"Primary Site"中的"stomach"、"Gender"中的"male"及"Race"中的"white",未进行具体勾选的均默认全选。在"Files"栏目下选择"Data Type"的"miRNA Expression Quantification";还有"Experiment Strategy"的"miRNA-Seq",这时得到检索结果如图 9-26 所示。结果显示共有 173 个病例(Cases),191 个文件(Files),这是由于一些 Cases 可能对应多个 miRNA-Seq 样本文件。页面右上角显示所有数据一共只有 9.6MB,可以直接在网页下载。点击购物车标记,购物车按钮变成了绿色,表示该数据已成功放入购物车(系统默认每次显示 20 个文件,可以改为全部添加入购物车),点击右上角的"Cart"。核对无误后点击右下方"Download"下的"Cart"。

(2)通过 Data Transfer Tool 工具进行下载:当肿瘤相关数据文件较大或需要批量下载数据时,考虑使用专业的工具下载和处理。点击右上角所示"GDC Apps",在下拉菜单里点击"Data Transfer Tool",找到与电脑操作系统相对应的下载工具安装包,解压后是个"exe"文件,不用安装。参数设置成功后,点击数据检索页面右上角的"Cart",再选择"Download"下的"Manifest",可下载得到一个文本文档。然后使用 GDC-Client 进行下载。

NOTES

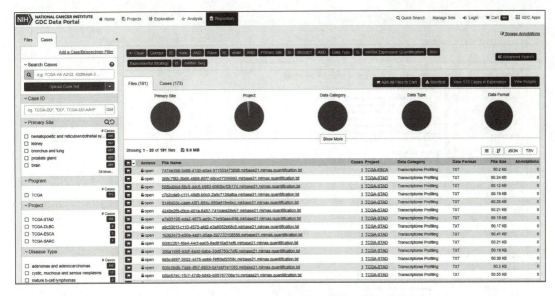

图 9-26 TCGA 数据库检索结果

（3）使用 R 语言进行数据下载和分析：还可利用 R 语言（R TCGA Tool box）进行数据的下载和分析，操作较方便，但是要求有一定的 R 语言基础。

二、cBioPortal

1. 概述 cBioPortal 是一个开源的肿瘤生物学门户网站，用于多个癌症基因组学数据集的交互式探索。cBioPortal 可帮助科研人员高效地获取复杂基因组数据，快速、直观、高质量地进行大规模癌症基因组学项目的分子谱和临床预后之间的相关性分析，并可使科研人员将其转化为生物医学知识和临床应用。

cBioPortal 整合了多个平台的肿瘤基因组研究的数据，包括 TCGA、ICGC、GDAC、IGV、UCSC、Oncomine 等，收录了 2.8 万多例样本的数据及其临床预后等表型信息。cBioPortal 存储多种数据类型，如 DNA 拷贝数、mRNA 和 microRNA 表达数据、非同义突变、蛋白质水平和磷蛋白水平（RPPA）数据、DNA 甲基化数据和部分临床数据。

2. 检索方法（cBioPortal 数据查询） cBioPortal 主页面（图 9-27）左边蓝色部分包括 28 项研究和组织、器官。在蓝色框内选取研究的肿瘤类型后，在右边弹出的页面中选取具体项目进行查询。以 Retinoblastoma（视网膜母细胞瘤）为例，查询步骤是：首先点击图 9-27 左边的 "Eye"，随之会弹出一个包含多种亚型的页面，点击 Retinoblastoma 相关的项目前面的小框选定，同时可以看到各个项目的样本量。

cBioPortal 提供了以下两种检索方式。

（1）基因检索（Query By Gene）：点击 "Query By Gene"，进入基因检索页面。首先选择以下检索项：① Selected studies 显示的是所选的研究项目 [Retinoblastoma（MSK，Cancers 2021），Retinoblastoma cfDNA（MSKCC 2020）]，点击 "Modify" 可重新选定研究项目；② Select Genomic Profile 是指选择基因组概要文件，一般情况都会勾选 "Mutation"，选择突变基因对其研究分析；③ Select Patient/Case Set 是用来筛选病例和样本量，点击右方下拉箭头图标，可以展开选择 All（全部数据）、Cases with mutations data（携带变异数据的病例）、User-defined Case List（用户自定义），可以筛选出符合自己要求的样本（如果用户自定义列表，在下拉列表中选择后，才可以输入样本 ID，并用空格键分隔）；④ Enter Genes 用来筛选基因集，点击右侧下拉箭头后可选择备选基因组，也可自行输入。然后点击 "Submit Query" 可以进行搜索。查询结果如图 9-28 所示。

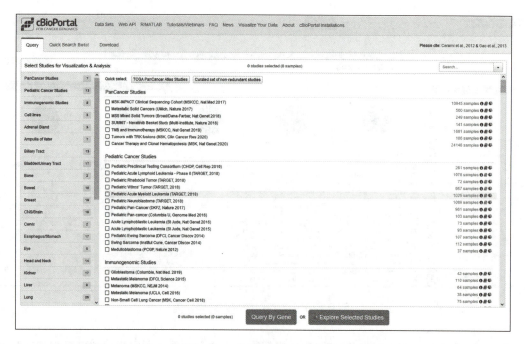

图 9-27　cBioPortal 主页面

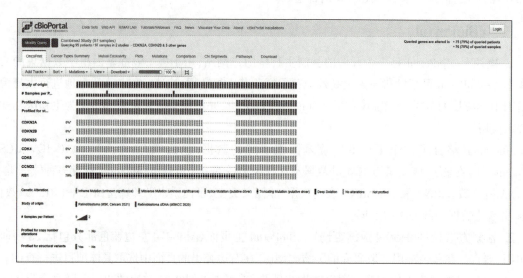

图 9-28　cBioPortal 查询结果

　　cBioPortal 提供以下几种显示方式：① OncoPrint 是所有患者基因组数据，通过一个简明扼要的 OncoPrint 图进行展示，每个基因用行来表示，样本或患者用列表示，符号和颜色编码用来总结不同的基因组的改变，包括突变、拷贝数变化和 mRNA 表达。如果想要在此图上添加更多的数据信息，点击 "Add Clinical Tracks" 添加肿瘤类型、每例患者的样本数、变异系数、性别、诊断年龄、原发部位等 29 种项目。可通过 Sort、Mutations、View 调控图表的表达形式，点击 "Download" 可下载，以 PDF、PNG 或 SVG 形式对图表保存。可选择查看基因改变类型的比例、共同表达情况、基因是否突变和生存分析等。② Cancer Types Summary 是肿瘤类型摘要，主要描述每个研究的基因变更频率指标。③ Mutation Exclusivity 是描述基因表达互斥（Mutual exclusivity）和共生（Co-occurrence）的关系，这些机制可能在肿瘤形成和癌症的进展中起到重要作用，并且给出了 P 值。P 值较高时，考虑是否因样本量低而导致失去统计学意义。④ Plots 通过多组学数据对样本的分布进行可视化。在查询时指定某个基因，cBioPortal 会生成不同的散点图。可以调换图表的坐标，如在 Data Type 选项中可选择基因突变和临

NOTES

床属性,当选择基因类型时在选项中可选择基因突变和突变野生型,当选择临床属性时可以选择肿瘤类型、诊断年龄、性别、发病部位等多个临床指标。⑤ Mutation 查看每个基因上突变位点的详细信息,既有图形摘要显示的形式,也有表格显示的形式。⑥ Comparison 可比较基因和临床特征的差异。⑦ CN Segments 是通过 IGV 基因组浏览器,查看 CNAs 在染色体上的分布情况。⑧ Pathways 展示基因的作用通路。⑨ Download 为下载数据。

(2)选定研究浏览(Explore Selected Studies):选定研究项目后[如 Retinoblastoma(MSK,Cancers 2021)、Retinoblastoma cfDNA(MSKCC 2020)],点击"Explore Selected Studies"。查询结果如图 9-29 所示,cBioPortal 对基因数据和临床数据都进行了可视化处理;包含不同基因类型的占比,生存分析曲线、性别、年龄、患者生存状况比例。鼠标点在相应的图标上就会显示更详细的数据信息。

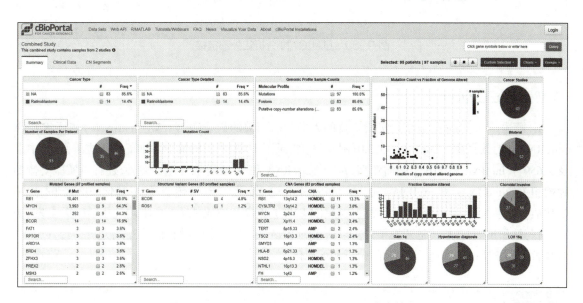

图 9-29 Explore Selected Studies 查询结果

数据下载:在 cBioPortal 主页面(图 9-29)的左上方点击 Date Sets,选定某一数据库,点击该库后面的 ⬇ 图标进行下载。如果只需临床数据时,可在结果页面点击"Clinical Data",然后点击 ⬇ 图标,下载临床数据。

三、UALCAN

1. 概述 UALCAN 是一个 TCGA 数据库的在线分析和挖掘的交互式网站,是基于 PERL-CGI、Javascript 和 CSS 所搭建的。通过它可快速、方便地进行基因表达水平、甲基化、生存分析和相关性分析等,可以用于验证生物标志物(Biomarker)的可信度,分析肿瘤发生,进展和转移的分子机制,还提供基因资料超链接,如 HPRD、GeneCards、PubMed、TargetScan、The human protein atlas、Open Targets、GTEx。

2. 检索方法 例如利用 UALCAN 分析 WASH2P 在结肠癌中的表达及预后。其分析步骤是:首先进入 UALCAN 主页,选择 TCGA 数据库,然后输入"gene symbol 为 WASH2P",在 TCGA 数据库选择"colon adenocarcinoma"。点击"Explore",进入 UALCAN 分析和外部链接(图 9-30)。

点击"Expression",满足条件的结肠癌样本 286 例,正常组织样本 41 例。并利用 UALCAN 数据库进一步分析 WASH2P 与肿瘤分期、种族、性别、体重、病理亚型之间的关系。点击"Survival",进行生存预后分析;点击"Methylation",进行甲基化分析;点击"Correlation",进行相关性分析;点击"Pancancer view",进行泛癌基因分析,点击"External Links"中的数据库进行相应搜索。

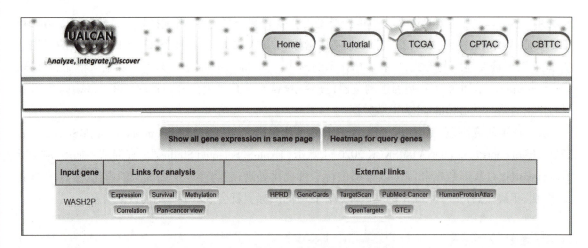

图 9-30　UALCAN 分析和外部链接

四、Ln2Cancer

1. 概述　Ln2Cancer 是收录实验支持的人类肿瘤相关的长非编码 RNA（lncRNAs）和环状 RNA（circRNAs）的数据库。Lnc2Cancer 3.0（图 9-31）收录了 10 303 个 lncRNA- 肿瘤关联的条目，其中涉及 2 659 个 lncRNA 和 216 个肿瘤亚型，743 个 circRNA 和 70 个肿瘤亚型。此外，还提供实验支持的肿瘤相关的 lncRNAs 和 circRNAs 调节机制（microRNA、转录因子、遗传变异、甲基化和增强子），生物学功能［细胞生长、凋亡、自噬、上皮间质转化（EMT）、免疫和编码能力］和临床应用（转移、复发、循环、耐药性和预后）。尤其是开发了 RNA-seq 和 scRNA-seq 测序表达数据的交互式分析平台，以实现对肿瘤中 lncRNAs 的快速、可定制的分析和可视化。

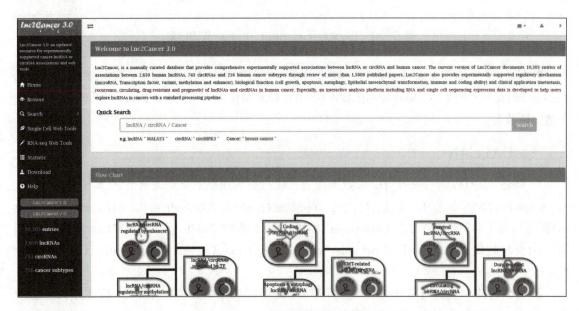

图 9-31　Ln2Cancer 3.0 的主页面

2. 检索方法

（1）Browse：可以通过右侧 Cancer、lncRNA、circRNA 直接选择想要的子类以浏览相应的 lncRNA 和 cicRNA 数据；也可以通过 lncRNA/cicRNA 点击中间的图标（调节机制、生物学功能、临床应用），或者通过肿瘤的组织（器官）（Tissue）以浏览相应的 lncRNA 和 cicRNA 数据，如图 9-32 所示。

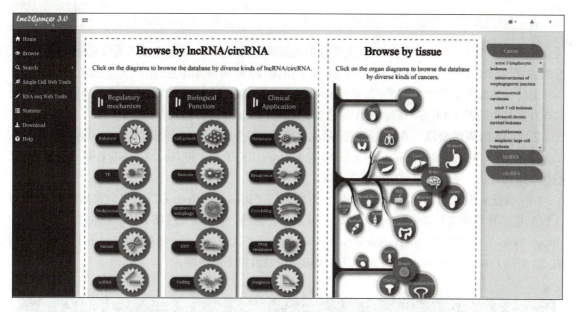

图 9-32　Ln2Cancer 浏览页面

　　例如，点击右侧 Cancer 中的肾上腺皮质癌（adrenocortical carcinoma），在 Search Result 可以看到 9 个相关条目，如图 9-33 所示。在最上方提供 CSV、Excel、Copy 三种格式进行下载。表格里有不同 LLnc/CircRNA 对应的 Cancer name、Methods、Expression pattern、Mechanism、Function、Clinical、Pubmed ID、Details（查看 LLnc/CircRNA 的基本信息、分类信息、肿瘤及收录信息）、Box Plot、Stage Plot、Survival、Similar、Network。

图 9-33　Ln2Cancer 浏览结果（"adrenocortical carcinoma"）

　　（2）Search：提供两种搜索模式，一种是一般搜索（General Search），支持模糊关键词搜索，直接输入基因存取号或者肿瘤名称即可；另一种是高级搜索（Advanced Search），除了需要输入 LncRNA 或者 CircRNA 和肿瘤名称外，可以选择失调模式（Dysregulation Pattern）、样本（Sample）、RNA 类型（RNA Type），其中失调模式包括上调、下调和差异表达，样本类型包括组织、细胞系和血液，RNA 类型包括 lncRNA、circRNA 或全部；还可以通过选择不同的调节机制（Regulatory Mechanism）、生物学功能（Biological Function）和临床应用（Clinical Application）对搜索结果进行过滤筛选。

NOTES

五、TCIA

1. 概述   TCIA 是一个开源共享、免费获取的肿瘤图像数据库,主要收录人类常见肿瘤(如肺癌、前列腺癌等)的医学图像(MRI、CT、DX、病理学图像等)及其临床信息(治疗方案细节、基因、病理等),支持肿瘤医学影像数据的研究、开发和利用。截至 2021 年 8 月,TCIA 包含 147 个数据集,收录 37 600 多名受试者 3 090 多万张肿瘤图像数据,主要以 DICOM 文件格式存储。

2. TCIA 数据的获取   在 TCIA 数据获取主页面(图 9-34),TCIA 提供 Browse Collections、Search Radiology、Browse Analysis Results、Search Histopathology、REST API 和 Data Analysis Centers 六种不同的获取数据方式。下面介绍前两种获取方式。

(1)数据集浏览:在 TCIA 的数据获取主页面,点击 "Browse Collections",进入数据集列表,浏览每个数据集的肿瘤类型(Cancer Type)、部位(Location)、物种(Species)、对象个数(Subjects)、图像类型(Image Types)、支持数据(Supporting Data)、获取(Access)、状态(Status)和更新(Updated)。点击数据集,如 NSCLC-Radiogenomics,即可获得其详细说明以及数据下载链接。

图 9-34   TCIA 数据获取主页面

(2)图像搜索:在 TCIA 的数据获取主页面,点击 "Search Radiology",进入 TCIA 图像搜索页面,TCIA 提供两种图像搜索的方法:①通过简单搜索(Simple Search),可以根据以下搜索过滤器的组合搜索图像,如数据集、图像模态、解剖位置、物种、TCIA 发布的日期和主题 ID 等。选择的条件越多,检出结果越少。②通过文本搜索(Text Search),输入文本词,点击 "Search",检出结果以饼图形式显示 Summary(摘要)信息。点击 "Search Result"(搜索结果)选项,检出结果可按照对象 ID(Subject ID)排序显示,点击 "Subject ID" 获取更详细的图像信息,还可以将检出结果添加到购物车,以便下载数据。

本章小结

本章简要介绍了生物信息数据库的含义、类型,生物信息数据收集与存储以及生物信息数据库的查找方法;详细介绍了核酸数据库、蛋白质数据库、生物通路数据库、肿瘤组学数据库中重要数据库的内容、特点及其检索方法。

（胡德华）

思考题

1. 简述生物信息数据库的类型与查找方法。

2. 比较分析 GenBank、ENA 和 DDBJ 三大核酸数据库的异同。

3. UniProt 集成了哪些蛋白质信息资源？

4. ProteomeXchange 的主要成员有哪些？它们是如何进行数据共享的？

5. 生物通路数据库有哪些？简要介绍其检索方法。

6. 比较 TCGA 和 cBioPortal 数据的来源及其检索方法的差异。

第十章

网络信息资源检索

通过互联网获取各种信息已成为人们日常生活的一部分,对医务工作者来说,互联网更是重要的工具,通过它不仅可以了解医学研究与医疗技术发展的最新动态、获取最新信息资料,还可以进行广泛的国际协作和学术交流。本书前面章节介绍的各类文献数据库和专类信息资源本质上都属于网络信息资源,本章侧重介绍搜索引擎与互联网上的开放获取信息资源。开放获取信息资源是用户可以免费获取到的一种数字化的、在线的、大部分情况下在获取时不受版权与注册限制的信息资源,具有时效性强、交互性强和学术价值高的特点。利用合适的搜索引擎可以帮助用户快速、高效地获取信息,而开放获取资源则可以提供大量免费的学术文献。

第一节　网络信息资源概述

一、网络信息资源的定义

网络信息资源(information resource on network)是指通过计算机网络可以获取与利用的各种信息资源的总和。具体来说是指所有以电子数据形式把文字、图像、声音、动画等多种形式的信息存储在光、磁等非纸介质的载体中,并通过网络通信、计算机或终端等方式再现出来的资源。

随着互联网发展进程的加快,信息资源网络化成为趋势,与传统的信息资源相比,网络信息资源在数量、结构、分布和传播的范围、载体形态、内涵和传递手段等方面都显示出了新的特点。目前网络信息资源以互联网信息资源为主,同时也包括其他没有连入互联网(局域网)的信息资源,其中包括生物学、医学、药学等生物医学信息资源。

网络学术资源是指与学术研究有关的互联网中的资源,主要包括政府信息、科研信息、教育信息和文化信息。政府信息是指国际组织、各国政府及其相关部门发布的信息;科研信息是专业学术机构,包括学会、协会、研究所等设立的网站及其相关信息;教育信息是大学设立的网站及相关信息;文化信息则是指各类信息媒体的网站、世界各地图书馆的数字化馆藏等。

二、网络信息资源的特点

随着网络技术的发展和网络浏览工具的开发,网络资源发展越来越快,网络信息资源数量大、表现形式多样化等特点愈发明显。

(一) 存储数字化

信息资源由传统纸张上的文字变为磁性介质上的电磁信号或者光介质上的光信息,使信息的存储、传递和查询更加方便,而且所存储的信息密度更高,容量更大,甚至可以无损耗地被重复使用。以数字化形式存在的信息,既可以在计算机内高速处理,又可以通过信息网络进行远距离传送。

(二) 表现形式多样化

传统信息资源主要是以文字或数字形式表现出来的信息,而网络信息资源则可以是以文本、图像、音频、视频、软件、数据库等多种形式存在,涉及领域从经济、科研、教育、艺术,到具体的行业或个体。

(三) 使用方便,共享性强

不同国家、区域的人都可以利用网络传播信息,超级链接使查找信息灵活方便,组织形式多样,信息获取快捷。网络信息资源还具有很强的交互性和共享性,人们可以就一个话题或研究课题展开交流和讨论,也可以向所有的网民共享自己的研究成果。

(四) 数量巨大,增长迅速

互联网是一个开放的数据传播平台,任何机构、任何人都可以将自己拥有的信息在互联网与他人共享,因此网络信息资源几乎无所不包含,数据量呈爆发性增长。根据 2018 年国际数据公司发布的白皮书《数据时代 2025》预测,全球数据量将从 2018 年的 33ZB 提高到 2025 年的 175ZB(1ZB 相当于 1 万亿 GB)。

(五) 传播方式的动态性和时效性

网络环境下信息的传递和反馈快速灵敏,具有动态性和时效性等特点。信息在网络中的流动非常迅速,上传到网上的任何信息资源,都只需要短短的数秒就能传递到世界各地的任意一个角落。

(六) 信息源复杂,管理困难

网络的共享性与开放性使得人人都可以在互联网上索取和存放信息,目前由于缺乏健全的质量控制和管理机制,这些信息无法经过严格编辑和整理,信息质量良莠不齐,大量不良和无用的信息充斥在网络上,形成了一个纷繁复杂的信息世界,给用户选择和利用网络信息带来了障碍。

第二节　搜索引擎

一、概述

20 世纪 90 年代初,随着网络技术的发展与互联网的出现,基于 Web 的网络信息资源急剧增长。为了帮助用户及时在海量信息中获取所需的信息,搜索引擎应运而生,目前它已经成为用户获取信息不可或缺的工具。

搜索引擎的前身是 1990 年由加拿大麦吉尔大学(McGill University)学生 Alan Emtage 发明的Archie。Archie 主要依靠脚本程序自动搜索网上的文件,然后对有关信息进行索引,供用户以一定的表达式查询。随着科技的不断进步,智能搜索引擎结合了人工智能的新一代搜索引擎技术,除了能提供传统的快速检索、相关度排序等功能外,还能提供用户角色登记、用户兴趣自动识别、内容的语义理解、智能信息化过滤和推送等功能。

搜索引擎(search engine)是指根据一定的策略、运用特定的计算机程序搜集互联网上的信息,在对信息进行组织和处理后,将处理后的信息显示给用户,为用户提供检索服务的系统。它具有信息检索服务的开放性、超文本的多链接性和操作简单的特点。从使用者的角度看,搜索引擎提供一个包含搜索框的页面,在搜索框输入词语,通过浏览器提交给搜索引擎后,搜索引擎就会返回相关的信息列表。

二、搜索引擎的工作原理

(一) 搜索引擎的工作流程

搜索引擎的工作流程大体可分为四步:爬行、抓取存储、预处理、排序。

第一步:爬行。搜索引擎是通过特定机器人(程序)跟踪网页的链接,从一个链接爬到另外一个链接,像蜘蛛爬行一样,所以被称为"蜘蛛"。

第二步:抓取存储。将爬行到的数据存入原始页面数据库。其中的页面数据与用户浏览器得到的 HTML 是完全一样的。搜索引擎蜘蛛在抓取页面时,做一定的重复内容监测,一旦遇到权重很低的网站上有大量抄袭、采集或者复制的内容,很可能就不再抓取。

第三步:预处理。搜索引擎将抓取回来的页面进行多个步骤的预处理,包括:提取文字、中文分词、去停用词、消除噪声(如版权声明文字、导航条、广告等)、正向索引、倒排索引、链接关系计算、特殊文件处理等。除了 HTML 文件外,搜索引擎通常还能获取和索引以文字为基础的多种文件类型。例如以图片为基础搜索的百度识图、Google 图片等。

第四步:排序。排序程序根据用户在搜索框输入的关键词,将索引库中的排序数据显示给用户。由于搜索引擎的数据量庞大,虽然能实现每日都有小的更新,但是一般情况排名规则都是根据日、周、月阶段性地更新。

(二) 搜索引擎的相关技术

1. 爬虫技术　搜索引擎爬虫有深度优先策略和广度优先策略。识别垃圾网页、避免抓取重复网页,是高性能爬虫的设计目标。不重复抓取策略、网页抓取优先策略、网页重访策略、网页抓取提速策略等都是爬虫中关键的技术。

2. 索引技术　搜索引擎的预处理过程中,关键的步骤在于搜索引擎索引的建立,其关键的数据结构为反转列表(inverted list),它记录了这个单词在多少文档中出现、分别是哪些文档、每个文档出现多少次、出现在什么位置等信息。创建索引时,需要运用许多重要的自然语言处理算法,进行诸如分词、词干提取、词性识别、创建 n-gram 模型等操作,此外还需要识别文档中的命名实体(named entity)。索引分成静态和动态两个部分,程序把所有更改都写入动态部分,并且周期性地将动态部分合并进静态部分中。搜索时,动态和静态部分都会被访问。

3. 排序技术　搜索引擎中排序方法主要包括基于词频统计 - 词位置加权的方法、基于链接分析排序方法以及基于智能化排序的方法等。基于词频统计 - 词位置加权的方法利用关键词在文档中出现的频率进行位置排序。基于链接分析排序方法大体可以分为以下几类:基于随机漫游模型的算法,比如 PageRank 和 Reputión 算法;基于概率模型的算法,如 SALSA、PHITS 算法;基于 Hub 和 Authority 相互加强模型算法,如 HITS 及其衍生算法;基于贝叶斯模型的算法,如贝叶斯算法等。近年来随着人工智能技术的发展,智能化排序方法发展迅速,其主要通过 Web 数据挖掘,建立用户模型(如用户背景、兴趣、行为、风格),提供个性化服务。

三、搜索引擎的类型

搜索引擎按其工作方式主要分为三种,分别是全文搜索引擎、目录索引类搜索引擎和元搜索引擎。

1. 全文搜索引擎(full text search engine)　全文搜索引擎是名副其实的搜索引擎,国外具代表性的有谷歌(Google),国内著名的有百度。它们都是将从互联网上提取的各个网站的信息存储到数据库中,检索与用户查询条件匹配的相关记录,然后按一定的排列顺序将结果返回给用户。全文搜索引擎的优点是数据库大、内容全而新、查询充分,查全率高,能提供给用户广泛的信息。缺点是查准率低,缺乏清晰的层次结构。

2. 目录索引类搜索引擎(search index/directory)　目录索引类搜索引擎提供了一份人工按类别编排的网站目录,各类下边排列着属于这一类别网站的网站名和网址链接,再记录一些对该网站进行概述性介绍的摘要信息(摘要可能是网站提交的,也可能是引擎站点的编辑为站点所做的评价)。用户搜索时就可以按相应类别的目录逐级浏览。这类引擎往往还伴有网站查询功能,也称为网站检索,即提供一个文字输入框,用户可以在文字框中输入要查找的字、词或短语,再点击检索,便会在目录中查找相关的站名、网址和内容提要。目录搜索引擎的适用范围非常有限,且需要较高的人工成本来支持维护。目前,全文搜索引擎与目录索引类搜索引擎有相互融合渗透的趋势。

3. 元搜索引擎(Meta search engine)　元搜索引擎也称集成搜索引擎,它没有自己的数据,而是将用户的查询请求同时向多个搜索引擎递交,将返回的结果进行重复排除、重新排序等处理后,作为自己的结果返回给用户。这类搜索引擎的优点是返回结果的信息量更大、更全,缺点是不能够充分使用搜索引擎的功能,用户需要做更多的筛选。著名的元搜索引擎有 InfoSpace、Dogpile 等。

除上述三大类引擎外,还有几种非主流形式的搜索引擎:集合式搜索引擎(collection of search engine)、门户搜索引擎(portal search engine)、免费链接列表(free for all links)等。搜索引擎按学科划分有综合性学术搜索引擎和医学搜索引擎。

(一) 综合性学术搜索引擎

综合性学术搜索引擎以网络学术资源为索引对象,一般涵盖互联网上的免费学术资源和以深层网页形式存在的学术资源,通过对这类资源的爬行、抓取、索引,以统一的入口向用户提供服务。学术搜索引擎把用户从面对海量、异构的学术资源不知如何下手的困境中解脱出来,它为用户屏蔽了不同数据源在平台、界面、检索指令等方面的差异,使用户可以通过一个简单的界面访问多种异构分布的资源。

国内外著名的搜索引擎公司都推出了其学术搜索引擎。国外的学术搜索引擎的资料来源主要有下面几个方面:一是网络免费的学术资源,包括论文预印本、会议论文、调研报告等;二是开放获取(详见本章第三节)的期刊网站;三是付费电子资源供应商;四是图书馆链接,搜索引擎公司通过与图书馆的合作,在搜索结果中可提供到图书馆相关资源的链接。国内的学术搜索引擎大多都提供海量中英文文献检索的学术资源搜索平台,涵盖了各类学术期刊、会议论文等资源,可检索到收费和免费的学术论文,对于检索结果用户可以选择按照相关性、被引量、时间降序三个维度分别排序,以满足不同的需求。此外,国内外这些学术搜索引擎可能还包含了论文查重、学术分析、期刊频道、学者主页、开题分析和文献互助等功能。

(二) 医学搜索引擎

1. Medscape　由美国 Medscape 公司 1994 年开发,1995 年 6 月投入使用,是互联网上最大的免费提供临床医学全文文献、药物数据库和医学继续教育资源(CME)的网站,主要为临床医生和其他医学工作者提供高质量的、及时的专业医学信息。Medscape 主页的上部有 News & Perspective、Drug & Diseases、CME & Education、Academy、Video 和 Decision point 六个标签,可以进行相应的浏览也可以进行检索。在上述六个标签下包含 30 多个医学主题目录,几乎所有生物医学工作者都可以找到相对应的专业主页,每一个专业都提供该专业的相关信息及深度报道。Medscape 集成了几乎医学的各个学科的疾病综述及最新循证医学进度更新,医学新闻关注点准确、及时,评论人员权威。同时,它还提供免费注册功能,用户免费注册后,Medscape 根据用户登记的专业提供最新的相关医学新闻、专家观点、药品、疾病和临床工具,以及免费的在线 CME 和职业教育课程。

2. HON　是"健康在线基金会(Health On the Net Foundation,HON)"于 1996 年 3 月推出的一个检索型医学免费全文搜索引擎,该网站提供的医学信息可靠,为一些不懂医的人、医学信息使用者和医学专业人员提供了可靠的信息来源,成为最受欢迎的互联网非营利性门户网站。HON 分别提供英语、法语服务,指导用户获得有用且可信的医疗与健康信息。HON 的资源针对人群分为普通患者、医务工作者和网站管理员。HON 主页的 Tool 模块还提供 Health Curator、HONcode Toolbar、3D Anatomy Quiz、Provisu、HONselect 等栏目供用户浏览。

四、搜索引擎的使用技巧

(一) 检索基础使用技巧

1. 搜索关键词提炼　选择合适的关键词是成功检索的第一步。选择搜索关键词的原则是:首先确定目标,形成一个比较清晰的概念,即要找的到底是什么,是资料性的文档? 还是某种产品或服务? 然后再分析这些信息都有些什么共性,以及区别于其他同类信息的特性,最后从这些方向性的概念中提炼出此类信息最具代表性的关键词。如果这一步做好了,往往就能迅速定位要找的内容,而且多数时候根本不需要用到其他更复杂的搜索技巧。关键词的选择虽然没有什么定式,不过也有一些规律可循,在提取关键词时力求做到规范,避免口语化,具体要求如:使用特定词汇,使用多个含义相近的关键词等。

2. 细化搜索条件,确定网站　搜索条件越具体,搜索引擎返回的结果也会越精确。许多单位都会针对同一热门事件在本单位网站发大量文件或文章。这些文章或文件往往名称相同但具体内容和要求却不同;此时,指定网站或频道的搜索功能能为我们提高搜索效率。

3. 按文件类型查找　如需要查找简历模板时,以百度为例可以构建如下检索式:"简历模板 filetype: doc",此时能搜到 word 格式的简历模板。此处的 filetype: doc 是限定检索文件的类型,该字段必须在英文状态下录入,而"简历模板"是检索的关键词,两个字段之间必须用空格隔开。同理,如果需要检索市场营销的教案也可以构造"市场营销教案 filetype: ppt"的检索式,检索结果为 ppt 格式的市场营销教案。该检索式支持 txt,ppt,xls,pdf,mp3,swf 等常见文件类型。

4. 巧用快照　有时会搜到访问不了的"死链网页"和过期文件,而看其内容摘要却符合需要。此时可利用搜索引擎提供的网页快照功能查阅此类。

5. 使用不同的搜索引擎　不同的搜索引擎,其信息覆盖范围有差异,搜索信息时仅集中于某一家搜索引擎是不明智的,因为再好的搜索引擎也有局限性,而使用优秀的搜索引擎可以达到事半功倍的效果。

6. 留意搜索引擎返回的结果　由于竞价排名业务的推广,搜索引擎返回的 Web 站点顺序会影响人们的访问。所以,为了增加 Web 站点的点击率,一些 Web 站点会付费给搜索引擎,以在相关 Web 站点列表中显示在靠前的位置。好的搜索引擎会鉴别 Web 站点的内容,并据此安排它们的顺序,但许多搜索引擎无法鉴别。

(二) 提高查询技巧

在搜索引擎中输入关键词,然后点击"搜索",系统快速返回查询结果,这是最简单的查询方法,使用方便。但是简单查询的结果常常不准确,可能包含着许多无用的信息,此时需要运用命令符号大幅提高我们的搜索精度。

1. 使用双引号("")　给要查询的关键词加上双引号(半角,以下要加的其他符号也如此),可以实现精确的查询,这种方法要求查询结果要精确匹配,不包括演变形式。例如在搜索引擎的文字框中输入"电传",它就会返回网页中有电传这个关键字的网址,而不会返回诸如电话传真之类网页。

2. 使用加号(+)　在关键词的前面使用加号,也就等于告诉搜索引擎该单词必须出现在搜索结果中的网页上,例如,在搜索引擎中输入"电脑 + 电话 + 传真"就表示要查找的内容必须要同时包含电脑、电话、传真这三个关键词。

3. 使用减号(-)　在关键词的前面使用减号,也就意味着在查询结果中不能出现该关键词,例如,在搜索引擎中输入"电视台 -(中央电视台)",它就表示最后的查询结果中一定不包含中央电视台。

4. 使用通配符(* 和?)　通配符包括星号(*)和问号(?),前者表示匹配的数量不受限制,后者表示匹配的字符数要受到限制,主要用在英文搜索引擎中。例如输入"computer*",就可以找到 computer、computers、computerised、computerized 等单词,而输入"comp?ter",则只能找到 computer、compater、competer 等单词。

5. 使用布尔检索　布尔检索是指通过标准的布尔逻辑关系来表达关键词与关键词之间逻辑关系的一种查询方法,这种查询方法允许我们输入多个关键词,各个关键词之间的关系可以用逻辑关系词来表示。

6. 使用括号　当两个关键词用另外一种操作符连在一起,而又想把它们列为一组时,就可以对这两个词加上圆括号。

7. 使用特殊搜索命令　大多数搜索引擎都支持针对网页标题的搜索,命令是"title:",如在搜索引擎中输入"title:清华大学",就可以查到网页标题中带有清华大学的网页。在进行标题搜索时,前面提到的逻辑符号和精确匹配原则同样适用。此外还可以针对网站进行搜索,命令是"site:"(Google)、"host:"(AltaVista)、"url:"(Infoseek)或"domain:"(HotBot)。在 Google 和 AltaVista 中,用户均可通过"link:"命令来查找某网站的外部导入链接（inbound links）。其他一些引擎也有同样的功能，只不过命令格式稍有区别。

8. 区分大小写　这是检索英文信息时要注意的一个问题，许多英文搜索引擎可以让用户选择是否要求区分关键词的大小写，这一功能对查询专有名词有很大的帮助，例如：Web 专指互联网，而 web 则表示蜘蛛网。

第三节　开放获取资源

一、概述

开放获取（open access，OA）是国际科技界、学术界、出版界、信息传播界为推动科研成果在网络自由传播而发起的运动。1991 年互联网上出现第一个 OA 知识库 arXiv，其初衷是解决当时的学术期刊出版危机，促进学术信息的交流与出版，提升科学研究成果的公共利用程度，保障科学信息的长期保存。

2001 年 12 月，开放协会研究所在匈牙利的布达佩斯召集了一次有关开放访问的国际研讨会，并起草和发表了"布达佩斯开放获取倡议"（Budapest Open Access Initiative，BOAI）。按照 BOAI 中的定义，开放获取是指某文献在互联网公共领域里可以被免费获取，允许任何用户阅读、下载、拷贝、传递、打印、检索、超级链接该文献，并为之建立索引，用作软件的输入数据或其他任何合法用途。用户在使用该文献时不受财力、法律或技术的限制，而只需在存取时保持文献的完整性、对其复制和传递的唯一限制，或者说版权的唯一作用应是使作者有权控制其作品的完整性及作品被准确引用。这是一种新的学术信息交流的方法，作者提交作品不期望得到直接的金钱回报，而是提供这些作品使公众可以在公共网络上利用。

开放获取的实现途径有两种：

（1）开放获取期刊（open access journals）：依托网络技术，采用发表付费、阅读免费的形式，即出版物的费用由作者支付，而不是由图书馆订购后才能让读者获取利用，任何人可以在图书馆没有购买的情况下免费获取开放出版期刊上的论文全文。许多开放获取期刊与传统出版刊物一样须经过严格的同行评审才能出版，保证了开放获取期刊的学术质量。

（2）开放获取仓储（open access repositories）：通过开放获取仓储，学者可以利用自我归档技术提交、保存自己的研究成果，甚至是发表的文章，从而使其文献可以迅速、便捷地在其学科领域内被传播、检索。开放获取仓储中可以包括：电子文档、课程资料、数据文件、声像文件、机构记录以及任何类型的数字文档。其中电子文档是以数字形式存储的研究性文章，包括预印本（preprint）和后印本（postprint），后印本是指经过同行评议，多次校对并已经正式发表的文章。开放获取仓储中的文献都具有可获取的高度便捷性，且对于作者和读者都是完全免费的，充分体现了开放获取的基本理念，也是推动其发展的根本动力所在。开放获取仓储主要有两种类型：学科范围的开放仓储（学科知识库）和机构专属的开放仓储（机构知识库）。

二、开放获取期刊资源

1. DOAJ　DOAJ（Directory of Open Access Journals）建于 2003 年 5 月，目前受多家图书馆、出版商和类似机构的财政资助。截至 2021 年 8 月中旬，网站共收录 126 个国家或地区出版的 80 种语言的期刊 16 709 种，收录开放获取文章 640 余万篇。DOAJ 收录的期刊均为学术性、研究性的同行评审期刊，内容涵盖科学、技术、医学、社会科学、人文艺术等领域。具有免费获取且提供全文的特点，对学术研究有较高的参考价值。

DOAJ 提供期刊检索和文章检索，期刊检索可在所有字段、刊名、关键词、主题、ISSN、出版商、出版商所在国、期刊语种等字段中进行检索。文章检索可在所有字段、题名、文摘、关键词、作者、开放研究者与贡献者身份识别码（ORCID）、数字对象唯一标识符（DOI）、语种等字段中进行检索。

2. BioMed Central　BioMed Central（BMC）是施普林格·自然出版集团旗下的开放获取期刊品牌。目前出版 300 种左右经同行评审的开放获取期刊，内容涵盖科学、技术、工程和医学的所有主要领域。

点选主页面上的"Explore journals"用户可以通过 Journals A-Z 或 Journals by subject 按字顺或主题浏览期刊列表，再选择期刊阅读全文。主页面的"Search"提供快速检索。

3. PLOS　PLOS（the Public Library of Science）是一家由众多诺贝尔奖得主和慈善机构支持的非营利性学术组织，旨在推广全世界的科学和医学领域的最新研究成果。

目前 PLOS 出版 12 种期刊，其中与生命科学、医学卫生相关的期刊有：*PLOS Biology*，*PLOS Computational Biology*，*PLOS Digital Health*，*PLOS Genetics*，*PLOS Global Public Health*，*PLOS Medicine*，*PLOS Neglected Tropical Diseases*，*PLOS ONE*，*PLOS Pathogens*，*PLOS Sustainability and Transformation*，*PLOS Water*。用户既可以浏览某一种期刊，也可以在 12 种期刊中检索文献。检索界面提供简单检索和高级检索两个选择，检索出的结果还可以进行进一步的筛选，筛选项目包括：期刊、主题、文献类型、作者、检索词出现位置等。

4. Free Medical Journals　Free Medical Journals 是由法国的 Bernd Sebastian Kamps 博士建立的免费医学期刊信息网站，是互联网上免费提供生物医学全文最多的期刊集合网站，截至 2021 年 8 月中旬该网站共收录 5 088 种生物医学期刊。该网站提供四种浏览途径：①按学科专业浏览，将所有免费期刊分成 90 个专业，每一专业后在括号内用数字表明"该专业 ISI 有影响因子的期刊数 / 该专业免费期刊总数"；②按 FMJ 自己的影响因子浏览期刊；③按开放获取的时间选择期刊浏览，分为即时开放、1~6 个月后开放、7~12 个月后开放和更长时间开放四种；④按刊名字顺浏览。该网站还提供 FreeBooks4Doctors 的链接以便用户免费阅读开放获取图书。

5. PubMed Central　PubMed Central（PMC）是 2000 年 1 月由美国国家医学图书馆（NLM）的国家生物技术信息中心（NCBI）建立的生命科学期刊全文数据库，它旨在保存生命科学期刊中的原始研究论文的全文，并在全球范围内免费提供使用。PMC 采取自愿加入的原则，某期刊一旦加入，必须承诺期刊出版后一定时期内将其全文提交给 PMC，由 PMC 提供免费全文检索和访问。

PMC 与 PubMed 的关系：两者都是 NLM 建立的数据库，其中 PubMed 是一个基于互联网的文献检索系统，它收录了几千种生命科学期刊的目次和文摘，该数据库提供了与 PMC 全文的链接以及与数千种期刊网站的链接。PMC 的所有论文在 PubMed 中都有相应的记录，PMC 的界面与 PubMed 类似，除了可以浏览期刊列表外，还可以进行基本检索和高级检索。

6. 国家科技期刊开放平台　为顺应国际开放获取运动潮流，全面提升我国期刊国际影响力，科技部设立了科技创新战略委托项目《科技精品期刊发展战略研究》，建设"国家科技期刊开放平台"，并由中国科学技术信息研究所负责实施。国家科技期刊开放平台以"公益普惠、开放共享、权威精品"为定位，以开放整合国内科技期刊为途径，到 2021 年 8 月中旬共收录 1 319 种期刊（核心期刊占比超 70%）的 862 万篇论文，其中医药卫生期刊有 277 种，论文近 212 万篇。

该平台主页提供的信息有：最新动态、最新卷期、热点文章、近期热词。平台提供期刊检索和论文检索两个途径，用户也可以通过期刊目录直接查找、浏览期刊。

7. 中国科技论文在线　中国科技论文在线是经教育部批准，由教育部科技发展中心主办的科技论文网站。该网站包括首发论文库、期刊论文库、知名学者库和学术资讯四大部分。平台提供浏览和快速检索、高级检索功能。

8. 国家科技图书文献中心开放资源集成获取系统　国家科技图书文献中心（NSTL）作为国家战略科技资源保存和服务基地，一直致力于为科研人员提供学术文献保障服务，通过对开放资源的遴选、采集、加工、组织与揭示，将不同平台、不同文献类型的资源集成整合，构建了开放资源集成整合系统。

截至 2021 年 8 月中旬，该系统共收录期刊文献 677 万余篇、会议文献 50 余万篇、研究报告近万篇、学位论文近万篇、课件 2 000 余个、图书 2 万余册。系统提供分类、字顺浏览，用户还可进行检索。

三、预印本资源

预印本（preprint）是指科研工作者的研究成果还未在正式出版物上发表，而出于和同行交流目的自愿先在学术会议上或通过互联网发布的科研论文、科技报告等文献。与刊物发表的文章比，预印本具有交流速度快、利于学术争鸣等特点。

（一）预印本的特点

1. 无时滞　当今科学研究竞争激烈，但科技成果需经出版物出版才得以交流并获认可，论文从投稿到发布需要 10 个月左右，这一时间差严重影响前沿学科的交流。预印本则无时滞问题，科研人员可以及时将研究成果公布给全球科学界，迅速与同行交流。

2. 知识开放共享　学术出版界有时会出现因版面等因素的制约，使部分有学术水平的文章不能发表的情况。预印本则采取文责自负的管理原则，只要作者愿意就可自由发表，为学术上的百花齐放、百家争鸣提供了交流场所。

3. 记录版本　作者将自己的论文发布，在更大范围获取反馈意见后，还可以进行修改更新，即预印本可以实现论文版本记录和更新，反映作者思想发展历程。此功能同时也为所发布的成果打上了时间戳，可以用于证明科学发现的优先顺序，进行知识产权保护。

4. 系统可靠性高　预印本系统一般都由专门的机构进行管理，而且多是大学、研究机构或政府部门。大多数中小型的预印本系统仅提供一般的注册、论文提交、浏览和检索功能，结构较为简单，维护成本相对较低。因此，预印本系统管理较规范，系统稳定性好。

5. 质量参差不齐　由于预印本系统过高的开放性，论文发布大都没有经过严格的审查，缺乏必要的审核和质量控制，具有很大的随意性和自由度，造成系统内论文质量参差不齐，许多期刊禁止或不鼓励在参考文献中使用预印本，因为它们被认为是不可信的来源。

（二）常用预印本网站

1. arXiv　arXiv 由 Paul Ginsparg 于 1991 年创建，目前由康奈尔大学维护和运营。arXiv 是一个开放获取的档案库，收藏近 200 万篇学术文章。注册用户可向 arXiv 提交文章，提交文章不收取任何费用，材料未经同行评审，提交的内容完全由提交人负责，并按"原样"发布。arXiv 提供浏览和检索服务，高级检索可以在题目、作者、摘要、引文、DOI、ORCID 等多个字段进行检索，并可通过学科、提交日期等进行限定，平台还允许使用"?"和"*"等通配符进行检索。

2. bioRxiv　bioRxiv 是一个生物学开放获取预印本的资料库，于 2013 年 11 月启动，由美国冷泉港实验室托管运营。bioRxiv 提供的论文经过了基本筛选，并且进行了防抄袭检查，但未经同行评审。在期刊正式接受某篇文章之前，作者可以在作者区域内单击"提交修订版"，随时自由提交该文章的修订版。一旦在 bioRxiv 上发布，文章是可引用的，因此不能删除。bioRxiv 接受涵盖生命科学研究各个方面的文章预印本，发布文章时，作者将其分配到生物化学、生物工程、细胞生物学、发育生物学、生态学、遗传学、基因组学、免疫学、微生物学、分子生物学、神经科学、药理学与毒理学、生理学等 25 个学科类别之一。bioRxiv 提供高级检索，且可以进行通配符检索。

3. medRxiv　medRxiv 是一个医学开放获取预印本的资料库，用于存放医学、临床和相关健康科学领域完整但未出版的预印本。medRxiv 由美国冷泉港实验室、耶鲁大学和 BMJ 共同创建，目前由冷泉港实验室负责运营。由于预印本是未经同行评审认证的初步工作报告，medRxiv 声明该库文献不应被用来指导临床实践或健康相关行为，也不应作为既定信息在新闻媒体上报道。medRxiv 接收和发布研究文章、系统综述、荟萃分析、临床研究设计规程等类型的文章，一般不接收病例报告、叙述性评论、社论、信函等缺乏数据支持类型的文章。作为 bioRxiv 的姊妹库，其平台界面与功能都与 bioRxiv 类似。

4. 中国预印本服务系统　中国预印本服务系统是由中国科学技术信息研究所与国家科技图书文献中心联合建设的，以提供预印本文献资源服务为主要目的的实时学术交流系统。该系统主要收藏的是国内科技工作者自由提交的预印本文章，可以实现文献检索、分类浏览等功能。系统的收录范围按学科分为五大类：自然科学、农业科学、医药科学、工程与技术科学、图书馆情报与文献学，系统不对文章进行学术审核。

5. 中国科技论文在线首发论文库　中国科技论文在线由教育部科技发展中心主办，是中国科技论文在线的子库。根据文责自负的原则，只要作者所投论文遵守国家相关法律，有一定学术水平，且符合中国科技论文在线的基本投稿要求，可在一周内发表。允许作者同时向其他专业学术刊物投稿，以使科研人员新颖的学术观点、创新思想和技术成果能够尽快对外发布，并保护原创作者的知识产权。

6. 中国科学院科技论文预发布平台　中国科学院科技论文预发布平台也称 ChinaXiv，于 2016 年 6 月正式上线提供服务。平台由中国科学院国家科学图书馆维护和运营，是一个面向科研人员、规范的自然科学领域的中国科研论文开放仓储库，接收中英文科学论文预印本存缴和已发表科学论文开放存档。截至 2021 年 8 月平台接收论文超过 1.5 万篇，均为未经同行评审的初步研究报告。内容涵盖物理学、生物学、地理科学、天文学、计算机科学、能源科学、材料科学等 29 个学科领域。

四、慕课资源

慕课（massive open online course，MOOC）是指在网络上传播的国内外优秀大学的视频课程，又名公开课，是 2012 年以来迅速崛起的一种新型教育模式，也称为大规模开放在线课程或者大规模网络公开课。"大规模"意味着对学习人数没有限制，"开放"则指公众可免费注册学习。与视频公开课不同之处在于，慕课具有完整的教学过程，有固定的开课时间，课程内容非结构化，视频多在 10~20 分钟，有作业和考试环节，更有教学双向互动和学习者之间的交流。

国外的知名慕课平台，向全球免费提供麻省理工学院、哈佛大学、加利福尼亚大学伯克利分校、得克萨斯大学系统、斯坦福大学、密歇根大学、普林斯顿大学、宾夕法尼亚大学等知名高校的优质课程。学科内容涵盖生物学、化学、计算机科学、工程、食物与营养、人文学科、医学等。

我国的知名慕课平台，有的承担了国家精品开放课程的建设、应用与管理工作，提供在线开放课程、视频公开课、资源共享课和学校云等模块。有的运行了来自清华大学、北京大学、复旦大学、中国科技大学，以及麻省理工学院、斯坦福大学、加利福尼亚大学伯克利分校等国内外高校的优质课程。课程内容涵盖文学艺术、哲学历史、经管法学、基础科学、工程技术、农林医药和职业教育等多门学科。

本章小结

本章首先简要介绍了网络信息资源的含义和特点，然后着重介绍搜索引擎的工作原理、类型和使用技巧；随后在开放获取资源部分，着重推介了国内外重要的开放获取期刊资源，并对预印本资源和慕课进行了详细阐述。

（马　路　宋余庆）

思考题

1. 网络信息资源与纸质文献信息有何不同之处？
2. 请简述搜索引擎按其工作方式的分类及其优缺点。
3. 试比较医学搜索引擎各自的特点。
4. 请简述搜索引擎的使用技巧。
5. 试在开放获取资源中找到 3 种儿科相关的学术期刊。
6. 试从国内的慕课资源中查找信息检索相关课程。

第十一章
文献信息分析与利用

美国计算机科学家及心理学家司马贺（H. A. Simon）在研究人脑认知活动机能时发现："人是通过搜索来解决问题的，搜索（search）就是提出策略并用其来解决面临的问题。"策略是在目标引导下由信息、知识转化出来的求解方案，即人脑通过搜索信息，对感知信息进行一系列复杂心理的过程，如采集、传递、存储、提取、删除、对比、筛选、判别、排列、分类、变相、转形、整合、表达等。人脑借助于语言对客观事物的概括和间接的反应过程即思维，思维将信息转化为知识，知识转化为策略，策略转化为行动。由于人脑记忆信息和并行处理信息的能力有限，人们发明了人脑以外有序化存储海量信息资源的一系列装置，主要有本书前面章节介绍的图书馆和各类数据库等，人们借助于图书馆和各类数据库快速搜集信息、整理评价信息、分析与利用信息来优化思维解决问题的技能，构成人们终身学习和独立研究的主要能力。

从信息科学的信息观、系统观、机制观和生态观出发，本章重点阐述信息—知识—策略—行动生态演化过程中经典的文献信息搜集、整理、评价、分析与利用所涉及的基本概念、基本理论和基本方法。

第一节　个人文献信息的搜集与整理

一、个人文献信息的搜集

迄今为止，人类在优化思维解决问题方面大量使用的是信息方法，比如说良好的教育可以使人的思维优化。文献信息分析与利用的本质就是将经过选择的信息系统输入人的大脑，使其在大脑中的意识结构变得更适于解决问题。扩大信息接触渠道，即持续性扩大用户的信息输入和贮存，使个体经常处于认知深化状态，才能不断地在头脑中发生新的认知活动和取得新的认知结果，促进主体的思维能力不断得到锻炼并优化，也就是常说的终身学习。

（一）广义的信息搜集方法

1. 视听法　视听法是指通过阅读图书、期刊等文献信息、视听广播、电视和录音的方式来扩大信息接触。在信息社会里，视听手段在扩大信息接触中所占的地位愈益重要。

2. 活动法　在行业通过增加活动，也可以扩大信息接触。对于职场人士而言，可通过参加下述活动来扩大信息接触。①实践活动：即变革自然的生产实践活动、处理社会关系的实践活动和科学实验活动。②交往活动：如参加学术交流、课题论证会议、参观考察活动、技术鉴定会，社交活动，正式、非正式的交谈等，从中都可以得到不少信息。国外的研究结果证明，从会议中获得的信息量要比看书高约70%，还有文献表明大约1/3的科技信息是通过非正式渠道传递的。

3. 移动法　人由一个地方移动到另一个地方，由一个职业转到另一个职业，这是扩大信息接触常用的一个方法。

4. 工具法　指通过工具A来获取B信息的方法。例如通过检测头发中的所含微量元素而察知人体是否有饮食失调、小儿多尿症和其他与新陈代谢有关的异常。下列两种方法也包括在工具法之中：

（1）通过发明制造延长人类感官的工具扩大主体的信息接触。例如人的感觉器官眼睛看不到病毒等物质，但是人类发明创造了高功能的显微镜，使得眼睛能够看见，使人脑接触到了更多的病毒等的信息；再如人体内部组织的信息，人们可以接触到的是有限的，而当各种结构的内镜发明之后，体内组织的信息就可更多且更快地被观察到了。

（2）通过信息汇集、存储、组织，使人们在需要的时候能够将相关信息"一索即得"，大大提高了获取文献信息的效率，工具书、地图集和数据库等都是大量信息的汇集体，人们能够从中快速地获取所需要的文献信息。

（二）课题文献信息收集的原则

在收集课题文献信息时，不是漫无边际地搜集任何的信息。文献信息的收集总是沿着一定的认知目标或实践目标，也就是遵循下列的原则进行。①由近及远：即先查找课题最近几年的资料，再回溯到过去。因为有关方法、技术、理论性的资料时间越近越有参考价值；②逐渐扩散：即先查找有关专业或课题的核心资料，包括核心著作、期刊、资料汇编等，再逐渐扩大收集资料的范围，查找相关资料；③兼收并录：即不仅收集正面材料，也收集反面材料，不仅收集与自己的假设一致的材料，也要注意收集与自己的假设不同甚至导致信息矛盾的材料；④注意收集原始文献：应尽可能不用第二次或多次转手文献，以避免文献信息利用出错。

二、个人文献信息的整理和积累

（一）个人文献信息的整理

文献信息整理的方法主要包括对搜集的文献信息识别、筛选、摘录和组织编排等。整理阶段的主要任务是对获取的文献信息进行分门别类，分类的方法是人们认识世界的基本方法。具体而言，就是将文献信息搜集阶段所制作的资料卡、考察记录、调查表等按内容分成若干类，例如分成政策类、研究类和技术类等。

1. 政策类　政策类的文献信息可以细分为：①制定该项政策的原因和背景；②国家或地方政府对该问题制定的政策和法令；③党和国家领导人对该问题的讲话；④报纸、杂志对政策的解释和评论；⑤政策的实施情况，实施后的效果，以及贯彻执行中遇到的问题；⑥其他国家对于类似问题所制定的政策和法令，或者所做的一些限制性规定。

2. 研究类　研究类文献信息可以细分为：①课题的概念和重要性；②研究的对象、范围以及研究的目的；③课题的发展情况和当前的研究水平；④该研究课题与其他领域的关系；⑤研究成果的可能应用前景。

3. 技术类　技术类文献信息可以细分为：①技术的兴起背景和开发目的；②技术的原理和技术的优缺点；③产品的结构、外形、包装和性能；④产品或技术的研制情况及其发展概况；⑤技术的推广应用情况，以及应用以后的社会和经济效果。

4. 人员、设备及经费类　此类文献信息可以细分为：①研究或者研制的方法、材料和设备；②国外对于同类研究或研制项目的投资情况；③国内外研究该课题的其他科研机构的情况，例如科研数量、人员素质、试验条件等；④国内外开发同一技术或研制同一产品的其他单位的情况，例如技术人员的数量和素质、生产能力、产品的市场占有率等。

在整理工作中，文献信息究竟分多少类、分哪些类以及如何归类，应当根据课题性质和所收集的文献信息内容而定。一般说来，分类愈细，将来使用也就愈方便。如申请国家自然科学基金项目，其分类可以参考基金申请书的要求划分为：①立项依据（包括研究意义、国内外研究现状及分析，需结合科学研究发展趋势来论述科学意义，或结合国民经济和社会发展中迫切需要解决的关键科技问题来论述其应用前景）；②项目内容、研究目标，以及拟解决的关键科学问题；③拟采取的研究方案及可行性分析（包括有关方法、技术路线、实验手段、关键技术等说明）；④项目的特色与创新之处等。

分类以后，将卡片素材按类集中装入卡片盒内，可在每一类的前面设置一张导片，并在导片上端的突出部位标明这一类的类名。在个人计算机使用文献管理软件时代,可以按照分类细分文件夹。

分类对于批判性思维是很重要的。人们认知事物的前提是能够对事物进行分类,找到事物之间的相同性和相异性。面对纷繁复杂的世界,如果不能有效地分类,就不可能具备分析问题和解决问题的能力。

(二) 个人文献信息的积累

个人文献信息的积累是与搜集、整理同步进行的一项工作,只搜集不积累,就失去了搜集的意义。阶段性文献信息利用工作结束以后,对于这一研究课题的文献信息要妥善保管,以后还可以不断补充新资料。这些文献信息日后既可以用于类似的研究工作之中,还可能为个人提供新的研究课题思路。

在个人计算机普及前,传统文献积累的主要方法是做笔记、写卡片、全文复制、做批语或符号。其中做笔记有助于提高阅读写作能力,锻炼思考能力,培养揭示问题本质的能力和准确简练表达自己思想的能力。

阅读科研文章时,需要详细分析其研究成果或方法对推进该领域的知识作出的具体贡献。如:该论文要旨到底是什么? 论文的理由是否支持论辩? 有支持的证据吗? 论文中观点和本人对该学科已经熟悉的知识相符吗? 论文中观点符合别人对该学科的看法吗? 论文中观点与本人目前的研究相关或有用吗? 论文对该学科之前的研究有什么贡献? 论文里面有缺陷吗?

笔记不要不加区分地摘录信息,这样就会丢失批判的着眼点,找不出最相关的观点。笔记通常分成下面几种:

1. 提纲式笔记　提纲式笔记是将文章中所讨论的或者研究的主要问题,用提纲的形式记录在笔记本上。简单的提纲通常是论文大小标题的集合,详细的提纲则是在大小标题下面,用非常精练的文字写出这一部分的主要内容。

2. 摘要式笔记　摘要式笔记是将文章的内容取其精要,记录在笔记本上。摘要式笔记记载的内容通常有:文章讨论的基本问题、论证问题的事实或者理论依据、技术经济指标、重要公式、实验方法和实验结果等。

3. 引语式笔记　引语式笔记是将文章中某些重要的文句原封不动地抄录在笔记本上。引语式笔记抄录的内容通常有:重要论点,新颖的观点,论证问题所用的新资料,比较精当、深刻的议论,文章中转引的某名人的名言等。引语式笔记所记录的内容,有相当一部分可能用到读者将来撰写的研究报告中。因此,摘录原文时,必须语句完整,文字准确,并一定要注明出处,以便日后查对。

4. 心得式笔记　心得式笔记是一种读后感式的笔记,它是读者阅读某篇文章以后,将自己的收获、体会、得到的启示以及产生的联想等记载在笔记本上。

课题的积累一定要尽量齐全,搜集到文献信息后,对文献信息予以阅读、标记、做笔记并使用科学组织的方法,一直是科学研究和个人文献信息组织和管理的经典方法。

(三) 个人文献信息处理软件

现代的文献信息搜集、整理、积累的方法是在继承传统的文献信息搜集、整理、积累的基础上,与计算机技术、电子文献和网络技术相结合发展而来,其搜集、整理、积累和管理文献的手段更加丰富多样,主要体现在电子阅览器、云电子笔记和个人文献管理三种软件上。

1. 电子阅览器　电子的阅读器是专门用于显示书籍、杂志、报纸和其他印刷品来源的书面材料的数字版本软件,主要产品有:CAJViewer、PDF阅读器等。软件基本具备书签、附注、文本编辑、高亮文本、标注、文本框、箭头、线条、矩形、椭圆形和铅笔工具等功能。方便读者在电子材料上划线做记号或做旁注,供以后翻阅参考。很多电子阅读器还支持全文检索。

2. 云电子笔记　云电子笔记是一款跨平台(Android、IOS、MacBook、Windows、Linux)简单快速的个人记事备忘工具,支持拍照和添加图片作为笔记附件。主要产品有云笔记、印象笔记、OneNote和有道云笔记等。

主要功能有:①记录(收集和整理各种信息,并且可以使用多种设备进行跨平台阅读和分享);

②撰写(利用其提供的编辑工具,创建一篇图文并茂的笔记);③同步(下载手机客户端并开启同步功能,与云端自动同步保存)。

3. 个人文献管理 个人文献管理软件是个人用于搜集、记录、组织、调阅、自动引用文献的计算机程序。

(1)主要功能

1)文献搜集高效化:借助个人计算机、网络通信和网络数据库,大量的二次文献数据通过个人文献管理软件直接检索和导入个人文献管理软件;大量的网页、PDF 等一次文献可以直接下载并识别出文献的标题、作者等字段,导入时自动根据文件内容创建题录建立数据库。支持不同二次文献数据的格式批量导入。

2)文献管理智能化:整个文献的添加、删除、编辑、排序、去重等管理高度自动化,自动分组、统计分析、形成统计图表、可视化文本工具等智能化管理标志了文献管理已经初步具有智能化的特征。

3)引文写作一体化:自动化办公软件和文献管理软件相关联,达到撰写文档时能直接从文献管理软件数据库中搜索到指定文献,并以欲投稿期刊格式插入文中指定位置,而无须手工输入,节省了时间,也减少了手工输入的错误率。另外,还提供多种期刊的全文模板,方便论文撰写。

4)资源管理多媒体化:个人文献管理软件突破传统文献资源管理载体的限制,成为可以有效管理文档、图片、电子资源以及视频、音频资料的个人多媒体资源中心。

5)资料管理的云共享:即网络版文献管理软件与个人单机版文献管理软件的无缝连接;两者之间既相互独立也可以相互数据同步更新,提供多人分享功能。在人际交流的互助互动过程中通过文献与知识共享,运用群体的智慧进行创新。

文献管理软件的功能贯穿于文献信息分析与利用的整个过程,即信息、知识的获取积累、加工整合、交流共享与创新,大大提升了用户文献信息整理和消化吸收的效率。

(2)常用的个人文献管理软件:如 EndNote、知网研学等。

三、文献信息的评价

在文献信息整理过程中,用户总会自觉或不自觉地对原始信息价值作出评价。例如,在形式整理阶段要对明显重复的信息去重、对明显陈旧的信息剔旧;在内容整理阶段要根据文献信息内容标记重点和文献利用等级等。评价的结果不仅关系到原始文献信息是否有用,而且直接影响到文献信息分析与预测成果的质量。文献信息价值评价环节不是仅存在于文献信息整理过程之中,而是贯穿于文献信息搜集环节和文献信息分析与预测产品的传递和利用环节,并对这些环节的工作质量产生影响。

(一)传统文献信息价值评价标准

1. 可靠性 原始信息的可靠性一般包括四个方面的含义:①真实性,如所搜集的原始信息是深入实际的调查所得,还是道听途说的结果,有无夸大或缩小的现象等;②完整性,即所反映的问题是否全面,是否抓住了事物的本质;③科学性,主要指信息的内容是否科学;④典型性,即原始信息是否具有代表性和典型意义。

评价文献信息可靠性取决于其所依附的文献的可靠性。一般可归结如下:

(1)作者:如知名专家、学者及其他科技人员撰写的文献一般比实业、商业、新闻界人士撰写的文献准确、可靠。

(2)出版机构:如著名高校、权威出版机构出版的文献可靠性较强。

(3)文献类型:如专利、标准文献比一般书刊可靠性强,产品说明书比产品广告可靠性强;学术期刊文章往往被视为声誉最好的信息源,因为文章在发表之前,要接受其他知名学者的审阅和挑选,即同行评审(peer review)。知名期刊的发表,竞争是很激烈的,因此成功通过同行评审的文章往往可靠性较强。

(4)来源:如官方来源的文献比私人来源的文献可靠,专业机构来源的文献比一般社会团体来源的文献可靠。

（5）被引用率：反复被他人引用的文献可靠性要强。

（6）引文：引用（或参考）的文献权威性越强，相对而言其可靠性较强。

（7）程度：如最终报告比进展报告可靠，正式标准比试行标准或标准草案可靠。

（8）密级：机密信息可靠性强于公开信息，但弱于绝密信息。

（9）内容：文献本身论点鲜明、论据充分、数据翔实、逻辑结构严谨，则可靠性强。例如，阅读"研究方法"章节时，尤其要注意取样方法是否最合适，是否具有代表性的样本（representative sample），即考虑到了相关群体和情况可能出现的种类的样本。评价文献中样本规模和统计学意义。评价文献研究中是否有控制变量，例如是否使用对照组。注意文献中看法、事实、专家意见的区分以及与证据的关系。看法是一个人或多个人的观点，但没有注明证据或充分证据的观念。事实是可以通过经历、直接观察、测试或与证据比较来检查和证明信息。专家意见是建立在专业知识上的，这些知识往往需要很长时间的积累，或是建立在研究或直接经验之上。

（10）实践：已实际采用或被实践检验证明能达到预期目的的信息可靠性强。

（11）利益关系：注意作者和结果是否有利益关系。

2. 先进性　原始信息的先进性是指该信息所报道或反映的内容是否在某一领域原有基础上提出了新的理论、新的观点、新的假说、新的发现，或者对原有的理论、原理、方法或技术加以创造性地开发和利用。只要是报道或反映人们在生产过程、科学实验以及其他社会实践的新进展、新突破的信息，都可认为具备先进性。先进性是一个相对的概念，是与原有的基础相比较而言的，通常可以用时间、空间、内容三个矢量合成的结果来衡量。

（1）文献外部特征：①文献类型：正在进行中的项目的试验小结、刚刚更新的数据库以及新近发表的专利文献、研究报告、上市公司文件、会议文献等所含信息的先进性强；②出版机构：权威出版机构出版的文献水平较高，所含信息的先进性强；③发表时间：最近发表的文献信息的先进性强。

（2）文献计量学特征：根据文献数量的变化所反映出来的某一领域发展的阶段和水平以及文献半衰期的变化所体现出来的文献信息老化规律，可判断信息是否先进。

（3）文献内容特征：根据文献内容在理论上是否提出了新的观点、新的假说、新的发现，在应用上是否提出了新的原理、新的设计、新的方法或者开创了应用新领域等，判断信息是否先进。

（4）信息发生源各地区或部门的基础条件、文化传统、社会政治制度、生产力发展水平等方面的差异性，决定了反映这些地区或部门现实状况和水平的文献信息先进性也参差不一：例如美国和瑞士的制药工业、德国和日本的血脂分离系统、美国的芯片技术都是比较先进的，相应地反映这些国家的相关文献信息一般也是先进的。

（5）实践效果：根据文献信息对实践的贴近程度和超前水平以及文献信息使用后所产生的经济效益、社会效益和环境效益的大小，可判断文献信息是否先进。

3. 适用性　适用性是指原始信息对于信息接收者可利用的程度。一般来说，原始信息的适用性取决于课题和信息用户两大因素，如所选课题或拟选课题的背景、内容、难易程度、研究条件以及信息用户的信息吸收能力、条件、要求等。原始信息的适用性评价通常是在可靠性和先进性评价的基础上进行的，即对可靠而先进的信息按照适用性的要求做进一步筛选。

（1）信息发生源和信息吸收者吸收条件的相似性：任何信息都是在一定的条件下产生的。评价原始信息是否适用于文献信息分析与利用的需要，可以看其是否具有与利用者相似的条件。一般来说，具备发生源或吸收者吸收条件相似的原始信息是适用的；反之是不适用的。

（2）实践效果：一般来说，实践证明具有良好的经济效益、社会效益和环境效益的信息是适用的；反之是不适用的。

（3）战略需要：对文献信息的评价，要看其是否不仅可解决当时、当地存在的问题，而且还要满足社会发展的长远需要。

(二) 网络信息资源的评价标准

由于网络信息发布自由,信息来源广泛,信息量极大,信息内容庞杂,质量参差不齐,给用户选择和使用信息带来了很大的不便。用户在选择利用网络信息时,必须对其进行评价以决定取舍。对网络信息评价可以根据用户的经验,但更科学的方法则是应当对网络信息的评价制定客观的评价标准。

对网络上的信息资源评价,比较典型的标准有两种:"10C"原则和 CARS 检验指标体系。

1. "10C"原则 所谓"10C"原则,是指用以下十项标准进行网上信息资源的评估:①内容(content):内容可以反映信息的本质。用户通过对信息的浏览,可以了解到信息的倾向性、目的性、学术性,再结合信息发布更新的日期,作出对信息内容的评价。②置信度(credibility):是指信息发布者的可信程度,亦即其发布的信息质量是否可靠。一般认为,权威机构或作者发布的信息可靠性要高一些。用户可以从作者机构和作者的权威性、信息发布的目的以及网址的后缀名来判断信息的可靠性。③批判性思维(critical thinking):即能动、持续和细致地思考任何信念或被假定的知识形式,洞悉支持它的理由以及它所进一步指向的结论。故浏览信息时,应利用自己的知识和经验对信息内容进行判断,而不应盲目接受或一概摒弃。④版权(copyright):主要是指信息资源中所含的文字、图表、影像、声音等内容的所有权归属,用户在网上使用信息时,必须尊重版权。⑤引文(citation):一般来说,正式的或权威的网上信息会给出引用来源。⑥连贯性(continuity):用户从某站点选取信息时,必须考虑该站点是否可长期依赖,同时还必须考虑该站点的收费情况。用户从某站点搜索信息时,要注意信息内容的更新速度和投入成本的最佳结合。⑦审查制度(censorship):可根据站点对资源利用的审查制度和非公开领域的大小,了解某一站点或某一信息的可靠性和真实性。如中国对提供互联网信息服务的经营性 ICP 实行许可证制度,对网站的 ICP 可以进行核对。⑧可连接性(connectivity):如了解某站点在面对多个用户的登录要求时,是根据什么机制来满足每个用户的要求的,能否在较短的时间内进入,是否允许多种访问工具,内容是否对各种网络浏览器开放等。⑨可比性(comparability):信息在网上发布的同时,是否也以印刷品或数字内容形式发行,站点中的信息是否全面,用户是否需要对不同时段的数据或统计数字进行比较等,这些都必须由用户结合自己的情况来考虑。⑩范围(context):在搜索信息之前,用户应首先确定自己的信息需求;然后确定使用什么样的资源来满足需求,同时又不会造成大量的数据冗余;最后再根据所获取信息,重新调整自己的信息需求。

2. CARS 检验指标体系 与"10C"原则相比,这一指标体系从纵向上更加深化、细化,但涵盖的广度上不及"10C"原则。CARS 包括以下几个指标。

(1) 置信度(credibility):用户可用以下方法判断信息的权威性和可信度。

1) 作者可信程度:作者(或站点)必须提供证据来保证信息的知识性、可靠性和真实性。

2) 作者受教育程度:在某一领域内作者所受教育程度与该信息的相关性,寻找作者的头衔和职务,是否附有与作者联系的方式。

3) 站点可靠性:站点的建立时间,在同类站点中的权威性以及数据更新速度等。

4) 通过措辞等信息表达方式判断信息的可靠性:例如,匿名的作者或站点,内容存在语法错误或错字、否定性的论调等都会对置信度产生很大的影响。

(2) 准确性(accuracy):是指信息是否及时,是否确定,是否有细节,是否精确,是否综合全面。可从以下三个方面来考虑。

1) 及时性:经典著作不受时间限制,但许多网上信息却寿命极短,在搜索信息时,要注意信息发布的日期,是否已过时。

2) 综合性:任何结论或声称(隐含或不隐含)要发展成一种完备的理论的信息源,都应该表现出完备性和精确性,换言之,信息应该具有综合性。

3) 适用性:进行信息评估时,重要的是确定信息是否为特定用户所需。

(3) 合理性(reasonableness):指信息的公正性、客观性、节制性和前后一致性。

1) 公正性:指信息应提供公正合理的论证,而不是有选择、有倾向的论证,即使是竞争对手的观点和说法也应以正确的态度提供给用户。一个优良的信源应该以一种客观的、理性的态度去论证和提供资料。

2）客观性：完全的客观是不存在的，但一个好的信源应不受个人的偏见和利益冲突的影响。对客观性最大的阻碍就是利益冲突，因为许多信源是靠使用户接收某些特定信息来获益的，在这种情况下，用户应该非常谨慎地考虑该信息的客观性。

3）节制性：是指面对任何信息时应保持一颗平常心。首先根据自己的知识和经验判断信息的真实性，然后再用实践去检验其可信性，不要一看到不合"常理"的观点出现，就进行抵制，而应谨慎对其考察和判别。

4）前后一致性：要求信息本身不自相矛盾。

（4）支持度（support）：与信息的来源和确证有关；许多信息，特别是来自其他信息源的统计数据和事实数据，会增强信息的可信性。

1）信息源：要注意信息的来源，其生产者利用了哪些信息源，有无参考书目或其他文献；作者是否提供了进一步联系的信息及该信息得到了怎样的支持；尤其要注意统计数字的引用及其出处。有些机构站点上提供对产品、技术或生产过程的描述信息，如果用户自己可以分清事实和广告，那么这样的信息也是可靠的。

2）可信性：主要指其他信源是否支持这条信息，如果某条信息确实论辩有力、置之有据，那么就会获得更多支持，至少会有人表示对该观点的赞同；所以用户必须找到能支持已获信息的其他信源，以进一步确定信息的准确性和可靠性。

3）外部一致性：是将新信息源中的信息和其他信息源中的信息进行对比。因为信息常常是新旧内容的交融，是已知和未知的结合，当信源中牵涉到用户已知的事实或论据时，外部一致性即主要看它是否与过去的认识保持一致。如果信源对已知内容、信息源进行了歪曲，那么对未知内容也同样可能进行误导。

分类、筛选、区分、比较和对比都是批判性思维的基本技能，文献信息的识别、分析、评价、整理和积累的工作有助于批判性思维的形成。

第二节　文献信息分析

一、文献信息分析概述

（一）文献信息分析的定义

文献信息分析主要是指以对大量已知文献信息的内容进行整理和科学抽象为主要特征的信息深加工活动。在此过程中，要对文献信息的价值进行评估，然后选取可靠的、先进的、实用的文献信息进行整序、统计分析，提取其中隐含的知识，从而获得增值的文献信息知识。

（二）文献信息分析的意义与功能

1. 文献信息分析的意义　文献信息分析是利用文献信息的主要手段之一，学习文献信息分析具有非常重要的意义。信息利用是信息管理的终极目标。所有的信息搜集、整理、存储、检索等活动，目的都是供用户使用信息。而信息利用必不可少的前提就是要对信息进行分析。

（1）从人才培养的宏观角度看：文献信息分析能力是医学生整体素养重要组成部分之一。作为信息素养的有机组成部分，在了解医学文献信息检索基本知识和基本过程、掌握各种医学文献数据库的检索技能之后，更应注重文献信息分析能力的培养。

（2）从个人专业发展的微观角度看：对于从事医学科学研究和医疗实践的医学生而言，要有效地进行学习和科研，掌握文献信息分析技能是其未来生存和发展的基础。只有这样，才能对文献信息的价值进行判断,迅速选取有用的文献信息,发现文献信息中隐含的相互关联,从而掌握相关学术领域知识,提高自己的学术水平。

（3）从生存发展环境的客观角度看:在当今信息爆炸的时代里,文献数量呈指数方式增长,生物医学专业人员面临着海量的信息,如何利用文献信息分析技术,从大量的文献信息中获取自己所需的信息,日益成为医学生需要掌握的重要技能之一。

2. 文献信息分析的功能

（1）整理功能:对信息进行收集、组织,使之由无序变为有序。

（2）评价功能:对信息价值进行评定,以达去粗（取精）、去伪（存真）、辨新、权重、评价、荐优的目的。

（3）预测功能:通过对已知信息内容的分析获取未知或未来信息。

（4）反馈功能:根据实际效果对评价和预测结论进行审议、修改和补充。

二、文献信息分析的步骤

文献信息分析基本步骤（图 11-1）可以分为两个部分,即传统的文献计量学的分析过程（1~3 步骤）和在此基础上的共现聚类分析过程（4~7 步骤）。

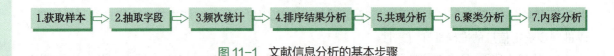

1.获取样本 ➡ 2.抽取字段 ➡ 3.频次统计 ➡ 4.排序结果分析 ➡ 5.共现分析 ➡ 6.聚类分析 ➡ 7.内容分析

图 11-1　文献信息分析的基本步骤

1. 获取样本　首先确定欲分析的主题范围,在相应的文献数据库中检索到与该主题相关的文献记录,并下载相关文献记录。在文献信息分析中,一般要求文献记录达到一定的数量（经验上一般 3 000~5 000 条记录比较适宜）,以避免随机因素造成的误差。对于文献量较大的主题,普通的计算机运算能力难以处理的,可以将文献记录分时间段（如每 5 年）、按照语种或者发表期刊的特征将文献集分割处理,也可以用特定软件采取随机抽样的办法抽取样本。

2. 抽取字段　从已经下载的文献记录中抽取出将要分析的字段,比如期刊名称、作者姓名、主题词等,一般规范的文献数据库中这些字段都有固定的标识和位置,可以编制程序自动寻找和抽取所需的字段数据。

3. 频次统计　对抽取出相关指标进行频次统计,将统计指标按照出现频次由高到低排列,截取其中高于某个阈值的部分,如高频主题词、高频期刊、高产作者等,作为进一步分析的样本。

4. 排序结果分析　由于这些指标中出现频次较高的部分代表了该领域的重要事物,因此对于这些高频指标的分析可以表现出科研活动的结构。如某一领域的高频主题词代表了该领域研究人员发表论文中包含较多的主题概念,可以反映该领域的研究热点。高频期刊可以反映发表该主题较多的期刊有哪些,甚至相关文献数量在不同年代的分布也可以反映该学科处于什么样的发展阶段。

5. 共现分析　通过两个条目同时出现的现象来发现条目之间存在着的联系;条目间的共现频次高低,说明它们相互关联的程度,如论文著者的共现可以显示著者之间的科研合作关系,两篇论文如果在发表后经常被同行引用,说明它们的主题之间也有着密切的联系。这是共现分析的理论基础。

对于书目文献数据库中的某些字段,如果存在着两个以上的条目,对这些条目就可以进行共现分析。例如一篇论文可以有多个著者,因此就可以进行著者间的共现分析,即著者间的合著现象的分析;此外,论文的主题词、关键词、引文,乃至引文的作者、期刊等都可以进行共现分析。

6. 聚类分析　是指将物理或抽象对象的集合分组,利用统计分析软件,根据共现矩阵,采用聚类分析、社会网络分析等方法对相关指标进行聚类和表示,使其成为由关系密切的对象组成的多个类的分析过程。从数据的角度讲,聚类是通过计算分类对象在各个属性上的相似程度,将对象分类到不同的类或者簇的过程,使得同一个类中的对象有很大的相似性,不同类的对象间有很大的相异性。聚类与分类的主要区别在于聚类所要求划分的类预先是未知的。

7. 内容分析　对通过共现聚类分析后得到的类别进行内容分析,以此说明该领域的科学研究活动的基本状况,如研究热点等。

下面通过实例说明文献信息分析的过程。例如想要了解"当前胃癌治疗的研究热点是什么?"那么可以从 PubMed 数据库中检索到所有有关胃癌治疗的相关文献记录,抽取每篇论文的主题词,然后进行频次统计(表 11-1)。

表 11-1　胃癌治疗高频主题词列表(部分)

序号	关键字段	出现频次	百分比 /%	累计百分比 /%
1	Stomach Neoplasms / surgery	1 440	9.781 3	9.781 3
2	Stomach Neoplasms / drug therapy	1 324	8.993 3	18.774 6
3	Antineoplastic Combined Chemotherapy Protocols / therapeutic use	651	4.422 0	23.196 6
4	Gastrectomy / methods	366	2.486 1	25.682 7
5	Stomach Neoplasms / pathology	354	2.404 6	28.087 2
6	Stomach Neoplasms / therapy	328	2.228 0	30.315 2
7	Adenocarcinoma / drug therapy	321	2.180 4	32.495 6
8	Adenocarcinoma / surgery	289	1.963 0	34.458 6
9	Gastrectomy	214	1.453 6	35.912 2

这些主题词是所检索时间段内(本例为 2009 年 9 月 13 日检索的最近 5 年的胃癌治疗文献)出现频次最多的主题词,如胃肿瘤的手术治疗、药物治疗、联合化疗方案的应用,胃切除的方法、胃肿瘤的病理等,这些都是当前胃癌研究人员最为关注的主题,也是近年研究的热点。

在此基础上,还可以进行主题词的共现分析。主题词的共现分析是根据主题词在同一篇论文中共同出现的次数来表示主题词之间的联系。一般认为,如果两个主题词频繁在同一篇论文中同时出现,往往表明这两个主题词之间具有比较密切的联系。

在 MEDLINE 数据库中存储的每一条记录都被标引 10 个左右的主题词以及相应的副主题词,尽管在同一篇文章中出现的主题词之间没有明确的关系,但是还是可以通过分析这些主题词出现的具体情形(如检查每个主题词的副主题词)而推理出这些主题词之间的关系。例如,如果 MEDLINE 数据库的一篇文献记录中有"X 疾病的病因"和"Y 药的副作用"这两个主题词,人们自然会想到"Y 药引起了 X 病"。通过查看原文就可以验证疾病和药物之间这种关系的有效性。因此,可以认为这些关系具有语义学上的意义。

对代表研究热点的高频主题词统计它们共现次数后,可以形成一个高频主题词的共现矩阵(表 11-2)。其中的行和列的数字代表主题词,与表 11-1 中的主题词序号对应,如 1 代表的是 Stomach Neoplasms/surgery;矩阵中对角线的数字代表该主题词出现的总次数,非对角线的数字表示的是两个主题词共同出现的次数,如 1 号与 2 号主题词共同在 60 篇论文中出现,1 号与 3 号主题词共同在 38 篇文献中出现。这些数据经过适当的计算后转换为相关系数,成为相关矩阵后,就可以显示出高频主题词之间的亲疏程度,为进一步分析做好准备。

表 11-2　主题词共现矩阵（局部）

	1	*2*	*3*	*4*	*5*	*6*	*7*	*8*	*9*
1	1 440	60	38	351	178	6	13	289	150
2	60	1 324	616	13	141	0	320	12	53
3	38	616	651	10	89	27	193	11	42
4	351	13	10	366	29	4	3	64	0
5	178	141	89	29	354	31	13	38	26
6	6	0	27	4	31	328	0	2	12
7	13	320	193	3	13	0	321	12	20
8	289	12	11	64	38	2	12	289	38
9	150	53	42	0	26	12	20	38	214

　　获得了相似矩阵之后，将其输入到统计分析软件（如 SAS、SPSS 等），选择相应的模块进行聚类分析（cluster analysis）。

　　以使用 SPSS 进行聚类分析为例，可以选择 Analysis-Classify-Hierarchical 过程，经过设置相应的参数后，对胃癌治疗的高频主题词共现矩阵进行分析，最后获得该研究领域高频主题词的共现聚类分析树图（图 11-2）。

　　首先对聚类树图的结构进行分析。聚类树图中的最左边的一列标号（Label）和数字（Num）代表着高频主题词，由于采用的是系统聚类法的凝聚聚类算法，因此，最初每一个主题词都是单独的一个类，通过计算每一对主题词之间的相似性，首先是 2 号和 3 号主题词聚集成为一个类，然后它们又和 7 号主题词合成为一个类。图中最上方的带有数字的标尺表示分类对象之间的距离。随着被分类的对象（主题词）类越来越大，最终所有的主题词都成为一个类，可以根据需要在不同的距离水平上分割整个聚类树图，通过树图的结构可以看到，所有的主题词大致可以分为三个部分：由 2,3,7 号词组成的一个类别（A）；由 1,4,8,5,9 号主题词组成的一个类别（B）；由 6 号词单独组成的一个类别（C）。

　　对各个类别主题词之间语义关系的分析：基于凝聚聚类算法的原理，对聚类分析结果的语义分析也采用了"自下而上"的步骤。即首先获取各个小类的含义，然后把各个小类的含义组合成为大类的含义。具体而言，就是首先从每个小类中关系最近的两个主题词着手，分析二者之间的语义关系，获得该类的"种子"概念，在"种子"概念的基础上，根据同类别中其他主题词与该"种子"的距离，逐次加入主题词，丰富该类别的内容；一般而言，距离比较远的主题词往往是该核心的相关因素，如具体的应用或者影响因素。本例中，对于 3 个高频主题词的类别中的主题词进行具体的语义分析，可以发现：

　　在 A 类中，"Stomach Neoplasms/drug therapy（胃肿瘤／药物治疗）"（图 11-2 中主题词编号为 2，以下简写为"编号 ×"）与"Antineoplastic Combined Chemotherapy Protocols/therapeutic use（抗肿瘤联合化疗方案／治疗应用）"（编号 3）组合在一起，其语义内容是对胃肿瘤采用联合化疗；再与"Adenocarcinoma/drug therapy（腺癌／药物治疗）"（编号 7）组合后，形成了这一类的主题，即"胃腺癌的联合化疗"。

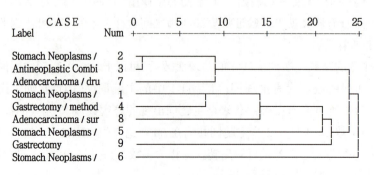

图 11-2　胃癌治疗高频主题词聚类分析结果（部分）

在 B 类中，"Stomach Neoplasms/surgery（胃肿瘤 / 手术）"（编号 1）与 "Gastrectomy / methods（胃切除 / 方法）"（编号 4）是关于胃肿瘤外科手术切除治疗的主题，同样，"Adenocarcinoma/surgery（腺癌 / 手术）"（编号 8）也说明主要是针对胃腺癌的手术切除治疗，"Stomach Neoplasms/pathology（胃肿瘤 / 病理）"则说明这种疗法会受到不同的病理类型的影响。这一类别最边缘的主题词 "Gastrectomy（胃切除）"（编号 9）没有副主题词，则是表示对胃切除的概述，是对上述主题的强化，由于与其他主题词距离比较大，也可以忽略不计。

C 类则是单独一个单词，"Stomach Neoplasms/therapy（胃肿瘤 / 治疗）"（编号 6）则表示对各种治疗方法的概述性研究主题。

由此可以总结出目前胃癌治疗研究的主要方向有三个：①胃腺癌的联合化疗；②胃腺癌的手术切除治疗（包括病理因素的影响）；③胃肿瘤各种治疗方法。

通过对特定领域或者学科的高频主题词的共现聚类分析，客观地反映出当前该领域研究的热点。其他表现文献内容的标识（如关键词、分类号）等，也可以用于此类分析。此外，一些表现文献外部特征的标识，如作者、引文等，也可以进行共现分析，如作者的合著分析、引文的同被引分析、作者的同被引分析，这些为展示某一学科领域里科学研究获得的结构和特点提供手段。这些分析方法都是基于共现的聚类分析，其原理大同小异。

三、文献信息分析的方法

目前，文献信息分析方法从文献计量学方法（bibliometrics），逐渐向文本挖掘（text mining）和基于文献的知识发现（literature based discovery）纵深发展。其中，文献计量学就是借助文献的各种特征的数量，采用数学与统计学方法来描述、评价和预测科学技术的现状与发展趋势的学科。文献计量学的方法可以分为书目计量法和引文分析法。

（一）书目计量法

书目计量法分析的指标主要是文献的书目信息，如文献量（各种出版物，尤以期刊论文和引文居多）、作者数（个人、集体或团体）、词汇数（各种文献标识，如主题词、关键词和分类号等）。统计这些特征出现的规律，就可以显示出该领域或者主题的研究活动的特点。例如通过对检索到的"胃癌治疗"的文献的外部特征分析，可以了解到该研究领域发表相关论文较多的核心期刊、该领域的重要作者等。对于这些指标的分析研究形成了文献计量学的重要定律，这些定律构成了文献计量学的主要内容，对这些定律应用也是文献信息分析的主要手段。

1. 布拉德福定律　关于某一特定课题、学科或领域的论文，我们称之为该课题的"相关论文"。相关论文在期刊中不是均匀分布的，即除了发表在本专业的期刊上，也发表在相关专业的期刊上。例如关于胃癌治疗的论文，大多数都发表在少数几种肿瘤临床类专科的期刊上，如《中华肿瘤杂志》《癌症》《中国肿瘤临床》等；但也有相当数量的论文发表在大量的相关专业的期刊上，如《中华病理学杂志》《中华放射肿瘤学杂志》《中华护理杂志》等。这种现象被称作相关论文在期刊上分布的集中 - 离散。某个专业里发表相关论文较多的期刊被称作该领域的核心期刊。目前，核心期刊已经成为评价论文学术水平的替代指标。

最早注意到这个现象并对其进行定量研究的是英国文献学家布拉德福（S. C. Bradford）。1934年，布拉德福选择了应用地球物理学和润滑领域为样本的主题，统计了 1929—1931 年 490 种期刊、1 727 篇论文。对这些期刊按照发表相关论文的数量多少从高到低排列起来，如果按照期刊年平均发文量在 4 篇以上、4 篇以下、1 篇及以上，以及不足 1 篇的标准，将这些期刊分为三个区域的话，结果发现：这三个区域中的相关论文数大致相等，而相继各区的期刊数基本上呈等比数列（接近 5）。（表 11-3）

这一发现被后人称为布拉德福定律，布拉德福定律的文字描述为：如果将科学期刊按其刊载某个学科领域的论文数量以递减顺序排列起来，就可以在所有这些期刊中区分出载文量最多的"核心"区和包含着与核心区同等数量论文的随后几个区，这时核心区和后继各区中所含的期刊数呈 $1：a：a^2$ 的关系（$a>1$）。

表 11-3　布拉德福统计的两个学科的文献数据

分区	期刊载文数量	应用地球物理学		润滑	
		期刊量	论文量	期刊量	论文量
1	>4	9	429	8	110
2	1~4	59	499	29	130
3	<1	258	404	127	152

布拉德福定律主要反映的是同一学科专业的期刊论文在相关的期刊信息源中的不平衡分布规律。这种规律主要应用于图书馆和期刊文献情报学研究领域,如指导文献情报工作和科学评价等,以切实提高文献信息服务和信息利用的效率和评价的科学性。

对于信息用户而言,布拉德福定律可以帮助确定感兴趣的研究领域的核心期刊,寻找到重要的信息源。比如,可以利用布拉德福采用的经典方法,从权威文献数据库(如 PubMed)中下载感兴趣的主题的相关文献记录,对这些记录进行简单的转换(如用 Microsoft Excel)后,抽取出来源期刊字段加以统计,就可以了解发表某领域或主题相关论文较多的期刊,以此作为今后定期浏览关注的核心期刊。目前,我国在自然科学领域中,比较重要的核心期刊目录包括北京大学图书馆的《中文核心期刊要目总览》,科技部中国科技信息研究所的《中国科技期刊引证报告》和中国科学院文献情报中心负责研制和发布的《中国科学引文数据库来源期刊》。可以参考这些核心期刊目录了解某个领域中的核心期刊有哪些。

2. 洛特卡定律　从文献的角度出发,作者是一篇论文外部特征之一,尽管有些文献的作者可能是匿名的,但是在文献数据库中作者这一字段仍然是必不可少的。目前,随着科学研究合作越来越紧密,一篇论文的作者数量也呈现出不断增加的趋势。

从作者的角度,研究者在学术上表现出的能力和工作效果,通常用其生产的学术文献的数量来衡量,因此,一个作者发表论文的数量往往被当作衡量其科学生产率的一项指标。一般而言,专家们认为:对于某一个学科领域而言,大多数的作者发表了 1~2 篇的论文,只有少数人发表了大量的专业论文,人们发现某一时期、某一主题内作者发表论文的数目与相应的作者数目之间也存在着规律。例如,1997 年有学者应用有关作者发表文献的定律,确定了我国地震系统的高层次人才数约为 513 人,可以作为当时该学科专业的研究员的人数,并且与实际情况基本符合。

最早运用数学公式定量地表达这个规律的就是洛特卡定律。1926 年,在保险公司供职的洛特卡(A. J. Lotka)分别对化学领域和物理领域的作者发表论文数目进行了统计。他所抽取的样本中:发表了 1 篇论文的作者在化学领域里有 3 991 人,物理领域里有 784 人;发表了 2 篇论文的作者分别是 1 059 和 204 人……最多的在化学领域里有 1 人发表了 346 篇论文,物理领域有 1 人发表了 37 篇论文。与布拉德福对核心期刊的分析一样,洛特卡也将作者名字按照发表论文数目的多寡由高到低排列,并分别赋予等级排列的序号。经过直线拟合等方法,最后得出如下数学公式:

$$f(x) = \frac{C}{x^n}$$
式(11-1)

其中,f(x)为写 x 篇论文的作者占作者总数的百分比,x 为论文篇数,C 为某主题领域的特征常数。

洛特卡推论:"检验发现,发表 2 篇文章的作者数大约是发表 1 篇文章作者数的 1/4,发表 3 篇文章的作者数是发表 1 篇文章作者数的 1/9……,写一篇文章的作者数是全体作者数的 60% 左右。"人们称为平方反比定律。

受洛特卡定律的启示,普赖斯(D. J. Price)提出了核心生产者的"平方根定律",即在某一特定领域中,全部论文的半数是由该领域中全部作者的平方根的人撰写的,这些人无疑是核心或高产作者。

洛特卡定律作为描述文献作者分布的一个计量学的经验规律,可以表述某一时期内、某一主题领域内,文献作者的分布情况,这对了解感兴趣的领域内科学研究活动的规模和核心作者十分重要。从人类学的角度来理解洛特卡定律,它可以表现为"在人类发展过程中,具有不同个性的个体之间对人类进步所作出贡献的差异"。

3. 齐夫定律　无论中文还是英文,构成论文的最基本要素就是词汇。最初,是从事速记和电话通信的人们比较关注单词的使用频率问题,这个问题继而泛化成为"人类在使用自然语言的时候是否也有规律可循"的问题。这个研究领域中最著名的成果就是齐夫定律。

齐夫(G. K. Zipf)是美国哈佛大学的语言学家和心理学家。他在1948年出版了《人类行为与最省力法则 人类生态学引论》,提出了著名的"最省力法则"(principle of least effort)。最省力也译作最小努力,是指人类在行为中,例如从A地到B地时,可以走不同的路;从经济上、安全上、时间上考虑,并结合个人的主观条件(如身体情况)及客观情况(所处的环境)等种种因素来考虑,设法选择一条最符合自己要求的道路,使得自己付出的"力"最小。

为了说明人类在利用语言表达思想时也在遵循最省力法则,擅长语言和心理学的齐夫用大量的统计数据来验证前人有关词频分布规律的研究成果。作为一个最省力法则的实际例子,他统计了在一定长度的文章中每一个词出现的频次,将这些词按照其出现频次从高到低排序,就可以得到词的序号,结果发现词的频次和序号数量关系特征呈双曲线分布,即:

$$fr \times r = C \qquad\qquad 式(11\text{-}2)$$

其中 r 为单词的等级序号,fr 为 r 所对应的频次,C 为常数。

从最省力法则来讲,任何语言中,凡是使用频率最高的词,功能总是不会太大;因为其本身在这个场合中价值小,因而传递它们所需要的"力"就不大。人们在表达思想的时候,会受到两个方向相反的力的作用,一种是单一化力,希望尽量简短;另一种则是多样化力,希望能被对方理解。单一化力与多样化力取得平衡,使自然语言词汇的使用频次分布呈现了双曲线。

在信息检索领域里,齐夫定律被广泛应用于叙词表的编制和自动标引的研究中,以提高计算机检索的效率。例如在一个检索数据库中,运用计算机自动给一篇文献赋予相应的关键词:一般可以用计算机提取出原始文献中的专业术语,统计其频率,研究分布特征,根据这些词的使用频率最后决定该篇论文的关键词。

4. 普赖斯指数　文献存在着"老化"的现象。这是因为有些文献中所含的情报已失效,或者文献信息已包含在其他文献之中,原有的文献被更新的文献所代替;或者人们对某一个课题的研究兴趣下降造成有关文献的利用减少;或者是由于新观念与新理论的发现,使得文献发生了老化(obsolescence;aging)。因此,文献老化是指科学文献随其"年龄"的增长,其内容日益变得陈旧过时,作为情报源的价值不断减小,甚至完全失去利用价值的现象。

对于文献老化有多种度量指标,如半衰期(half life)、普赖斯指数(Price index)和期刊剩余有益性指标等。其中,普赖斯指数因其计算简单、使用方便而得到广泛的应用。

普赖斯指数由D. S. Price于1971提出,普赖斯发现,文献的作者在引用文章时倾向于引用最近发表的论文,因而使得较早发表的文献的利用率逐渐降低。由此,普赖斯将被引用的文献分成两类:一类是经典文献,即年龄超过5年仍被引用的文献;另一类则是过渡文献,即年龄不大于5年的被引文献。普赖斯认为,引文中经典文献的数量与过渡文献的数量之比是文献老化的重要特征之一。因此,普赖斯指数就是某一知识领域内,年限不超过5年的文献引文数量与引文总数之比。用该指数可以度量某个领域文献的老化速度和程度。普赖斯指数愈大,半衰期则愈短,文献老化的速度则愈快。

普赖斯指数主要用于科学和科技史研究中,比较不同学科的发展的速度,揭示科学发展的规律,反映人类如何继承和发展科学知识;也可以用于评价文献。

(二)引文分析法

引文除了可以用于文献检索,还可以通过一篇论文被其他文献引用次数来表示该论文的影响力或者重要性,这一类的分析叫作引文分析(citation analysis)。引文分析法是文献计量学分析中的经典方法,也是应用最为广泛的方法之一。

1. 引文分析的定义　引文分析是利用各种数学及统计学的方法进行比较、归纳、抽象、概括等的逻辑方法,对科学期刊、论文、著者等分析对象的引用和被引用现象进行分析,以揭示其数量特征和内在规律的一种信息计量研究方法。

2. 引文分析的指标　美国费城科学情报所(Institute for Scientific Information,ISI)是科学引文索引的创始者,2001 年,他们又根据引文分析的原理,推出一种定量地评估科学研究水平的重要研究工具:基本科学指标(Essential Science Indicators,ESI)。它是 ISI 网络集成服务平台的一个重要组成部分,用户可以通过 ISI Web of Knowledge(学术信息资源整合平台)使用这个工具。

ESI 的内容包括指标(Indicators)、领域基线(Field Baselines)以及引文阈值(Citation Thresholds)3 大主要模块。

(1)指标模块:可以按照领域、作者、机构(大学、公司、政府研究机构)、期刊、国家 / 地区和研究前沿检索高被引论文,结果显示该领域、作者、机构等的发文数、被引次数及其被引次数 / 发表论文数,还可以显示热点论文数和高被引论文数,以及根据热点论文和高被引论文绘制的地图。

其中,高被引论文(highly cited papers)是最近 10 年内某领域或者某刊物在某年发表论文被引次数前 1% 的论文。高被引论文可以有助于识别某领域内突破性研究,用于在 WOS 内确认有影响力的论文。

热点论文(hot papers)是指在 WOS 划分的 22 个领域中,最近两年发表的论文中近两个月被引次数排序位于前 0.1% 的论文。与相同领域和相同出版年的其他论文相比,热点论文是出版后很快就有高被引频次的论文。这些论文因为在很短的一段时间里得到关注,也因此称之为热点论文。

(2)领域基线模块:基线是指某一研究领域论文年度期望被引率,此处被引率是指每篇论文年度平均被引次数。这是对研究领域按照引文属性进行排序的表格,包括每个领域最近 10 年每一年的平均被引频次、百分位点以及领域排序。这些基线数据可以作为科学家、机构、国家以及期刊排序时给出的单篇被引值的基线。

如平均被引频次表(表 11-4)显示的是最近的 10 年各个领域论文的平均被引次数,表格中的数字是"引文数 / 论文数",最后一列"All Years"列出的是各领域(或者全部领域)的 10 年平均值。

表 11-4　ESI 中的平均被引频次

RESEARCH FIELDS	2011	2012	2013	2014	2015	2016	2017	2018	2019	2020	2021	ALL YEARS
ALL FIELDS	26.97	24.93	22.89	21.04	18.88	16.16	13.74	10.73	6.97	3.41	0.55	14.23
AGRICULTURAL SCIENCES	21.09	19.52	18.29	17.14	15.59	13.57	11.21	9.24	6.28	2.8	0.51	11.44
BIOLOGY & BIOCHEMISTRY	35.72	33.69	30.12	27.09	23.25	19.63	16.62	13.11	8.87	4.11	0.62	18.8
CHEMISTRY	28.96	27.97	25.53	24.28	22.25	18.98	16.44	13.03	8.85	3.98	0.61	16.87
CLINICAL MEDICINE	27.18	25.06	22.84	20.87	18.84	15.97	13.46	10.18	6.48	3.61	0.54	14.26
COMPUTER SCIENCE	17.82	14.83	14.47	14.29	13.62	11.92	11.18	8.88	6.07	3	0.59	9.75
ECONOMICS & BUSINESS	23.2	20.07	18.33	16.34	14.26	12.01	9.77	7.35	4.63	2.26	0.49	10.88
ENGINEERING	18.91	17.62	17.14	16.19	15.39	13.87	12.43	10.18	6.72	3.14	0.6	10.68
ENVIRONMENT/ ECOLOGY	35.18	32.51	28.5	25.8	22.69	19.06	15.83	12.22	7.86	3.68	0.61	15.25
GEOSCIENCES	31.1	27.97	25.4	22.4	19.68	16.27	13.47	10.01	6.49	2.89	0.46	14.65

续表

RESEARCH FIELDS	2011	2012	2013	2014	2015	2016	2017	2018	2019	2020	2021	ALL YEARS
IMMUNOLOGY	39.11	34.45	32.87	29.71	25.43	21.75	18.17	14.11	9.21	6.7	0.97	20.48
MATERIALS SCIENCE	31.36	30.42	28.36	27.74	25.47	22.8	20.08	15.8	10.12	4.49	0.63	17.81
MATHEMATICS	9.9	8.59	7.66	6.85	6.33	5.42	4.67	3.79	2.55	1.24	0.24	5.04
MICROBIOLOGY	31.47	29.38	27.2	25.27	21.76	19.99	16.61	12.5	8.12	5.93	0.59	17.42
MOLECULAR BIOLOGY & GENETICS	53.46	45.56	41.89	36.47	31.56	25.74	21.39	17.55	10.91	5.19	0.72	25.52
MULTIDISCIPLINARY	39.3	39.36	39.09	23.22	26.05	19.65	16.27	12.03	7.85	6.22	1.13	19.89
NEUROSCIENCE & BEHAVIOR	38.77	34.88	31.33	27.72	24.01	20.43	16.81	12.57	7.81	3.51	0.52	19.48
PHARMACOLOGY & TOXICOLOGY	26.6	24.6	22.92	20.63	18.27	15.57	13.6	10.86	7.05	3.39	0.53	14.12
PHYSICS	20.72	20.39	18.44	17.22	15.78	13.78	11.55	9.34	6.26	2.99	0.51	12.68
PLANT & ANIMAL SCIENCE	20.84	18.78	17.43	15.72	13.67	11.59	9.3	7.1	4.77	2.11	0.35	10.74
PSYCHIATRY/ PSYCHOLOGY	30.63	26.71	23.69	21.03	17.9	14.49	11.88	8.58	5.2	2.72	0.45	13.65
SOCIAL SCIENCES, GENERAL	17.28	15.41	14.36	13.07	11.3	9.47	8	6.03	3.72	1.87	0.36	8.53
SPACE SCIENCE	35.17	33.22	31.81	27.16	23.78	20.19	16.79	13.58	8.84	4.43	0.74	19.52

（3）引文阈值模块：引文阈值系指将某一研究领域的论文按照被引次数从高到低排列，截取其前百分比或者百分位数的论文时，获得的最低被引频次，可以理解为按照不同角度区分高被引论文的最低标准。

其中，ESI 阈值（ESI Threshold）栏目里显示的是 10 年里各个领域前 1% 的被引作者和单位，前 50% 的被引国家和期刊。

高被引阈值（Highly Cited Threshold）栏目也是按照领域显示每 10 个数据库年被引次数前 1% 的论文中被引最低的数值。

热点论文阈值（Hot Papers Threshold）显示的是各领域里最近两年发表的被引次数进入 0.1% 的论文（热点论文）最近两个月被引最低次数。

3. 引文分析的工具　利用引文分析的原理，人们开发出很多工具，主要用于表示某个学科领域的研究历史和进展。

（1）Bibexcel：由瑞典的于默奥大学（Umeå University）社会学系的一位教授开发，Bibexcel 是一个文献计量分析工具包（图 11-3）。可以分析从 Web of Science 等书目数据库中下载的记录，该软件可以从下载的文件中抽取用户指定字段，如标题中的词、作者、期刊、引文、被引作者、被引期刊等，然后统计其出现的频次，进行共现统计，最后生成共现矩阵。其结果可以输入到其他软件（如 Pajek，Excel，SPSS 等）做进一步分析。此外，用户还可以自定义输入记录的字段标识和分隔符，具有更大的灵活性。

（2）CiteSpace：由美国德雷赛尔大学信息科学与技术学院的一位教授开发。该程序可以登录到网站后免费下载。

CiteSpace 的开发者认为：可以用"研究前沿"和"知识基础"随着时间相对应的变化情况来表示一个研究领域的状况。

NOTES

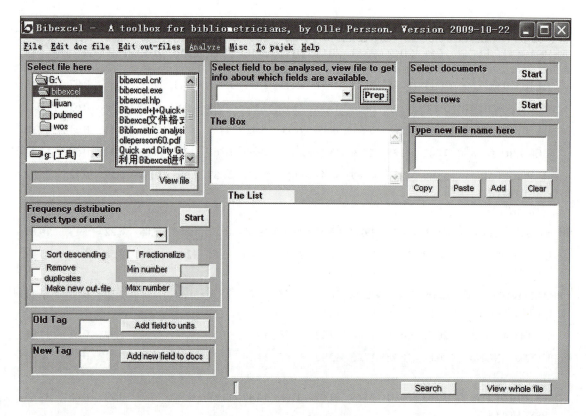

图 11-3　Bibexcel 的输入界面

1）研究前沿（Research Fronts）：在 CiteSpace 中，采用一种"突发词检测"算法来确定研究前沿中的概念，基本原理就是统计相关领域论文的标题和摘要中词汇频率，根据这些词汇的增长率来确定哪些是研究前沿的热点词汇。根据这些术语在同一篇文章中共同出现的情况进行聚类分析后，可以得到"研究前沿术语的共现"网络。因此，研究前沿系指临时形成的某个研究课题及其基础研究问题的概念组合，也是正在兴起或突然涌现的理论趋势和新主题，代表一个研究领域的思想现状。

2）研究前沿的知识基础（Intellectual Base）：即含有研究前沿的术语词汇的文章的引文，实际上它们反映的是研究前沿中的概念在科学文献中的吸收利用知识的情况。对这些引文也可以通过它们同时被其他论文引用的情况进行聚类分析，这就是同被引聚类分析（co-citation cluster analysis），最后形成了一组被研究前沿所引用的科学出版物的演进网络，即知识基础文章的同被引网络。

因此，CiteSpace 就是利用三个网络（研究前沿术语的共现、知识基础文章的同被引和研究前沿术语引用知识基础文章），随着时间演变的情况来寻找研究热点及趋势，并以可视化的方式展示出来。

具体做法包括：下载相关文献，用户可以从 Web of Science 中检索并以固定格式下载某一主题的文献记录，主要包括作者、题目、摘要和文献的引文等字段，将检索到的文献记录输入到系统后，系统会生成对文章标题、文摘和描述词的频率统计，然后设置参数，如确定要分析领域的总的时间段范围和分割后每一个时间片段的长度等。运行系统后，会得到研究前沿术语的共现（图 11-4）、知识基础文章的同被引和研究前沿术语引用知识基础文章网络。

（三）基于文献的知识发现

1. 基于文献的知识发现的定义　对文献信息的分析不仅仅可以汇总、显示已有的研究活动，甚至还可以通过已发表的文献来发现新的知识，这个过程被称为基于文献的知识发现（literature based discovery，LBD）。它是一个将表面上没有任何联系的文献中的具有隐含逻辑关系的知识片段组织起来的信息处理过程。

NOTES

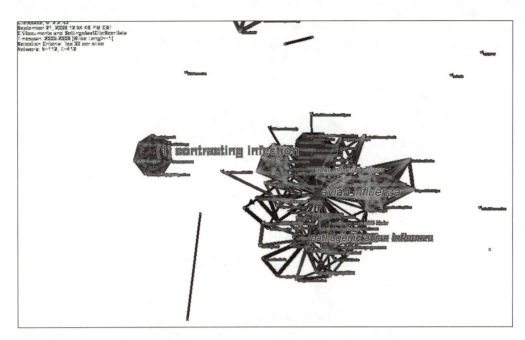

图 11-4　CiteSpace Ⅱ禽流感研究前沿术语的共现网络图

2. 基于文献的知识发现产生的背景　对文献信息的分析之所以发展到知识发现的深度,根本上是受到了信息爆炸的驱动,同时也是科学发展的必然:一方面,科学研究的深入,造成了客观知识的总量与人类吸收知识的能力之间的差距越来越大;另一方面,科学技术越来越专业化,跨学科的信息传递变得更加困难,就会产生知识的分裂。因此,一个专业领域的信息可能对另一个专业领域是有价值的,跨学科间一定存在着潜在的未被发现的关联。事实上文献间隐性的关联数量可能远多于显性的相互引用的关联数,并且这种隐性关联的发现比信息本身的增长更有意义。

3. 基于文献的知识发现的原理　美国芝加哥大学的信息科学荣誉教授 Don R. Swanson 于 1986 年首次在医学文献研究中发现了这种关系的存在:"雷诺病(A)是一种治疗方法和病因都未知的血液循环紊乱疾病,有文献中记载了部分雷诺病患者血液中有某种异常,如血液黏度升高(B)。同时,又在其他文献中发现食用鱼油(C)能纠正这种异常,例如它可以降低血液黏度。因此,Don R. Swanson 把这两种知识联系起来得出食用鱼油(C)应该对雷诺病(A)患者有帮助的假设。"在这个假说提出大约 2 年后,有人通过临床试验证实了这一点。

在成功预言了镁缺乏与神经系统疾病(1988 年)的关系之后,Swanson 利用自己开发的软件 ARROWSMITH 又发现了很多具有隐含关系的例子:吲哚美辛与阿尔茨海默病(1996 年)、雌激素与阿尔茨海默病(1996 年)、游离钙磷脂酶 A2 与精神分裂症(1998 年)之间的关系。他的研究成果引起了人们极大的兴趣。人们首次认识到从文献中可以发现或挖掘到未知的问题。这种经典算法被称作闭合式知识发现的模式:即从 A 和 C 出发,寻找共同的中间词 B(图 11-5)。

近年来,随着研究的深入,人们又提出了开放式知识发现的模式(图 11-6),并开发出可以在网上免费使用的系统。开放式知识发现的过程是:对某个初始研究主题 A,在 MEDLINE 的标题字段检索其相关文献,寻找与 A 在标题中共同出现的中间词 B,通过筛选得到有一定意义的 B,重复上述过程,得到目标词 C。开放式挖掘初衷是从某个疾病或药物初始,寻找疾病的潜在病因和治疗方法或者药物的潜在治疗的应用。例如,输入单个的概念(疾病 A),首先找到该概念的第一层相关概念并加以归类,从中选出药物类的概念,从第一层相关概念(药物 B)出发,找到它们的相关概念 C,并加以归类(如基因类概念),然后检验获取的基因和疾病是否有文献报道过。如果没有,则意味着该基因与疾病有潜在的联系而且并没有文献报道,这些线索可以提示与疾病、生理学反应或者其他表型相关的新基因、药物或者神经生理过程。

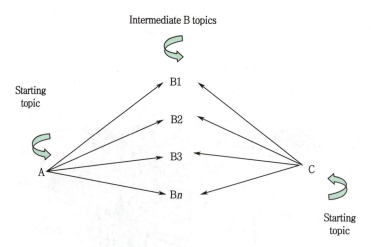

图 11-5　闭合式知识发现模式

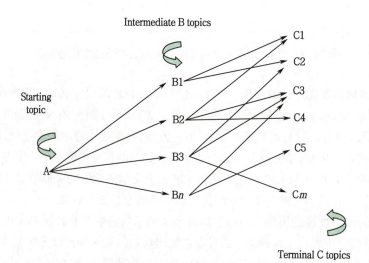

图 11-6　开放式知识发现模式

4. 基于文献的知识发现的工具　主要是用于发现和表示文献或者概念之间潜在联系。

（1）ARROWSMITH：由 Don R. Swanson 等开发的一个可以在网上免费运行的软件，通过这个软件可以将 A 和 C 两个主题的文献集合中共有的标题词列举出来，由此来反映两个表面上无联系的事件或者联系微弱的事件（如偏头痛与镁）之间的潜在的联系（癫痫）（图 11-7）。

具体操作为：首先，分别用 A 和 C 两个词进行 MEDLINE 的标题词检索，将检索到的文献标题分别存储。其次，到 ARROWSMITH 的网页上，把这两个文件的名字输入到相应的框中，同时上传这两个文件，随后该系统会产生一个列表（B-LIST），表中列出在这两个文件所存储的标题中同时出现的重要单词或者词组。这个表中的每一个词都有可能成为那个"神秘的 x"。用户根据自己的经验把一些没有意义的、含糊的单词去掉。最后，ARROWSMITH 把 B-LIST 中的单词都以链接的方式表现出来，点击任何一个 x 都会显示出相应的同时包含 A 和 x 的标题，下面一行会显示出同时含有 x 和 C 的标题。从这些标题中，用户结合自己的专业知识就可以从中发现主题之间的潜在的联系。

Swanson 认为，ARROWSMITH 的目标是帮助生物医学研究人员发现新的、有用的联系，可以把它当作一种扩展 MEDLINE 搜索能力的软件，但不能替代传统的文献检索，因为它还必须在传统的文献检索的基础上开展工作。ARROWSMITH 系统目前可以在网上免费使用。

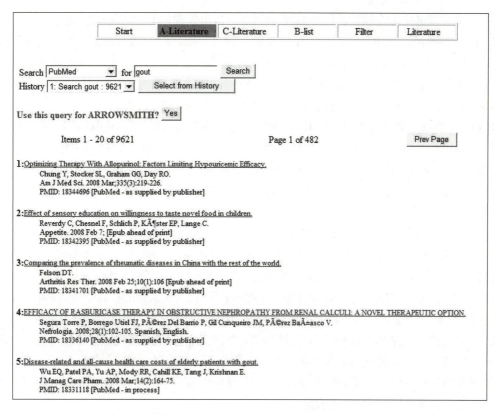

图 11-7　ARROWSMITH 交互界面

（2）BITOLA：由斯洛文尼亚的生物统计与医学信息研究所的 Dimitar Hristovski 与 Borut Peterlin 研制开发，为基于文献的交互式生物医学发现支持系统，主要用于帮助生物医学研究人员发现生物医学概念之间的潜在联系（图 11-8）。

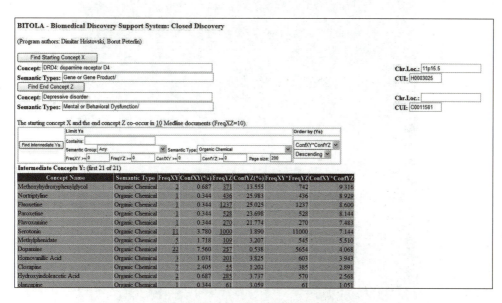

图 11-8　BITOLA 挖掘结果界面

目前系统中采用 MeSH 表中的主题词来表达概念，同时还包括了来自国际人类基因组组织（The Human Genome Organisation，HUGO）的人类基因名称，通过挖掘 MEDLINE 数据库来发现潜在的新关系。该系统采用了闭合式和开放式两种发现模式。例如在闭合式发现中，用户可以获得一组中间概念（B）的列表以及各个概念相应的属性参数，同时也可以事先限定 B 列表的概念类别。

（3）GenCLiP3：GenCLiP 的全称为 Gene Cluster with Literature Profiles，由南方医科大学肿瘤研究所开发，目前版本为 3.0。GenCLiP3 工作的原理来自 Chaussabel D. 提出的根据文献轮廓分析基因功能的方法，即首先检索到与各种基因相关的论文，统计各种基因与某些重要关键词在同一篇论文中出现的频次，最终发现基因与这些关键词之间具有生物学意义的关联。

GenCLiP3 集成了文献检索、自动抽取关键词、聚类分析、随机模拟、构建基因关系网络图及可视化功能，帮助用户直观、实时地发掘、理解大量基因数据背后的知识。GenCLiP3 有如下两大特点：①所挖掘的疾病发病机制总是最新的，因为基因与关键词的关系总是重新挖掘的，而不是库存的信息；②所挖掘出的信号通路（网络）是基于待分析基因和指定关键词的，而其他大多数软件是针对全部人类基因构建网络的，所得结果不是专门针对待分析的基因。

在 GenCLiP3 的检索页面输入要研究的基因列表后，系统返回基因基本信息，如标准登录号、相关文献数等，由用户对同名基因进行区分和选择，达到基因名规范化的目的。在此基础上，可以进行多种分析，如基于文献关键词的基因功能富集分析、基因网络分析、GO 分析、通路分析等，其中比较有特色的分析功能是"基于文献关键词的基因进行功能富集分析"。其后台的步骤为先从 PubMed 下载与基因有关的文摘（每个基因最多下载 44 000 篇文摘），并提取出超过设定滤过阈值的关键词（自动滤除无意义的词汇），以此为基础对这些基因、关键词建立共词矩阵，再通过平均距离等级聚类算法进行聚类分析，寻找基因与特定关键词之间生物学上有显著性意义的关联，关键词出现达 25% 表示两者强相关，得到聚类分析点阵图。横轴代表研究的基因，纵轴代表对应的关键词，图中的点（如图 11-9 中圆圈内所示）代表该词与基因的相关程度。

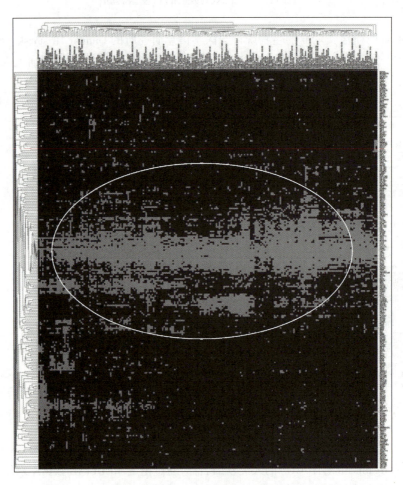

图 11-9 GenCLip3 聚类分析结果

GenCLiP3 能简便而有效地用于基因表达谱数据的分析,用来解释复杂的表达数据。该工具通过对大量的基因进行功能聚类使数据变得可以理解,为发现基因间隐含的、有价值的信息提供了机会。

第三节　文献信息利用

一、文献信息利用的层次与基本原则

文献信息利用是指文献信息用户对文献信息吸收和运用的活动与过程。文献信息利用是文献信息搜集、整理、评价、分析和研究等环节的延续,同时也是在这些环节的基础上得以完成的。文献信息利用的直接意义主要有两方面:一是实现文献信息存在和运动的社会价值,二是达到文献信息用户进行一系列信息活动的最终目标。

(一) 文献信息利用的层次

由于文献信息的繁杂、用户科学文化水平的不同和社会活动的多样性,使得文献信息利用呈现层次性。

1. 浅层利用　用户只从表层粗浅地接触文献信息,不求深入地掌握其内容实质,用户可以获得某些表面的、零散的知识和消息。例如,为了解国际、国内、本地的新闻和时事而阅读报刊。

2. 中层利用　用户较深入地利用文献信息,力求掌握其内容实质,用户可以获得比较实际的、系统的知识。例如:为解决某些具体问题而到参考工具中寻找答案、为提高医疗教学质量而不断利用新书刊补充教学内容、为提高业务技能利用书刊进行自我学习。

3. 深层利用　指用户创造性地利用文献信息,即不但深入掌握内容实质而且对其进行分析和研究;用户不但利用已知且"创造新知,探索未知"。例如,为了课题攻关、技术革新、发明研制而利用文献,为撰写学术论文而利用原始文献。

(二) 文献信息利用的基本原则

1. 主动利用　能够认识到信息是使人原有知识结构发生变化的那一小部分知识,以及信息的多少意味着消除不确定性的大小,需具有利用文献信息的自觉性和敏感性,而这些又取决于用户利用文献信息的信息意识以及对其工作的熟悉程度。

2. 对口利用　为保证所利用的文献信息有助于社会活动的顺利进展和圆满完成,因而要密切注意所收集到的文献信息的针对性和真实性。一切无效、虚假的文献信息都会带来干扰和危害。

3. 适时利用　文献信息利用相对于用户从事的工作需有一个提前量,但要量度适宜,过早则尚未萌生决策之意,过迟就不免失之为时过境迁。

4. 充分利用　用户所获取的文献中往往包含着许多有用的信息点。只有将其充分地分析、挖掘、研究出来,并最大限度地加以吸收和应用,才能更有效地促进其任务的完成。

5. 全面利用　用户所要利用的文献信息,往往来自多种渠道,涉及多个侧面,如果忽视其广泛性和全面性,就可能因为漏掉某个角度或某个细节的内容造成文献信息利用的失败。

6. 精炼利用　用户所获取的文献信息,在许多情况下是零乱的、片断的,如果对其进行一定的加工、整理、概括、归纳,使其系统化、浓缩化、条理化,在利用时会相对省时省力。

7. 科学利用　用户在利用文献信息时应充分把握其内在的规律,采用先进的、实用的、有效的科学方式方法,这对于提高文献利用的效果和质量,会起事半功倍的作用。

8. 经济利用　用户应遵循"最省力原则",花费最小的成本、最少的时间,以取得最佳的文献信息利用效果。

二、科学研究中的文献信息利用

科研的类型有许多,分类的方法也不尽相同。例如高校科研项目主要是指学校申请获准的纵向

科研项目、横向合作科研项目以及校级科研项目。按照项目来自校内外的不同,科研项目可分为校外科研项目与校内科研项目。按照项目主管部门与合作单位的不同,校外科研项目又可分为纵向科研项目与横向科研项目,纵向科研项目是指列入国家各级科研主管部门科研发展计划的项目。横向科研项目是指接受省内外企事业单位委托,或与企事业单位合作的应用研究和开发研究项目。按照项目立项批准单位级别不同,纵向科研项目可分为"国家级、省部级与厅市级科研项目";校级科研项目是指校级立项项目。按照项目合作方来自国内外的不同,横向合作科研项目可分为国际合作项目与国内合作项目。联合国教科文组织对科技活动中研究与发展的定义与分类为:基础研究、应用研究和试验发展三大类。

获取和利用文献信息是科研工作的重要组成部分,也是科研人员的基本功之一。一般估计科研人员获取文献信息的时间约占整个科研工作的 1/2 左右,而利用文献信息则贯穿科研工作的始终。在科研工作的不同阶段,文献信息利用的特点各不相同。

(一) 科研选题阶段

科研选题有两种方式,一种是经上级单位指派课题,另一种是科研人员自选课题,无论哪种方式都必须对课题的可行性和新颖性进行论证。深入地利用文献信息,能使科研人员明确了解科研课题的概况,并在此基础上确定这一课题的水平、意义及所在领域的影响。

(二) 计划制订阶段

科研规划和计划是科研管理的核心,也是科研工作的保证。在制订科研规划和计划时,需要时刻掌握和了解该领域的进展和最新成果,以便确定能否把国内外最新科技成果用在自己的研究项目中。在此基础上,应对该领域的文献信息状况作出客观估计,了解国内外科技界将会出现的趋势。

(三) 课题进行阶段

在科研选题阶段和计划制定阶段,科研人员虽然阅读和研究了大量文献信息,但作为研究过程的起点毕竟是初步的,课题必须进一步具体化。在课题进行阶段,必须不断深入地研究前人的文献,在坚实的理论和前人工作的基础上,调整科研计划,更新试验方法,启迪思维,并进一步明确课题中包含的问题,透过表面现象的问题抓住内层实质的问题,把模糊的、不确切的问题变成清晰的、确切的问题。在课题进行阶段,可以通过定题服务,定时、定期地对信息进行分析,以求及时掌握最新成果;若遇到某些难题也可通过专家咨询或研究科技动态,开阔思路,解决难题。

(四)课题结束阶段

在此阶段主要是针对成果鉴定和课题总结的要求获取和利用相关的背景材料。首先,需要大量的文献信息作论据,往往由科研管理部门组织科技查新(科技情报查新是指查新机构根据查新委托人提供的需要查证其新颖性的科学技术内容,通过检索手段,运用综合分析和对比方法,为科研立项、成果、专利、发明等评价提供科学依据的一种信息咨询服务形式),召开同行专家、工程技术人员、权威部门的有关人员、管理人员、用户单位的技术人员参加的鉴定会,对科研成果的创造性、科学性、实用性作出切合实际的评价。其次,多数的科研成果都以学术论文、研究报告的文献形式表现出来,使科研成果变成社会的知识。在撰写作品过程中,凡参考借鉴或直接引用的文献内容、实验数据等一般以注释、参考文献等形式指明出处。科研工作利用的文献类型是多种多样的,但不同类型的研究其文献信息利用的侧重点也有所不同。例如,基础研究工作多利用理论性较强的一次文献,如期刊、学位论文、科技报告、考察与研究报告、会议论文等,另外是利用一些相关的标准和专利文献;应用研究工作和开发研究工作主要利用有关新产品、新技术、新工艺等方面具体的文献信息,包括技术期刊、标准、专利、产品样本、图纸、技术报告、实用手册等,而对会议论文和学位论文需求较少。

科研工作利用文献信息的特点:①科学性强:所利用文献信息要求数据准确,事实正确,理论严密,技术可行;②创造性强:要求利用文献信息中的新思想、新材料、新数据,以激发科研人员创造出新理论、新产品、新结论;③专业深度强:利用的文献信息范围较窄,对文献信息内容的研究、理解、吸收的程度要非常透彻;④阶段性强:在课题的选定、计划、进行、鉴定等不同阶段,利用文献信息的目的和形式各不相同;⑤多样性强:科研工作所利用的文献信息品种多样,并且既要注意从正式交流渠道获取文献信息,又要重视从非正式交流渠道获取文献信息。

三、管理活动中文献信息利用

信息是管理的要素,没有信息,管理活动就变成了无本之源,势必造成混乱和低效。从某种意义上来说,管理就是搜集信息和充分发挥信息的效用,将搜集来的最新信息变为策略与行动。

在管理活动中,每一个阶段都与文献信息密不可分,决策要以信息为依据,计划要以信息为基础,实施要以信息为保证,而且信息又是组织系统发挥最佳功能的有效纽带,是统一员工思想意志的必要手段,是实现民主管理的重要因素。在管理活动中,如果处理的信息不够,就不能在各项活动中考虑到可能发生的主要因素,从而给管理活动的顺利进行带来很大困难。一般来说。不同层次的管理对文献信息利用的特点有所不同。

基层管理的目标较清晰,工作内容细微详尽,多为重复性的日常业务和事务信息的搜集、存储、处理、保管、检索、输出等,目的是直接产生一种活动或产品的结果。其信息来源主要有外部信息和内部信息,前者主要指在执行决定过程中来自外界的有关信息,后者主要指由高层管理者决策并经中层管理者制订或解释的限制性信息。

中层管理以实现管理功能和管理技术为对象,以支持和执行决策系统的决定和工作为主,是压缩和分解信息的重要环节。其信息来源主要为内部信息,包括有关限制性信息和下级管理层提供的汇总性信息,经过分析对比后向领导层和基层提供管理效能方面的信息。

高层管理的主要任务是根据掌握的内部和外部信息,制订决策方案,提出分析对策和执行报告,权衡对策和方案的利弊得失。由于人们的正确认识往往不是短暂就能完成的,因而所作出的方案往往会出现与客观实际不符的地方,因而高层管理的决策者要随时获得执行者反馈回来的信息,以便采取相应措施,保证目标的实现。

在管理活动中,最实质的环节是决策,即根据预定目标作出行动的计划安排。在决策的每个阶段都需要大量利用文献信息。

(一) 确定目标阶段

首先要进行大量的调查研究工作,包括全面地搜集相关的文献信息。人们在获得一定数量的信息后,就会对周围环境和所要处理的问题有了比较深刻的理解,才能彻底弄清楚问题的性质、特点、目的、范围和影响,找到决策的目标。其次是在掌握大量文献信息的基础上进行预测,确定解决问题的各种尝试和设想,依据各种过去的和现在的信息,进行分析和研究,判断未来的变化状况和发展趋势。

(二) 拟订方案阶段

对获取的各种文献信息进行加工、整理、排队,运用分析、评价、综合、推理、判断等逻辑思维方法加以去粗取精,去伪存真,拟定和设计出各种解决问题的方案计划,并明确其可能性,以供决策者选择。

(三) 选择方案阶段

这是决策的最后阶段,关系决策的成败,即对各种方案进行全面的技术论证,综合平衡,对比分析,从中选择出最佳方案。选择的方法一般有三大类,即经验判断、数学分析和试验,其中哪一类也离不开信息,不管决策者采用哪一种方法,都有赖于对信息掌握的多少和对信息的判断能力。

在管理活动中,无论需要的是内部信息还是外部信息,多数以文献的形式出现,主要有:①各种行政性文献:如上级文件、管理部门的情况通报、咨询部门的信息参考、基层的计划与总结等,其作用主要在于传递全面的信息;②各类报刊:其作用在于通报"短、新、快、实"的新闻消息;③科技文献:在任何一种决策过程中,都必须充分考虑科学技术的第一生产力作用;④经济文献:管理工作始终伴随着对经济因素的分析与研究,如关于世界及区域经济形势、国家经济形势及发展趋势、产品和市场情况的报道;⑤各种政策法规:管理工作应做到不违反国家政策、法律,在决策中必须予以重视,如专利法规、环保法规等。

　　完整的文献信息分析与利用是一个系列化的信息加工过程,遵循信息科学的信息观、系统观、机制观和生态观,信息—知识—策略—行动生态演化反映了这个信息加工活动的全过程,包括:前后相随且密切相关的若干个环节,即确定规划与目标前提下,搜集信息、整理与评价;信息分析和提炼;文献信息分析与利用产品的形成;文献信息传递、发表及反馈。在这些环节中,前一个环节是后一个环节的基础,后一个环节是在前一个环节基础上的进一步拓展和深化。在文献信息分析与利用过程中,需要充分调动人处理信息的相关器官,广泛摄取相关信息进行信息加工,文献信息分析与利用是一个不断优化思维的活动过程。

本章小结

　　本章论述了信息—知识—策略—行动生态演化过程中文献信息搜集、识别、整理、积累、评价和分析中涉及的主要概念、原则和方法。介绍了文献信息分析的基本概念、步骤和方法,着重说明了文献计量学的基本定律、知识发现的方法和工具。了解文献信息利用层次与基本原则,有利于科研工作者更加清晰地认识到科学研究中文献信息利用的特点。

(周晓政　崔　雷)

思考题

1. 课题文献信息搜集的原则有哪些?
2. 文献信息的整理和积累主要采用哪些方法?
3. 举例说明什么是文献信息分析。
4. 文献信息分析的功能有哪些?
5. 简述布拉德福定律的文字描述。
6. 科研工作利用文献信息的特点是什么?

第十二章
医学论文写作与投稿

医学论文是将医学科学中的新理论、新技术、新方法、新经验和新成果等用恰当的方式、严谨科学的态度、精简准确的语言加以介绍和表达的专业性论述文章。医学论文是医学科研成果的真实记录，反映了医学科研和临床实践的发展水平，也是交流、传播医学信息的重要工具。医学论文写作是医学科研的重要组成部分，是医学科研和临床实践的重要阶段。医学论文只有在发表后，其研究价值才能得到社会的认可，才能为读者浏览、阅读和借鉴。医学论文有其特定的研究和描述对象，因而医学论文写作有其自身的特点、规律和要求，不强调使用华丽的辞藻，只需用平实的学术语言描述和报道基础医学、临床医学、预防医学等领域的研究成果。作者只有掌握了医学论文写作的基本规律和要求，并具备医学论文写作的基本素养，才能写出较高水平的医学论文。

第一节　医学论文的类型与特点

一、医学论文的类型

全世界每年通过各种刊物发表的科技论文达 300 余万篇，其中约 75% 发表在科技期刊上。科技期刊在传播科研成果、交流实践经验、启迪学术思想、推动社会进步方面起到了重要作用。依据不同的分类标准，医学论文可以划分为不同的类型。

(一) 按资料来源划分

1. 论著　属一次文献，是作者根据参加调查、观察和实验研究所获得的第一手直接资料完成的原创医学科研成果，包括论著、著述、短篇报道等（如病例、病理，技术革新成果，经验交流）。

2. 编著　属三次文献，是作者把大量、分散、无序的某一学科或专题文献进行有序组织、分析、综合所形成的文章，如综述、述评、年鉴、专题笔谈、专题讨论等。

(二) 按写作目的划分

1. 学术论文　是论述创新研究成果、理论突破、科学实验或技术开发取得新进展、新成就的文字总结。

2. 学位论文　是为了申请相应学位而写的论文，主要反映作者具有与某种学位授予相一致的科研能力和学识水平，包括学士、硕士和博士学位论文等。

(三) 按学科性质划分

根据《中国图书馆分类法》（第 5 版），医学论文可划分为以下几种类型。

1. 基础医学论文　研究人的生命和疾病现象的本质及其规律的论文，包括生理学、病理学、药理学、遗传学、生物化学等内容的论文。

2. 临床医学论文　研究疾病的病因、诊断、治疗和预后，提高临床治疗水平，促进人体健康的论文，包括诊断、治疗、护理、康复等内容的论文。

3. 预防医学论文　研究影响疾病的原因，改善和创造不易生病的健康体质和环境的论文，可分为卫生保健、防疫、流行病学调查等内容的论文。

(四) 按论述体裁划分

可分为论著、经验交流、技术方法和技术革新、综述和述评等。

1. 论著　多为科研学术论文,基础医学论文通过科学实验观察,发现和收集新的材料,并有新的创见。科学上许多突破性成果就是通过这类研究取得。临床医学论文多系专题研究总结,也属实验研究论文,按设计项目做记录,对结果进行归纳和总结。

2. 经验交流　包括科研方法、科研经验、临床病例分析、病例报告(case report)以及临床病理讨论等。经验交流可为深入研究某些问题提供资料。如疾病的首次发现、首次报道,虽例数不多,只要资料翔实,便可进行交流。对某种疾病的诊断和治疗所做的回顾性总结,即经过分析找出其规律,并从理论上加以阐述,从而进一步指导临床试验。

3. 技术方法和技术革新　指在技术方法上有创造性或重大改进、新技术的应用及操作步骤优化等。

4. 综述和述评　是作者根据一个或多个研究主题收集一定历史时期的相关文献资料,以自己的实践经验为基础,进行消化整理、综合归纳、分析提炼而成的概述性、评述性专题学术论文。其目的是浓缩文献情报资料,具有覆盖面广、浓缩度高、概括性强、信息量大的特点。

二、医学论文的特点

医学论文是对人类和其他有机体生命活动现象与规律的科学探索与经验总结,具有科学性、创新性、扩散性、实用性、继承性等特点。

(一) 科学性

医学论文的科研设计、实验数据和推理论证合理、准确、严谨,符合医学科学规律,实验结果经得起实践检验,具有真实性、全面性、成熟性和逻辑性等特点。

(二) 创新性

医学论文的内容与同类研究相比具有独创性、先进性和新颖性。同一内容的医学论文只能单次发表,具有非重复性,这就要求医学论文的内容必须具有创新性。同一内容的文章除编辑部转载以外,如多次重复发表,或被他人拿去再发表,则属于一稿多投、一稿多发或剽窃他人成果。

(三) 扩散性

医学论文可通过现代化通信技术和手段,凭借某种载体(纸、磁带、磁盘、光盘等)无限地进行扩散、传播与交流。

(四) 实用性

实用性是指医学论文要有使用价值,通过基础或临床医学的科研活动,医学论文能解决基础医学、临床医学和预防医学领域的实际问题,要使读者"看了能用,用则有效",能产生较大的社会效益和经济效益。

(五) 继承性

"如果我比其他人看得远些,那是因为我站在巨人的肩膀上。"这是英国著名物理学家牛顿的名言。一个人的成功是因为前辈已经作出了巨大的贡献,打下了坚实的基础。医学论文是医学科技工作者的血汗和智慧的结晶,因此它无争议地成为全人类的共同精神财富和智力成果。医学科研成果往往需要经过千百次的试验,才能得出几个甚至一个结论和少数指标、数据,要掌握整个研究过程相当不易,但通过阅读发表后的论文,可能只需几个小时甚至几分钟就能学习掌握。所以人们才能以有限的时间和精力,掌握更多的知识,才能在继承的基础上推陈出新,创造出新的知识产品,承前启后,继往开来,这就是医学论文的继承性。

第二节　医学论著写作

一、写作目的

论著又称原始论文,多为基础医学或临床医学前瞻性研究和回顾性研究论文。医学论著写作的目的是储存医学科研信息、传播科研成果、交流临床经验、启迪学术思想、提高医学科研水平、促进医学科学的发展,其成果直接影响科学技术的进展,并进一步转化为生产力。

二、写作意义

医学论著写作是医学工作者创造、存储和传递医学信息的智力活动,其写作结果是形成医学文献。医学文献是以文字为主要表达载体的医学信息的物质载体,具有非常重要的意义。

(一) 形成医学科研成果

医学科研成果用文字写出来并发表是生物医学研究最后和必不可少的阶段,也是判断某项发现或发明优先权的重要依据。判断某项成果是否具有新颖性、创造性,首先是看文章发表的时间先后。在评价医学研究成果时有国际领先、国际先进、国内领先、国内先进等级别的定性评价,从某种意义上看就是国内外未见、国外未见、国内未见的代名词。可见,文章越早发表,就对成果评审和成果报奖越有利。因此,医学科研人员非常重视医学论著的写作与发表。

(二) 推动医学信息交流

科学史上很多重大发明、发现,都是从信息交流开始的。在当今科学技术飞速发展、信息瞬息万变的时代,信息交流的意义更为重大。生物医学文献发表是医学信息交流的重要方式,能使知识社会化、国际化,并流传于后世。

(三) 助力医学生成长

医学论著写作能力的培养是医务工作者职业的需要,是医学科学发展的基础。首先,从职业要求看,医生要与患者打交道,进行各种检查、诊治,必须记录病情,开出医嘱,这些均离不开写作。其次,从个人的发展来看,从住院医师到主任医师的职称晋升离不开学术水平的提高和学术论著的发表。

(四) 促进医学发展

医学论著写作在医学科研和临床实践中具有重要作用,主要表现在保证临床诊疗的正常进行、畅通治疗过程中的信息传递、总结交流医学科研成果、普及医药卫生科学知识、积累医学教学经验、加强医政管理和医院科研管理。医学论著写作是临床医学实践经验的总结,是医务人员借鉴、提高临床诊治水平并服务于患者的有效途径。

三、写作步骤

医学论著写作是医学科研的重要环节,包括准备工作、拟定提纲、形成初稿、修改定稿等步骤。

(一) 准备工作

首先是命题,即确定论著题目;其次是收集资料;最后是写作构思,即作者完成文稿的初步设想和设计,确定文稿的论点、论据、论证方法以及文稿的内容层次、结构等。

(二) 拟定提纲

提纲是论文写作的设计图,是全文的基本框架,起到疏通思路、安排材料,形成结构的作用。根据有关国家标准的规定,一篇论文正文部分的层次分级一般不超过3级。目前我国大多数科技期刊采用的论文层次编排格式为:各层次标题用阿拉伯数字连续编码,各级序码之间加一个小圆点,末尾一级序码后不加小圆点;各层标题均另起行,其第一个序码左顶格书写,最后一个序码后空一字距接排标题。例如:

题目:正常免疫小鼠荷人肿瘤模型的建立

第一层次——1　材料与方法

第二层次——1.1　材料

第三层次——1.1.1　实验动物

(三) 形成初稿

在基本观点明确,引用文献资料准备妥当时,可按提纲的顺序撰写初稿。在基本观点已经明确,参考或引用文献资料准备妥当时,可按提纲的顺序分段进行,初稿一定要写得扎实、圆满。在完成初稿的过程中,应该注意以下一些问题:写作论文之前应该仔细阅读拟投稿期刊的稿约,了解其论文的格式,使论文写作符合该刊要求;论文必须以足够的和可靠的实验数据或所观察到的现象为立论的依据,而不能凭主观想象随意取舍素材或得出结论,实验过程应该可以重复验证;论文结构严谨、条理清晰、论点明确、论据充分,推断合理;论文应该文字通顺、用词准确、层次分明、图表清晰、表达规范。

(四) 修改定稿

修改定稿是对初稿内容进行修改完善,对表达形式不断选择的过程。起草初稿很重要,但修改定稿同样重要,因为修改是对初稿的内容不断加深认识、对表达形式不断选择的过程,对于论文草稿应该在文字上反复推敲,字斟句酌,精益求精。修改的原则是"从整体着眼,从大处着手,先大后小,由全局到局部",修改时常需要作者把初稿反复阅读几遍,每读一遍就有一次新的感受,就能发现一些不足,然后再进行修改加工。修改时着重考虑内容、格式、论点、论证、论据、新颖程度、行文顺序及数据、标点符号、序号、外文字母、表格、插图及参考文献著录格式是否符合要求,以及有无错别字等。

四、写作方法

医学科技工作者在临床医疗工作繁忙、工作任务繁重的情况下,需要及时总结经验和教训,熟练掌握写作方法和技巧,提高医学论文写作的能力。

(一) 熟悉医学论著的撰写格式

1. 题目 (title)　题目能准确反映文章内容,体现研究对象、处理方法、指标结果及三者之间的关系,提供有价值的信息。题目要求具体确切、简洁精练、富有新意,一般不超过 20 个汉字或 10 个外文实词。

2. 作者 (author) 及单位 (affiliation)　作者姓名在文题下按序排列,作者单位名称及邮政编码等信息另起一行居中排列。

3. 摘要 (abstract) 与关键词 (key words)　摘要是论文主要内容的高度浓缩并能提供文中关键信息,包括目的 (objective)、方法 (methods)、结果 (results)、结论 (conclusions) 四部分,限 200~250 字。关键词是从论文题目、摘要或正文中选择的最能表达论文主题特色和内容的专业名词术语,一般要求 3~8 个。关键词标引尽量使用《汉语主题词表》《中国中医药主题词表》和 *Index Medicus*、MeSH 所列的词。

4. 前言 (introduction)　前言是写在论文正文最前面的一段短文,起提纲挈领和指导阅读的作用。前言部分主要讲清楚所研究问题的来源及本文的目的,用简单的文字描述该项研究的背景与动向、研究目的 (包括思路)、范围、历史、意义等。

5. 材料与方法 (materials and methods)　"材料"主要交代作者用什么实验对象或什么资料来进行研究,"方法"指用什么实验方法或搜集资料的方法来收集资料。包括:

(1) 研究对象:包括实验动物、临床资料和实验资料。以临床资料为例,即如何从目标人群选样本人群,撰写时应使用下列名词:随机样本、选自人群的样本、转诊样本、连续样本、志愿者样本及随便抽取的样本,将研究对象的来源介绍清楚,其主要目的除了估计抽样误差外,尚能帮助读者了解论文结论的适用范围。诊断标准和纳入 / 排除标准:尽量使用"金标准",并标明诊断标准的出处,切不可笼统地冠以"全部研究对象符合全国统一诊断标准"。入选研究对象的样本数。研究对象一般特征包括年龄、性别、民族及其他重要特征。研究对象的分组方法:是否随机分配;采用何种随机分配方法,如简单随机化、区组随机化或分层随机化。

（2）研究方法:包括基本设计方案、研究场所、干预措施、盲法、测量指标及判断结果的标准、质量控制、统计学方法等内容。

基本设计方案:治疗性研究应使用"随机对照试验""非随机对照试验""交叉对照试验""前后对照试验""双盲""安慰剂对照"等名词;诊断研究应使用"金标准对照""盲法"等名词;预后研究应使用"前瞻性队列研究""回顾性队列研究""起始队列"等名词;病因研究应使用"随机对照试验""队列研究""病例对照研究""横断面研究"等名词;描述性研究应写明是"病例分析""普查""抽样调查"等;临床经济学分析应写明"成本 - 效果分析""成本 - 效用分析""成本 - 效益分析"等。

研究场所:要写清在"人群或社区""医学中心""基层医院""门诊""住院"等。

干预措施:试验的措施及执行方法应详细介绍;患者使用的药物应写明化学名、商品名、生产厂名,中药还应注明产地,并详细说明每日剂量、次数、用药途径和疗程;试剂应写明生产厂家名,试验方法如是作者新建立的要详细介绍,旧的方法应注明出处,所采用的仪器须注明型号及生产厂名。

盲法:盲法的具体实施情况应说明,包括安慰剂的制作、保证盲法成功的措施等。

测量指标及判断结果的标准:如暴露及疗效标准等的确定都有公认的标准,撰写时应注明。

质量控制:控制偏倚发生所采用的措施。

统计学方法:包括资料收集方法的介绍,采用何种统计方法,如采用计算机分析,计算机的型号及何种计算机软件都必须一一说明。

6. 结果（results）　结果是材料与方法所得的数据与事实,说明科学研究的实验效应。主要介绍全部的发现及数据,是论证的重要依据。结果是论文的核心,是结论的依据,是形成观点与主题的基础和支柱,由结果引发讨论,得出结论。占全文的 1/4~1/3 篇幅。

7. 讨论（discussion）　讨论是对各项研究结果的科学解释与评价,是医学论文中最难写的部分,也是判断论文水平,进而衡量作者水平高低的部分。讨论部分不使用图和表,篇幅亦不宜过长,一般占全文的 1/3~1/2 即可。

8. 结论（conclusion）　结论是论文全文的概括和总结,主要反映论文的目的、解决的问题及得出的结论。任何研究论文都要尽可能地提出明确的结论,回答科研构思或科学假说所提出的问题。因此结论也是科研构思或科学假说的答案。结论应简明扼要、精练完整、逻辑严谨、措施得当、表达准确、有条理性、与前言相呼应。结论可逐条列出,每条单独列一段,文字简短,不用图表,一般100~300 字。

9. 致谢（acknowledgement）　对在论文中参加部分工作、协助完成论文给予一定帮助或指导、校审的有关单位和个人表示感谢。

10. 参考文献（references）　是在研究过程和论文撰写时参考的文献目录。按 GB/T 7714—2015《信息与文献 参考文献著录规则》采用顺序码制著录,依照其在文中出现的先后顺序用阿拉伯数字连续编号,加方括号标注,附于正文引用处右上角。书写时,两篇相连序号以逗号分开,如[1,2];3 篇或 3 篇以上连续的序号,仅写始末序号,中间用范围号(~)连接,如[1,2,3]应写为[1~3]。文中参考文献序号,应与文末的参考文献编号一致。目前国内中华系列期刊通常采用如下格式:

专著(其文献类型标识符为[M])[序号]编著者 . 专著名称[M]. 版次(第 1 版可省略). 出版地:出版者,出版年,起页 - 止页(注:起止页也可不写).

[1]耿贯一 . 流行病学(第 1 卷)[M].2 版 . 北京:人民卫生出版社,1995,10-14.

[2]LILIENFELD A M,Lilienfeld D E. Foundations of Epidemiology[M]. 2nd ed. New York:Oxford university press,1980.

期刊论文(注:其文献类型标识符为[J])[序号]作者(注:前 3 名,用逗号分开,其余作者加"等")。题名[J]. 刊名,年,卷(期):起页 - 止页 .

［1］王红艳,张学军,杨森,等.银屑病危险因素研究［J］.中华流行病学杂志,2001,22(3):215-218.

［2］HOSPERS J J,RIJCKEN B,SCHOUTEN J P,et a1. Eosinophilia and positive skin tests predict cardiovasular mortality in a general population sample followed for 30 years［J］.Am J Epidemiol,1999,150(5):482-491.

(二) 注重理论联系实际

医学论文写作和其他论文的写作一样,离不开写作的基础知识,离不开社会和生活,也离不开主题、材料、结构、语言及表达等要素。要写好医学论文,必须熟练掌握并灵活运用写作的基础知识,做到理论联系实际,在观察与实验的基础上分析研究,从感性认识提高到理性认识,从而揭示事物的本质及规律。

(三) 多读、多想、多积累

医学论文的阅读需要讲究一定的方法和技巧,特别是需要多读,在借鉴中推敲和琢磨。要广泛阅读医学应用文、医学科普文章、医学论著和医学新闻报道等,把握其写作特点,掌握写作的普遍规律,以提高写作能力。尽可能多地读各种体裁的文章,包括非医学领域的文章,达到启迪思维、集思广益的目的。

(四) 多写、多练、多实践

一个有事业心的医务工作者,应当在日常工作中广泛积累重要的、感兴趣的材料,对收集的材料进行整理、发挥和创造。写作能力是思维、语言和知识的结合,只有通过不断学习、反复练习和实践才能获得。

第三节　医学综述写作

综述(review)是在一定的时间、空间内,对某一专题搜集大量情报资料后经综合分析而写成的论文,涉及相关主题的历史背景、研究现状、前景展望、争论焦点、已经解决或尚未解决的问题等。具有覆盖面宽、浓缩度高、概括性强、信息量大等特点。综述写作是情报调研的基础,也是情报调研结果的反映形式之一,是科研工作者提炼文献、启迪思维的重要途径。

一、写作目的

医学综述写作的目的在于系统、全面收集某一领域、某一专题的相关文献,从中获取信息并利用这些信息对问题进行综合、分析和评论,帮助医学科研人员获取研究动态和进展,以作为科研工作的借鉴和参考。

二、写作意义

医学综述写作是提升医学科研能力的重要方法,提高医学写作能力的重要内容。

(一) 节省时间

综述介绍了研究状况,便于读者用最短的时间迅速了解某一专题的历史背景、研究现状和发展前景,获得丰富、全面、新颖的知识,是应对情报爆炸的手段之一。

(二) 指导科研

综述是科研工作的前期劳动,对科研选题有很大的指导作用。医学科研人员可了解综述所涉及领域目前的发展水平、存在的问题、发展方向等,使医学科研人员所思所为系统化、条理化,防止科研选题的盲目性和偶然性。

(三) 浓缩信息

综述浓缩了大量原始文献的同类知识内容,使之集中化、系统化,可以节省查阅、整理、归纳原始文献的时间。综述文章通常附有大量参考文献,可提供回溯检索的文献线索。

(四) 引进消化

国外许多先进的医学科研成果及技术,有很大一部分是通过综述进行介绍以实现消化和引进。

(五) 决策参考

综述较全面地介绍了某一问题研究的历史背景和发展现状,比一般文献的信息量大得多,可以节省时间,掌握新信息,顺其方向寻找新课题,可为信息咨询和领导决策提供参考。

三、写作步骤

医学综述写作一般包括选题、搜集阅读文献、拟定提纲、成文等步骤。

(一) 选题

医学综述的选题范围广泛,题目可大可小,大到一个领域、一个学科,小到一种疾病、一个方法、一个理论。选题要求:与专业及今后的研究方向一致,具有现实性,如国际上发展较快的边缘学科新课题。

(二) 搜集阅读文献

选定题目后,要围绕题目搜集与文题有关的文献。阅读时先通读摘要或小结,衡量其对所要撰写的综述有无价值;选取重要文献进行精读、理解、消化、摘取,在精读的基础上修改文题。

(三) 拟定提纲

医学综述写作需要对文献进行合理的组织,理顺思路,总结出一个主题明确、条理清晰的提纲,以作为写作时安排文章内容的依据。

(四) 成文

首先写好前言和各部分的首段。前言和各部分的首段起着介绍概况和吸引读者的作用,在行文上要注意循序渐进和语言生动。其次是正文,这是综述的主要部分,包括全部论据和论证,能够阐明有关问题的历史背景、目前状况、主要进展和发展趋势等。此外还有总结和参考文献。

综述的各部分内容要按照一定的逻辑顺序论述,如时间顺序、主次顺序、结构顺序或演绎顺序等。

四、写作方法

(一) 熟悉医学综述结构

医学综述一般包含前言、正文、总结和参考文献。

1. **前言** 主要阐明综述目的;简要介绍本专题的历史、现状、理论和实践意义以及不同学派的争论焦点,引出所写综述的核心主题,使读者对全文要叙述的问题有一个清晰的轮廓。前言力求简洁明快,一般在 300 字左右。

2. **正文** 是综述内容的叙述部分,是综述的主体。应该按标题、分层次叙述本专题涉及的内容,注意各标题之间的过渡与照应,要前后衔接得当、上下呼应。

3. **总结** 是对正文阐述内容进行的概括,指明该学科当前主要研究动态、现实意义、存在分歧与主要问题,指出今后的发展趋势,以有助于发挥综述文献对科学研究的引导功能。

4. **参考文献** 是综述的重要组成部分。引用参考文献的目的在于尊重原作者、提供可靠的科学依据和文献线索,一般不超过 30 篇。

(二) 确保选题范围适当

综述选题范围应适当,不要太宽太杂,要用专题学科范围和年代范围进行限制。选择范围较小的专题,因题目小而具体,资料往往处理得好一些,写得比较集中,适用于初学者;选择范围较大的专题,需要全面、系统地介绍学科领域的进展,题目大而篇幅长,需掌握丰富的文献资料,常由这一领域的知名专家撰写。

（三）搜集文献尽量全面

掌握全面、大量的文献资料是写好综述的前提。综述一般只归纳原始文献的观点、理论和关键实验技术的实质，对原文献的压缩比一般在 1：40 左右，一般以近 3 年的文献为主，但也不忽视重大理论和技术问题的远期文献。

（四）精准引用相关文献

在搜集到的文献中可能出现观点雷同的文献，有的文献甚至在可靠性及科学性方面存在差异。因此引用时应选用代表性、可靠性和科学性较好的文献。

（五）合理选取写作方法

列举法：把所述主题包括的内容分别列举，分门别类地加以介绍，最后进行分析和比较。

阶段法：根据历史年代进行分析，找出科学技术或事物发展的内在规律，并根据不同时期的特点，归纳成几个阶段进行综述。

层次法：根据问题的层次，抽出几个小标题，把文章组织起来。

分析法：抽出几个重要问题进行专门分析，包括中心分析法和列表分析法。中心分析法：将综述内容归纳成几点进行重点分析；列表分析法：将要分析的问题归纳成表格，逐表分析。

综合法：同时采用上述 4 种或其中 2~3 种方法，用中标题、小标题、细标题相互搭配，这种方法适用于选题范围较广的综述。例如，"喉手术的护理进展"［中华护理杂志，1997，32（2）：117-119］一文采用综合法介绍了近十年来喉手术护理的各方面进展，并指出今后耳鼻喉科的护理发展方向。

第四节　学位论文写作

学位论文是学位申请者在导师的指导下进行的科研总结，包含了大量具有创造性思维的优秀学术成果，是一种具有较高参考价值的信息源。

一、书写格式

学位论文书写格式一般包括：封面、扉页、中文摘要与关键词、英文摘要与关键词、目录、正文、参考文献、成果、致谢、学位论文原创性声明、学位论文版权使用授权书、统计学证明等。

1. **封面**　一般应有汉英对照论文题目、研究生姓名、指导教师姓名、专业、论文提交日期、论文答辩日期、学位授予单位和日期、答辩委员会主席、论文评阅人等信息。

2. **扉页**　一般应有汉英对照论文题目、课题来源、专业、学位申请人、指导教师、答辩委员会主席和成员、论文评阅人等。

3. **中文摘要与关键词**　中文摘要一般为 3 000 字左右，应简要说明论文的研究背景与目的、材料与方法、结果、结论。在本页的最下方另起一行，注明本文的关键词（3~8 个）。

4. **英文摘要与关键词**　英文摘要上方应有题目，内容与中文摘要相对应。最下方另起一行为英文关键词（3~8 个）。

5. **目录**　既是论文的提纲，也是论文组成部分的小标题。

6. **正文**　是学位论文的主体。根据学科专业特点和选题情况，可以有不同的写作方式，但必须言之成理、论据可靠、严格遵循本学科国际通行的学术规范。

7. **参考文献**　按不同学科论文的引用规范，列于文末。

8. **成果**　主要是指在读期间发表的学术论文、承担的科研课题和获得的科研奖励。

9. **致谢**　对学位论文写作中给予作者帮助或指导校审的单位和个人表示感谢。

10. **学位论文原创性声明**　说明论文的原创性质和知识产权归属。作者须签名。

11. **学位论文版权使用授权书**　导师和作者本人均须签名。

12. **统计学证明**　证明论文中有关统计学方面的内容合格。

二、写作步骤

学位论文写作一般包括选题、搜集资料、论文撰写、论文再加工。

(一) 选题

选题是科学研究的重要环节,也是完成学位论文的前提和基础。研究生培养单位、指导教师和研究生本人必须高度重视学位论文选题工作,要根据本专业的具体情况,高标准、高质量地做好选题工作。

1. 选题应从所属一级学科出发,选择在国民经济和社会发展中有一定理论意义和实用价值的课题。

2. 选题应尽量结合导师的科研课题。研究生在选择不属于导师研究领域的课题时,必须事先取得导师同意,并在导师及指导小组指导下进行研究工作。

3. 指导教师应充分了解研究生的专长和不足,有针对性地指导研究生进行选题。

4. 硕士研究生的选题应体现对研究课题的新见解,要范围适宜、目标明确,具有一定的理论意义或实用价值。

5. 博士研究生的选题应考虑到有一定的先进性和适当的难度,体现科学性、创新性和可行性。

(二) 搜集资料

搜集资料是研究生学位论文撰写至关重要的环节,包括文献资料的搜集和实验数据的收集,收集的文献资料和进行的实验必须做好记录,包括实验日期、实验内容、实验方法、操作步骤、实验现象、实验数据(如分析数据、图、表)、证明人签名等内容。

(三) 论文撰写

研究生学位论文的撰写与医学论著写作大体相同,但以下这些问题需要着重注意:论文所研究的问题及其目的和意义;论文的基本思路和逻辑结构;论文的主要内容和观点;论文的主要贡献,即论文的创新之处。

(四) 论文再加工

在论文答辩结束后,研究生可以根据专家提问和评阅意见,对论文进行修改和加工,将修改完善的论文重新装订成册,提交给培养学校存档。

第五节　医学论文投稿

医学论文发表在不同级别、不同水平的杂志上,其价值大小明显不同,这就要求要重视医学论文投稿。

一、国外医学期刊投稿

为了能在国际著名期刊发表更多高水平论文,提高我国在国际生物医学领域的地位和影响,我国生物医学工作者应努力提高英文写作技能,掌握投稿技巧。

(一) 正确选择期刊

目前国际著名生物医学期刊自由来稿的退稿率均在 90% 左右。选择期刊应考虑的因素包括期刊的专业范围、声望、出版时滞、读者群、发行量、出版费用(版面费)等。

(二) 认真阅读和使用投稿须知

通过阅读投稿须知了解办刊宗旨、征稿范围、栏目设置、投稿要求、审稿程序、从投稿到接收或退稿的时间、发稿率、发行量等重要信息,指导论文写作并加快论文发表。《生物医学期刊投稿的统一要求》(*Uniform Requirements for Manuscripts Submitted to Biomedical Journals*)及其补充说明是一个既全面又具体的投稿须知,由国际医学期刊编辑委员会(International Committee of Medical Journal

Editors，ICMJE）编制。一般可通过期刊网站了解投稿要求。

（三）熟悉投稿注意事项

论文初稿完成以后，必须对其内容及格式进行反复地推敲和修改，以达到"投稿须知"所提出的所有要求。

（四）做好投稿准备

论文按"投稿须知"的要求准备好以后，就可以向期刊投稿了。投稿程序一般可分三步：准备投稿信、稿件包装、投稿（包括稿件邮寄、发送电子邮件、在线投稿）。

1. 准备投稿信　生物医学期刊的编辑需要一些有关作者和论文的信息，作者也希望给编辑提供一些有助于其全文送审及决策的信息。投稿信应包括以下内容：文题和所有作者的姓名；稿件适宜的栏目；为什么此论文适合于该刊而不适合投稿其他刊物；关于重复或部分发表或已投其他刊的说明；不能转让版权的说明；建议审稿人及因存在竞争关系而不宜做审稿人的名单；通讯作者（corresponding author）姓名、详细地址、电话和传真号码、Email 地址；能否付出版费（版面费、彩图费）的说明。

2. 稿件包装　稿件包装是为了提高投稿命中率而提供投稿信及拟投期刊所需的伴随资料。一般应按以下顺序备齐资料：投稿信，刊物要求的稿件（包括文题页、文摘页、正文、致谢、参考文献、图和表），版权转让声明，与稿件内容有关的资料（如学术会议报告论文或已发表的摘要等材料），致谢和使用患者照片或引用私人通信的书面同意材料复印件，稿件对照检查表等。

3. 投稿

（1）稿件邮寄：目前国际上要求稿件邮寄的期刊已不多，稿件邮寄应注意以下问题。应至少自留一份打印底稿；信封要足够大，并足够结实；正确的投稿地址及收稿人（"投稿须知"中常有说明，多要求直接寄给主编）；照片不可过大，最大不超过 8.5 英寸 ×11 英寸（约 21.5cm×27.9cm），贴足邮票，航空邮寄。以打印稿（hard copy）投稿：几乎所有的英文生物医学期刊均不接收传真（fax）投稿，某些期刊仅允许一些没有图表的短文或"给编辑的信"通过电子邮件（Email）投稿，长篇论著、研究报告等文章决定刊用后，方接收软磁盘投稿。

（2）在线投稿：目前国外期刊投稿多采用在线投稿方式，登录期刊网站注册，在线提交电子稿件及相关材料电子版，在提交电子稿件前注意仔细阅读各个期刊网站的投稿指南，方便清楚了解目标期刊投稿过程中的注意事项和投稿要求。

（3）发送电子邮件：向期刊电子邮箱发送电子版论文及投稿相关材料，有部分期刊采取这种方式。

（五）处理投稿后续事宜

1. 稿件追踪　一些著名期刊 50% 的自由来稿在内审阶段被退稿。内审阶段未被退回的稿件由编辑送给 2 位相关专业的专家和 1 位统计学专家进一步审稿（peer review），再由主编（editor-in-chief）或审稿会（manuscripts meeting）决定稿件的最终命运——接收（acceptance）、退修（revision）或退稿（rejection）。稿件追踪的方法主要有查看信件、电子邮箱和在线查看等。

2. 稿件退修　几乎所有的经审查学术水平达到出版要求的自由来稿，在发表前都需要退给作者修改，如压缩文章篇幅、重新设计表格、改善插图质量、限制不规则缩写词使用等。

3. 修改校样　国外许多英文生物医学期刊在论文发表前会将校样送给作者核校，作者应逐字逐句仔细核校，将错误降到最低。

4. 定购单行本　绝大多数作者都愿意将自己已发表论文的单行本（reprints）分发给同事或同仁。但几乎所有的英文生物医学期刊都要收取单行本费用。通常，单行本定单（reprint order form）与校样一同寄给作者。

作者除处理好以上问题外，还应保存好与发表文章有关的一切材料。因为有些国外生物医学期刊，如英国期刊《柳叶刀》（Lancet）在研究论文发表后 5 年内可能要求作者提供原始资料。

二、国内医学期刊投稿

国内外生物医学期刊对投稿的要求有许多相似之处,尤其是 1979 年国际医学期刊编辑委员会制定的《生物医学期刊投稿的统一要求》第 1 版发表以后,我国许多生物医学期刊相继采用了该国际化标准,从而使国内外生物医学期刊在稿件处理、论文格式等方面的差距日益缩小。《生物医学期刊投稿的统一要求》经多次修改充实,1997 年修订为第 5 版。本节主要介绍国内医学期刊投稿步骤。

(一) 精准选择期刊

1. 熟悉期刊分类　我国生物医学期刊按 1991 年 6 月 5 日国家科学技术委员会、新闻出版署发布的《科学技术期刊管理办法》,有三种分类方法。按内容分类:综合性期刊、学术性期刊、技术性期刊、检索性期刊和科普性期刊。按主管部门分类:全国性期刊和地方性期刊。按出版形式分类:正式期刊、非正式期刊。

2. 了解期刊的学术地位　作者在选择期刊时一定要注意期刊在国内外的学术地位。判断期刊的学术地位主要看其是否被国内外著名或重要的检索系统收录,如美国《科学引文索引》(*Science Citation Index*,SCI)、美国《工程索引》(*The Engineering Index*,EI)、中国科学引文数据库(Chinese Science Citation Database,CSCD)、中国期刊全文数据库(Chinese Journal Full-text Database,CJFD)等。

3. 阅读稿约和翻阅样刊　通过阅读稿约和翻阅样刊可以进一步确定刊物的征稿范围,弄清文章与期刊栏目的匹配关系,更准确地选择投稿期刊。

(二) 学习稿约并正确投稿

期刊选定后,就应该根据稿约要求撰写论文和进行投稿。我国生物医学期刊一般在每年第 1 期刊登稿约。

(三) 获取稿酬及单行本

几乎所有的生物医学期刊在稿件刊登后均赠给作者当期杂志一至数本,并支付稿酬。

三、投稿方法与技巧

(一) 合理选择期刊

期刊的选择是否恰当,对文稿能否顺利发表起着决定性作用。所以,作者一定要慎重选择相应的生物医学期刊进行投稿。选择期刊应注意:

1. 论文的内容要与期刊的学科内容相一致或相关。

2. 论文的体裁必须适合所投期刊。

3. 论文的学术质量要与期刊的总体学术水平相适应。

4. 精准识别真假期刊网站与非法期刊:当前,随着期刊出版网站的普及,非法期刊仿冒正规期刊欺骗作者的现象时有发生。医学生在精心遴选投稿期刊的同时,务必要精准识别真假期刊网站与非法期刊网站,确保文章发表在真正有影响力的正规期刊上。需注意:第一,通过国内外著名书目文献检索系统和数据库进行期刊检索,如美国《科学引文索引》(SCI)网络版、ScienceDirect、维普资讯中文期刊服务平台、万方数据知识服务平台、中国知网、中国生物医学文献数据库(CBM)等都可以进行期刊检索以获取正规期刊的相关信息。第二,通过国家新闻出版署进行期刊查询。第三,通过纸质期刊复核期刊投稿网站。第四,可以咨询图书馆员或期刊编辑部。第五,坚决不采用代发文章的方式将文章委托给"中介"。第六,注意回避国内外权威数据库中心提供的年度"镇压期刊"名单中的期刊。

(二) 写好投稿说明信

作者投稿时要简单地介绍一下论文的研究内容、新的发现及其理论与实践意义。也可以附带说明自己对该期刊的了解及该期刊在国内外读者中的影响,这对论文顺利通过编辑初审可能起到一定的作用。

NOTES

(三) 正确引用参考文献

参考文献是医学论文的重要组成部分,也是编辑对论文进行学术鉴审的重要依据。作者一定要注意:引用参考文献一定要新;引用高质量参考文献;尽可能多地引用有价值的中文和外文文献;尽可能多地引用期刊文献、专利文献、学位论文和科技报告,合理引用经典图书、精品教材。

(四) 认真对待编辑的修改建议

编辑希望作者尊重自己的修改意见,但有时审稿人和编辑提出的修改意见可能不合适甚至是错误的,这时作者一定要冷静处理,既要坚持原则,又要谦虚谨慎,诚恳而婉转地说明并坚持自己的学术观点。

(五) 经常与编辑部保持联系

稿件投出去之后,要经常与编辑部保持联系。每当一篇稿件被采用后,要对照原稿和发表后文章,了解编辑的修改。这样既能了解编辑的修改原则,又能从中总结经验,对以后写论文有所帮助。

(六) 选择与主题相关的期刊投稿

对多数刚参加工作的年轻医生而言,发表论文非常困难。这时需要首先"突破"一个杂志。方法是集中向某一个主题相关期刊投稿,用诚意引起编辑部的关注。多投稿,经常与编辑交流,能让自己不断进步,使论文达到该期刊的要求。

(夏　旭)

本章小结

本章主要介绍了医学论文的类型与特点、医学论著写作、医学综述写作、学位论文写作和医学论文投稿等内容。医学论文写作是基础、是前提。医学论文投稿是医学论文发表的重要步骤,也是医学论文价值实现的重要措施。介绍了国外医学期刊投稿、国内医学期刊投稿、投稿方法与技巧等。

思考题

1. 医学论文的分类标准有哪些?
2. 试述医学论文的特点。
3. 医学论著写作有哪些重要意义?
4. 医学综述写作有何意义,写作步骤有哪些?
5. 选择期刊投稿时应考虑哪些因素?
6. 医学科研人员应掌握哪些投稿方法和技巧?

附录1
MeSH 词表树状结构体系的大类和二级类目（2021）

A. Anatomy	**A. 解剖**
A01.Body Regions	A01. 身体部位
A02.Musculoskeletal System	A02. 肌肉骨骼系统
A03.Digestive System	A03. 消化系统
A04.Respiratory System	A04. 呼吸系统
A05.Urogenital System	A05. 泌尿生殖系统
A06.Endocrine System	A06. 内分泌系统
A07.Cardiovascular System	A07. 心血管系统
A08.Nervous System	A08. 神经系统
A09.Sense Organs	A09. 感觉器官
A10.Tissues	A10. 组织
A11.Cells	A11. 细胞
A12.Fluids and Secretions	A12. 体液和分泌物
A13.Animal Structures	A13. 动物结构
A14.Stomatognathic System	A14. 口颌系统
A15.Hemic and Immune Systems	A15. 血液与免疫系统
A16.Embryonic Structures	A16. 胚胎结构
A17.Integumentary System	A17. 皮肤系统
A18.Plant Structures	A18. 植物结构
A19.Fungal Structures	A19. 真菌结构
A20.Bacterial Structures	A20. 细菌结构
A21.Viral Structures	A21. 病毒结构
B. Organisms	**B. 有机体**
B01.Eukaryota	B01. 真核生物
B02.Archaea	B02. 古细菌
B03.Bacteria	B03. 细菌
B04.Viruses	B04. 病毒
B05.Organism Forms	B05. 有机体形态
C. Diseases	**C. 疾病**
C01. Infections	C01. 感染
C04.Neoplasms	C04. 肿瘤
C05.Musculoskeletal Diseases	C05. 肌骨骼疾病

C06.Digestive System Diseases

C07.Stomatognathic Diseases

C08.Respiratory Tract Diseases

C09.Otorhinolaryngologic Diseases

C10.Nervous System Diseases

C11.Eye Diseases

C12.Male Urogenital Diseases

C13.Female Urogenital Diseases and Pregnancy Complications

C14.Cardiovascular Diseases

C15.Hemic and Lymphatic Diseases

C16.Congenital, Hereditary, and Neonatal Diseases and Abnormalities

C17.Skin and Connective Tissue Diseases

C18.Nutritional and Metabolic Diseases

C19.Endocrine System Diseases

C20.Immune System Diseases

C21.Disorders of Environmental origin

C22.Animal Diseases

C23.Pathological Conditions, Signs and Symptoms

C24.Occupational Diseases

C25.Chemically-Induced Disorders

C26.Wounds and Injuries

D. Chemicals and Drugs

D01.Inorganic Chemicals

D02.Organic Chemicals

D03.Heterocyclic Compounds

D04.Polycyclic Compounds

D05.Macromolecular Substances

D06.Hormones, Hormone Substitutes, and Hormone Antagonists

D08.Enzymes and Coenzymes

D09.Carbohydrates

D10.Lipids

D12.Amino Acids, Peptides and Proteins

D13.Nucleic Acids, Nucleotides and Nucleosides

D20.Complex Mixtures

D23.Biological Factors

D25.Biomedical and Dental Materials

D26.Pharmaceutical Preparations

D27.Chemical Actions and uses

C06. 消化系统疾病

C07. 口颌疾病

C08. 呼吸道疾病

C09. 耳鼻咽喉疾病

C10. 神经系统疾病

C11. 眼疾病

C12. 男（雄）性泌尿生殖系统疾病

C13. 女（雌）性泌尿生殖系统疾病和妊娠合并症

C14. 心血管疾病

C15. 血液和淋巴系统疾病

C16. 先天性、遗传性、新生儿疾病和畸形

C17. 皮肤和结缔组织疾病

C18. 营养和代谢性疾病

C19. 内分泌系统疾病

C20. 免疫系统疾病

C21. 环境因素诱发疾病

C22. 动物疾病

C23. 病理状态、体征和症状

C24. 职业病

C25. 化学诱导疾病

C26. 创伤和损伤

D. 化学物质和药物

D01. 无机化合物

D02. 有机化合物

D03. 杂环化合物

D04. 多环化合物

D05. 大分子物质

D06. 激素类、激素代用品和激素拮抗剂

D08. 酶类和辅酶类

D09. 碳水化合物

D10. 脂类

D12. 氨基酸类、肽类和蛋白质类

D13. 核酸类、核苷酸类和核苷类

D20. 复合混合物

D23. 生物因子

D25. 生物医学和牙科材料

D26. 药用制剂

D27. 化学作用和用途

NOTES

E. Analytical，Diagnostic and Therapeutic Techniques and Equipment	**E. 分析、诊疗技术及设备**
E01.Diagnosis	E01. 诊断
E02.Therapeutics	E02. 治疗学
E03.Anesthesia and Analgesia	E03. 麻醉和镇痛
E04.Surgical procedures，Operative	E04. 外科手术
E05.Investigative Techniques	E05. 研究技术
E06.Dentistry	E06. 牙科学
E07. Equipment and Supplies	E07. 设备和供应
F. Psychiatry and Psychology	**F. 精神病学和心理学**
F01.Behavior and Behavior Mechanisms	F01. 行为和行为机制
F02.Psychological Phenomena	F02. 心理现象
F03.Mental Disorders	F03. 精神障碍
F04.Behavioral Disciplines and Activities	F04. 行为学科和活动
G. Phenomena and Processes	**G. 现象和过程**
G01.Physical Phenomena	G01. 物理学现象
G02.Chemical Phenomena	G02. 化学现象
G03. Metabolism	G03. 代谢
G04.Cell Physiological Phenomena	G04. 细胞生理学现象
G05.Genetic Phenomena	G05. 遗传现象
G06.Microbiological Phenomena	G06. 微生物学现象
G07.Physiological Phenomena	G07. 生理学现象
G08.Reproductive and Urinary Physiological Phenomena	G08. 生殖和泌尿生理学现象
G09.Circulatory and Respiratory Physiological Phenomena	G09. 循环和呼吸生理学现象
G10.Digestive System and Oral Physiological Phenomena	G10. 消化系统和口腔生理学现象
G11.Musculoskeletal and Neural Physiological Phenomena	G11. 肌肉骨骼和神经生理学现象
G12.Immune System Phenomena	G12. 免疫系统现象
G13.Integumentary System Physiological Phenomena	G13. 皮肤系统生理学现象
G14.Ocular Physiological Phenomena	G14. 眼生理学现象
G15.Plant Physiological Phenomena	G15. 植物生理学现象
G16.Biological Phenomena	G16. 生物学现象
G17.Mathematical Concepts	G17. 数学概念
H. Disciplines and Occupations	**H. 学科和职业**
H01.Natural Science Disciplines	H01. 自然科学学科
H02.Health Occupations	H02. 卫生职业
I. Anthropology，Education，Sociology and Socials Phenomena	**I. 人类学、教育、社会学和社会现象**
I01.Social Sciences	I01. 社会科学
I02.Education	I02. 教育
I03.Human Activities	I03. 人类活动

NOTES

J. Technology, Industry and Agriculture

J01. Technology, Industry and Agriculture

J02. Food and Beverages

J03. Non-Medical Public and Private Facilities

K. Humanities

K01. Humanities

L. Information Science

L01. Information Science

M. Named Groups

M01. Persons

N. Health Care

N01. Population Characteristics

N02. Health Care Facilities, Manpower and Services

N03. Health Care Economics and Organizations

N04. Health Services Administration

N05. Health Care Quality, Access and Evaluation

N06. Environment and Public Health

V. Publication Characteristics

V01. Publication Components

V02. Publication Formats

V03. Study Characteristics

V04. Support of Research

Z. Geographicals

Z01. Geographic Locations

J. 工艺学、工业和农业

J01. 工艺学、工业和农业

J02. 食品和饮料

J03. 非医疗公共和私人设施

K. 人文科学

K01. 人文科学

L. 信息科学

L01. 信息科学

M. 人群名称

M01. 人

N. 卫生保健

N01. 人口特征

N02. 卫生保健设施、人力和服务

N03. 卫生保健经济学和组织

N04. 卫生服务管理

N05. 卫生保健质量，获取和评价

N06. 环境和公共卫生

V. 文献特征

V01. 出版物组分

V02. 出版物类型

V03. 研究类型

V04. 研究资助来源

Z. 地理名称

Z01. 地理位置

附录 2
MeSH 词表限定词使用一览表
（2021）

下表按 76 个限定词的英文字顺排列，并非每个限定词都能与所有主题词组配，每个限定词括号内的主题词的类目范畴是每个限定词进行组配的一般指南。限定词的详细记录及每个主题词能组配的具体限定词可利用 MeSH Browser 查询获取。

1. Abnormalities 畸形（A1-10,A13-14,A16,B2）AB,abnorm

与器官主题词组配，表明因先天性缺陷引致器官形态学的改变。也用于动物的畸形。

2. Administration & Dosage 投药和剂量（D）AD,admin

与药品主题词组配，表明剂型、投药途径、用药次数和持续时间、剂量，以及上述诸因素的作用。

3. Adverse Effects 副作用（D,E,J）AE,adv eff

与药品、化学物质、生物制品、物理因素及各种制品主题词组配，表明以正常可接受的剂量或用法进行诊断、治疗、预防疾病以及麻醉时出现的不良反应；也可与各种诊断、治疗、预防、麻醉、外科手术或其他技术操作主题词组配，表明因操作引起的副作用或并发症；但除外禁忌证，须用"禁忌证"。下位词包括：中毒、毒性。

4. Agonists 激动剂（D）AG,agon

与化学物质、药物、内源性物质主题词组配，表明这些物质或制剂与受体有亲合力或具有对受体的内在激活作用。

5. Analogs & Derivatives 类似物和衍生物（D2-7,D9,D11,D14-23）AA,analogs

与药品及化学物质主题词组配，表明这些物质具有共同的母体分子(官能团)或相似的电子结构，但其他原子或分子不同(即增加了原子或分子，或被其他原子或分子所取代)，MeSH 表中无此专指的化学物质主题词或合适的作用基团或同类化学品主题词时使用。

6. Analysis 分析（D）AN,anal

用于某种物质或其成分或其代谢产物的鉴定或定量测定，包括对空气、水或其他环境载体进行的化学分析，但不包括组织、肿瘤、体液、有机体及植物的化学分析，届时用"化学（chemistry）"。既可用于分析的方法学，也可用于分析的结果。分析血液、脑脊髓液和尿中的物质分别用"血液（Blood）""脑脊髓液（Cerebrospinal Fluid）"和"尿（Urine）"。下位词包括：血液、脑脊髓液、分离和提纯、尿。

7. Anatomy & Histology 解剖学和组织学（A1-10,A13-14,A16,B1-2,B6）AH,anat

与器官、部位、组织主题词组配，说明其正常的解剖学及组织学；与动植物主题词组配，说明其正常解剖学及结构。下位词包括：血液供给、细胞学（病理学、超微结构）、胚胎学（畸形）、神经支配。

8. Antagonists & Inhibitors 拮抗剂和抑制剂（D1-24）AI,anatag

与化学物质、药品、内源性物质主题词组配，表明与这些物质在生物效应上有相反作用机制的物质和制剂。

9. Biosynthesis 生物合成（D8-9,D12-13,D24）BI,biosyn

与化学物质主题词组配，表明这些物质在有机体内、活细胞内或亚细胞成分中的合成。

273

10. Blood 血液（B2,C,D1-24,F3）BL,blood

用以表明血中物质的存在或分析血中的物质；也用于疾病时血液检查或血液中物质的变化。但不包括血清诊断及血清学，前者用"诊断（diagnosis）"，后者用"免疫学（immunology）"

11. Blood Supply 血液供给（A1-6,A8-10,A13-14,C4）BS,blood supply

如器官或部位无专指的血管主题词时，用以表明该器官、部位的动脉、毛细血管及静脉系统，包括器官内通过的血流。

12. Cerebrospinal Fluid 脑脊髓液（B2,C,D1-24,F3）CF,csf

用以表明脑脊髓液中物质的存在或分析脑脊髓液中的物质；也用于疾病时脑脊髓液检查或脑脊髓液中物质的变化。

13. Chemical Synthesis 化学合成（D）CS,chem syn

用以表明在体外分子的化学制备，在有机体内、活细胞内或亚细胞成分中化学物质的形成用"生物合成（Biosynthesis）"。

14. Chemically Induced 化学诱导（C,F,G）CI,chem ind

用以表明由于内源性或外源性物质引起人或动物的疾病、综合征、先天性畸形或症状。

15. Chemistry 化学（A2-16,B1,B3-6,C4,D）CH,chem

与化学品、生物或非生物物质主题词组配，表明其组成、结构、特征和性质；也可与器官、组织、肿瘤、体液、有机体和植物主题词组配，表明其化学成分或化学物质含量。不包括物质的化学分析和测定，此时须用"分析（Analysis）""化学合成（Chemical Synthesis）""分离和提纯（Isolation & Purification）"。下位词包括：激动剂、类似物和衍生物、拮抗剂和抑制剂、化学合成。

16. Classification 分类（B,C,D,E,F2-4,G1-2,G12,I,J,M,N2-4）CL,class

用于分类系统、其他系统或等级分类系统。

17. Complications 并发症（C,F3）CO,compl

与疾病主题词组配，表明两种或多种疾病同时发生或相继发生，如并存病、并发症或后遗症。下位词包括：继发性。

18. Congenital 先天性 CN,congen

与疾病主题词组配，表明出生时或通常在出生前即存在的疾病，但不包括形态学上的异常及产伤，前者用"畸形（abnormalities）"，后者用"损伤（injuries）"。

19. Cytology 细胞学（A2-10,A12-16,B1,B3,B5-6）CY,cytol

用以表明单细胞或多细胞有机体的正常细胞形态学。下位词包括：病理学、超微结构。

20. Deficiency 缺乏（D8,D12-13,D24）DF,defic

与内源性或外源性物质主题词组配，表明某种有机体或生物系统缺乏这种物质或其含量低于正常需要量。

21. Diagnosis 诊断（C,F3）DI,diag

与疾病主题词组配，表明诊断的各个方面，包括检查、鉴别诊断及预后。不包括应用成像技术进行诊断，如放射摄影术（Radiography）、闪烁显像（scintigraphy）和超声检查（Ultrasonography），届时应用"影像诊断（Diagnostic Imaging）"。

22. Diagnostic Imaging 影像诊断 DG,diag image

用于解剖结构的可视化，以诊断疾病。常用的成像技术包括：放射摄影术（Radiography）、放射性核素显像（Radionuclide Imaging）、热成像术（Thermography）、体层摄影术（Tomography）和超声检查（Ultrasonography）。

23. Diet Therapy 饮食疗法（C,F3）DH,diet ther

与疾病主题词组配，表明疾病时进行的饮食和营养的调理，但维生素和矿物质的补充则用"药物疗法（drug therapy）"。

24. Drug effects 药物作用（A2-16,B1,B3-6,D12,G4-12）DE,drug eff

与器官、部位、组织或有机体以及生理和心理过程主题词组配，表明药品及化学物质对其发生的作用。

25. Drug Therapy 药物疗法（C,F3）DT,drug ther

与疾病主题词组配，表明通过投给药品、化学品或抗生素治疗疾病。至于饮食疗法和放射疗法，则分别用专门副主题词"饮食疗法（Diet Therapy）"和"放射疗法（Radiotherapy）"。而免疫疗法及生物制品治疗则用"治疗（Therapy）"。

26. Economics 经济学（C,D,E,F3-4,G1-2,I2-3,J,N2-4）EC,econ

用于任何主题的经济方面，也用于财务管理的各个方面，包括筹集及提供资金。

27. Education 教育（F4,G1-2,I3,M）ED,educ

用以表明各个领域和学科的教育、培训计划或课程，也用于培训的人群。

28. Embryology 胚胎学（A1-10,A13-14,B1-2,B6,C）EM,embryol

与器官、部位和动物主题词组配，说明其在胚胎期或胎儿期的发育；也可与疾病主题词组配，表明胚胎因素引起的出生后的疾病。下位词包括：畸形。

29. Enzymology 酶学（A2-16,B1,B3-6,C,F3）EN,enzymol

与有机体（脊椎动物除外）、器官、组织以及疾病主题词组配，指有机体、器官、组织中的酶或疾病过程中的酶，但不包括用于诊断的酶试验，此时须用"诊断（Diagnosis）"。

30. Epidemiology 流行病学（C,F3,Z）EP,epidemiol

与人类或兽医学疾病主题词组配，表明疾病的分布、致病因素以及在特定人群中疾病的特征；包括发病率、发病频率、患病率、地方性和流行性疾病暴发流行；也包括某一地区和某一特定人群中的发病率的调查和估计。也可与地理主题词组配以表明疾病流行病学的地理定位，但死亡率除外，此时用"死亡率（mortality）"。下位词包括：人种学、死亡率。

31. Ethics 伦理学 ES,ethics

与技术和活动类主题词组配，是关于人和社会价值的讨论和分析。

32. Ethnology 人种学（C1-21,C23,F3,Z）EH,ethnol

与疾病主题词组配，说明疾病的人种、文化、人类学或种族方面；与地理主题词组配，表明某一人群的起源地。

33. Etiology 病因学（C,F3）ET,etiol

与疾病主题词组配，表明致病原因如微生物等病原体，以及起致病作用的环境与社会因素和个人习惯，也包括发病机制。下位词包括：化学诱导、并发症（继发性）、先天性、胚胎学、遗传学、免疫学、微生物学（病毒学）、寄生虫学、传播。

34. Genetics 遗传学（B,C,D8-9,D11-13,D24,F3,G4-12）GE,genet

用于遗传机制和有机体的遗传学，用于正常的及病理状态时的遗传基础；也用于内源性化学物质的遗传学方面，并包括对遗传物质的生物化学和分子影响。

35. Growth & Development 生长和发育（A1-I0,A13-14,B）GD,growth

与微生物、植物及出生后动物主题词组配，表明其生长和发育；也与器官及解剖部位主题词组配，说明出生后的生长和发育

36. History 历史（C,D,E,F3-4,G1-2,I2-3,J,M,N2-3）HI,hist

用于任何主题的历史方面，包括简单的历史注释，但不包括病史。

37. Immunology 免疫学（A2-16,B,C,D1-24,F3,G4-12）IM,immunol

用以表明对组织、器官、微生物、真菌、病毒和动物的免疫学研究，包括疾病的免疫学方面，但不包括用于诊断、预防或治疗的免疫学操作，这些分别用"诊断（Diagnosis）""预防和控制（Prevention & Control）"或"治疗（Therapy）"；与化学物质主题词组配时，指作为抗原、半抗原的化学物质。

38. Injuries 损伤（A1-10,A13-14,B2,I3）IN,inj

与解剖学、动物和运动主题词组配，表明受到创伤或损伤，但不包括细胞损伤，此时须用副主题词"病理学（Pathology）"。

39. Innervation 神经支配（A1-7,A9-10,A13-14,A16）IR,innerv

与器官、部位或组织主题词组配，表明其神经支配。

40. Instrumentation 仪器设备（E1-6,F4,G1-2）IS,instrum

与诊断或治疗操作、分析技术以及专业或学科主题词组配，表明器械、仪器或设备的研制或改进。

41. Isolation & Purification 分离和提纯（B1,B3-5,D）IP,isol

与细菌、病毒、真菌、原生动物和蠕虫主题词组配，表明对其纯株的获取或通过 DAN 分析、免疫学或其他方法（包括培养技术）以验证或鉴定有机体；也可与生物物质和化学物质组配，表明对其成分的分离和提纯。

42. Legislation & Jurisprudence 立法和法学（G1-2,I2-3,N2-4）LJ,legis

用于法律、法规、条例或政府规章，也用于涉及法律的争议和法庭判决。

43. Metabolism 代谢（A2-16,B,C,D,F3）ME,metab

与器官、细胞和亚细胞成分，有机体以及疾病主题词组配，表明其生物化学变化和代谢；也可与药品、化学物质主题词组配，表明其分解代谢的变化（即复杂分子分解为简单分子）。至于合成代谢的过程（即小分子转变为大分子），则用副主题词"生物合成（Biosynthesis）"。酶学、药代动力学和分泌，则用相应副主题词。下位词包括：生物合成、血液、脑脊液、缺乏、酶学、药代动力学、尿。

44. Methods 方法（E1-6,F4,G1-2,I2）MT,methods

与技术、操作及规划等主题词组配，说明其方法。

45. Microbiology 微生物学（A,B1-2,B6,C,F3）MI,microbiol

与器官、动物、高等植物和疾病主题词组配，说明与其有关的微生物学方面的研究，对寄生虫方面的研究则用副主题词"寄生虫学（Parasitology）"。下位词包括：病毒学（Virology）。

46. Mortality 死亡率（C,E4,F3）MO,mortal

与人类疾病和动物疾病主题词组配，表明对其死亡率的统计。经统计学处理过的因各种操作而引起的死亡用"Fatal Outcome"。

47. Nursing 护理（C,E,F3）NU,nurs

与疾病主题词组配，表明疾病的护理及护理技术，还包括在诊断、治疗和预防操作中护理的作用。

48. Organization & Administration 组织和管理（G1-2,I2,N2-4）OG,organ

与机构或卫生保健组织主题词组配，表明行政机构和管理。下位词包括：经济学、立法和法学、人力、标准、供应和分配、发展趋势、利用。

49. Parasitology 寄生虫学（A,B1-2,B6,C,F3）PS,parasitol

与动物、高等植物、器官及疾病主题词组配，以表明寄生虫因素，但对那些在诊断时未明确指出涉及寄生虫的疾病时勿用该副主题词。

50. Pathogenicity 致病力（B1,B3-5）PY,pathogen

与微生物、病毒及寄生虫主题词组配，表明对其引起人和动植物疾病能力的研究。

51. Pathology 病理学（A1-11,A13-16,C,F3）PA,pathol

与组织、器官及疾病主题词组配，表明在疾病状态时器官、组织及细胞的结构。

52. Pharmacokinetics 药代动力学（D）PK,pharmacokin

与外源性化学物质或药品组配，以表明其吸收、生物转化、分布、释放、运转、摄取和排泄的机理和动力学，而这些变化取决于剂量和代谢过程的范围程度和速率。

53. Pharmacology 药理学（D）PD,pharmacol

与药品和外源性投给的化学物质主题词组配，表明它们对活组织或有机体的作用，包括对生理学及生物化学过程的加速或抑制,及其他药理作用机制。下位词包括:投药和剂量、副作用(毒性、中毒)、激动剂、拮抗剂和抑制剂、禁忌证、诊断应用、药代动力学。

54. Physiology **生理学**（A,B,D8,D11-13,D24,F2,G4-1）PH,physiol

与器官、组织及单细胞或多细胞有机体的主题词组配,表明其正常功能;也可与内源性生化物质主题词组配,以表明其生理作用。下位词包括:遗传学、生长和发育、免疫学、代谢(生物合成、血液、脑脊髓液、缺乏、酶学、药代动力学、尿)、病理生理学、分泌。

55. Physiopathology **病理生理学**（A1-10,A13-16,C,F3）PP,physiopathol

与器官和疾病主题词组配,表明疾病状态时的功能障碍。

56. Poisoning **中毒**（D,J）PO,pois

与药品、化学物质、工业原料等主题词组配,指上述物质引起人或动物急、慢性中毒,包括意外的、职业性的、自杀的、误用的以及环境暴露所致中毒。

57. Prevention & Control **预防和控制**（C,F3）PC,prev

与疾病主题词组配,表明增强人或动物的抗病力(如预防接种),控制传播媒介,预防和控制环境危害因素,以及预防和控制引起疾病的社会因素,也包括对个例的预防措施。

58. Psychology **心理学**（B2,C,E1-6,F3,I3,M）PX,psychol

与非精神性疾病、技术及指定的人群主题词组配,表明其心理的,精神性疾病的、身心的、社会心理学的、行为的和感情的方面;与精神性疾病主题词组配,则表明其心理的方面。与动物主题词组配,则表明动物的行为和心理学方面。

59. Radiation Effects **辐射作用**（A,B1,B3-6,D,F1-2,G4-12,J）RE,rad eff

与有机体、器官、组织及其组成部分、生理过程等主题词组配,表明电离或非电离辐射对其发生的作用;也可与药品、化学物质主题词组配,表明辐射对其发生的效应。

60. Radiotherapy **放射疗法**（C）RT,radiother

与疾病主题词组配,表明用电离或非电离辐射治疗疾病;也包括放射性同位素疗法。

61. Rehabilitation **康复**（C1-21,C23,E4,F3）RH,rehabil

与疾病和外科操作主题词组配,表明个体功能的恢复。

62. Secondary **继发性**（C4）SC,second

与肿瘤主题词组配,表明肿瘤进程转移的继发部位。

63. Standards **标准**（D,E,F4,G1-2,I2-3,J,N2）ST,stand

与设备、人员、规划主题词组配,表明对其必要性和可行性标准的制定、测试和应用;与化学物质及药品主题词组配,指其鉴定标准以及质量和效力的标准,还包括各行业的卫生或安全标准。

64. Statistics & Numerical Data **统计和数值数据**（E,F4,G1-2,I,J,M,N2-4）SN,statist

与非疾病主题词组配,用以表达描述特定数据集或数据组的数值。包括设备和用品、设施和服务以及规程和技术的使用水平。有关供应或需求,使用副主题词 "供应和分配（Supply & Distribution）"。下位词包括:流行病学(人种学、死亡率)。

65. Supply & Distribution **供应和分配**（D,E7,J,N2）SD,supply

与物资、仪器设备及卫生保健服务、人员和设施主题词组配,表明所获得上述物资的数量及其分布情况,但不包括各行业中食品和水的供应。

66. Surgery **外科学**（A1-10,A13-14,A16,B2,C,F3）SU,surg

用以表明对器官、部位或组织进行外科手术以治疗疾病,包括激光切除组织,但不包括移植术,须使用副主题词 "移植（Transplantation）"。

67. Therapeutic Use **治疗应用**（D）TU,ther use

与药品、生物制品及物理因素主题词组配,表明将其用于预防和治疗疾病,包括在兽医中的应用。下位词包括:投药和剂量、副作用、禁忌证、中毒。

68. Therapy 治疗（C,F3）TH,ther

与疾病主题词组配,表明对疾病的治疗,不包括药物疗法、饮食疗法、放射疗法及外科学,因已有相应的副主题词;但可用于涉及综合疗法的文献和书籍。下位词包括:膳食疗法、药物疗法、护理、预防和控制、放射疗法、康复、外科学(移植)、中医疗法(按摩疗法、气功疗法、针灸疗法、穴位疗法、中西医结合疗法、中医药疗法、中药疗法)。

69. Toxicity 毒性（D,J）TO,tox

与药物及化学物质主题词组配,表明其对人体和动物有害作用的实验研究,如安全剂量的测定,以及按不同剂量给药产生的不同反应;也用于暴露于环境污染物的实验研究。

70. Transmission 传播（C1-3）TM,transm

与疾病主题词组配,表明对疾病传播方式的研究。

71. Transplantation 移植（A2-11,A13-16）TR,transpl

与器官、组织或细胞主题词组配。表明器官、组织、细胞在同一个体由一个部位移植于另一个部位,或在同种或异种不同个体间的移植。

72. Trends 发展趋势（E,F4,G1-2,I2-3,N2-4）TD,trends

用于指事物随时间的推移而发生质变和量变的方式,包括过去、现在和未来的情况,但不包括对具体病人疾病过程的讨论。

73. Ultrastructure 超微结构（A2-11,A13-16,B1,B3-6,C4）UL,ultrastruct

与组织及细胞(包括肿瘤)及微生物主题词组配,表明通常用光学显微镜观察不到的细微解剖结构。

74. Urine 尿（B2,C,D1-24,F3）UR,urine

用以指尿中物质的存在或分析尿内的物质,也表明疾病时尿内物质的变化及尿的化验检查。

75. Veterinary 兽医学（C1-21,C23,E）VE,vet

与疾病或技术主题词组配,指动物自然发生的疾病或指兽医学中使用的诊断、预防和治疗操作。

76. Virology 病毒学（A,B1-3,B6,C,F3）VI,virol

与器官、动物或高等植物主题词组配,指疾病的病毒学研究,对细菌、立克次体以及真菌等微生物的研究则用副主题词"微生物学（Microbiology）",而对寄生虫方面的研究则用副主题词"寄生虫学（Parasitology）"。

推荐阅读

［1］乔纳森·佩夫斯纳 . 生物信息学与功能基因组学：第 3 版［M］. 田卫东, 赵兴明, 译 . 北京：化学工业出版社, 2019.

［2］徐雁 . 阅读的人文与人文的阅读［M］. 北京：科学出版社, 2014.

［3］陈泉, 杨菲, 周妍 . 信息获取与知识创新［M］. 北京：清华大学出版社, 2021.

［4］顾萍, 夏旭 . 医学信息获取与管理［M］. 广州：华南理工大学出版社, 2010.

［5］郭继军 . 医学文献检索与论文写作［M］. 5 版 . 北京：人民卫生出版社, 2018.

［6］赫伯特·西蒙 . 认知：人行为背后的思维与智能［M］. 荆其诚, 张厚粲, 译 . 北京：中国人民大学出版社, 2020.

［7］胡德华, 虢毅 . 生物信息学概论［M］. 北京：人民卫生出版社, 2021.

［8］胡德华, 李小平, 罗爱静 . 科技信息检索［M］. 北京：科学出版社, 2019.

［9］黄晴珊 . 全媒体时代的医学信息素养与信息检索［M］. 广州：中山大学出版社, 2014.

［10］黄如花 . 信息检索［M］. 3 版 . 武汉：武汉大学出版社, 2019.

［11］坎丹·雷迪, 查鲁·阿加瓦尔 . 健康数据分析［M］. 刘云, 译 . 南京：东南大学出版社, 2021.

［12］李霞, 雷健波 . 生物信息学［M］. 2 版 . 北京：人民卫生出版社, 2015.

［13］罗爱静, 于双成 . 医学文献信息检索［M］. 3 版 . 北京：人民卫生出版社, 2015.

［14］饶毅, 张大庆, 黎润红 . 呦呦有蒿：屠呦呦与青蒿素［M］. 北京：中国科学技术出版社, 2015.

［15］王庭槐 . MOOC：席卷全球教育的大规模开放在线课程［M］. 北京：人民卫生出版社, 2014.

［16］王庭槐 . 医学电子资源获取与利用［M］. 北京：高等教育出版社, 2013.

［17］谢志耘 . 药学信息检索［M］. 北京：国家开放大学出版社, 2018.

［18］谢志耘 . 医学文献检索［M］. 2 版 . 北京：北京大学医学出版社, 2010.

［19］于双成 . 医学信息检索［M］. 3 版 . 北京：高等教育出版社, 2017.

［20］张琪玉 . 情报检索语言［M］. 北京：国家图书馆出版社, 2013.

［21］HAGIT S, MARK C.Mining the Biomedical Literature ［M］.Cambridge：MIT Press, 2012.

［22］HERSH W R.Information Retrieval：A Health and Biomedical Perspective ［M］. 4th ed. New York：Springer-Verlag, 2020.

中英文名词对照索引